庸齋李炳天教授定年紀念論叢 I

경/제/학/을/새/롭/게/하/라

法古創新의 經濟學

경제사상과 전환시대 자본주의

이병천 편

도서출판 해남

法古創新의 經濟學

경제사상과 전환시대 자본주의 [庸齋李炳天教授定年紀念論叢 I]

초판1쇄 인쇄 2018년 3월 23일
초판1쇄 발행 2018년 3월 30일

편저자 이병천
발행인 노현철
발행처 도서출판 해남

출판등록 1995. 5. 10 제 1-1885호
주 소 서울특별시 서대문구 충정로 38-12(충정로 3가) 우리타워 6F
전 화 739-4822 **팩스** 720-4823
이 메 일 haenamin30@naver.com
홈페이지 www.hpub.co.kr

ISBN 978-89-6238-121-4 93320
978-89-6238-120-7 (세트)

[감사의 글]

변방 국립대 교수 한 사람의 정년을 기념한다는 것이 무슨 의미가 있을까. 나름대로 공부를 좋아하고 시대가 던지는 화두 풀이에 열심이기는 했다. 그러나 이렇다 할 뚜렷한 학문적 업적을 남긴 것도, 훌륭한 제자를 길러낸 것도 아니다. 게다가 연구실적 부담 때문에 연구자들이 학술지 논문을 쓰는 데 급급한 것이 요즈음의 세태다. 글을 청탁하는 것 자체가 민망한 일이다. 그럼에도 불구하고 정년을 기념한다기보다 정년을 구실로 삼아 뭔가 우리 경제학을 새롭게 하는 데 작은 디딤돌이라도 하나 놓을 수 있다면 그것으로 변명이 되지 않을까 라는 생각을 했다. 그렇다 해도 이는 편자의 자기 생각일 뿐 호응이 없다면 불가능한 일이다. 다행히도 편자와 이런저런 학술 인연을 가진 여러 분들이 기꺼이 우리 경제학을 새롭게 하자는 법고창신의 취지에 호응하시고 옥고를 보내주셨다. 이양수, 박지웅, 최정규, 김용창, 박종현, 박형준, 박경로, 안현효, 이강국(이상 제1권 《경제사상과 전환시대 자본주의》 기고), 서익진, 정준호, 송원근, 조석곤, 전병유, 유철규, 신승배. 진정란(이상 제2권 《한국의 자본주의와 민주주의》 기고), 이분들이 바로 법고창신의 경제학 숲을 살려 낸 분들이다.

분수를 모르는 나의 행동은 이것으로 그치지 않았다. 허물 없는 벗이라는 죄 때문에 김영 · 박기동 · 홍윤기 교수께서 징발당해 축사를 써 주셨다. 그리고 존경하는 황재국 선배 교수님께서 〈법고창신의 경제학〉 제자를 기꺼이 써 주셨다. 황 선생께서 주신 선물은 단지 당신의 넉넉한 글씨만은 아니었다. 정년의 정은 "머무를 정(停)자가 아니라 정할 정(定)자"라는 귀한 깨우침을 함께 주셨다. 아, 단지 새롭게 시작할 때가 되었을 뿐이니 방일(放逸)하지 말라. 언제나 "청춘은 바로 지금이다". 집필자와 출판사 사이에서 원고를 받고 정리하는 수고로운 일은 나의 제자 최은경 선생이 맡아 주었다. 이 책은 노현철 대표의 특별한 호의로 진작에 도서출판 해남에서 안정된 둥지를 찾았고 순탄하게 태어날 수 있었다. 작은 디딤돌 하나를 놓는 큰 일을 함께 해주신 모든 분들께, 그 모든 수고와 기쁨에 진심으로 고개 숙여 감사드린다.

2018년 3월

평화가 오는 봄날에

이병천

[축사]

법고창신의 학문 자세

- 이병천 교수의 정년을 기념하면서

김영(인하대학교 교수)

"옛것을 본받는다는 사람은 지난 자취에만 얽매이는 것이 병통이고, 새로운 것을 만들겠다는 사람은 상도(常道)에서 벗어나는 게 걱정이다. 진실로 법고(法古)를 하면서도 변통할 줄 알고, 창신(創新)하면서도 능히 전아(典雅)하다면, 요즘의 글이 오히려 옛글이 될 것이다."(法古者, 病泥蹟, 創新者, 患不經. 苟能法古而知變, 創新而能典, 今之文, 猶古之文也. (朴趾源, 『燕巖集』「楚亭集序」))

"옛것을 익혀 새로운 것을 안다"(溫故知新)는 공자의 정신을 이어받아, 조선후기 실학파 문인 연암 박지원도 "옛것을 본받아 새로운 것을 창조한다"(法古創新)고 말한다. 인류가 남긴 옛 문화적 전통과 경험을 배워서, 그것을 바탕으로 새로운 것을 알고 미래를 창조하자는 가르침이다.

이것이 어디 문장에만 해당되겠는가. 옛것과 새것의 변증법적 균형을 꿈꾸며, 동양과 서양의 지혜를 고루 수용하여 자유와 평등과 사랑이 넘치는 평화로운 미래를 위해, 한반도와 세계의 문제를 창의적으로 해결하려는 것이 학인이 가야 할 길이 아닐까.

평생 경세제민(經世濟民)의 학문을 하며 후학을 양성하고 시대를 일깨운 이병천 교수의 정년을 맞으며, 공자와 연암의 가르침을 생각한다.

[축사]

법고창신의 공부길[1]
사소한 것으로 선생의 오늘과 내일을 말하고 드러낼 수 있을까?
- 定年을 맞이하는 庸齋 이병천 교수를 위하여

박기동(시인 · 강원대학교 스포츠과학부 교수)

뜬금없이 등장한 저로 말할 것 같으면, 순전한 토종 강원도 사람입니다. 저는 초등학교로부터 대학교까지 강원도 산입니다. 단지 대학 때부터 전국적인 응모와 당선으로 시를 써온 것이 내세울 것의 전부라고 하겠습니다. 요즈음 2, 3년 사이는 용재 선생과 비교적 가끔 만나서 각자 주고 싶은 책을 주고받은 적은 있습니다.

얼마 전에 학교 커피숍에서 용재 선생을 만났습니다. 고별 강연이나 적당한 곳에 써먹을 시 한 편이 필요하다는 것이었습니다. 시 한 편으로 뭔가를 할 수 있다면, 그거야 제가 하겠다고 했습니다. 그 자리에서 머무를 정(停)자와 정할 정(定)자를 말씀하셨습니다. 제가 대학 다닐 때, 벽서 최승순 교수님께 한문 강의를 듣기도 했고, 벽서 선생이 퇴직하실 때, 정할 정(定)자를 쓰셨다는 기억이 선명하게 남아 있습니다.

이 또한 사소한 것으로 큰 그림자를 드리우는 것이 아니겠습니까?

1 이 시는 용재 선생의 강원대 정년기념강연(〈자본주의의 다양성과 한국 모델의 교훈〉, 2017. 12. 6)을 시작할 때, 초입에 시인이 직접 연단에 나아가 읽었다.

얼마 전 경향신문 2017. 12. 2일자 27면에 선생의 공부하신 약사라 할까, 〈법고창신의 공부길〉이 실렸습니다. 배우고 익히는 공부를 좋아했다로 시작하여 맨 끝에는 느닷없이 다음과 같이 끝납니다. 청바지!

나이 60 정도는 되어야 귀담아 듣기도 하는 말이라고 생각합니다. 그러니까 사소한 것으로 일생일대의 마무리와 새로운 인생의 시작과 지속이 몽땅 이 한 마디에 담겨 있다고 생각됩니다.

다시 한 번 조용히 발음해 봅니다. 청바지!

청–청춘은
바–바로
지–지금이다.

[축사]

'경제가 있어야 할 곳'에 '경제' 갖다놓기 또는 '이병천 경제학'의 '시민경제' 호출

홍윤기(동국대학교 교수 · 철학)

대한민국의 국가와 사회가 그렇게 애지중지하건만 한국 경제는 위기가 아니었던 적이 없고, 그렇게 발전했다고 하건만 1960년대 이래 환갑이 되어 가면서 세계 12위를 달리는 성장경제는 아직 대한민국 시민 모두에게 안정된 생활을 보장할 만큼 성숙하지 못하고 있다. 이런 점을 확인할 때마다 나는 대한민국의 대학, 정부, 기업에 포진하는 경제학자들은 도무지 우리나라 경제를 위해 무엇을 하고 있는가 내심 분통을 터트리곤 한다.

나의 이런 분통에 대해서는 당연히 곧바로 반론이 제기된다. 연구나 하는 경제학자들이 왜 현실 경제의 문제점들에 대해 실질적인 책임을 져야 하냐고? 역시 경제학이나 경제에 대해 잘 모르는 철학 교수니까 그런 수준 이하의 분통이나 터트리는 것은 아니냐고.

그러나 나는 현대 경제를 움직이는 힘 가운데는 자본가, 기업경영인, 정부의 경제 관료, 노조 그리고 소비자 대중 이외에도 경제학자들이 무시할 수 없는 비중을 차지하고 있다는 사실을 알고 있다. 특히, 국가 주도 성장경제를 기본틀로 하는 대한민국 경제 구도의 설정에 그야말로 연구실에나 있어야 함직한 '한국 경제학자들'이 주도적 역할을 하였음은 그 무슨 국가 기밀도 아닌 것이다. 더 나아가 애덤 스미스 이래 경제학자들은 자본권력 못지 않는 지식권력으로 시장경제의 판세를 좌우해 왔고 이 점에 대해서는 케임브리지대학 경제학과의 장하준 교수가 증언한 바 있다. 즉, "경제학자들은 2008년 위기를 불러올 환경을 만드는 데 중요한 역할을 해왔다. 사실 그들은 1982년 제3세계 채무위기, 1995년 멕시코 페소 위기, 1997년 아시아 금융위기, 1998년 러시아 위기 등 1980년대 초 이후 크고 작은 수십 개의 금융위기에도 책임이 있다. 금융 규제 철폐와 무제한적 단기 이윤 추구를 이론적으로 정당화해 준 것이 바로 그들이다. 더 넓게 생각하면 그들은 경제성장의 둔화, 고용 불안과 불평등 악화, 그리고 지난 30년간 전 세계를 괴롭혀 온 잦은 금융위기를 불러온 정책을 정당화하는 이론을 주장해 왔다. 그에 더해 그들은 개발도상국의 장기 발전 전망을 약화시켰다. 부자 나라에서는 사람들로 하여금 새로운 기술의 위력을 과대평가하도록 유도했고, 사람들의 생활을 점점 더 불안정하게 만들었으며, 경제에 대한 국가의 통제력이 상실되는 현상을 모르는 체하도록 했고, 탈산업화 현상에 안주하도록 만들었다. 게다가 대부분의 사람들이 바람직하지 않다고 생각할 만한 경제 현상들, 즉 점점 심화되는 불평등, 지나치게 높은 경영자들의 보수, 가난한 나라 사람들의 극심한 빈곤 등은 이기적이고 합리적인 사람의 본성과 각자 생산 기여도에 따라 보상 받을 필요성을 감안할 때 모두 피할 수 없는 현상일 뿐이라고 주장해 왔다. 다시 말해, 경제학은 그저 실생활에서 동떨어진 것 이상의 우를 범한 것이다. 지난 30여 년 동안 경제학이 한 짓은 사람들에게 실제로 해를 끼쳤다"(장하준, 《그들이 말하지 않은 23가지》(2014) 중 〈Thing 23 좋은 경제정책을 세우는 데 좋은 경제학자가 필요한 건 아니다〉).

나는 경제 '학자'들의 말을 들을 때마다 그들이 말하는 경제가 정말 내가 사는 그 경제가 맞는지 항상 의문을 품어 왔다. 그리고 그런 의문이 들 때마다 나와 같은 의문을 품은 것으로 확신하는 '경제'학자 한 분이 말하는 경제를 들어 보려고 애써 왔다.

이병천 선생은 내가 철학에서 학문생활을 하기 이전에 이미 경제학으로 학문의 길을 시작하신 '학계의 선학(先學)'이지만 한국 경제'학'에서 말하는 경제가 정말 우리 시민들이 사는 그 '한국 경제'가 맞는지 줄기차게 검증을 해온 그 이력에서는 '인생의 향도(嚮導)'이셨다. 선생의 논문이나 책의 제목들을 보면 선생은 마치 경제학자나 경제학과 교수가 아닌 것처럼 보인다. 정치학자들이나 물음직한 박정희 정권이나(《개발독재와 박정희 시대》, 2003) 대한민국을 묻는가 하면(《다시 대한민국을 묻는다》, 2008), 조금은 생경맞게 한국의 민주주의와 자본주의를 묶어(《한국의 민주주의와 자본주의》, 2016) 글들을 모은다. 그러나 이런 책들에서 담론의 핵심은 그야말로 '우리가 매일 살아가는 그 한국의 경제'인데, 이런 거시적 구도 안에서 '경제'는 그야말로, 세상의 도리에 따라(經世) 백성들의 삶을 평안하게 한다(濟民)는 동양의 구도에 맞추어 이 도리와 삶을 모두 꾸리는 살림살이(oikos)야말로 경제라는 서양의 어원적 개념도 모두 충족시키는 혈맥의 위상을 지닌다. 이런 발상에 따르면 경제는 경제'학'의 대상이 아니라, 정의를 비롯한 윤리규범뿐만 아니라 효율성이나 공정성 같은 수단적 가치들, 이타성과 이기성이 서로 얽혀 있는 인간관계, 산업화 초기에서 제4차 산업혁명을 추정하는 생산력 변천 속에서 그 양태를 달리하는 자본주의 생산관계 그리고 나아가 대한민국 헌법 체계와 그 안에서 엇나가는 경제대중의 부채관계 등, 그야말로 수많은 관계와 규범들이 얽히고설켜 그 안에서 우리 시민 개개인이 꾸려 가는 '살림살이' 그 자체가 경제임이 드러난다.

스미스에서 마르크스에 이르는 고전적 정치경제학의 패러다임을 이으면서 칼 폴라니의 '생활로서의 경제'라는 컨셉으로 한국 경제를 보려는 이병천 선생의 필생의 노력은 한 마디로, '경제'학의 이름으로, '경제가 있어야 할 곳'

에 '경제'를 갖다 놓으려는 때마다의 학문적 시도라고 요약할 수 있다. 그리고 경제'학'에 대해서, 나아가 '경제'에 대해, 우리의 삶과 관련하여 누구든 물을 수 있고 묻고 싶어하는 아주 근본적인 문제를 그때마다 제기한다. 즉, "그 경제학으로, 또 그 경제로, 우리 살림살이는 제대로 꾸려질까요?" 아니면 "그런 경제학과 경제로 우리 살림살이는 좀 나아지는 건가요?"라는. 이 물음이야말로 그야말로 경제학과 시대마다의 경제가 대답해야 할 경제의 가장 근본적인 문제, 즉 경제철학 수준의 문제이다. 이병천 경제학의 학도로서 나는 추상적인 계량 모델과 아주 선동적인 경제명제 그리고 강압적인 경제정책들이 나날이 꾸려져야 할 우리 살림살이에 어떤 의미를 함축하고 있는지를 끈질기게 묻는 '이병천 경제학'을 통해 내 나름의 경제인문학(經濟人文學)을 열어 갈 단서를 얻어 왔다.

이런 이병천 경제학에 아직은 그 어떤 은퇴는 없다고 생각한다. 왜냐하면 선생의 경제학은 항상 모순과 위기 속에서 약동하는 경제생활 그 안에서 계속 경제가 있어야 할 자리, 경제가 해야 할 구실을 탐색해 왔기 때문이다. 나는 이번 《법고창신의 경제학》으로 이제 이런 탐색의 여정이 그 시작을 마무리하는 것으로 본다. 그리고 이와 같이 '경제철학적 물음'을 사고 단서로 하고 '경제인문학의 관점'으로 시장 안에서 살아가는 다양한 시민생활을 대한민국의 국가경제와 지구시장의 맥락 위에 출연시키면서, 이 시민들의 행복을 위해 살림 구석구석에 안정된 소득과 고용이 분배되고 순환되는 과정을 설계하는, 한국 경제학에 있어 전대미문의 과제가 달성되는 그 순간 '시민경제학'이 등장할 것이다. 이렇게 시민경제학의 호출이 끝나는 그때 비로소 이병천 선생은 은퇴할 권리가 생기리라 믿는다.

[차례]

서장

우리 경제학의 법고창신을 위하여, 작은 디딤돌 하나

이병천

위태로운 전환의 시대에
우리의 창조적 조정의 자유를 확대하기 위해,
우리의 생존기회를 높이기 위해
인간의 물질적 살림살이라는 문제를
전면적으로 재검토해야 한다.
–칼 폴라니

여기서 내가 말하려는 것은 무슨 특별시에 사는 사람들의 특별히 고상하게 잘 먹고 잘 사는 문제가 아니다. 나는 대다수 보통 사람들, 보통 시민들의 소박한 희망, 평범한 내 이웃 여남노소의 간절한 희망에 대해 말하려는 것이다. 그들은 안정적으로 먹고살기 위해, 그리고 더 나은 삶을 살기(living well) 위해 물질적 필요가 충족되기를 원한다. 함께 같은 배를 타고 가는 시민들의 공동체라면 그 무리들의 공공의 일에서 우선적 경제 문제란 구성원들이 육체적 생존은 물론 더 좋은 문화적 · 정치적 삶의 기회를 가질 수 있도록, 좋은 삶을 위한 역량을 키울 수 있도록 기본적 시민권으로서 항산(恒産), 즉 실체적 경제의 굳건한 기반을 보장하는 것이다. 어떤 이들이 "바보야 문제는 경제야"라고 했을 때 문제의 경제란 다름 아닌 바로 이것이다.

선량한 보통 사람들이 괜찮은 생업(生業)을 갖고 안정적으로 소득을 얻고 안정적 거주처를 갖고 삶의 현재 필요와 미래 불안에 대처할 기초적 복지와 자산 기반을 보장 받는 사회, 그러면서 단지 더 많은 물질적 재화의 소유와 소비에 매달리거나 내몰리지 않는 사회, 물질적으로 다소 적게 갖는다 해도, 다소간 물질적 불평등이 존재해도 저마다 존엄한 인간과 시민적 주체로서 역량을 키울 수 있는 사회, 그들이 일과 삶의 균형('워라밸')을 되찾아 이웃과, 자연과 유대감을 갖고 더불어 살아가는 사회, 시장가치로는 별 볼 일 없다 해도 '돈으로 살

수 없는 것들'[1]이 갖는 가치의 소중함을 인정할 줄 알고 저마다 좋은 삶을 추구할 수 있는 사회, 이런 정의로운 사회를 갖는 것이 그렇게도 어려운 일인가? 무슨 까닭에 오늘날 우리 시대 다수 보통 사람들, 보통 시민들은 더불어 사는 실체적 경제의 기반을 잃고 이토록 거대한 불평등과 지대 수탈, 부패 비리로 얼룩진 신도금시대와 마주해 '프레카리아트'로서 위태로운 각자 도생의 불안의 삶을 살며 떨게 되었나? 숱한 세월 동안 경제학 그리고 경제학으로 밥을 먹고 살아온 사람들, 경제정책가들은 무슨 일을 했나? 자기 조정 시장의 환상을 유포해 온 지배적 경제학은 너무 많은 죄를 지었다. 그러나 책임은 그들에게만 있는 것은 아니다. 시장처럼 보기, 국가처럼 보기 이 두 가지 거대한 미망에서 벗어나 새로운 창조적 다원주의 길을 개척해야 한다.

나는 묻는다. 소박하면서도 얼마든지 다채롭고 풍요로울 수 있는(human flourishing) 우리들의 살림살이는 왜 불가능한가. 어떻게 무너진 경제를 다시 일으켜 세워 그것이 있어야 할 제자리에 가져다 놓을 것인가?[2] 경제학이라는 말의 본 뜻, 즉 '오이코노미아'(oikonomia, *οἰκονομία*) 또는 '경세제민'(經世濟民)이라는 말의 참뜻은 보통 사람들의 안정된 살림살이 방도에 대해 절실하게 묻고 그 해답을 찾고자 했던 것이 아니던가?[3] 유능한 경세제민책과 억강부양책으로 특권층의 고삐 풀린 기득권과 무책임 지배 체제를 견제하고 지혜롭게 조율하는 방도를 찾는 것, 보통 사람들이 튼튼한 항산의 기반을 갖게 하고 항산이 있어 항심(恒心)의 덕을 키우며 인간으로서, 시민으로서 좋은 삶을 위한 역량을 키울 수 있

1 마이클 샌델, 《돈으로 살 수 없는 것들 – 무엇이 가치를 결정하는가》, 와이즈베리, 2012.
2 홍윤기, 〈'경제가 있어야 할 곳'에 '경제' 갖다놓기〉, 이 책 축사.
3 이병천, 〈경제문명사와 실체적 비시장경제학〉, 이 책 제4장 참고. 좋은 삶을 위한 역량 접근과 행복 접근의 대화에 대해서는 L. Bruni, F. Comim & M. Pugno, eds., *Capabilities and Happiness*, Oxford University Press, 2008 참고.

는 살림살이와 제도적 조정 방도에 대해, 나아가 민생주의와 민주주의가 공진하며 선순환하는 길에 대해 묻고 답하는 것이 경제학의 본령이 아니었던가.

이전 사람이 한 말이라 해서 이미 지나간 말이라 생각한다면 이는 큰 착각이다. 연암 박지원은 우리에게 "옛것을 본받으며 새로운 것을 창조한다"(法古創新)라는 말을 남겼다.[4] 그는 잘 알려진 대로 조선을 망친 독단적 소중화주의와 북벌 도그마와 대결하며 당대 '빨갱이' 사상이라 할 북학의 깃발을 높이 올린 사람이다. 그렇지만 그는 또한 아무리 좋다 해도 옛것, 중국 것을 모방하는 데 급급하지 말라, '오랑캐'라면 오랑캐답게 "지금 조선의 시를 쓰라"라는 말도 했다. 연암의 깨어 있는 법고창신의 정신은 단지 문예만이 아니라 경제학도 겨냥하고 있다. 오늘날 살림살이 경제학의 새 길은 이 같은 이전 사람의 가르침을 저버리고 달리 열리지는 않을 것이다.

오해하지 말자. 법고(法古)는 결코 고루한 훈고(訓詁)가 아니다. 죽은 훈고가 아니라 제대로 살아 있는 법고를 해야 한다. 법고 없는 창신은 위태롭다. 그러나 창신 없는 법고는 어둡다. 법고와 창신은 두 바퀴로 공진한다. 법고와 창신의 두 바퀴로 가는 살림살이 경제학은 자폐적 독단주의를 단호히 배격한다. 두 바퀴 경제학은 다원적 · 다중심적 사고가 여는 창조적 혁신의 가능성과 민주적 실험주의를 주창한다. 또한 이 다중심적 실험주의 경제학은 경제의 시공간적 착근성, 국민적 · 지역적 다양성의 경제학이다. 오늘날 법고창신의 경제학을 도모하는 자는 '민족지식인'으로서 새롭게 '조선의 경제학'을 해야 할 것이다.

이 책은 편자의 강원대학교 정년을 기념하는 의미로 만들어진 두 권의 책

4 김영, 〈법고창신의 학문 자세〉, 이 책 축사.

중 제1권(경제사상과 전환시대 자본주의)에 해당한다. 편자의 청탁 취지는 간단했다. 한국의 지난 경제학 연구 경과와 오늘의 상황을 되돌아보고 타성을 벗어나 한 마디라도 소신껏 법고창신형 발언을 해주기 바란다는 것이었다. 오직 그것일 뿐 나머지는 자유롭게 쓰라는 것이었다. 1부, 2부로 나눈 것은 흐릿한 윤곽이 있었을 뿐 처음부터 계획한 것은 아니었고 입고된 원고의 내용을 보고 정돈한 결과이다. 글쓰기의 자유도가 높았음에도 불구하고 나름대로 책의 모양새가 갖추어진 것 같아 다행이라 생각한다.

경제학은 원래 윤리학과 불가분의 관계에 있었다. 그리고 여기에 인류학이 동참해 트리오로 갈 때 경세제민 또는 오이코노미아로서 살림살이 경제학이 비로소 있어야 할 온전한 제자리를 찾을 수 있다. 제1부에서 이양수, 박지웅은 각각 아마티아 센의 역량 중심적 정의론과 사회적 선택론(불가능성 정리)을 가지고, 최정규는 호모 이코노미쿠스를 넘어서는 이타적 협력론을 가지고, 그리고 이병천은 경제문명사의 대륙으로 나아가는 폴라니의 실체적 경제학을 가지고 경제, 윤리, 제도, 문명을 둘러싼 문제들을 논하고 있다. 이어 책의 제2부에서는 현대 자본주의의 전환이 제기하는 여러 도전적 문제군, 그리고 이에 대해 정치경제학의 다기한 대응 양태 및 해법을 보여 주는 글들을 담고 있다. 마르크스주의의 위기, 자본주의의 공간 생산과 수탈에 의한 축적, 금융 불안정성과 완전고용, 소유와 지배의 분리, 4차 산업혁명과 가치론, 인지자본주의와 기본소득, 세계화의 균열과 트럼프 현상 등의 주제가 2부를 수놓고 있다. 그리고 등장 인물로는 스위지, 하비, 네그리와 하트 등 마르크스적 계열, 포스트케인시언인 민스키, 제도경제학의 선구자인 베블런과 벌리 · 민즈, 정보경제학과 불평등 연구의 대가인 스티글리츠 등이 위 주제들을 감당하는 주인공 역할을 떠맡고 있다.

이 책에 실려 있는 글들은 우리 경제학의 쇄신과 전환시대 자본주의의 해명을 위해 사이좋게 서로 보완재 역할을 해주면서도, 적지 않은 견해의 차이 나아가 어쩌지 못하는 대립도 내포하고 있다. 법고창신의 길에 어찌 진통이 없을 것인가. 나는 이렇게 여러 분면에서 보완과 경합을 거치면서 법고창신의 살림살이 경제학의 길이 열리지 않을까 기대하고 있다. 위태로운 전환의 시대 막막한 길 위에서 아리아리.

제1부 경제학, 윤리학, 인류학

제1장

정의와 역량: 역량 중심 접근에 대한 비판적 고찰

이양수

누군가를 좋아하면 그 사람이 살기를 원하고
누군가를 미워하면 그 사람이 죽기를 원한다.
재물 때문이 아니라면 단지 사람의 차이만이 그렇게 할 수 있다.
(愛之欲其生 惡之欲其死 旣欲其生 又欲其死 是惑也 誠不以富 亦祇以異)
–공자, 《논어》, 〈안연〉, 12:10

배고픔을 겪는 사람은 배고픔을 겪지 않은 사람의 논증으로 설득되지 않는다.
–섹스투스 엠피리쿠스

1. 불평등과 역량 접근

평등사회의 구현은 정치의 숙원이자 과제로 간주되어 왔다. 불평등과 양극화는 사회 존립을 위태롭게 하고, 인간답게 살 기회를 박탈하는 무서운 전염병과 같다. 엄청난 양의 경험적 지표, 자료들이 이를 입증한다. 불평등의 해소와 극복은 정치철학의 오랜 숙제로, 정치경제학의 진정성을 가늠하는 척도로 받아들여 왔다. 특히, 20세기 정치철학은 불평등 해소를 위한 이론적 대안 모색을 주요 기조로 삼아 왔으며, 그 결과 평등사회를 향한 제도의 규범과 그 원리를 탐색해 왔다. 그중에서도 20세기 정의 담론은 불평등 문제에 따라 이정표를 세운 시도로 인정되었고, 윤리나 정치 문제와 같은 실천 문제들을 통합하려고 한다.

불평등의 문제는 근대 사회의 고유 문제는 아니었다. 이미 고대 그리스 사상에서도 불평등의 문제는 심각한 논의의 대상이었다. 물론 고대 논의는 정의(justice)의 시각에서 본 불평등에 중점을 두었고, 소득이나 평판의 격차를 줄이기보다는 협동과 상생, 보상의 정당성 문제에 치중하고 있다. 고대인들은 정치공동체의 목적이 사회협력을 통한 평등사회의 구현에 있다고 보았다. 그들에게 불평등은 정치공동체를 붕괴시키는 내부 문제였고 법적 평등사회의 구축은 불평등에 대한 고대인 나름의 해법이었다. 그 성공의 열쇠는 비례적 평등을 제도화하는 것이다. 정치공동체의 평등은 재화와 서비스에 대한 분배 기능을 하나의 통합체로 구축함으로써 달성된다. 정의의 본래 목표가 이런 통합체의 구축이었던 것이다.

정의의 첫 번째 역할은 이질적인 기능을 통합하는 것이다. 정의의 관점에서 정치공동체는 다양한 사회구성원과 직무를 통합하고 그 직무에 합당한 비례적 평등을 구현해야 한다. 물론 개인의 자질과 능력에 바탕을 둔 직무 각각은 이질적이지만, 공동체의 생산성을 높이기 위해 통합되어야 한다. 그러므로 정치공동체의 역할은 이중적이다. 무엇보다 개인의 자질과 능력 차이를 사회협력의 동력으로 삼아 생산적인 공동체로 만들어 내야 하는 목표 설정이 그 첫 번째 역할이고, 동시에 공동체 성원의 기여에 따른 상이한 공적을 평가하고, 그에 합당한 평등정책을 시행해서 정치공동체가 생산적이고 지속적인 정치적 안정을 꾀해야 하는 임무가 그 두 번째 역할이다. 고대의 논의는 상생과 협동 공동체의 유연성에 기대어 불평등의 문제를 해소하려고 한다.

개인 간 격차 해소에 초점을 맞추는 노력은 근대 시각에서 뚜렷해진다. 근대 관점은 평등에 대한 새로운 통찰에 입각하고 있다. 고대 논의에서 본격적으로 제기하지 않았던 개인의 선택, 자기 결정을 천부 권리로 상정하고 있기 때문에 기회균등(equality of opportunity)의 문제는 개인 간 격차를 줄이는 이념 틀로 작동된다. 기회균등의 이념은 자원, 사회적 효용의 동등한 분배를 목표로 한다. 물론 분배 주체도, 분배 방식도 논란거리인 탓에 그 동등성을 따지기가 쉽지 않다. 그 때문에 '동등한 분배'라는 말 자체도 모호하기 그지없다. 그럼에도 기회균등 이념은 근대 주류 정치 활동의 근간으로 작용해 왔다. 일반화의 위험을 무릅쓰고 거칠게 표현하자면 근대의 정치적 입장은 기회균등의 대립된 시각을 대변한다. 우파는 국가의 간섭 없는 개인 선택의 확장을 기회균등으로 해석하고, 좌파는 적극적인 국가 개입을 통한 공정한 기회균등의 실현을 정치목표로 상정해 왔다. 좌우 진영 논리로 대변되는 앙숙관계는 기회균등 원리에 대한 현저한 입장차로 설명되곤 한다.

20세기의 주도적 평등사상은 주지하다시피 공리주의로 대변되는 결과 평등주의이다. 결과 평등주의는 자원, 효용의 평등한 결과를 지향한다. 공리주의적 결과 평등주의 접근은 성장 주도의 평등정책을 선호한다. 성장이 곧 발전이라는 등식을 시대가치로 받아들이고 있기도 하지만, 결과 중심의 책임을 앞세우는 현대 정치문화도 결과 평등주의를 받아들이는 데 기여를 했다. 현대는 부의 증식을 성공으로 받아들인다. 이런 문화 배경에서 자연스럽게 결과 평등주의가 정치적 이상으로 귀결되었다. 하지만 결과 평등주의는 이론적 한계에 봉착한다. 그 주요 비판의 요지는 결과를 중시하는 풍토에서는 민주주의 절차가 무시되고 참여자의 의사가 반영되지 못한다는 것이다. 뭐로 가든 결과만 좋으면 된다는 식의 사고 방식은 절차를 무시하곤 한다. 더욱이 결과 평등주의가 수용하는 다수결의 절차 원칙은 소수의 의견에 귀를 막고 약자의 보호라는 윤리 규범을 묵살하는 제도장치로 활용되곤 한다. 존 롤스(John Rawls)의 《정의론》(*A Theory of Justice*)은 이런 결과 평등주의에 반기를 든 이론적 대안이다. 그의 정치적 자유주의는 한층 공정한 절차를 통한 불평등 해소의 길을 열어놓는다.[1)]

---

1 John Rawls(1971). 1999년에 Oxford University Press에서 이 책의 재판이 출간되었다. 이하 이 책을 TJ라 약칭하고 재판 쪽수를 표기할 것이다.

롤스의 정의이론에서 눈에 띄는 특징은 정의 시각의 부활이다. 정의는 사회의 기본 구조를 결정하고 공적 결정을 제약한다. 각 개인들은 사회의 기본 구조의 틀 안에서 선택하고 평등을 모색한다. 물론 롤스의 접근 방식도 기회균등 원리를 제도 원리로 확장한다. 기회균등의 평등 원리는 자유 원리에 종속적이다. 정치공동체의 존재 근거가 사회성원 모두에게 균등한 기회를 주는 데 있기 때문에, 개인 선택을 능가하는 정치공동체의 의무는 존재하지 않는다. 개인의 정치적 자유는 신성불가침의 권리이다. 정의로운 제도 원칙은 소수의 의사도 배제하지 않아야 한다. 공동체의 규범은 무제약적인 자유를 갈망하는 개인의 선택에 한계선을 긋는다. 롤스는 재능과 능력의 불평등한 상황에서 공동체의 생산성을 향상하면서 평등사회로 점진적 발전이 가능한 공동체의 운용 방식을 찾았다. 그러나 롤스의 시도는 좌우 진영 모두에게 환영을 받지 못했다. 우파는 국가의 적극적인 개입을 못마땅해 했으며, 좌파는 롤스의 시도를 불평등을 용인하는 수정주의자의 변용으로 간주했다. 자유냐 평등이냐의 양자택일적 좌우 이념 대립 도식에서 롤스 이론이 해석된다면, 그의 노선은 완전한 자유도, 완전한 평등사회도 구현할 수 없는 어정쩡한 중도의 길을 걷는 것처럼 보인다.

이런 비판은 정의 담론의 특성을 간과한 피상적인 비판이다. 정의 담론의 특성은 개인 역량과 공동체의 관계에서 뚜렷해진다. 개인의 자유 중심의 담론은 특정 재능에는 민감하게 반응하지만, 공동체의 잠재역량에는 둔감하게 대응한다. 개인의 선택을 현재 욕망의 실현 여부로 판단한다. 제도 차원의 정의는 개인과 공동체의 잠재 능력을 확장한다. 정의 담론의 특징은 당장 실현되는 욕망뿐만 아니라, 구성원의 잠재역량까지 포함한다는 것이다. 따라서 개인 선택은 공동체의 기능 측면에서 고려되고, 개인 능력과 자질 또한 그 기능에 비추어 잠재역량으로 평가된다. 개인 능력과 자질의 차이는 사회성장의 동력이며, 그저 개인 욕망을 충족하는 수단 이상의 의미를 띤다. '공동 자산'(common asset)으로서 개인 능력과 자질을 말하는 이유이기도 하다. 이렇게 보면 정치공동체는 자유지상주의자들이 강조한 최소 기능 이상으로 기능한다. 국가의 재분배 기능은 사회 · 경제 · 문화의 불평등을 조절한다. 개인 능력과 자질의 차이를 생산적인 공동체로 만들어 내는 데 국가의 적극적인 개입이 정당화된다. 자유냐, 평등이냐라는 정쟁 또는 이념의 대립적 시각은 이런 정의의 특성을 이해하지 못한 것이다. 현실 공산주의 체제 붕괴 이후 롤스 이론이 활발하게 다루어진 데는 이런 특성과 무관하지 않다. 정쟁의 시각이 아닌, 정의의 독특한 문제 틀에서 기회균등의 문제가 제기된 것이다.

롤스 정의이론의 타당성은 정의 담론의 시각 내에서 활발하게 논쟁 중이다. 논의의 핵심으로 롤스 철학을 지배하는 규범적 접근의 타당성 문제 못지않게, 분배 주체, 분배 방식의 문제도 집중 논의되고 있다. 포괄적인 주제의 특성상 롤스를 향한 비판적 시선은 다각화되어 있고, 학제 간 관심의 대상이 되고 있다. 하지만 많은 비판 중에서 단연 이목을 끄는 접근은 아마티아 센(Amartya Sen), 마사 누스바움(Martha Nussbaum)이 주도한 역량 중심 접근(capablity focused approach), 또는 역량 접근(capability approach)이다(이하 역량 접근이라 통칭한다). 1980년 이후 꾸준히 이론을 확장해 온 역량 접근 방식은 아리스토텔레스, 애덤 스미스, 마르크스로 이어지는 현실 개혁의 정치전통을 계승 · 발전시키고 있다. 그 양상도 매우 다양하며, 함의 또한 다원적이다. 그럼에도 정의와 평등에 관련해서 역량 접근은 새로운 대안으로 널리 인정되고 있다. 이론적 대안 모색뿐만 아니라. 현실 개혁적 실천방안도 적극적으로 모색하고 있는 시도로 평가되고 있다. 따라서 역량 접근의 이론적 전제는 무엇이고, 그에 입각한 실천방안이 또 무엇이고, 역량 접근이 과연 이론적으로 타당한지는 극심한 불평등을 겪고 있는 우리 처지에서도 복기해 볼 만한 주요 주제들일 수밖에 없다.

이 글은 역량 접근의 단순한 소개 수준을 넘어 그 이론적 가능성과 한계를 검토한다. 다시 말하면 역량 접근의 합리적 설명에 내포된 그 이론적 전제를 살펴보고, 그 타당성을 검토하는 것이 이 글의 추가 목표이다. 이를 위해 대략 세 가지 방향에서 이 글의 논의가 전개된다. 먼저 역량 접근의 근간이라 할 롤스 정의이론의 특성을 고찰한다. 재분배의 대상인 '사회기본가치'가 이 과정에서 역량과 연관되는 근거를 찾아보고, 그 논거들의 타당성을 따져 본다. 그 다음으로 역량 접근의 근본 전제들을 검토한다. 특히, 기존 논의와 비교해서 그 차이를 살펴보고 이를 바탕으로 역량 접근 고유의 토대를 추적한다. 이 절에서 행위 주체, 자유의 문제가 역량 접근에서 근본적인 이유를 살펴보고, 누스바움과 달리 센이 제기한 실질 기능의 문제가 왜 중요한지 검토한다. 마지막으로 역량 접근에 내포된 여러 철학적 가정들을 비판적으로 살펴보면서, 정치의 특수성 측면에서 이 가정들이 왜 중요한지에 대해 검토한다.

2. 롤스와 차등 원칙

롤스의 정의이론은 국가 재분배 기능에 힘입어 사회 불평등을 해소하려는 시도이다. 그의 이론은 기존의 주도적인 결과 중심 접근을 거부하고, 동기 중심의 규범적 접근을 선호한다. 그의 이론은 20세기를 주도한 공리주의 접근과 대척점을 이룬다. 물론 두 접근 방식에는 공통적인 요소가 많다. 기본적으로 공리주의와 롤스의 접근은 자원과 사회적 효용의 재분배로 사회의 생산성을 추구한다는 점에서 공통적이다. 하지만 그 차이가 더 부각된다. 롤스는 단순 소득보전(補塡) 방식을 택하는 공리주의 접근을 거부하고, 사회적 약자의 능력과 자질이 우선시될 수 있는 대책을 강구한다. 약간 거친 표현으로 말하자면 공리주의 입장은 소득격차를 줄이려는 것이고, 롤스의 입장은 역량의 격차를 줄이려는 것이다.

공리주의 접근은 소득 총량의 증가에 주목해 불평등 해소의 기반을 강조한다. 국민 총소득의 증대는 곧 각자에게 돌아갈 분배 몫의 증대, 즉 개인 소득의 증가로 해석된다. 개인 소득의 증가는 개인 선택 폭의 향상으로 해석되고, 개인 선택 폭의 향상은 불평등을 스스로 해결할 수 있는 능력의 향상으로 이해된다. 이런 소득보전 방식은 대부분의 나라가 널리 채택하고 있는 전형적인 방식이다. 국민총생산(GDP) 수치는 평등의 지표로, 불평등을 해소하는 지표로 받아들인다. 따라서 공리주의 논변은 지극히 상식의 수준에 호소한다. 큰 떡일수록 배분 몫도 커지고, 각자의 배고픔도 줄어들 것이라 기대한다. 이런 통념은 선(先)성장 후(後)분배 정책을 택하는 공리주의 접근의 이념적 근거로도 작동한다. 이렇듯 공리주의 접근은 부를 향한 열망을 키우고, 성장의 정치적 수사를 사회 전 영역으로 확대시킨다.

롤스의 도전은 공리주의 접근의 도덕적 한계에 초점이 맞추어져 있다. 비판의 요지는 공리주의 사회선택이론이 도덕적 타당성을 확보하지 못한다는 것이다. 각 인격은 인간 존엄성의 토대인데, 공리주의는 인격의 차이(separateness of person)를 적절하게 다루지 못하고 있다(앞으로 논의되겠지만 개별 인격의 차이는 정치공동체의 특성인 다수성과 밀접하게 연관된다). 롤스에 따르면 공리주의 접근은 윤리의 주체와 생산관계의 주체 간 차이를 묵살하고, 인격관계를 생산관계로 바라보는 오류를 범하고 있다. 존중 대상이 되어야 할 인격을 생산 수단으로 간주하고 있다. 롤스 철학의 근거는 칸트이다.[2] 인격의 존엄을 최우선 과제로 대두시킨 칸트처럼 롤스도 정치적 자유를 정치적 주체의 천부 권리로 간주한다. 제도의 덕목인 정의 원칙은 인간 상호관계에서 생기는 갈등과 충돌을 중재하는 원리이자, 더 근본적으로 개별 인격의 이해관계를 하나로 통합하는 원리이다.[3] 이에 입각해 그는 다수의 미명 하에 희생을 정당화하는 공리주의 입장을 비판한다. 정의로운 제도는 사회적 약자를 보호해야 한다는 것이다.

롤스의 비판은 실천 측면에서 시사적이다. 공리주의의 성장 위주 정책을 비판하는 근거를 제시한다. 성장 위주의 정책은 극단적인 양극화 내지 빈곤을 양산한다. 성장 위주 정책은 잠재적 성장 동력보다 가시적인 외적 성장에 치중한다. 현실의 불평등에는 별로 주목하지 않은 채 성장 위주 정책은 맥시멈(maximum) 공리주의 전략을 채택해, 더 나은 성장을 위해 다수의 이익을 극대화한다. 성장의 달콤한 열매는 수많은 희생의 눈물을 자양분으로 삼는다. 대(大)를 위해 소(小)를 버려야 한다. 더 큰 떡을 위해 굶주린 배를 참아야 한다. 이런 일상의 수사에는 희생의 논리가 숨어 있다. 롤스는 다수를 위해 소수가 희생될 수 있다는 편견에 사로잡히면 공리주의 사고에 갇히고 만다고 주장한다. 롤스의 유명한 '원초적 입장'은 공리주의 논변의 거부 근거, 거부의 상징이다. 원초적 입장은 모두가 자율적이고 평등한 상황에서 선택하는 공정한 상황이다. 이 상황에서 모두가 공리주의 원칙을 거부하고, 롤스의 정의 원칙을 받아들일 수밖에 없는 이유를 제시한다. 물론 '원초적 입장'은 현실의 모든 이해관계를 벗어난 상황이기 때문에 이상적이다. 하지만 롤스의 도덕적 논변은 공리주의 접

2 롤스 철학을 칸트 철학과 같이 포괄적 교리로 해명하는 것은 《정의론》에만 해당된다. 1980년대 이후 롤스는 포괄적 교리가 아닌 정치적 정의 개념에 의존해 자신의 철학이 정당화될 수 있다고 주장한다.

3 롤스는 통합 원리로서 정의의 가능성을 이렇게 말한다. "이해관계의 동일성도 있다. 사회협력은 각자가 스스로 노력해 살아갈 때 가질 수 있는 것보다 모든 사람에게 더 나은 삶이 만들어지기 때문이다. 이해관계의 갈등도 있다. 사람들은 협력을 통해 생산된 더 많은 이득들의 분배 방식에 무관심하지 않기 때문이다. 그들의 목적을 추구하기 위해서 그들 각각은 적은 몫보다 더 큰 몫을 선호한다"(TJ, p. 4)

근의 한계, 동시에 일상생활의 관점에서도 도출될 정의 원칙의 조건에 초점을 맞추고 있다. 이렇게 얻어낸 정의 원칙은 현실 불평등을 해소하는 기준점이자 사회정의의 원동력이 된다.

롤스의 논의에서 놓치지 말아야 할 전제가 있다. 사회발전에 기여할 수 있다는 전제 하에 불평등을 용인하고 있다는 점이다. 침해될 수 없는 인격의 절대적 평등은 분명 권리로 인정되어야 한다. 개인의 재능 및 자질은 이질적이고 저마다 독특하다. 경제적 차원에서 이질적인 특성은 사회협력과 공동의 이익을 얻는 수단이 된다. 그러나 그 이질적 특성 때문에 제도 차원에서 절대적 평등이 달성되기 어렵다. 개성의 이질적인 특성은 정치 성립의 조건인 다수성을 뜻한다. 제도는 이 같은 정치적 자유와 경제적 자유의 역설이 수렴하는 지점이다. 경제적 자유를 앞세우면 정치는 소멸되고, 정치적 자유의 천부적 권리만을 내세우면 경제가 위축될 수 있다. 이 상황은 롤스의 입장에서 받아들이기 힘든 전제이다. 따라서 롤스는 사회발전에 기여할 수 있도록 불평등을 제도적 차원에서 조정할 수 있는 제도 원리를 찾아내려고 했다. 물론 불평등의 용인에는 중요한 단서가 붙는다. 사회적 약자의 동의가 반드시 필요하다. 여기서 말하는 동의란 자발적이고 강제 없는 승인을 뜻한다. 다시 말하면 사회적 약자의 동의는 사회적 약자에게도 이득이 됨을 뜻하며, 따라서 사회적 약자가 동의할 수 있는 제도의 배열 상태는 사회에도 유익함을 뜻한다. 원초적 입장에서 도출된 '차등 원칙'은 이런 추론에서 나온 것이다. 차등 원칙은 최소 수혜자에게 혜택이 돌아가는 (다시 말하면 최소 수혜자에게 이득이 되는) 평등의 원칙이다. 차등 원칙은 공정한 기회균등 원칙의 적용에서 유래하는 제도 차원의 불평등 해소 원칙이다. 최소 수혜자에게 혜택이 돌아갈 수 있도록 최소 수혜자에 대한 기회균등 보장이 차등 원칙의 핵심이다. 그러므로 차등 원칙은 이미 기득권을 누리고 있는 사람에게나, 앞으로 기회균등의 기회를 누릴 사회적 약자 모두에게도 유용하다. 원초적 입장에서 만장일치의 동의가 도출되는 근거가 여기서 나오고, 정치의 정당성뿐만 아니라 도덕의 당위성도 여기서 확보된다. 국가의 재분배를 통한 사회 불평등의 해소 또한 정당하게 수행될 수 있다.[4)]

공리주의를 향한 이런 비판들은 역량 접근에서도 나타난다. 역량 접근은 롤스의 공리주의 비판을 계승·발전시킨다. 실제로 역량 접근의 대표 주자인 센은 롤스의 접근을 역량 접근의 주요 동인이라고 고백한 바 있다.[5)] 역량 접근은 소득보전 방식의 불평등 해소 방안을 분명히 거부한다. 역량 접근 비판의 특징은 다음의 연결고리를 끊는 것이다. 첫째, 소득의 증가와 불평등의 상관관계를 끊고, 둘째 소득 증대와 행복의 상관관계를 거부한다. 요지는 행복의 정량적 척도로 불평등을 대체할 수 없다는 것이다. 기존 공리주의 관점은 행복의 기준점을 제시하고, 국가가 기준 미달 상태를 보전하는 방식으로 행복의 제도적 통제를 시행한다. 다음의 비유는 기존 논의를 잘 요약한다. 항아리에 10미터 이상의 물이 차야 행복 상태라고 정의할 때, 10미터 미만일 경우 행복하지 않은 것이다. 국가는 항아리 물이 10미터에 이르도록 물을 채워 넣는 방식으로 행복을 유지하려고 한다.

4 이미 지적했듯이 이런 생각은 급진 좌파의 논리와 상당히 거리가 있다. 급진 좌파의 전략은 모든 형태의 불평등을 일소하는 것이다. 하지만 롤스는 개인 자질과 재능의 차이에서 나오는 자연적 불평등은 근본적인 불평등이므로, 사회발전에 기여할 수 있는 방향으로 모색되어야 한다고 주장한다. 롤스는 개인 자질과 재능을 발휘할 수 없게 만드는 상황의 불평등이 문제이고, 이를 극복할 제도적 장치가 필요하다고 강변한다. 사회적 불평등은 정치공동체의 사회협력 차원을 붕괴시키고, 소수의 전유물로 전락시키기 때문이다. 이 이면에는 롤스의 중요한 전제가 작동한다. 정치공동체의 본래 목적, 특히 정의가 작동하는 사회의 목적이 각 구성원의 자질과 역량을 최대한 발휘하는 데 있다는 것이다. 아직 재능을 마음껏 발휘하지 못한 사람들도 마음껏 자기 재능을 발휘할 기회가 부여되어야 한다. 이런 생각은 한편으로 개인의 역량이 사회발전의 원동력임을 전제한다. 제도 차원의 적극적인 배려와 지원은 개인의 잠재역량을 찾아 키우는 것이다. 롤스의 정치적 전략은 제도적 차원에서 자원의 적절한 분배를 통해서 이런 목표를 달성하는 방책을 모색한다.

5 Amartya Sen(1992), p. 8.

하지만 소득보전 방식은 개인 역량을 드러내는 데 취약하다. 공리주의의 결과 평등주의는 개인 역량의 보고인 선택과 실천 이성의 역할에는 하등 관심을 두지 않는다. 소득의 결과만을 추종하다 보면 개인 역량에는 무관심해진다. 당사자의 선택의 자유보다 결과가 중시된다. 앞의 항아리 예로 다시 설명해 보자. 공리주의 접근은 항아리 물의 양에 주목할 뿐, 항아리 소유주의 선택이나 과정에는 별 관심이 없다. 소유주의 자유, 그의 미래적 전망도 관심 밖이다. 국가의 입장에서 항아리 물을 어떻게 사용하든 상관없다. 국가의 입장에서는 기준점을 통과했느냐 미달했느냐가 중요하고, 국가의 역할은 그 격차를 보전하면 그뿐이다. 그렇지만 항아리 소유주의 선택은 여러 달갑지 않는 문제를 야기한다. 가령 극심한 가뭄이 들면 국가는 급수정책을 시행한다. 국가는 동등한 양의 급수를 할 것이다. 하지만 물을 어떻게 활용할 것인지는 사용자의 선택사항이다. 식수로 사용하거나 화단에 물을 줄 수 있다. 물놀이용으로 귀중한 물을 한 번에 써버릴 수도 있다. 국가는 물의 사용에 대한 포괄적 금지 조치만을 내릴 수 있을 뿐이다. 이런 상상이 말하는 바는 분명하다. 재분배에 따른 당사자의 선택에서 파생하는 불평등이 전혀 고려되지 못한다는 것이다.[6] 자원의 동등한 분배를 한다고 해서 개인의 자유를 제한하는 도덕적 근거가 되지 못한다. 자원의 동등한 분배와 개인의 자유는 별개의 문제이다. 이런 사례들은 소득 격차를 소득의 보전으로 해결하는 복지국가 모델의 이론적 파산으로 받아들여진다.

이 문제는 역사적으로도 시사성이 크다. 1980년 이후 득세한 미국의 신(新)

6 이런 문제 설정이 드워킨(Ronald Dworkin)의 '자원의 평등'(equality of resource) 개념에서 발견된다. 그는 개인 차이를 고려한 재분배 방식을 검토한다. 그의 논의는 역량 문제와 다른 복잡한 문제를 제기하기 때문에 이 글에서는 본격적으로 논의하지 않을 것이다. 드워킨의 논의에 대해서는 Ronald Dworkin(1981), pp. 185-246, 283-345를 참고하라.

우파는 자원의 동등한 분배가 도덕적 해이를 조장해 공동체의 기반을 무너뜨린다는 논리로 정치적 성공을 거두었다. 복지국가 모델로 무장한 미국 좌파의 강력한 비판자로 신우파가 등극한 데는 미국식 복지국가 모델에 내포된 무임승차, 무책임 문제가 크게 작용했다. 이런 정치 논쟁의 이면에는 자유에 대한 상이한 생각이 자리 잡고 있다. 개인 선택이 정치 논란의 대상이 되면서 당사자의 자유를 고려하지 않은 자원 분배의 정당성이 도마에 올랐다. 물론 당사자의 자유가 훼손되지 않아야 한다는 소극적 입장에서 서 있을 수 있다. 자유지상주의처럼 국가의 재분배 기능을 자유의 약탈행위로 간주할 수 있을지 모른다. 하지만 역량 접근은 소극적 입장을 비판하고, 당사자의 자유가 구체적으로 실현될 수 있는 기회까지 포함되어야 한다고 주장한다.7) 역량 접근에 따르면 국가는 단순히 선택의 자유를 권리로 보장하는 소극적인 자세를 넘어서, 당사자의 자유를 실질적으로 신장할 수 있는 적극적인 조치를 취해야만 한다. 역량 접근은 이런 구체적인 자유에 주안점을 두고, 적극적인 자유의 확장을 도모한다.

이런 시각은 불평등을 대하는 방식에서도 고스란히 드러난다. 기존 입장에 따르면 불평등은 소득의 결핍으로 해석된다. 부족한 소득은 성장을 통해 채워 넣으면 그뿐이다. 역량 접근은 불평등과 빈곤을 구분하면서, 소득의 보전으로 해결될 수 없는 빈곤의 특성을 강조한다. 기준 수치의 부족이 불평등이라면, 빈곤은 자유의 박탈을 의미한다. 불평등한 상황이 모두 빈곤 상황은 아니다. 빈곤은 소득 없는 상황뿐만 아니라, 자기 자신을 드러내고 표현할 기회 박탈 상태를 가리킨다. 강요된 자유의 박탈 상태일 수 있다. 박탈된 자유는 소득의 보전

7 소극적 자유와 긍정적 자유의 구분은 벌린(I. Berlin)의 유명한 1958년 논문 〈자유의 두 개념〉에서 나타난다. 벌린은 긍정적 자유를 입각한 합리주의 정치철학의 위험성을 경고하면서 소극적 자유에 기반한 정치철학을 현대 다원주의 사회의 대안으로 제시한다. 센은 역량 접근이 벌린과의 논의에서 얻어 낸 성과물임을 인정하면서도 긍정적 자유를 구현할 수 있는 쪽으로 중심축을 이동하고 있다. 벌린 논의에 대해서는 Isaiah Berlin(1969)을 참조하라.

으로 회복될 수 없다. 자유는 실현되는 것이므로 추상적인 자유보다 구체적인 자유의 상태에서만 회복 가능하다. 자유의 회복은 곧 역량의 발휘 상태이다. 역량의 복원이 자유의 효력(effective freedom)과 떨어질 수 없는 이유이다. 자유가 효력을 발휘하려면 자원의 분배를 넘어서는 관점이 요구된다. 역량 접근의 기본 구도로 전환이 요청되는 이유이다. 각 개인의 역량이 발휘될 수 있는 환경의 구축은 역량의 가시적인 목표이고, 이 구체적인 자유를 실행할 수 있는 제도적 기반은 역량 접근의 일차적 전략이 된다.

3. 사회기본가치와 역량의 문제

역량 접근의 공리주의 비판은 대체로 롤스의 비판에 힘입고 있다. 롤스의 접근이 공리주의에 대한 체계적인 비판뿐만 아니라, 사회 불평등에 대한 근본적인 전환을 꾀하고 있다는 점이 높이 평가된다. 롤스는 사회적 약자의 역량을 키우는 쪽으로 국가정책이 시행되어야 한다고 주장한다. 역량 접근이 롤스의 접근에 우호적인 이유이다. 분배의 척도를 단순히 소득, 행복, 효용으로만 보지 않고 사회적 약자의 역량 향상에 둔 점에 특히 호의적이다.[8] 국가 재분배 기능이 사회적 약자의 역량을 향상시키는 방향으로 지속적으로 시행된다면 사회 불평등은 점진적으로 해소될 수 있음을 강조하기 때문이다. 물론 롤스 접근에도 한계가 있다. 롤스의 정의 원칙, 특히 '차등 원칙'이 사회적 약자의 역량을

8 롤스에 대한 우호적 태도는 사회기본가치 지표에서도 발견된다. 센은 '사회적 토대로서 자존감'을 중시한 롤스의 입장을 지지하면서 롤스의 입장이 기본적으로 역량 접근을 선호할 수밖에 없다고 주장한다. 이에 대해서는 Amartya Sen(1992), p. 8을 보라.

실제로 얼마만큼 신장할 수 있는지는 분명치 않다. 센은 차등 원칙이 사회적 약자의 역량을 신장하기에는 지나치게 추상적임을 강조하면서 롤스의 입장을 비판한다. 이에 대한 비판은 센의 논지를 이해하는 데 중요하므로, 이를 좀더 자세하게 살펴볼 필요가 있다.

롤스의 주장대로 사회적 약자에게 공정하고 동등한 기회가 부여된다고 하자. 센의 핵심은 다음 물음으로 요약된다. 해당 당사자의 역량이 커질 수 있는가? 롤스의 대답은 당연히 긍정적이겠지만, 센의 대답은 매우 부정적이다. 롤스의 결론을 받아들일 수 없는 이유가 롤스의 전제에 포함되어 있기 때문이다. 롤스의 차등 원칙 적용 과정에서 최소 수혜자의 결정은 아주 중요하다. 최소 수혜자에게 더 많은 기회가 주어져야 한다는 것이 차등 원칙의 핵심이지만, 정작 누가 최소 수혜자인지 결정하는 일은 만만치 않다. 롤스 또한 어떻게 최소 수혜자를 결정하느냐 문제에는 명확한 입장을 내놓지 않고 있다. 센의 해석에 따르면 최소 수혜자의 결정은 단일 기준을 요구하는데, 이런 기준을 마련하기란 쉬운 일이 아니다. 특히, 최소 수혜자의 실질적 자유가 고려된다면, 단일 기준이 아예 존재하지 않을 수 있다. 무엇보다 실질적 자유에는 문화적 요소가 개입될 수밖에 없으므로 다양한 문화적 요소를 단일 기준으로 확립하려면 이질적인 가치를 획일화하는 꼴이 되고 말기 때문이다. 이럴 경우 보편적 정의 원칙을 도출할 수 없을뿐더러 적용도 쉽지 않다. 그러나 롤스는 단일 기준은 아니더라도 최소 수혜자를 결정하는 지표가 가능하다는 입장을 펼친다. 인간 기본 욕구를 바탕으로 상호비교의 평가지표가 마련된다고 보기 때문이다. 롤스에 따르면 '사회기본가치'(primary social goods) 지표는 상호비교 기준의 지표를 충족한다. 사회기본가치는 인간의 필요를 규정하고, 그 충족을 결정하는 상대평가 지표이다. 롤스는 사회 필요 측면에서 도출한 사회기본가치를 '최소치 선 이론'으로

부르고, 이렇게 그 특징을 서술한다.

> 이런 원칙들[두 정의 원칙]을 확립하기 위해서는 어떤 선관에 의존해야만 한다. 원초적 입장 계약 당사자의 동기에 관한 과정이 필요하기 때문이다. 이 가정들은 옳음 개념의 이전 자리를 위태롭게 하지 않기 때문에 정의 원칙을 옹호하기 위해 활용된 좋음의 이론은 극소수의 필수항목에 제한된다. 나는 이런 좋음의 설명을 최소치 선 이론이라 부른다. 그 목적은 정의 원칙에 도달하기 위해 요구되는 기본 가치에 관한 전제를 확보하는 것이다. … 합리적 개인들은 다른 어떤 것을 원하든 인생계획을 수행하기 위해 필수적인 어떤 것을 원한다. 모든 것이 동등할 때 합리적 개인들은 협소한 자유와 기회보다 더 광범위한 자유와 기회를 선호하며, 적은 양의 부와 소득보다 많은 양의 부와 소득을 선호한다. 이것들이 좋은 것임은 분명해 보인다.(TJ, p. 348)

상대적으로 낮은 사회기본가치 지표 점수가 최소 수혜자를 결정하는 근거이다. 롤스 차등 원칙의 의도는 최소 수혜자에게 더 많은 기회를 제공해 그들의 잠재역량을 극대화하는 데 있다. 여기에는 매우 상식적인 전제가 작동한다. 사회적 약자의 불우한 처지가 개선되려면 그들의 역량 또한 발휘되어야 한다는 것이다. 이 전제 하에서 국가의 임무는 사회기본가치의 지표에 따라 최소 수혜자를 결정하고, 그들에게 사회기본가치를 누릴 기회를 제공하는 것이다. 기회제공으로 상황의 불평등을 해소하고, 자기결정권을 향유할 수 있도록 하는 것이다.[9] 차등 원칙은 이런 임무를 수행하는 원칙이다.

9 롤스의 이런 전제는 또 다른 중요한 전제와 맞닿아 있다. 롤스는 자유주의 평등 원리에 입각한 실력 중심의 사회

사회기본가치 목록에는 개인의 자유, 소득, 사회 토대로서 자존감이 포함된다. 롤스는 사회기본가치가 인간다운 삶을 유지하기 위해 필요한 것들을 얻는 수단, 다목적용 삶의 수단임을 강조한다. 사회기본가치에는 자연적 기본 가치가 배제되어 있다. 각 개인의 재능과 자질은 지표상에서 고려되지 않는다. 따라서 개인의 자질과 능력의 배제는 최소 수혜자를 결정할 때 임의적인 잣대의 개입을 원천봉쇄한다.

역량 접근에 따르면 롤스의 논증은 여전히 문제적이다. 사회기본가치를 활용할 기회를 더 가진다고 해서 당사자가 원하는 방식대로 삶을 영위한다는 보장은 없다. 거칠게 말하면 불우한 처지에 있는 사람에게 선택 기회가 주어졌다고 해서 그들이 누릴 실질적인 자유가 확장되었다고 말할 근거는 없다. 불우한 사람에게 주어진 기회가 실질적인 기회가 되려면 불우한 사람의 처지를 개선하고, 그들에게 유익한 실질적인 기회가 되어야 한다. 센은 사회기본가치의 한계를 다음과 같이 지적한다.

> 사회기본가치에 대한 접근은 인간 존재의 다양성에 주목하지 않은 듯하다. … 사람들이 기본적으로 매우 유사하다면, 기본 가치의 지표는 이득을 판단할 아주 중요한 방식일 수 있다. 하지만 실제로 인간은 매우 상이한 욕구를 가지고 있는 듯하다. 그 욕구는 건강, 수명, 기후조건, 위

를 거부한다. 그 근거는 이런 실력 중심의 사회가 전제하는 '도덕적 응분'(moral desert)에 대한 비판에서 나온다. 자유주의 사회에서는 개인의 재능과 자질은 도덕적 응분의 대상이다. 이에 따라 사회적으로 인정된 재능과 자질은 공적으로 인정되어야 하고, 그에 대한 보상 또한 마땅하다는 것이다. 하지만 롤스에 따르면 이런 주장은 잘못된 전제에서 출발한다. 특정 재능과 자질이 발휘되려면 특정 사회조건이나 타자의 도움이 필요한데, 그 결과와 공적을 자기 것으로 독점하는 것은 도덕적으로 정당화될 수 없다. 오히려 항상 특정 사회조건과 타인의 도움 하에서만 개인의 재능과 자질이 인정되므로, 롤스는 모든 개인의 재능과 자질을 인류의 '공동 자산'으로 삼아야 한다고 주장한다.

> 치, 작업조건, 기질, 심지어 신체 크기에서 다르다. … 그러므로 당면한 문제는 단순히 몇 가지 어려운 사례가 무시되고 있을 뿐만 아니라, 매우 널리 퍼져 있고 실제적인 차이를 간과하고 있다는 것이다.[10)]

센의 논법은 사회기본가치가 인간의 상이한 욕망과 무관하지 않기 때문에 어떤 식으로든 개인과 집단의 역량과 연계되어야 한다는 것이다. 따라서 사회적 약자에 대한 더 많은 기회제공이 사회 불평등을 해소할 수 있다는 롤스의 전제가 타당하려면 사회적 약자의 역량을 키울 수 있는 방향이 확대되어야 할 뿐만 아니라, 사회적 약자의 실질적인 자유가 향상될 수 있어야 한다. 그렇지 않으면 그들에게 부여된 자유는 명목상의 자유에 불과하다. 권리의 인정이 권리 소유자의 실질적 자유를 뜻하지 않듯, 권리를 법적으로 인정한다고 해서 그 권리가 실제로 실행된다고 볼 수 없다. 가령 여성 권리의 법적 인정이 모든 영역에서 여성의 희망대로 발휘될 여성의 실질적 자유를 보장하지 않는다. 여성의 구체적인 자유는 각 영역에서 실제로 행사되는 여성들의 자유와 그 기회가 확대될 때만 실현 가능함은 분명하다.

롤스의 사회기본가치 목록 자체가 기본 욕구의 충족보다는 역량의 실현에 목표를 둘 수밖에 없다는 센의 논의는 폭넓은 지지를 받고 있다. 사회기본가치 목록이 진정으로 구체적인 의미를 가지려면 인간의 역량이 먼저 전제되어야만 하기 때문이다. 롤스도 이 부분에 대해서는 크게 문제를 제기하지 않았다. 1993년에 출간된 《정치적 자유주의》(*Political Liberalism*)에서 롤스는 센의 비판을 받아들여 사회기본가치 목록이 인간 역량을 전제한다고 인정한다.[11)] 인간의 기본

10 Amartya Sen(1980), pp. 215-216.
11 John Rawls(1993), pp. 182-183.

역량을 전제하지 않고는 사회기본목록 자체가 정의의 지표로 활용될 수 없다는 것이다. 다만 롤스는 사회기본가치 목록 자체의 유용성은 아무런 지장을 받지 않는다고 강변한다. 생활에 필요한 것의 획득 수단으로 간주하면, 제도적 차원에서 정의의 작동 근거가 되어야 하기 때문이다. 정의 원칙은 '임시 고정점'이다. 현재의 불평등을 진단하고, 현재 시점의 재분배를 통해 미래 시점의 불평등을 완화하는 준거 틀이다. 말하자면 정의 원칙은 현실의 문제를 판단하는 외부적 시점으로 작동한다.

역량 접근에서 볼 때 롤스의 답변은 여전히 만족스럽지 못한다. 사회기본가치로는 다양한 역량의 차이를 포괄할 수 없다. 역량의 입장에서 보면 사회기본가치, 자연적 기본 가치 사이에는 넘나들 수 없는 간극이 있다. 역량은 삶의 영위 수단일 뿐만 아니라, 행위자의 정체성을 드러내는 목적 자체이기 때문이다. 롤스의 처방은 여전히 개인 선택의 객관적인 만족 수치만을 고려할 뿐, 주체적 판단에 따른 선호가 행위자의 정체성에 미치는 영향은 주목하지 않는다. 행위자의 정체성은 구체적이고 실질적인 기능(functioning)과 연결된 역량이 발휘되어야 하지만, 사회기본가치로는 이런 역량이 확인되지 않는다. 역량에 대한 평가에는 문화적 요인과 같은 실질적 가치가 개입된다. 따라서 사회기본가치 지표에 따른 규범적 평가는 반쪽의 성공일 뿐이다. 사회 불평등을 제거하는 롤스의 진취적 시도는 역량 중심으로 그 축이 이행해야 한다. 현실에서 구체적으로 작동하는 정의, 공적으로 실행되는 공적 이성이 필요하다. 현실에서 구체적으로 작동하는 역량, 기능은 규범만큼이나 중대하다. 특히, 개발경제학, 후생경제학처럼 실천 문제에 관심을 둘 때, 역량은 최우선 고려 대상일 수밖에 없다. 역량의 고려는 기존 효용, 자원의 분배를 넘어 행위 주체의 자유에 주목하게 한다. 진정한 평등은 개인의 실질 자유를 향상할 때만 성취될 수 있다. 이런 실질

자유를 향상하려면 개인, 집단의 역량을 향상시킬 수 있어야 하며, 동시에 그 역량을 발휘하도록 하는 실질적인 사회 기능이 필용하다. 역량 접근은 이런 사회 기능과 역량의 상관관계에 주목하면서 그 향상조건을 모색한다.

4. 자유, 역량, 행위 주체

롤스의 접근과 역량 접근의 차이는 흔히 플라톤과 아리스토텔레스의 차이로 설명되곤 한다. 플라톤과 아리스토텔레스는 현실개혁을 이루는 방법론에서 그 차이가 뚜렷하게 드러난다. 플라톤의 이상국가는 일종의 '초월론적 접근'이라 할 수 있다. 이상 상황은 불평등한 현실 사회를 평가하고, 비판하는 지렛대 구실을 한다. 반면 아리스토텔레스는 '비교 접근'을 택한다. 현실의 상호비교 속에서 불평등의 요인을 발견하고, 인간적인 상황에서 달성될 수 있는 평등조건을 모색한다. 롤스의 접근은 '초월론적 관점'을, 센을 위시한 역량 접근은 '비교 접근'을 대변한다.[12] 센의 비판은 롤스의 초월론적 접근에 대한 비판인 셈이다.

롤스는 공공연하게 초월론적 접근을 선취한다. 롤스의 정의이론은 널리 퍼져 있는 세상의 불평등을 헤치고 정의로운 사회로 나아갈 등댓불을 찾아가는 '현실적 유토피아'(realistic utopia)로 간주된다.[13] 추상화된 일상 규범은 객관적

12 초월론적 접근과 비교 접근의 구분은 센의 것이다. 센은 사회선택이론을 두 방향으로 제시하면서 그의 입장이 비교 접근에 가깝다고 주장한다. 이에 대해서는 Amartya Sen(2009), pp. 94-105를 보라.

13 현실적 유토피아는 롤스의 정치철학을 가리킨다. 롤스는 이 말을 다음과 같이 정의한다. 현실적 유토피아 정치철학은 "일상적인 생각을 실천 정치철학의 한계로 확장한다. 그렇게 함으로써 우리 정치 · 사회 조건에 일치하도록 한다". John Rawls(1999), p. 11.

기준점이 된다. 이런 추상의 이점은 내재적 비판의 한계와 연관된다. 현실 불평등을 직접 비판할 경우 거부를 위한 거부, 비판을 위한 비판으로 그치기 쉽고, 우연적인 사건이나 행동에 휘말리기 쉽다. 롤스에 따르면 바깥 관점의 채택으로 내부 비판이 완결된다. 객관적인 규범이 일단 확립되면 사회 내부 비판이 탄력을 받는 건 사실이다. 무엇이 옳고 그른지 결정할 근거로 작동하기 때문이다. 사회계약론의 매력이 여기에 있다. 사회성원의 자발적 동의에서 옳고 그름의 기준을 찾을 수 있기 때문이다. 롤스의 초월론적 접근도 사회계약에 신세지고 있다. '좋음에 대한 옳음의 우위'로 요약되는 그의 입장은 전형적인 사회계약론을 토대로 한 의무론적 입장이다. 의무론의 관점은 현실의 좋은 삶과 무관하게 성립되는 옳음의 관점이며, 그 우위는 좋은 삶을 규제하는 근거이다. 롤스의 '원초적 입장'은 이를 입증하려는 대표적인 시도로, 그 독자적인 관점은 현실에서 좋은 삶의 한계를 정한다.[14)]

센에 따르면 초월론적 접근은 그 자체로는 '충분하지도 않고' 비교 접근에서도 '필요하지 않다'. 하지만 센은 사회계약론의 무용론을 주장하지 않는다. 독자적인 정의 원칙의 수립 자체가 문제되지 않으며, 다만 초월론적 접근만으로 정의의 요구가 완성될 수 없다고 할 뿐이다. 우리에게 필요한 것은 불평등과 빈곤을 실질적으로 타파할 수 있는 정의 논의다. 센이 제기한 비판의 핵심은 추상적인 수준에서 롤스의 정의 원칙이 타당하다고 해도 구체적인 수준에서 타당한 근거가 될 수 없다는 것이다. 자유가 실질적으로 실현되는지 알려면 추상적 수준보다 한층 구체적 근거를 제시해야 한다. 정의는 추상적인 자유를 보장하는 데 그치지 않는다. 정의의 변곡점은 각 개인이 누리는 구체적 자유 지점이

14 옳음의 우위는 평생 동안 유지한 롤스의 일관된 입장이다. 원초적 입장에서 성립된 정의 원칙은 제도개혁을 위한 등대 역할을 하고 있다. 이런 입장은 《정치적 자유주의》에서도 일관되게 유지된다.

다. 초월론적 접근의 문제점은 아무리 옳은 규범이라고 해도 결국 현실 개인의 자유를 신장하지 못할 수 있으며, 따라서 자유를 신장하지 못하는 규범은 결국 정의의 요건에 맞지 않는다는 것이다.

물론 역량 접근도 제도적 정의의 중요성을 부인하지 않는다. 투쟁을 위한 무한 투쟁이 정의일 수 없다. 정의가 인간에게 유익하려면, 제도적 해법이 적극적으로 모색되어야 한다. 정의는 인간 삶에 유익하며, 이런 유익함을 전제로 정의는 인간의 다양한 가치를 통합하려고 한다. 롤스의 해법이 여전히 토론되는 이유도 여기서 찾을 수 있다. 첫째, 롤스에 따르면 정의는 통합의 원리를 지향한다. 정의의 방향은 국가의 재분배, 특히 실정법을 통제하며 사회를 통합하는 쪽으로 진행되어야 한다. 둘째, 국가의 재분배 기능은 사회적 약자의 역량을 키울 수 있는 방향으로 진행되어야 하며, 어떤 식으로는 각 개인의 실질적인 삶에 영향을 미칠 수 있어야 한다. 국가의 기능은 삶의 양보다 삶의 질을 향상시킬 수 있는 쪽으로 통합되어야 한다. 역량 접근은 첫 번째 방향은 인정하되, 두 번째 방식에 대해서는 이견을 보인다. 역량 접근은 롤스의 시도가 실제 삶을 변화시키기에는 불충분하다고 생각한다.

첫 번째 방향은 정의의 본성에 해당된다. 정의는 일상의 공정성을 대표하고, 법이 약자를 보호하는 목적을 가진다는 통념과 관련된다. 롤스의 차등 원칙은 그 현대적 변형이고, 제도 차원의 약자를 보호하는 원리이다. 무엇보다 소크라테스 이래로 강조된 자연적 정의를 옹호하는 시도로 해석된다. 실정법을 규제하는 하나의 방식인 것이다. 물론 이 주장 자체가 논쟁적이다. 규범의 필요는 부인될 수 없다. 문제는 규범의 추상적 특성이다. 개인 역량이 발휘될 수 있는 구체적인 기능을 통제하지 못하면 개인 역량은 발휘될 수 없으며, 따라서 허울뿐인 규범이 되고 만다. 추상화된 규범은 철저히 행위 주체의 선택, 실천적 고려, 이성적인 판단 등을 배제시켜 얻어지는 경우가 많다. 그러나 구체적인 상황에서도 이런 행위 주체의 능력이 배제될 수 있을까? 행위 주체의 탁월성, 책임은 철저히 이 능력에 의거한다. 구체적인 현실 문제를 다루려면 개인의 판단과 선택, 실천 이성의 활용, 개인의 자질과 재능이 고려되어야만 한다. 이른바 '역량'(capability)은 이런 능력과 기능의 조합을 뜻한다. 롤스 논의의 약점은 개인의 역량과 기능이 작동할 수 있는 조건을 고려하지 않는다는 점이다.

지금까지 우리는 역량에 구체적인 정의를 내리지 않고 일상적인 의미로 역량이란 단어를 사용해 왔다. 하지만 역량에 대한 정확한 이해가 역량 접근에서 중요하기 때문에 실제로 역량의 규정 자체는 활발한 논쟁을 야기하는 핵심 주제가 된다. 이 섹션에서는 역량 접근의 개략적인 이해를 위해 역량에 대한 센의 언급을 살펴볼 것이다. 우선 기존 입장과 비교하면서 역량을 정의내린 부분부터 살펴보자.

> 효용 중심 또는 자원 중심의 사유 노선과 비교할 때 역량 접근에서는 개인의 이득이 역량에 따라 판단된다. 이때 역량은 특정의 가치를 부여한 것들을 할 수 있는 능력이다. 어떤 사람이 역량을 덜 가졌다면 기회를 통해 얻은 이득이 다른 사람보다 낮다고 평가되어야 한다. 초점은 실제로 이런저런 것들을 행하기 위한 개인의 자유에 맞추어진다. 즉, 그 사람의 행위나 존재를 가치 있게 할 것에 초점이 맞추어진다. … 그래서 역량의 개념은 자유의 기회 측면과 밀접하게 연관된다. 그때 자유는 '최종점'에서 얻은 것이 아니라, '포괄적인' 기회에 초점을 맞추어 평가된다.[15]

15 Amartya Sen(2009), pp. 231-232.

> 역량은 … 일종의 자유, 다양한 기능의 조합을 달성할 실질적 자유이다.[16]

인용문에 나타난 역량의 정의에는 세 가지 특징이 유독 눈에 띈다. 먼저 역량은 자유와 연관된다. 그 다음 역량은 가치 있다고 생각되는 존재나 행위들과 관련된다. 마지막으로 역량은 실질 기능과 무관할 수 없다. 역량에 대한 통합적 정의는 어떻게 이 세 가지 요소를 종합적으로 설명하느냐이다. 자유부터 시작해 보자. 자유는 우선 능력으로 정의된다. 타인이 용인하기 이전의 문제이다. 특히 개인마다 차이가 있지만 '가치 있게 생각하는 바를 달성할 실질적인 기회'와 같은 의미로 통한다.

자유가 자발적인 능력의 발휘이자 삶의 개념과 연관된다면, 자유는 어떤 식으로든 구체적인 행동에서 좋은 것으로 발휘되어야 한다. 센은 구체적 자유를 설명하기 위해 역량에 내재된 기능(function) 외에도 구체적이고 실질적인 사회 기능(functioning)도 필수 요건임을 강조한다. 역량에 대한 아래 정의는 실질적인 기능과의 연계성을 중시한다.

> 역량이란 그 사람이 달성할 수 있는 다양한 실질 기능(존재와 행위)의 조합이다. 역량은 실질 기능의 일련의 벡터이다. 생존은 사람의 자유를 가능하게 한다. 역량에는 생존의 선택을 위한 이런저런 형태의 삶의 자유가 반영된다.[17]
>
> 역량들은 파생적으로 실질적 기능에 의해 정의된다. 무엇보다도 한

16 Amartya Sen(1999), p. 75.
17 Amartya Sen(1992), p. 8.

사람이 선택할 실질적 기능의 조합에 관한 정보를 포함한다. 역량의 관념은 이런 중요한 구분을 동반할 수 있는데, 역량은 자유와 기회를 향하기 때문이다. 즉, 사람의 영역 안에서 다양한 종류의 삶을 선택하기 위한 사람의 역량이 목표이기 때문이다.[18]

센에 따르면 자유는 '과정'과 '기회'의 두 측면에서 이해되고, 자유의 문제는 이 측면을 포함해야 한다. 과정의 측면은 바라는 것에 따라 행동하는 능력을 뜻하며, 자유와 연관되어 통상 행위 주체의 능력과 동일하게 취급된다. 하지만 이 능력은 개인에게만 국한되지 않는다. 제도, 운동, 관행도 이런 능력을 포함한 행위 주체로 간주된다. 이들 또한 바라는 것에 따라 행동하는 능력의 주체이다. 예를 들어, 2016-2017년 촛불운동을 생각해 보라. 한 자리에 모여 대통령 탄핵을 외칠 수 있었던 시민의 힘은 무엇인가? 무엇보다 우리 사회에 만연한 불의에 대한 각성과 변화를 위한 행동을 요구했다. 촛불시위는 그런 집단행동의 표출이며, 따라서 과정 측면에서 촛불혁명의 힘은 집단의 자유로 해석될 수 있을 것이다. 정치 변화를 갈망하는 자유이며, 그 자유는 행위 주체의 성격에서 오롯이 드러난다.[19] 자유의 기회 측면은 실질적 기회 제공과 능력의 관계에서 설명된다. 실질적인 기회가 없다면 자유는 실행될 수 없고 추상적인 가능성으로만 존재한다. 기회 측면에서 자유는 특정 역량을 달성하는 실질적인 기회와 같은 뜻이다. 흔히 말하는 역량은 이런 실질적인 기회 측면을 가리킨다. 따라서 자유

18 Amartya Sen(2009), pp. 236-237.

19 행위 주체에 대한 센의 언급을 보면 그 의미는 더욱 명확해진다. 행위 주체는 "특정인이 중요하다고 간주하는 어떤 목표나 가치를 자유롭게 추구하고 행하며 그 가치를 달성하려고 하는 자"이다(Amartya Sen, 1985, p. 203). 다른 곳에서는 행위 주체를 다음과 같이 정의 내린다. 행위 주체는 "행동을 통해 변화를 이끌어내는 사람을 가리킨다. 그의 업적은 그 사람 고유의 가치와 목적에 따라 판단된다. 게다가 어떤 외부적 기준에 따라 그 업적을 평가하든 않든 상관없다"(Amartya Sen, 1999, p. 19).

는 기회 제공을 통해 발휘되는 실질적 사회 기능(functioning)과 밀접하게 연관된다.[20] 다시 말하면 추상적인 능력보다 역량을 실질적으로 이행할 수 있는 힘(empowerment)이 더 중요하다.

종합해 보면 역량 접근은 기존 자유주의 논의에는 없는 행위 주체의 능력으로서 자유가 크게 대두된다. 행위 주체의 능력으로서 자유는 단순히 선택 폭을 넓히는 문제에 국한되지 않는다. 삶을 대하는 행위 주체의 태도가 중요하다. 이미 지적했듯이 행위 주체의 능력으로 자유, 즉 역량은 특정인의 전망적 관점과 긴밀히 연관된다. 따라서 역량의 입장에서 자유는 특정인의 좋은 삶이 구체적으로 실현될 수 있는 실질적인 기회와 연계된다. 역량이 발휘되려면 이 실질적인 기회가 있어야 한다. 자기 자신의 우월감을 느끼고 자기 정체성을 확인할 수 있는 기회가 역량 발휘에 필수적이다. 자아의 우월감은 사회 기능의 관계에서 인정되기 때문이다. 이미 사회심리학자인 조지 미드(Geroge Mead)는 자아의 특징으로 이 점을 강조한 바 있다. 그는 자기 정체성이 특정 기능과 연계되지 않고는 드러날 수 없다고 보면서, 사회 기능과 연결해 역량의 탁월성을 설명하고 있다.

> 누군가가 진짜 우월성을 가지고 있다면 특정 기능의 수행에 의존하는 우월성이다. 누군가는 훌륭한 내과의사, 훌륭한 변호사이다. 그는 우월성에 자부심을 느낄 수 있지만, 그가 활용하는 건 우월성이다. 그가 속한 바로 그 공동체에서 실제로 우월성을 활용할 때 우월성은 우리가 어떤 사람에 대해 생각할 때 생각하는 이기적 요소를 상실한다.[21]

20 이 문제는 네 번째 섹션에서 자세히 다루어질 것이다.
21 George H. Mead(1962), p. 102.

역량 접근은 국가의 두 가지 기능을 강조한다. 첫째, 생존과 좋은 삶을 가능하게 하는 실질적인 기능이 작동하도록 기회를 부여하는 것이고, 둘째 기회와 기능 수행을 통해 자기 정체성을 드러내게 하는 것이다. 바로 여기서 자유에 대한 역량 접근의 중요한 전제가 드러난다. 행위 주체의 자유는 진정성 있는 자기 자신(authentic selfhood)을 향하고 있다는 점이다. 다시 말하면 행위 주체의 선택은 개인의 관점에서 보면 각자의 삶을 선택하는 것이자 자기 자신의 정체성을 드러내는 계기가 된다. 따라서 역량은 그 사람의 진정성이 실현될 기회와도 밀접하게 연관된다. 아무리 변호사 · 의사의 사회적 지위가 높다고 해도 소설가의 길이 자기 진정성의 실현이라고 보는 사람에게는 변호사, 의사가 될 수 있는 기회는 자유의 항목에 포함되지 않는다. 이렇듯 행위 주체의 자유는 한 사람, 한 공동체 성원의 일부로서 자기 자신의 운명을 결정하고 개척할 수 있는 능력을 포함해야 한다.

이렇게 보면 자유는 그저 형식상으로 용인되는 자유와 거리가 멀다. 자유는 효력이 발생하는 자유, 실질적인 가능성으로 이해되어야 한다. 개인의 독특한 자질이나 가치를 언급하지 않는 선택 폭의 극대화는 실질적인 자유의 확대 가능성과 별개로 취급되어야 한다. 행위 주체가 개입하는 자유는 진정성의 자유이다. 행위 주체의 새로운 목적은 자체로 하나의 가치이다. 새로운 가치의 실현은 이미 존재한 목적과 결합하면서 자기 자신의 진정성을 드러낼 수 있어야 한다.[22] 특정 개인이나 집단의 선택, 또는 국가의 결정은 간접적으로만 각 개인의 자유를 통제할 수 있다. 자유의 확장에는 공적 행동, 정의가 요구된다.

22 여기서 완전주의와 같은 목적론적 사고를 개입시키려는 경향이 나타난다. 하지만 센을 위시한 역량 접근을 채택하는 사람들은 역량 접근과 완전주의(perfectionism)는 아무 연관이 없다고 주장한다. 오히려 건전하고 활발한 공적 토론을 통해 자유의 확장이 역량 접근의 정치적 목표가 되어야 한다고 주장한다.

이런 형태의 역량 접근은 매우 독특한 형태의 관점을 전제한다. 센의 역량 접근을 소개하고 있는 드레즈는 역량 접근의 이런 전제를 가장 잘 요약한다. 역량 접근의 단면을 잘 들여다볼 수 있는 그의 설명을 살펴보자.

> 이 접근(역량 접근)은 본래 '사람 중심' 접근이다. 이 접근은 (시장 또는 정부와 같은 조직보다는 오히려) 인간 행위 주체를 무대 중심에 세운다. 사회적 기회의 결정적인 역할은 목적 그 자체이자 수단인 인간 행위 주체의 영역과 자유를 확장하는 것이다. '사회적 기회'라는 표현에서 '사회적'이란 말은 개인과 그 기회를 고립된 용어로 조망하지 않기 위한 유용한 고안물이다. 한 사람이 가지는 선택 여지는 다른 사람과의 관계, 국가와 다른 제도가 행하는 것에 크게 의존한다. 우리는 사회적 여건과 공공 정책이 강하게 영향을 미치는 기회에 특히 관심을 두게 될 것이다.[23]

여기서 말하는 사람 중심의 접근은 무슨 뜻인가? 분명한 것은 행위 주체의 정체성 관점과 무관할 수 없다는 점이다. 동시에 사람 중심의 접근은 행위 주체의 사회적 기회를 확장한다. 사회적 기회의 확장은 자기 정체성을 드러낼 기회를 확장하기 때문이다. 실질적 기회 제공이 행위 주체의 자유 확대와 같다면, 이 기회 제공은 잠재 역량의 발휘를 전제한다. 가령 폐쇄적 사회나 거짓 뉴스로 가득한 사회를 생각해 보라. 사회의 폐쇄성, 허위 정보가 왜 문제되는가? 그 이유는 특정 역량을 발휘할 수 있는 기회를 원천적으로 봉쇄하고 있기 때문이다. 역으로 사회가 개방되고 진실한 소통이 가능해진다고 해보자. 이런 사회는 아

23 Jean Dreze & Amartya Sen(2002), p. 6.

직 발휘되지 못했던 역량이 드러나고 구현될 것이므로, 공동체 또한 번영될 수 있을 것이다. 실질적 기회 제공 여부는 역량 발휘와 밀접하게 연관된다.

5. 기능(function)과 실질 기능(functioning)의 사이에서

역량 접근에서 가장 중요한 문제는 다음 물음으로 요약된다. 누구의 역량, 어떤 역량에 주목할 것인가? 누가 역량을 결정할 것인가? 지금까지 역량은 실질적인 기회 제공 문제로 다루어져 왔다. 그러나 실질적인 기회가 정확히 무엇인지 아직 분명치 않다. 그 출발점은 역량과 기능(function)의 관계이다. 한 사람의 역량은 어떻게 결정되는가? 일반적으로 역량은 특정 기능을 잘 해내는 특정인의 능력을 뜻한다. 포괄적으로는 특정 상황에서 가치를 두는 대상을 선택하고 실현할 수 있는 능력을 가리킨다. 물론 이런 정의에는 이른바 자유의 억압 상황, 가령 선택의 방해 상황은 배제된다. 하지만 역량에 대한 소극적인 정의는 역량 접근에서 말하는 역량의 충분한 의미를 담아 내지 못한다. 그 이상의 설명이 필요하다.

이해를 돕기 위해 다음 예로 설명해 보자. 자전거를 타고 싶은 어떤 사람이 있다. 그 사람에게 역량이란 무엇인가? 당연히 이때 역량은 원하는 자전거를 잘 타는 것이다. 어떤 분배가 이 역량을 키울 수 있는가? 자원 분배의 입장에서는 정의로운 분배는 당사자에게 자전거를 주는 것이다. 그 사람이 자전거를 어떻게 활용하느냐는 관심 밖이다. 자전거를 가지고 선택할 수 있다는 것만으로도 충분하다. 하지만 역량 접근에서는 그 이상의 조치가 취해져야 한다. 자전거를 제공하는 것뿐만 아니라, 자전거를 잘 타고 싶다는 바람을 실현시켜 주어야 한다. 역량 접근에 따르면 특정인에게 자전거를 준다고 역량이 향상되지 않는다. 역량은 실질적 기능의 수련도 포함된다. 역량은 잠재력도 포함되기 때문에, 자원의 제공뿐만 아니라 기능 숙달의 기회까지 제공되어야 한다. 이런 기회가 없다면 역량은 실현될 수 없다. 자전거를 타는 역량은 자전거 고유의 기능을 배우고, 숙달을 통한 기능 터득에서 비로소 마무리된다. 물론 역량은 여기서 멈추지 않는다. 역량의 향상은 또 다른 역량을 찾아 나설 것이고, 그때마다 요구되는 기능과 기회도 다를 것이다. 이런 실질적인 기회가 제공될수록 역량은 강화되고, 실질적인 자유도 더 많아질 것이다. 역량이 마음껏 발휘되는 성숙한 사회에서는 따라서 그 당시 미처 알지 못했던 숨겨진 역량을 찾을 기회가 많아진다.[24] 실질적인 자유를 향유한다는 건, 그만큼 각자의 역량을 발휘할 수 있는 기회를 가진다는 것이고, 그에 비례해서 공동체의 상호관계는 더욱 풍성해진다.

통상적으로 역량에는 좋은 삶에 대한 기대가 포함된다(바로 이 때문에 능력(capacity)이라는 말보다 역량(capability)이라는 말을 선호한다). 가치 있는 것을 획득하려면 먼저 행위 주체가 좋음으로 인정하고 스스로 선택할 수 있는 대상으로 삼아야 한다. 물론 선택의 기회가 제공되어도 행위 주체에게 강요된 선택의 기회는 자유일 수 없다. 좋은 삶은 행위 주체가 추구하는 포괄적인 가치와 연계된다. 좋은 삶에 대한 개입은 자유주의적 자유관을 벗어나게 한다. 자유주의자들은 타인의 자유에 해악을 끼치지 않는 한 자유의 확장이 가능하다고 생각한다. 하지만 그 자유가 개인의 좋은 삶과 어떻게 연관되는지 설명하지 못한다. 좋은 삶에 대한 기대에는 단순히 타인의 자유에 대한 훼손 금지로는 환원될 수 없는 측면이 있다. 좋은 삶은 자기 삶에 대한 평가를 전제로 한다. 따라서 자유의 확장

24 잠재적인 역량의 발휘는 항상 신체적 건강, 교육의 기회를 동반한다는 사실에 주목할 필요가 있다. 센을 위시한 대부분의 역량 접근에서는 건강과 교육을 매우 중요한 자원으로 상정하는 이유이다.

은 자신에 대한 변화까지 포함한다.

좋은 삶의 개입은 포괄적이고 심층적인 내용을 담는다. 좋은 삶의 개입은 정치공동체를 가치의 공동체로 바라보는 계기가 되기 때문에 포괄적이고, 정치의 임무가 단순히 이해관계의 화해가 아닌 가치의 통합까지 확장되기 때문에 심층적이다. 가치의 통합은 실질적인 기능의 총체로 확인되어야 한다. 다양한 가치의 통합만큼 기능의 통합은 어려운 과업이다. 어렵지만, 필수불가결한 정치의 임무이다. 이런 정치의 특성은 이른바 '합당한 다원주의의 사실'로 드러난다. 이 사실을 하나의 총체로 드러내기 위해서는 정치공간이 역량과 기능의 조화를 가능하게 하는 의미의 공간이어야 한다.

정치공동체의 다원성 문제는 이미 아리스토텔레스 철학에서 깊게 논의되고 있다. 정치공동체의 다원적 특성은 역량 접근의 강점으로 간주되며, 역량 접근은 정치의 역할을 강조한다. 실제로 역량 접근은 아리스토텔레스에 그 주요 통찰을 빚지고 있다고 말한다. 예를 들어, 아리스토텔레스의 다음 통찰은 역량 접근에서 유효하다.

> 정치공동체는 본성상 다원적이다. 만일 더 통합된 정치공동체를 요구한다면 더 이상 정치공동체라고 할 수 없고, 가정에 더 가깝다고 해야 할 것이다. 더욱이 가정의 역할을 강조하면 정치공동체는 단일한 인간에 가까울 수밖에 없다. … 그래서 정치공동체는 단일적일 수 있을지라도 단일적이어서는 안 된다. 그 안에서 정치공동체는 붕괴되고 말기 때문이다. … 공동체의 선은 각자를 보존하려고 노력한다.[25]

25 아리스토텔레스, 《정치학》, 1216a17ff.

정치공동체의 다원적 속성이 전제된다면 역량 접근의 분배 논의는 생각보다 훨씬 복잡해진다. 정치공동체는 단순히 인간 기능의 총합일 수 없다. 새로운 가치의 등장과 그에 따른 통합도 모색되어야 한다. 아리스토텔레스의 논법으로 설명한다면 정치공동체는 사회구성원의 좋은 삶을 포괄하면서도 각 개인의 역량이 최대한 발휘되는 자족적 공간이다. 여기서 역량의 심각한 문제가 제기된다. 역량의 발휘가 특정 공동체의 기능에만 연관될 때, 새로운 역량으로 생기는 새로운 가치를 어떻게 조화시킬 수 있을지 대답하기 어렵다. 물론 그 대답은 다음 결론에서 도출되어야 한다. 먼저, 개인의 역량을 방해하는 걸림돌이 없어야 한다. 동시에 한층 적극적인 의미에서 공동체의 기능이 내적으로 결합되어야 한다. 가령 연기 지망생을 생각해 보자. 단순히 소망 수준에서 이 지망생의 역량이 평가될 수 없다. 이 지망생의 선택이 실제로 발휘되려면 이를 실현시킬 수 있는 조건들이 충족되어야 한다. 연기 지망생의 역량은 영화산업의 기능과도 긴밀하게 연관되어 있다. 영화산업의 기능들이 활성화되지 않으면, 연기 지망생의 역량은 말 그대로 축소될 수밖에 없다. 이런 사회 기능 없이는 연기 지망생의 역량은 실질적인 기회를 박탈당하고 말 것이다. 따라서 연기자의 역량은 영화산업의 유기적 연계가 이루어진 사회에서만 제대로 발휘될 수 있다. 1980년대 우리 영화계와 지금의 우리 영화계를 비교해 본다면 어렵지 않게 이해될 수 있는 부분이다. 더 나아가 정치적 안정이 없다면 영화계는 또 다른 쇠퇴의 길을 걷게 된다. 정치공동체 안에서 영화산업과 다른 산업과의 유기성이 중요한 이유가 여기에 있다. 선진국, 후진국의 차이가 사회적 기능의 유기적 결합에 달려 있다면, 기능의 분화를 유기적으로 결성하는 문제는 매우 중요하다. 그 차이에 따라 역량의 차이는 더욱 커질 수밖에 없다.

역량 접근은 개인과 공동체의 역량을 분배의 대상으로 삼는다. 사회적 약자에 대한 롤스의 논의가 형식 수준에 치우치지 않으려면 개인이나 집단의 역량을 키울 수 있는 쪽으로 진행되어야 한다. 하지만 정의의 시각에서 보면 역량 접근은 여전히 풀어야 할 숙제를 안고 있다. 이에 대한 논의는 매우 다양하므로, 전체 개요를 설명하기란 쉽지 않다. 이 글에서는 센과 누스바움의 차이에 초점을 맞추어 두 사람의 차이가 갖는 의미를 되새겨 볼 것이다. 둘의 차이는 현실 부정의를 다루는 방식에서 두드러진다.

잘 알려지다시피 센은 빈곤과 기아 문제에 집중해서 부정의를 다룬다. 센의 설명에 따르면 절대적 빈곤은 근본적인 부정의이다. 따라서 역량 접근의 근본 문제는 절대 빈곤을 극복하고 인간의 발전을 도모하는 것이다. 정의의 문제는 이에 대한 가능한 이론적 · 실천적 설명을 제시하는 것이다. 센은 이를 위해 인간 역량과 그 기능이라는 추상적인 도식을 넘어설 것을 주문한다. 문화적으로 해석된 역량(다시 말하지만 역량은 가치를 두고 있는 것의 선택을 뜻한다)과 특정 사회에서의 구체적이고 실질적인 기능(functioning)에 대한 논의 틀에서 해석된 역량에 주목해야 한다. 그렇지 않으면 문화 맥락에서 감춰진 역량을 찾아낼 수 없다.

역량에 대한 문화적 고려는 매력적으로 보이지만, 역량 접근의 아킬레스건으로 간주되기도 한다. 문화적 요인이 역량 평가의 주요 지표라면, 자칫 문화상대주의에 빠질 위험이 있다. 이를 피하기 위해서는 모든 것이 완벽하게 조화되는 완전주의 입장을 전제할 수밖에 없다는 것이다.[26] 하지만 역량을 설명하기 위해 완전주의 입장이 전제될 필요는 없다. 역량과 기능의 관계를 적절하게 설명하면 완전주의 입장을 가정하지 않고도 역량에 대한 설명이 가능하다. 문

26 완전주의(perfectionism)는 목적론적 시각에서 역량을 설명하면서 상대주의에서 벗어날 수 있다고 보지만, 누스바움, 센 모두 완전주의 시각에서 역량을 접근할 필요는 없다고 주장한다. 완전주의에 관한 논의로는 Richard Arneson(2000)을 참고하라. 누스바움에 따르면 완전주의 정치의 문제는 정치의 비극적 상황과 비극의 도덕적 의의를 과소평가하고 있다.

제는 보편적인 시점에서 역량과 기능의 관계를 설명할 수 있느냐에 달려 있다. 이 점에 착안하여 누스바움은 사회 정의 관점에서 역량 문제를 접근해야 한다고 주장한다. 누스바움의 대안은 실질적인 사회 기능까지 포함하지 않고도 인간 존재의 최소 기능만으로도 역량을 설명하는 것이다.[27] 인간이면 반드시 필요로 하는 기능과 연계시켜 역량의 최소치를 설정하고 그에 따라 사회 정의의 기준점을 마련한다. 이런 최소치 역량은 인간 삶에 대한 필요를 충족하면서도 개인의 정체성을 확보할 최소한도의 수단으로 간주된다.

하지만 센은 누스바움의 접근에 이의를 제기한다. 보편적인 역량의 설정이 역량의 필요조건일 수 있지만 충분조건이 되지 못한다고 판단하기 때문이다. 롤스의 정의 원칙처럼 역량의 일률적인 필요조건으로는 타당할 수는 있어도 문화 차이에서 나타나는 역량 발휘의 차이를 설명할 수도 없고, 자유를 향한 문화 투쟁을 간과하고 있다는 것이다.[28] 물론 누스바움은 이를 설명하기 위해 개인의 선택과 실천이성의 역할에 주목한다. 개인의 선택과 실천이성은 정치공동체의 존재 근거인 동시에 정치공동체의 '좋은 삶' 논의를 위한 주체의 능력이다. 이런 개인의 활동이 없다면 역량 접근은 특정인의 정치적 목표에 따르는 전체주의 사회, 특정 목적에 따른 유기체적 공동체의 근거로 변질되고 만다. 그런 점에서 역량 접근은 개인의 역량이 발휘되는 동시에 점진적인 공동체 발전의 가능성을 제시해야 한다. 누스바움에 따르면 역량 접근은 반드시 문화적

27 이 글의 주제는 누스바움과 센의 비교가 아니므로, 개괄적인 차이만을 언급하겠다. 누스바움의 논의에 대해서는 Martha Nussbaum(1990), pp. 203-252; Martha Nussbaum(1988), pp. 145-184; Martha Nussbaum(1992), pp. 202-245; Martha Nussbaum(2000), pp. 102-140(한상연 옮김, 《역량의 창조》, 서울: 돌베개, 2015)을 참고하라.

28 보편 원리의 지나친 집착은 오히려 누스바움의 문제점이라는 비판이다. 이 비판에 따르면 누스바움 논의에서 정치적인 것(the political)의 특성이 과소평가된다. 보편적인 것과 개별적인 것의 매개 지점이 정치적인 것의 특성인데, 개별적 특성을 무시할 수 있다는 것이다. 필자는 이 비판을 이병천 교수에 빚지고 있다. 이런 비판에 대해서는 Estelle Ferrarese(2016), pp. 224-239를 참조하라. 정치적 것의 독특성에 대해서는 Rahel Jaeggi(2005); Axel Honneth(2000)를 참고하라.

맥락을 고려해야 할 필요는 없다. 인간 역량의 기본적 필요와 그 기준을 제공하는 것으로 충분하다. 인간의 선택에서 지성은 일종의 지렛대 역할을 하며, 정치 공동체의 목표는 사회성원의 지성에 따라 결정되도록 기회를 제공하는 것으로 만족될 수 있다는 것이다. 최저 수준에서 개인의 역량을 유지하면서 역량의 극대화 방안을 모색한다면 정의로운 공동체로 나아갈 수 있다. 하지만 센의 시각에서 이런 입장은 서구 자유주의 체제의 시각에 머물고 있다. 열악한 상황에서 자기 역량을 찾으려 고군분투하는 저개발 국가의 상황을 상정하지 않고 있다는 것이다. 센은 구체적인 상황에서 새로운 목표를 찾아가는 실천이성의 역할을 무시하고 있다고 주장한다. 최소치의 역량 목록은 또 다른 명목상 목록일 뿐이고, 정치투쟁 속에서만 성취되는 잠재 역량의 가능성은 고려되지 않고 있다.

역량 접근을 바라보는 두 사람의 차이는 접근 방식에서도 두드러진다. 두 사람은 현안에 대한 인식 차이를 보인다. 누스바움은 아리스토텔레스 입장을 견지하면서 자유주의 전통을 수호하는 방향으로 역량 접근을 모색한다. 그녀의 강조점은 철저히 자유주의 체제에서 나타나는 불평등을 해소하는 데 초점이 맞추어지고 있다. 더욱이 누스바움은 모든 사회에 적용될 공통적이고 보편적인 수준의 역량에 더 많은 관심을 둔다. 반면 센은 발전경제학의 맥락에서 옹호 가능한 역량 접근을 모색한다. 센의 관심은 극단적인 빈곤과 기아 상태를 벗어날 수 있는 역량 접근이며, 문화적 맥락에서 구체적인 자유의 실현을 위한 역량을 밝히는 데 집중한다.

사실 기능과 실질 기능의 차이는 생각보다 크지 않을 수 있다. 현실의 문제 해결에 주목하는 경제학과 보편적인 문제에 관심을 두는 철학의 갈등으로도 해석될 수 있다. 어떻게 보면 기능과 실질 기능의 차이는 '훌륭함'의 가치판단 문제와 연관된다. 훌륭함의 가치는 두 가지 방식으로 판단된다. 먼저 가치판단

과정의 근본 전제가 검토된다. 이 과정에서 '선택'은 피할 수 없다. 선택함은 주체의 경험과 사유를 동반한다. 주체의 경험과 사유가 반영되지 않는 선택은 존재하지 않는다. 주체의 경험과 사유를 고려하지 않고는 역량이 발휘될 수 없다. 따라서 걸림돌을 제거하는 노력과 그 조건에 대한 탐구가 절실하다. 정의에 대한 요구는 그 밑바탕이 될 수밖에 없는 이유이다. 다음으로 가치판단의 구체적 내용이 정치적으로 검토되어야 한다. 이 과정에서 결과주의 입장이 거부된다. 선택의 조건보다 결과가 중시되거나 좋은 결과 산출이 훌륭한 선택 기준이 되면 역량은 무시된다. 결과만을 중시하는 역량 접근은 일종의 악순환에 빠지고 만다. 역량의 다양성은 무시되고 양적 결과만을 좇는 공공선택이론으로 전락하고 만다. 또한 역량의 발휘는 특정 사회 기능과 무관할 수 없다. 좋은 결과를 가져오는 역량 발휘 조건과 사회 기능을 찾아야 한다. 말하자면 역량 접근은 동기와 결과 둘 다를 고려해야 하는 이중의 과제를 안고 있다. 이를 지지하는 적극적인 해명이 필요하고, 민주주의에 대한 센의 논의로 자연스럽게 이동한다.

6. 민주주의와 정치

민주주의를 바라보는 시각은 역량에도 영향을 미친다. 누스바움은 역량의 최소 목록이 민주주의에 대한 과도한 기대를 줄인다고 주장한다. 인간의 취약성을 공감하고 이해하면 곧바로 역량에 대한 보편적 측정 기준을 제공한다고 보기 때문이다. 누스바움의 10가지 역량 목록은 이런 의도에서 추론되었다. 하지만 보편적 역량 목록이 정치의 독특한 역할을 대체할 수 있을지는 의문이다. 정치를 도덕 원리로 환원한다고 해서 정치의 독특성을 제거할 수는 없기 때문이다. 이미 지적한 것처럼 아리스토텔레스에 따르면 정치적인 것은 다양한 이질적인 가치들의 경쟁공간으로 특징지어진다. 역량을 둘러싼 정치투쟁을 간과해서는 안 된다. 사실 누스바움은 민주주의 체제에서 정치투쟁의 역할에 주목하고 있지 않다. 그의 자유주의 편향은 정치를 도덕화하려는 경향이 강하다. 민주주의가 가치의 경쟁 체제, 상호인정의 공간임을 간과한다.

이에 반해 센은 민주주의가 역량 접근에 필수적임을 강조한다. 사실 민주주의에 대한 강조는 새롭지 않다. 20세기 정치사상은 민주주의의 역할을 모두 인정하고 있기 때문이다. 20세기 민주주의 사상은 크게 두 진영의 논리로 대변되어 왔다. 민주주의의 절차를 우선시하는 자유주의 절차주의 입장과 시민의 소통 의지를 제도 원리로 끌어올리려는 공화주의 민주주의 입장이 대표적이다. 두 진영의 논리는 시민 참여의 범위를 놓고 논쟁을 해왔다. 자유민주주의는 정의 원칙의 한계 틀에서 특정 정책이나 입안에 대한 개인 의지의 정당성 여부를 묻는 반면, 시민의 적극적인 참여를 강조하는 공화주의는 민주주의를 정책 입안에 개인 의지를 반영하는 실질적인 과정으로 해석한다.[29]

민주주의가 정의의 요구에 대한 반응이라는 점에서도 주목할 만하다. 정치공동체 한계 틀 내에서 추구되는 평등에 대한 요구는 결국 헌정 체제의 매개 역할에 기댈 수밖에 없다. 헌정 체제가 부재할 경우 다양하고 상호 통약 불가능한 가치들의 갈등을 중재할 수 없다. 민주주의 절차를 중시하든, 시민의 소통적 의지 형성을 강조하든, 아니면 합리적 협력을 위한 수단을 강조하든 민주주의는 절차적 합리성을 강조한다. 제도의 합리성을 기반으로 갈등을 조정하면서 상호이득이 될 협력 체제로 나아가려는 목표를 지향한다는 데는 이견의 여지

29 악셀 호네트는 이 두 진영의 논리를 '급진적 민주주의'의 사례로 들면서 듀이의 사회협력 모델에 입각한 제3의 민주주의 논의를 제시한다. 이에 대해서는 Axel Honneth(1998), pp. 763-783을 보라.

가 없다. '헌정 체제'의 중요성으로 마무리된 존 롤스와 위르겐 하버마스의 논쟁은 결국 정의가 개인과 제도의 갈등뿐만 아니라, 협력에 기반하고 있음을 상호확인한 것이다(롤스는 정의 담론의 주요 역할이 갈등을 조정하고 협력을 창출할 정의 원칙의 수립에 있음을 가정하면서 《정의론》을 시작한다).

사실 민주주의의 이런 역할은 새삼 근대의 산물로만 간주될 수 없다. 정의와 민주주의의 관계는 구체적인 관행으로서 민주주의의 역할에 대한 문화적 평가를 항상 동반한다. 예를 들어, 플라톤 철학에서 제기되어 온 민주주의에 대한 회의적 시선은 이런 맥락에서 고려될 필요가 있다. 플라톤은 민주정체를 최악의 정치 체제로 평가했고, 민주정체를 부정적인 시선에서 바라보았다. 물론 플라톤의 사상에는 현대 민주주의 논의에서 거론되는 중요한 전제들이 포함되어 있는 게 사실이다. 개인의 선택, 절차를 통한 공동선의 모색 등 플라톤 사상에서도 현대 민주주의의 전제들이 다수 발견된다. 하지만 플라톤이 민주주의를 저평가한 데는 정치 안정 측면에서 다른 정체보다 심각한 혼란이 야기될 수 있는 정체라는 판단이 개입되어 있다. 그의 주요 논지는 자유라는 명목으로 훼손된 정치공동체의 합목적성은 다시 원상복귀가 불가능하다는 것이다. 모든 사람에게 동등한 선택이 부여될 경우 공동체의 훌륭함과 무관한 개인의 선택이 가능하고, 이럴 경우 공동체 전체를 통합하던 기반이 무너질 수 있다는 것이 민주주의 정체에 대한 플라톤 비판의 핵심이다.

대중의 선택에 대한 회의적 시각은 고대 논의에만 국한되지 않는다. 이른바 대중사회가 본격적으로 자리 잡은 근대에도 이런 회의가 널리 퍼져 있었다. 이들 논의는 정체에 대한 플라톤의 회의적 시각과 다르게 개인 선택의 동등성이 초래할 위험을 경고하고 있다. 민주주의의 딜레마는 개인의 선택에 입각한 공동 선택과 공동체의 선이 반드시 일치될 수 없다는 데 있다. 프랑스 철학자

토크빌이 강조하고, 밀이 자주 언급한 '다수의 횡포'(tyranny of the majority)가 대표적인 사례이다. 다수결 원리가 정치적 원리로 채택될 때 흔히 제기되는 딜레마 상황이기도 하다. 이런 민주주의의 딜레마를 피하기 위해서는 민주주의자들은 공공 담론 논의에 다수결 원리 이외의 정치적 원리를 포함시키려고 한다. 절차주의 민주주의의 형식적 논의에 대한 반발로서 시민의 적극적인 참여를 강조하는 공화민주주의가 대두되는 까닭도 이와 무관하지 않다. 같은 이유로 개인의 역량이 단순히 특정 원리의 준수에 그치지 않고, 개인의 바람을 적극적으로 개진할 수 있는 근거라고 주장된다.[30] 좋은 삶에 대한 개인의 희망은 공동체의 가치에 대한 희망까지 포함된다. 이 가치가 공통의 가치로 수렴된다면 민주주의는 정치적 안정을 이루는 주요 수단이 된다.[31]

이렇게 본다면 역량 접근이 사회 관행으로서 민주주의를 강조하는 데는 나름의 이유가 있다. 사회 관행으로서 민주주의가 성숙될수록 개인의 역량을 발견할 가능성이 높아지기 때문이다. 더욱이 역량에 대한 평가는 자유주의 민주주의 논의에서 제기된 민주주의의 부정적인 측면을 제거할 수 있게 해준다. 소득의 보전이 선택 기회를 확장한다는 '자유주의 중립성 태제'는 도덕적 개인주의의 허점으로 자주 비판되고 있다. 도덕적 개인주의의 허점은 개인의 자유로운 선택이 공공성의 기반을 무너뜨릴 수 있다는 데서 발생한다. 공공의 선택

30 공화주의 사상과 역량 접근의 관계에 대해서는 Phillip Pettit(2001), pp. 1-20; Amartya Sen(2009), pp. 304-309를 참고하라.

31 여기에는 역량 접근의 암묵적인 전제가 드러난다. 아직 실현되지 못한 역량을 개발하기 위해서는 개인과 공동체를 매개하는 실천적 관점이 개입해야 한다는 것이다. 맥락은 다르지만 프랑스 철학자 폴 리쾨르도 유사한 주장을 펼친다. 그의 주장은 역량 접근의 핵심이기도 하다. "정체 안에서 공동체는 형식, 숙고 형식을 취한다. 정체 안에서 공동체는 스스로 인식하고 인식된다. 그러나 정체 안에서 자유가 정의되고 상호연관되며, 감정의 영역, 또한 실재의 영역으로 들어선다. 그래서 정체는 아마도 자유와 필연이 통합되는 인간 경험의 유일한 점이다" (Paul Ricoeur, 1978, p. 221). 정치제도의 실천적 매개의 중요성은 Paul Ricoeur(200), p. 10을, 역량과 윤리의 상관관계에 대해서는 Paul Ricoeur(2002), pp. 279-290을 참고하라.

과 개인의 선택을 동일시할 경우 정치의 사유화 현상은 가중되고, 공동체의 독특한 기반은 붕괴되고 만다. 그렇다고 개인에게 막중한 공적 임무나 의무를 부과한다고 문제가 해결되지 않는다. 개인의 사적 선택과 공적 선택의 명확한 구분과 역할 분담이 필요한데, 이런 구분 자체가 쉽지 않기 때문이다. 공공성의 중대성을 인정하더라도, 개인의 선택과 무관하다면 본질주의 정치관에 빠지거나, 개인의 선택을 전제하면 다시 공공선택을 연결시켜야 하는 선결 문제의 오류에 빠지고 만다.

정치 엘리트에 대한 과도한 의존 또한 현대 민주주의 논의에서 피해야 할 부분이다. 숙의민주주의 관점에서의 비판은 이런 위험을 경고하고 있다. 공공 담론이 심사숙고와 심각한 결정을 요구한다는 점을 인정하더라도, 그 숙고와 결정이 반드시 소수의 결정에 따라 행해져야 한다는 결론은 나오지 않는다. 이미 지적했듯이 공공 담론의 숙고 필요성은 전적으로 시민으로서 개인의 역량을 확인하는 수순에서 제기되어야 한다. 소수가 시민의 개인 역량을 대신한다면 민주주의에 내포된 주권재민 사상에 역행할 수밖에 없다. 숙의민주주의의 딜레마는 공공 담론이 요구하는 심사숙고를 시민으로서 개인이 수행해야 한다는 점이다. 역량 접근에서는 이 문제가 제기되지 않는다. 개인의 역량은 그 사회의 실질적 기능과 연결되어 있으므로, 개인 역량의 고려는 반드시 공동 담론의 기능과 결합되어 설명되어야 한다.[32] 역량 접근의 이점은 민주주의 논의의 기본 요소를 모두 설명할 수 있다는 점이다. 개인의 선택, 선택과 역량의 관계, 역량과 사회 실질 기능의 결합은 공공정책이나 담론이 개인의 선택과 공동체

32 센은 당사자가 역량 결정의 주체임을 강조한다. 당사자의 현명한 결정은 무엇보다 강제 없는 정보의 공유에서 가능하다는 것이다. "(정치적, 종교적) 엘리트나 (국내외) 문화 전문가가 아닌 직접 관련 당사자들이 무엇을 선택해야 하는지 결정하고, 그런 참여 기회를 가져야 한다"(Amartya Sen, 1999, pp. 31-32).

의 가치와 떨어질 수 없음을 분명하게 보여 준다. 역량 접근에서는 선택의 실질적인 기회는 개인의 자유를 신장하면서도, 공동체의 발전에 기여할 수 있는 기능의 조합을 필요로 한다. 따라서 적극적인 공공성에 대한 토론과 토의가 필요하다. 특히, 공사(公私)의 경계 문제는 적극적인 토론 대상이 될 수밖에 없다.[33)]

여기서 주목해야 할 대목이 있다. 공적 토론은 역량의 상관관계에 집중되어야 한다는 것이다. 소수의 손에 좌지우지되지 않고 개인의 역량을 최대한 키울 수 있는 조건에서 공공 담론이 진행되어야 한다. 공동체의 실질적인 기능은 전적으로 개인 역량의 발휘 정도에 따라 결정되기 때문에, 개인의 역량이 최대한 발휘되기 위해서는 개인에게 충분한 정보 제공이 우선되어야 한다. 충분한 정보 제공이 없으면 개인의 역량은 공공 담론이 요구하는 일반성을 만족시킬 수 없다. 민주주의 논의에서 유독 미디어의 역할을 중시한 센의 논법도 이런 정보 제공의 중요성을 전제한다. 제대로 된 심사숙고가 가능하려면 무엇보다 충분한 정보를 바탕으로 합당한 논거가 제시되어야 한다. 아직 파악되지 않은 역량은 이런 개방성과 기회 제공에서 발견된다.

정보의 중요성은 상대적으로 미디어의 보호 기능과 맞물려 있다. 신자유주의에 대한 비판에서 거론되듯이 공공 담론은 시장 논리로부터 보호되어야만 한다. 공공 담론이 시장의 논리에 좌우된다면 개인의 이해관계를 따라 공공 담론이 사유화될 수밖에 없다. 개인의 선택을 조장하는 정보의 과도한 팽창은 결국 공공 담론의 존재 이유를 붕괴시키는 결과를 초래한다. 역량 접근에서 미디어의 중대한 역할은 사적 영역으로부터 보호된 공공성 논의를 확보하는 것이다. 공공성의 주요 내용은 역량과 기능의 조화를 모색하는 것이며 시장은 이런

33 역량 접근은 아니지만 유사한 형태의 민주주의 논의에 대해서는 John Dewey(1991)를 참고하라.

기능을 수행할 수 없다. 우리는 전 지구적 시장의 형성이 어떻게 각국의 공적 토론장을 붕괴시켰는지 경험한 바 있다. 공적 논의는 단순히 이득을 증대하는 과정에서 생기지 않는다.

민주주의의 중요성은 여기서 멈추지 않는다. 역량 접근은 민주주의의 중요한 역할로 공동 담론의 토론 과정에서의 새로운 가치창출을 들고 있다. 이런 가능성은 공동선의 모색 과정에서 나타나는 민주주의 역할에서 찾아진다. 민주주의와 공동선의 관계는 상대적으로 소홀하게 다루어졌던 영역이다. 다수결 원리로 대표되는 민주주의의 형식적 측면은 민주주의의 가치창출 기능을 붕괴시켰다. 실질적 민주주의는 개인의 적극적인 정치 참여 보장 이상이어야 한다. 개인의 참여 자체가 정치공동체의 가치 형성에 기여할 수 있도록 해야 한다. 그런 면에서 실질적 민주주의는 실질적 기회 제공과 더불어 개인 역량과 제도를 조화시킬 가치를 요구한다. 가치를 창출하는 목소리는 평등하다. 따라서 사회적 약자도 엄연한 공동체의 성원으로 자기 역량을 발휘할 수 있어야 한다. 실질적 민주주의는 사회적 약자의 목소리를 배제하지 않는다. 더 적극적으로 그들의 목소리를 경청하고, 자기 역량을 발휘할 실질적인 기회를 부여해야 한다. 불평등과 빈곤, 양극화에 대한 사회적 관심은 단순히 자비의 시선이 아닌, 공동체가 해결해야 할 선결 문제로 받아들여야 한다.[34] 이런 기능의 수행은 공동체 삶에 대한 새로운 가치를 요구하고, 이 과정에서 개인 역량의 중요한 역할을 기대할 수 있게 된다.

이런 관점에서 보자면 민주주의는 형식보다 내용 측면이 중요하다. 센은

34 센은 곳곳에서 민주주의의 중요성을 역설한다. 다음 구절은 주목할 만하다. "우리가 가치 있게 여기는 것을 공적으로 표현하고 그에 대한 관심을 요구하기 위해서는 자유로운 발언과 민주적 선택이 필요하다." 더욱이 필요의 논의는 민주주의를 요구한다. "경제적 필요가 무엇인지 그것의 내용과 힘에 대한 적절한 이해는 토론과 의견의 교환이 필요하다"(Sen, 1999, pp. 201-202).

민주주의가 '발전'이라는 가치와 밀접하게 연관된다는 점을 강조한다.[35] 가령 빈곤에 대한 접근 방식에서 발전이라는 가치는 중요하다. 센은 유명한 단식 사례로 발전을 설명한다. 다이어트를 위해 단식을 하는 사람, 먹을 수 없는 상태에서 단식을 할 수밖에 없는 사람은 명백히 다르다. 행위의 형식 측면에서 보면 두 사람은 그저 굶고 있을 뿐이지만, 내용을 고려하면 그 역량 평가는 현저하게 차이가 있다. 배고파도 먹을 수 없는 사람은 역량 박탈 상태로 최우선 고려 대상이 되어야 한다. 이 비유는 빈곤이 퇴치되어야 하는 이유를 제시한다. 더욱이 빈곤을 바라보는 시각도 중요하다. 단순히 소득 격차로 해석된다면 민주주의 문제는 주목되지 않는다. 소득 격차를 보전해 개인 선택의 기회를 확대시키면 그뿐이다. 하지만 소득 격차를 보전한다고 해서 빈곤이 완전히 사라지지 않는다. 처한 상황, 역량을 발휘하지 못한 이유 등은 관심 밖으로 밀려난다. 역량 접근은 공감을 통한 처지의 이해를 요구한다. 상대방의 처지에 대한 이해와 공감은 성숙한 민주주의의 바탕이다. 민주주의는 타인의 이야기를 경청하는 것이다. 타인의 이야기를 듣고 공동의 관심사로 끌어올리는 것이 민주주의의 목표이다. 인격의 존중은 권리로만 인정되지 않는다. 인격의 온전함까지 받아들이는 것이다. 이 전제에서 바람직한 사회선택이 가능하다.

발전이란 가치는 기본적으로 행위 주체의 역량에 내재한다. 타인과 더불어 산다는 것은 타인의 역량과 더불어 자기 발전, 공동체의 발전을 이룩하기 위한 것으로, 철저히 행위 주체의 자기 정체성과 밀접하게 연관된다. 빈곤의 심각

35 발전은 흔히 개발의 의미와 같은 뜻으로 이해해 왔다. 그러나 개발의 의미가 생산력 향상에만 초점을 맞춘다는 점에서 개인 역량의 변화를 뜻하는 발전의 의미와 거리감이 있어 보인다. 이 글에서는 후자의 의미로 발전이라는 용어를 사용할 것이다. 이런 점에서 발전은 통상적 의미의 진보를 뜻하지 않는다. 오히려 아직 개발되지 않았던 곳이 개발되는 과정으로 이해될 수 있다. 정확히 말하면 발전은 역량이 발휘될 실질적 기회가 확장되는 과정을 가리킨다.

함은 바로 행위 주체의 존재 자체가 위협 받고 있다는 사실에 있다. 여기서 빈곤에 대한 정의에 다시 한 번 주목해 볼 필요가 있다. 빈곤은 행위 주체의 무기력과 연관된다. 빈곤을 '자유의 박탈'로 본 센, '삶의 박탈'로 본 헤겔(Hegel)의 입장은 정확히 이런 문제 틀을 공유하고 있다.[36] 행위 주체의 무기력은 건전하고 실질적인 민주주의의 파멸을 뜻한다. 정치적 무능은 선택의 부재가 아니다. 주체의 역량이 박탈된 상태인 것이다. 무너진 자존심을 회복하려면 공동체에서의 자기 역량이 먼저 인정되어야 한다.[37] 민주주의의 목표는 이런 방향으로 모종의 역할을 수행하는 것이다. 결국 빈곤의 타파는 개인 역량을 키우지 않고는 불가능하다. 더욱이 개인 역량은 공동체 기능과 무관할 수 없으므로, 공동체 기능 회복 또한 선결되어야 한다. 정의에 대한 열망은 이런 선결 문제의 해결을 요구한다.

공동체 기능의 마비 상황에서는 특정인의 이해관계가 우선시된다. 개인 역량과 공동체 기능의 협력관계가 깨지고 왜곡된 주종관계가 강요된다. 갑질 논란은 변질된 종속관계의 전형이다. 개방적이고 공개적인 토론을 통한 문제 해결이 민주주의의 참된 가치라면, 다양한 가치가 공존하는 동시에 동등한 위치에서 역량을 실현시킬 조건이 있어야 한다. 민주주의 체제는 그 어떤 정치 체제보다 성숙한 시민을 요구한다. 대중에 대한 회의는 민주주의의 어려움을 방증할 뿐이다. 단순히 정치공론장의 왜곡만이 문제가 아니다. 가치를 포함하는

36 G. W. F. Hegel(1991). 헤겔은 빈곤 문제를 '근대 사회를 괴롭히는 가장 특수한 문제'로 보면서 '천민'이라 부르는 특정 소외집단을 양산한다고 보았다. 하지만 그는 "빈곤 자체가 사람들을 천민으로 만들지 않는다. 빈곤과 연계된 심정(즉, 부자, 사회, 정부에 대한 내적 반향)이 천문을 창출"함을 강조하면서, 천민은 "자기 자신의 행위와 노동을 통해 얻게 될 정의, 성실, 명예의 상실"에 기반한다고 주장한다. 이렇게 보면 헤겔의 천민은 결국 역량이 박탈된 사람을 뜻한다. 헤겔의 모든 인용은 §244를 보라.

37 인정은 현대 철학에서 중대하게 다루어지고 있다. 헤겔이 예나 시절 '인륜성' 개념을 새롭게 해석하면서 제기한 호네트의 《인정투쟁》이 대표적이다(악셀 호네트 지음, 문성훈 · 이현재 옮김, 《인정투쟁: 사회적 갈등의 도덕적 형식론》, 사월의 책, 2011). 한층 포괄적인 의미의 인정 문제에 대해서는 Paul Ricoeur(2004)를 보라.

모든 영역에서 공적 담론이 작동하기 때문에, 사적 농담의 공간으로 바뀐 허울뿐인 공론장은 제 기능을 할 수 없다. 공론장은 사적 욕망의 충족공간이 아니다. 말 그대로 가치의 경합공간이 되어야 한다. 사회적 약자의 억눌린 역량을 풀어 줄 수 있는 기회의 제공, 가치의 해방을 목표로 해야 한다.

물론 정보 통제의 문제로 국한시킬 필요는 없다. 미디어의 본질은 가치 보호와 창출이다. 현대 미디어는 이야기를 형성하고 배포하는 모든 과정을 독점한다. 미디어의 상업화는 이런 독점 상황의 예고편이다. 공론장으로서 미디어의 기능이 마비되면 민주주의 또한 제 기능을 할 수 없다(샌델도 미국 민주주의의 문제로 공론 기능이 사라진 미디어를 든다). 소수의 사람이 이야기를 독점하고, 무비판적 수용자가 양산되면 정보 통제 이상의 왜곡이 발생한다. 당연히 공론의 기능은 발휘될 수 없다. 유명한 플라톤의 모방 시인 추방은 이런 상황에 대한 비판일 수 있다. 편견이 개성을 대신하면 진정성 있는 사람도, 새로운 가치도 창출될 수 없다. 편견은 내면의 자기 자신을 피폐하게 한다. 내면의 자기 자신보다 자기 것에 눈을 돌리면 잠재역량은 결코 밖으로 나올 수 없다. 어떤 긍정적인 힘도 발휘되지 못하는 무기력의 상황에서 민주주의는 생명력을 잃는다.

센은 역동적인 민주주의를 강조한다. 특히, 민주주의는 발전의 측면과 연계된다. 삶이 인격 형성의 과정이듯이, 발전으로서 민주주의는 공동체의 교육적 측면을 담당한다. 센에 따르면 민주주의는 역량을 깨닫고 발전시키는 교육과정과 같다. 역량은 단 한 번에 발휘될 수 없다. 시행착오를 통해 잠재성이 확신되고, 지속적인 교육과 훈련을 통해 잠재력을 키워야 한다. 자기 반성적 교육은 덕을 요구한다. 덕은 습성화된 훌륭한 선택이다. 덕은 자기 자신의 역량을 키우는 조건이다. 교육을 사회적 보상을 위한 자격으로 보는 현대인의 편견은 단호하게 거부되어야 한다. 교육이 공동체의 과업임은 말할 필요가 없다. 공동체의 지속적인 협조 없이는 개인의 가치를 보존하고 실현시킬 수 없다. 한층 확장되고 분화된 공동체의 기능은 더 많은 실질적인 역량 발휘의 기회를 제공한다. 역량 관점에서 민주주의의 역할에 새삼 주목할 때이다.

7. 사회적 존재를 향한 열망

역량 접근의 특징은 이른바 20세기 정치철학을 지배했던 도덕적 개인주의를 거부한다는 점이다. 도덕적 개인주의는 방해 받지 않는 개인의 선택이 자율적인 삶의 근거이자 정치공동체의 근거임을 강조한다. 도덕적 개인주의에서는 정치의 역할이 전문지식의 조정일 뿐이다. 개인의 선택은 욕망 충족의 연장일 뿐, 지위를 향한 인정이라는 정치적 자유로 간주되지 않는다. 하지만 역량 접근은 처음부터 역량과 정치적 자유의 연결고리에 주목한다. 개인 역량은 공존의 기반이다. 개인 역량의 차이는 협력의 필수조건이고, 협력은 사회발전의 원동력이다. 공존을 위해서 협력이 요구된다는 점은 동서양이 구분되지 않는다. 서두에 인용된 공자의 언어도 공존의 문제를 정치와 연결시켜 설명하고 있다. 정치는 타자가 또 다른 자기 자신임을 깨닫는 데서 시작된다. 상호인정을 통한 협력은 더불어 살려는 의지의 발현이다. 상호관계, 황금률의 공식이 보편 윤리의 뿌리로 간주되는 이유이다. 여기서 동일성 정치에 대한 비판이 제기된다. 개인 간 차이를 존중하지 않는 것은 정의롭지 못하다. 개인 차이를 묵살하는 정치, 획일적 사고를 강요한 정치는 거부되어야 한다. 정치는 획일화를 거부하고, 다수성 · 다양성 · 다원성의 토양을 요구한다. 역량이 발휘되는 정치공간이기도 하다.

도덕적 개인주의의 치명적인 단점은 공동체를 개인 이득 획득의 수단으로만 바라본다는 데 있다. 도덕적 개인주의에서는 공동체는 자유의 억압자, 방해꾼이다. 억압, 방해 받지 않는 개인 선택만이 권리이다. 그러나 역량 접근은 자유의 관점에서 개인의 선택과 공동체에 향한 열망을 부각한다. 역량의 핵심 문제는 권리로서 선택의 자유가 아니라, 진정한 자아를 위한 터전을 마련하는 것이다. 말하자면 역량 접근에서 공동체는 자유의 확장공간이다. 정치적 자유는 다양성에서 자양분을 얻는다. 자기 자신을 완전히 버리면 정치는 있을 수 없다. 또 인정받지 못한 나는 결코 나일 수 없다. 따라서 역량에 대한 인정은 공동체라는 터전을 필요로 한다. 물론 역량 접근은 인간의 상호성을 포괄적인 의미로 받아들인다. 인간의 상호성은 단순히 내 것과 네 것의 구분으로 한정되지 않는다. 한층 적극적인 의미, '우리'의 역량조건으로 해석된다. 상호성의 구체적 관계는 역사의 산물이다. 이권 없는 상호성은 인격관계, 상정된 대등관계일 뿐이다. 하지만 인간의 삶은 특정 상황에 따른 이권이 개입된다. 이권의 개입은 불균형적 상호성, 불평등한 상호성으로 전환시킨다. 이권을 중심으로 지배, 주종관계가 성립된다. 이런 상황에서 도덕적 당위가 개입하고, 공동체를 중심으로 한 비례적 평등이 실현 가능한 이념으로 제시된다. 비례적 평등은 역량을 전제한다. 여기서 사회적 약자를 보호해야 할 당위성이 나온다. 약자의 역량은 아직 실현되지 못한 역량이기 때문이다. 사회적 약자의 역량은 인격적 존중의 대상, 더 나은 사회로 나아가기 위해 함께 해야 할 동료의 역량이다. 상호성의 이념은 의무로서 타인의 얼굴을 마주본다. 도덕적 개인주의에는 없는 강한 의무감이 역량 접근에는 존재한다.

불평등을 옹호하는 지배적 논법은 현실 불평등을 상황 논리로 정당화한다. 그 논리는 서로의 이익을 위한 약속을 이행한다는 것이다. 현실의 법은 약속이행을 정당화하고 기득권을 보호하는 장치로 변질된다. 법에 대한 마르크스의 비판은 정확히 이런 상황 논리의 거부에서 정당성을 얻는다. 기득권만을 옹호하는 법은 강요된 폭력이다. 정의는 현실의 법만을 옹호하지 않는다. 정의는 사람 가슴 속에 숨어 있는 공동체를 향한 열정까지 나아간다. 역량 접근은 이런 적극적인 정의관을 수용한다. 법은 단순히 갈등의 중재자가 아니다. 법은 상호 협력의 가능성까지 포괄한다. 사회정의는 이런 토양에서 자란다. '내 것' '네 것'에서도 '우리'의 가능성이 싹틀 수 있어야 한다. 따라서 정의에 대한 요구는 늘 새로움을 요청한다. 미래 세대의 새로운 가치를 품지 못하는 정의는 기득권 옹호의 수단일 뿐이다. 모든 정의 논의는 새로움의 자리가 필요하다. 각자의 판단과 행동으로 나타나는 역량은 잠재된 가치로 받아들여야 한다. 실현된 역량은 정의의 새싹이자, 후손에게 물려줄 씨앗이다. 공정성은 상황의 다양함, 개인의 특별함에서 나온다. 법이 이 점을 포착해야 한다. 아리스토텔레스의 '근원적 공정성'은 이런 당위성에 대한 인식에서 비롯된다. 역량 접근은 이런 철학적 통찰을 전승하려는 시도로 이해되어야 한다.[38]

이런 면에서 역량 접근은 자유주의 비판 이상의 논의를 함축한다. 근대 개인주의 전통이 간과한 인간의 사회적 특성이 오롯이 드러난다. 현대 개인주의는 인간의 사회적 특성을 충분히 포착하지 못하고 있다. 물론 이 특성은 근대 논의에서도 정치적 이상으로 발견되지만, 아리스토텔레스 논의에서 특히 부각된다. 청년 마르크스도 이 특성을 철학의 중대 출발점으로 삼았다. 마르크스는 《1844 경제철학 수고》를 저술할 당시 아리스토텔레스의 《정치학》을 읽었다고 알려져 있다. 그는 여기서 인간의 사회적 특성에 주목한다. 당시 주류 경제학파

38 근원적 공정성에 대해서 아리스토텔레스, 《니코마코스 윤리학》, 5권 10장을 참조하라.

들이 이 점을 간과했다고 강조하면서 마르크스는 지금도 눈여겨볼 통찰을 제시한다.

> 정치경제학의 부와 빈곤을 대신해서 어떻게 '풍부한 인간 존재'와 '풍부한 인간 필요'가 나오는지 볼 수 있을 것이다. 풍부한 인간 존재는 동시에 총체적 인간적 삶의 표명을 필요로 하는 인간이다. 즉, 그 자신의 실현이 내적 필연성, 즉 필요로 존재하는 인간이다. … 자신의 발로 서 있는 존재만이 독립적이라 생각한다. 자기 '실존'을 스스로에게 내맡기는 자만이 자기 발로 서 있는 것이다.[39]

인간의 사회적 특성은 새삼 현대에서 묵살된 정치의 독특한 측면을 부각한다. 정치는 비합리성의 대명사로 간주되어 왔다. 타인의 지배를 향한 열정은 비합리적 정치의 징후다. 지배를 향한 피비린내 나는 권력투쟁과 암투는 정치 혐오의 주된 원인이다. 근대 이후 정치공간은 개인 이해의 확장 과정으로만 이해되어 왔다. 이때 정치공간은 그저 특정 생존 수단을 획득하는 공간일 뿐이다. 여기에 개입된 정치는 한 점의 고기를 뜯기 위해 몰려든 이리떼처럼 이권다툼을 정치의 포획물로 여겨 왔다. 남을 향한 지배욕이 깊은 인간 내면의 충동이라고 할 때, 우리가 목격하는 권력의 속성은 이해불가한 정치의 단면이다. 하지만 세(勢) 확장을 위한 권력투쟁이 정치의 전부일 수 없다. 정치는 인간의 소망이 집결하는 합리적 영역이기도 하다. 이 과정에서 인간의 사회적 특성이 오롯이 드러난다. 정치공간은 삶의 진정성을 모색하는 공간이다. 인간의 사회적 특성

39 Karl Marx(1964), pp. 143-144.

은 본래 인간 정체성의 확장 과정의 산물이다. 이 정치공간 안에서 각자의 선택과 역량, 그 선택과 역량을 존중하는 가치가 인정되고, 여기서 공통의 가치가 모색된다. 각자의 선택과 역량은 존중의 근거이고, 인정의 대상이다. 시민으로서 주체의 역량도 각자의 가치를 통해 인정된다. 이런 의미에서 정치공간은 합리적 가치들의 각축장이자 다양한 좋은 삶의 경연장이다. 정치적인 것의 합리성은 경합하는 가치의 합당함과 밀접하게 연관되어 있다.

주권재민(主權在民)의 이념은 정치의 합리성을 상정하지 않고는 이해될 수 없다. 정치공동체의 시민은 모두 주권자이고, 이런 정치 역량을 소유한 사람들이다. 정치가 도덕, 경제, 특정 문화로 환원될 수 없는 이유가 여기에 있다. 주체의 역량은 기존 가치로 환원될 수 없는 새로움을 내포하고 있다.[40] 정치는 다양한 주체 역량의 결합, 새로운 가치를 통한 혁신과 통합을 전제로 한다. 혁신과 통합을 모색하는 정치의 힘은 역량을 인정받고자 하는 공간의 활력에 의존한다. 정치통합은 하늘에서 뚝 떨어지는 가치로 이루어질 수 없다. 정치통합의 염원은 보편적인 것과 특수한 것의 경계, 접점에서 정치는 새로운 가치 형태로 등장한다. 인간의 사회적 특성은 이런 가능성을 말하고 있을 뿐이다. 이 가능성은 역사적 가능성이다. 선 결정된 가치를 통한 통합이 아니라, 현재 우리 선택과 행동으로 만들어 낼 통합의 가능성이다. 현재 선택과 행동은 과거, 미래의 소망과 동떨어져 있을 수 없다. 나의 가치는 이미 기존 가치, 편견의 산물이고, 투영된 미래 소망과 무관할 수 없다. 정치공간이 가치의 각축장이자 경연장이라고 할 때, 그 투쟁은 역사적일 수밖에 없다. 모든 가치투쟁은 기존 가치와 대결하

40 주체를 통한 새로운 사건의 개입이 정치적인 것의 특성으로 옹호한 사람이 알랭 바디우(Alain Badiou)이다. 바디우는 사건의 개입을 통한 새로움을 추구하는 활동이 정치이며, 진리를 추구하는 과정과 같음을 입증하려 한다. 자세한 논의에 대해서는 그의 책 *Being and Event*(trans. by Oliver Felfham(London: Continuum, 2005), 국내에는 조형준 옮김, 《존재와 사건》, 새물결, 2013)를 보라.

고 있으며, 늘 과거의 숨은 진실의 힘으로 인정받고자 한다. 따라서 인간의 사회적 특성은 과거와 싸우는 현재의 가치, 투영된 미래의 가치로 드러난다.[41] 이런 역사성의 묵살은 과거를 획일화하는 독재자의 전횡과 다름없다.

그럼에도 인간의 사회적 특성은 관계의 산물이다. 다른 인간과의 소통과 교류는 인간성의 새로운 가능성이다. 이제 태어난 사람과 세대에게 새로운 삶이 가능하다. 정의롭지 못한 사회는 새로운 삶을 짓누른다. 역량 접근의 이상은 새로운 삶이 자유롭게 펼쳐질 정의로운 사회이다. 정의로운 사회는 각자의 역량을 존중하고 실현시키는 제도가 갖추어진 사회이다. 삶은 선택의 연속이다. 인간의 길은 미리 정해져 있지 않다. 삶은 어떤 의미에서 교육이다. 강요되고 세뇌된 교육이 아닌 스스로 선택을 통해 성숙해질 수 있는 교육인 것이다. 여기에는 현명한 선택이 요구된다. 완결된 삶은 존재할 수 없다. 자기 삶이 끊임없이 변화하는 사회 안에서 자기 역량을 인정받고자 한다면 영원한 인간의 숙제로 남는다. 역량 증진(empowerment)은 정의의 공동체 안에서 더욱 확장된다. 인간만이 인간의 잠재성을 깨울 수 있다. 인간의 가능성은 무궁무진하다. 역량의 조화를 통한 새로운 사회 기능의 창출은 인간의 인격성이 구체적 현실로 드러날 때 더욱 강화된다. '정치적 동물' '유적 존재' '사회화된 인간'이라는 상징들은 선의와 친애의 공동체에서 발휘되는 인간의 무궁한 가능성을 은유화한다. 역량 접근은 이런 가정에서 출발한다. 역량 접근이 자유주의의 새로운 대안으

---

41 정치의 역사적 특성은 투쟁의 성격에서 결정된다. 소렐은 계급투쟁의 윤리적 성격과 사회적 투쟁을 구분하면서 진정한 정치적 특성은 그 윤리적 성격에 따라 결정되어야 한다고 주장한다. 비코를 언급하면서 지적한 이 말은 지금도 여전히 시사적이다. "역사는 집단의 투쟁으로 이루어져 있다. 그러나 비코는 이들 투쟁 모두가 같은 종류가 아님을 알아챘다. 현대 마르크스주의자들이 종종 잊고 있는 것이다. 정치권력을 쟁취하고자 하는 갈등이 있다. … 권리 획득을 위한 갈등도 있다. 마르크스가 말한 의미에서 계급투쟁을 말할 때만 후자의 투쟁이 고려될 수 있다. 오해를 피하기 위해 아마도 원리상 그 투쟁이 사법 개념의 갈등을 다룬다는 점을 지적하기 위해 이 권리투쟁에 이름을 붙이는 편이 적절할 것이다." 필자는 호네트의 책에서 이 구절을 인용했다(Axel Honneth, 1995, p. 154(《인정투쟁》, p. 283)).

로 부상될 수 있는 철학적 가정이다. 일찍이 독일의 시인 하이네는 이상의 힘을 과소평가하는 프랑스인들을 경고한 바 있다. 생각이 바뀌면 행동도 바뀌는 법, 참신한 정책보다 더 근본적인 통찰이 요구되는 시점이다. 깨어 있는 시민은 늘 생각을 바꾸는 꿈을 꾼다는 사실을 명심해야 할 때다.

참고문헌

마사 누스바움 지음, 한상연 옮김, 《역량의 창조》, 서울: 돌베개, 2015.

아리스토텔레스, 《정치학》.

Arneson, Richard, "Perfectionism and Politics," *Ethics*, 111(1), October 2000.

Berlin, Isaiah, *Four Essays on Liberty*, London: Oxford University Press, 1969.

Dewey, John, *The Public and Its Problems*, Athens, Ohio: Ohio University Press, 1991.

Dreze, Jean and Amartya Sen, *India: Development and Participation*, 2nd ed., Oxford: Oxford University Press, 2002.

Dworkin, Ronald, "What is Equality? Part I: Equality of Welfare, Part II: Equality of Resource," *Philosophy and Public Affairs*, 10(3/4), 1981.

Hegel, G. W. F., *Elements of the Philosophy of Right*, trans. Allen W. Wood, ed., H. B. Nisbet, Cambridge: Cambridge University Press, 1991.

Honneth, Axel, "Democracy as Reflexive Cooperation: John Dewey and the Theory of Democracy Today," *Political Theory*, 26(6), 1998, pp. 763–783.

Marx, Karl, *The Economic and Philosophic Manuscript of 1844*, Dirk J. Struik, ed., New York: International Publishers, 1964.

Nussbaum, Martha, "Nature, Function, and Aristotle on Political Distribution," *Oxford Studies in Ancient Philosophy*, Julia Annas, ed., Oxford: Clarendon Press, 1988, pp. 145–184.

______, "Aristotelian Social Democracy," R. Bruce Douglas, Gerald M. Mara, and Henry S. Richardson, eds., *Liberalism and the Good*, New York: Routledge, 1990, pp. 203–252.

______, "Human Functioning and Social Justice: In Defense of Aristotelian Essentialism," *Political Theory*, 20(2), May 1992, pp. 202–245.

______, "Aristotle, Politics, and Human Capabilities: A response to Antony, Arneson, Charlesworth, and Mulgan," *Ethics*, 111(1), October 2000, pp. 102–140.

Pettit, Phillip, "Capability and Freedom: A Defense of Sen," *Economics and*

Philosophy, 17, 2001.

Rawls, John, *A Theory of Justice*, Cambridge, Massachusetts: The Belknap Press of Harvard University Press, 1971.

______, *Political Liberalism*, New York: Columbia University Press, 1993.

______, *The Law of Peoples*, Cambridge, Massachusetts: Harvard University Press, 1999.

Ricoeur, Paul, *The Main Trends in Philosophy*, New York: Holmes and Meier Publishers, Inc., 1978.

______, "Ethics and Human Capability," John Wall, William Schweiker, and W. David Hall, eds., *Paul Ricoeur and Contemporary Moral Thought*, New York: Routledge, 2002, pp. 279–290.

______, *The Just*, trans. David Pellauer, Chicago: University of Chicago Press, 2003.

Sen, Amartya, "Equality of What?," McMurrin, ed., *Tanner Lectures on Human Values*, Cambridge: Cambridge University Press, 1980.

______, "Well-being, Agency and Freedom," *Journal of Philosophy*, 1985.

______, *Inequality Reexamined*, Cambridge, Massachusetts: Harvard University Press, 1992.

______, *Development as Freedom*, Oxford: Oxford University Press, 1999.

______, *Development as Freedom*, New York: Knopf, 1999.

______, *The Idea of Justice*, Cambridge, Massachusetts: The Belknap Press of Harvard University Press, 2009.

제2장

효율성, 공정성, 불가능성 정리: 애로에서 센으로

박지웅

1. 머리말

주류 경제학(mainstream economics)에서 과연 사회란 것이 존재할까? "이 세상에 사회라는 것은 존재하지 않는다"(There is no such thing as society.)라는 영국의 전 총리 마가렛 대처의 언급[1]은 주류 경제학의 한 입장을 대변한 것이다. 즉, 그녀가 하이에크에 깊은 감화를 받았다는 것은 잘 알려진 사실이다. 물론 주류 경제학에는 다양한 학파와 접근들이 포진하고 있다. 아이러니하게도 주류 경제학의 양 극단은 개인은 존재하지 않고 사회만 존재하는 주류 경제학과 개인만 존재하고 사회가 존재하지 않는 주류 경제학이 각각 포진하고 있다. 양 극단의 사이에 개인과 사회에 대한 상대적인 중요도가 각기 다른 수많은 주류 경제학들이 자리 잡고 있다. 문제는 주류 경제학의 주류, 즉 신고전파가 자리 잡고 있는 위치이다. 그 위치는 사회가 존재하지 않고 개인만 존재하는 극단이다. 이 글에서는 우선 어떻게 극단으로 치우친 신고전파가 주류 경제학의 주류가 될 수 있었는지 논리적으로 추적하여 볼 것이다.

주류 경제학의 주류인 신고전파에서 사회와의 유일한 연관 고리는 수리경제학적으로 표현하면 사회후생함수(social welfare function)이다. 논리적으로 말하자면 사회후생함수는 동어반복적으로(tautologically) 사회적 의사결정의 근거가 된다. 사회적 의사결정이 존재하는 한, 사회적 후생함수는 실재하는 셈이 된다. 이처럼 실재하는 것을 부정할 수는 없다. 신고전파가 문제 삼은 것은 사회후생함수가 합리적일 수 있느냐는 점이다. 물론 합리적이지 않은 사회후생함수는 얼마든지 무수하게 존재할 수 있다. 문제는 사회후생함수의 불합리성이 아니

1 그녀의 이 유명한 언급은 *The Sunday Times*, October 31, 1987; Interview for *Women's Own*, September 23, 1987 참조.

라 합리적인 사회후생함수가 단 한 개라도 존재 가능한지 살펴보는 것이다. 그것의 불가능성을 증명한 것이 애로의 불가능성 정리이다. 애로는 누구나 수긍할 수 있는 합리적인 사회후생함수의 조건들을 전제하고 그 전제조건들의 동시 충족이 불가능함을 증명하였다.

불가능성 정리는 단순히 논리적 가능성의 문제가 아니라 주류 경제학에 심대한 영향을 끼치고 만다. 불합리한 사회후생함수에 의존하여 사회적 의사결정을 설명하는 것을 포기한다. 대신에 개인적 의사결정의 총체로서 사회적 의사결정을 이해하게 된다. 결국 사회는 개인들로 환원되고 개인들의 총체 그 이상일 수는 없다. 따라서 사회는 논리적으로 중복되는 불필요한(redundant) 개념에 불과하다. 이제 사회 문제는 어디까지나 개인들만의 문제로 설명될 수 있는 것이다. 이로 인해 신고전파는 개인만 존재하는 극단에 치우치는 방법론에도 불구하고 주류 경제학의 주류 자리를 견고하게 유지할 수 있었다. 이처럼 불가능성 정리는 주류 경제학의 헤게모니 지형을 바꿔버렸다.

이러한 사태에 대해 심각성을 느끼고 고민하는 젊은 경제학자가 있었다. 그는 센이었다.[2)] 불가능성 정리가 수학적 논리로 기술되었기 때문에 철학적 · 경제이론적 논의로 불가능성 정리를 반박하는 것은 주효하지 않다. 센은 기상천외한 방법으로 간결하게 반박함으로써 우리를 어리둥절하게 만들었다. 그 방법이란 애로의 불가능성 정리와 너무나 닮은 또 다른 불가능성 정리를 도출하여 죽은 사회후생함수를 되살리는 것이다.

우선 센은 애로의 전제조건들을 수용한다. 다만 센의 증명은 애로와 달리

---

2 센은 케임브리지대학의 로빈슨, 스라파, 돕 밑에서 수학했다. 이런 전통에서 그의 학위논문과 초기의 글이 자본논쟁과 관련된 논문임은 당연하다. 그러나 그는 불가능성 정리의 연구로 선회한다. 그의 지도교수였던 로빈슨은 시간낭비라는 충고를 하였지만 그는 불가능성 정리의 연구에 몰두하게 된다(Hahnel, 2002, p. 219).

불가능의 대상이 달랐다. 따라서 증명 대상이 다르기 때문에 애로의 전제조건 중 불필요한 전제조건(비독재성의 조건)을 빼고 증명에 필요한 전제조건(최소한의 자유주의 조건)을 추가한다. 그 결과 애로가 사회적 선호를 반영하는 일관된 선호 체계를 밝혔다면 센은 다른 극단에서 개인적 선호에 제약을 가하지 않는 신고전파의 사회적 선택 역시 존재하지 않는다는 것을 밝혔다. 쉽게 말해 개인들의 자유로운 선택을 통해서만 사회적 선택이 이루어지지 않는다는 것을 의미한다. 결국 사회적 선택 과정에서 개인의 선택의 자유에 제약을 가하는 수밖에 없다. 사회적 선택을 위해 개인 간 선호 비교, 가령 효용 비교가 불가피하다. 개인 간 선호를 비교하는 것이 다름 아닌 사회후생함수 아닌가? 합리적인 사회후생함수가 불가능하여 분석 틀에서 사장시켰던 사회후생함수를 이제는 사회적 선택의 분석을 위해 되살려야만 했다. 신고전파는 생각지도 못한 곳에서 허를 찔리고 말았다.

애로의 불가능성 정리가 주류 경제학의 헤게모니의 지형 변화를 초래했던 것처럼 센의 불가능성 정리로 인한 그것의 지형 변화는 불가피한 것처럼 보인다. 그러나 신고전파는 주류의 주류로서 여전히 맹위를 떨치고 있다. 사실 그것의 지형 변화가 매우 복합적이어서 표층에서 그 변화를 읽어 내기에는 긴 시간이 소요될 수 있다. 그러나 심층에서 사회적 선호에 대한 연구가 쏟아지면서 어떤 형태로든지 그것의 지형 변화는 불가피하다. 왜냐하면 판도라의 상자는 열렸기 때문이다.

이 글의 목적은 애로와 센의 불가능성 정리를 증명하고[3] 두 불가능성 정리

3 애로의 경우 간결하면서도 쉬운 일반적 증명을 소개하려고 하다 보니 이 글에서는 아예 새로운 방식으로 불가능성 정리를 증명하게 되었다. 반면에 센의 경우 잘 알려진 간결하고 쉬운 예증인 '바람둥이와 얌전이의 예'를 각색하여 소개하였다.

가 각각 주류 경제학의 위상에 어떤 변화를 야기했는지 살펴보는 데에 있다. 참고로 두 불가능성 정리는 주류 경제학의 내적 논리의 구성물이므로 이 글에서는 어디까지나 주류 경제학의 내부에 국한하여 주류 경제학의 위상을 살펴볼 것이다.[4] 따라서 주류 경제학 내의 다양한 학파와 접근들을 분석의 도마 위에 올려놓을 것이다. 그들 간의 세력관계를 밝혀 보기 전에 우선 주류 경제학이 무엇을 의미하는 것인지 살펴볼 필요가 있다.

2. 주류 경제학의 실체와 스펙트럼

1) 주류 경제학의 실체

주류 경제학에 포진하고 있는 다양한 학파와 접근들은 단순히 나열식으로 병존하는 것이 아니라 그들 간의 유기적인 네트워크를 형성하는 구조를 이룬다. 즉, 그들 상호간에 끊임없는 이론적 보완을 통해 움직이는 거대한 시스템이 주류 경제학인 셈이다. 그들 상호간의 보완적 관계는 단순한 보완이 아니라 그들 상호간에 치열한 논쟁과 양립 불가능한 대립을 통해 이루어진다. 따라서 주류 경제학의 범주를 일의적으로 명확하게 설정하는 것은 쉽지 않다. 그러나 이러한 범주의 문제는 의외로 쉽게 접근할 수 있다.

주류라는 말은 이론적 헤게모니를 장악하고 있는 세력을 말한다. 이러한

4 물론 주류 경제학 그 자체의 위상을 살펴보기 위해서는 주류 경제학의 외부와 주류 경제학의 관계를 포괄하여 분석될 필요가 있다. 그것의 외부에는 주류 경제학과 주류 경제학에 속하지 않는 다양한 학파들의 세력관계가 형성되어 있다.

헤게모니의 차원에서 주류 경제학에 접근하여야 한다. 우선 주류 경제학의 관점 혹은 입장이 대변하는 이데올로기부터 살펴보아야 한다. 두 말할 나위 없이 그것은 자유주의이다. 주류 경제학은 자유주의 경제학이다.

그러나 자유주의 전통의 진영 안에서도 자유에 관한 다양한 입장[5)]이 있다. 이런 다양한 입장들은 극단적으로 서로 대립하는 양상을 보여 주기도 한다. 가령 자유주의자인 케인스는 신자유주의와 달라도 한참 다르다.

한 걸음 더 나아가 자유주의 전통이라고 해서 자유에 관한 대표적인 논자들이라고 할 수 없다. 가령 자유주의자들이 칸트와 헤겔보다 더 자유를 중요하게 여기고 자유에 대해 보다 더 보편적인 해석을 하였다고 할 어떠한 이론적 근거도 없다. 또한 그들만이 진정한 자유를 구가하고 지상 최대의 과제로 자유를 설정한 것도 아니다.[6)]

이처럼 자유는 수많은 논자들의 공통적인 이론적 지향점이다. 그러나 논자들마다 자유의 개념이 제각기 달라 논자들 간의 공통분모를 이루는 자유의 보편적인 개념을 설정할 수 없다.[7)] 따라서 자유의 보편적 개념에 근거하여 자유주의를 하나의 범주로 묶어 내는 것은 불가능한 작업이다. 하나의 거대한 범

---

5 자유주의 전통은 자유지상주의(노직), 사회계약론적 전통의 자유주의(스미스, 롤스), 공리주의적 전통의 자유주의(벤담, 밀), 공동체적 자유주의(샌델), 자유주의적 평등론자(드워킨) 등 다양한 입장으로 형성되어 있다. 역사적으로도 그 시기에 따라 자유주의는 다른 맥락으로 전개되어 왔다. 계몽주의에서 신자유주의에 이르기까지 동일한 계보로 이어져 내려온 것이 아니다.

6 칸트와 헤겔이 자유주의 전통에 끼친 영향은 지대하지만 자유주의 전통 안에 대표적인 사상가로 끼워 넣을 수는 없다. 자유를 지상최대의 과제로 설정한 것으로 자유주의자를 판정한다면 칸트와 헤겔뿐만 아니라 마르크스도 자유주의자인 셈이다.

7 실제로 자유는 논자들마다 다른 개념으로 쓰고 있다. 스미스의 자유와 마르크스의 자유, 롤스의 자유와 밀의 자유, 드워킨의 자유와 노직의 자유, 케인스의 자유와 하이에크의 자유, 니체의 자유와 기독교적 자유 등등은 서로 다른 것이다. 그들의 자유는 서로 다르지만 그것들 간에 공통적인 분모가 있기 때문에 자유라는 용어를 사용하고 있는지 모른다. 그래서 그 공통분모를 찾아내어 자유의 정의를 재구성해 볼 수도 있다. 그러나 이것이 이내 부질없는 일임을 깨닫게 된다. 왜냐하면 그들은 하나같이 진정한 자유를 이야기하고 있고 자유에 대한 그들의 언급에서 가감을 허락하지 않기 때문이다.

주로서 자유주의를 묶어 내기 위해서 이것 역시 이론적 헤게모니의 차원에서 이해해 볼 필요가 있다.

자유주의는 주류 경제학을 위시한 주류사회과학의 원형을 제시한다. 주류 사회과학은 자본주의의 운동 그 자체를 과학적 원리로 이해하며 자본주의 이해관계를 대변하는 과학이다. 자본주의의 이해관계를 실현하는 자유가 주류 사회과학의 자유이며 자유주의 전통의 자유인 셈이다. 따라서 자유주의 전통에서 자유에 관한 입장들이 아무리 다양하더라도 자본의 운동 논리를 옹호하고 따른다는 점에서 별반 다를 바 없다. 이런 사실 때문에 자유주의 전통을 범주화할 수 있고 주류 경제학도 범주화할 수 있는 것이다.[8] 이런 범주화는 단순히 나열화하는 것이 아니라 하나의 스펙트럼처럼 이해해 볼 수 있다. 빛을 파장에 따라 배열한 것이 스펙트럼인 것처럼 주류 경제학의 스펙트럼 역시 그것의 다양한 학파와 접근들을 자유에 관한 입장에 따라 배치한 것이다. 이에 대해 알아보도록 하자.

2) 주류 경제학의 스펙트럼

인간의 행위는 타인들에게 영향을 주며 얽혀 있는 사회적 행동이다. 굳이 타인에게 영향을 주지 않는 경우를 상정하는 것은 매우 무의미한 일이다. 가령 로빈슨 크루소가 무인도에서 무엇을 하든 그의 자유는 우리들의 관심 밖의 일이다. 따라서 우리가 통상 자유를 타인에게 해를 끼치지 않는 범위 안에서 자신의 의지대로 행동할 수 있는 것을 말할 때 이것은 자명한 원칙처럼 보이나 실제

8 이런 의미에서 본다면 "경제학의 중심에는 자본이 아닌 인간이 있어야 한다" 고 천명한 센은 자유주의자도, 주류 경제학자도 아닌 셈이다.

로 자유에 대해서 아무런 이야기도 하고 있지 않는 것과 같다.

자유에는 필연적으로 제약이 뒤따른다.[9] 밀(2008, p. 9)이 말한 것처럼 개인의 가치 있는 삶은 타인의 행동에 가해지는 제약에 의존하여 성립된다. 따라서 적정한 한계 내에서 이러한 제약에 대해 정당성을 부여할 수 있다. 이러한 제약 속에 타인들 간의 관계가 사회인 셈이다. 즉, 사회는 개인의 행동에 대해 적정한 한계 내에서 제약할 수 있는 정당성을 가진다.[10] 물론 그 한계를 벗어나면 그 정당성은 상실된다. 이런 연유로 밀(2008, p. 7)은 자유가 사회적 자유(social liberty)임을 천명한다. 문제는 적정한 한계를 설정하는 것이다. 이것은 언제나 미해결의 실천적 문제로 남아 있다(Mill, 2008, p. 9). 밀 역시 공리주의 원칙을 통해 개인의 자유를 제한하는 적정한 한계의 설정을 모색하였다. 이를 위해 공리주의 원칙에서 자유의 원칙을 도출해야만 한다. 유감스럽게도 다수의 행복을 위해 소수의 희생을 정당화하는 자유의 원칙의 논리적 근거를 제시하지 못했다.[11] 밀의 시도가 실패였는지, 밀의 시도에 다른 의도가 있었는지 구명하는 것은 이 글의 주제가 아니므로 더 이상 언급해야 할 이유는 없을 것 같다.

다만 그 한계가 어디까지 설정되는지에 따라 자유의 내용이 달라진다는 것은 분명하다. 가령 양 극단을 생각해 보자. 즉, 사회가 개인을 완전하게 통제

9 가령 프랑스혁명의 〈인권선언문〉 제4조를 보자. 첫 문장은 다음과 같다. "자유란 타인에게 해롭지 않은 모든 것을 행할 수 있는 권리이다." 이것은 자유에 대한 통상적인 표현과 별반 다를 바 없다. 그러나 제4조는 자유를 명시적으로 제약하는 다음과 같은 문장을 추가하여 완결지운다. "자유에 대한 제약은 법에 의해서만 규정될 수 있다."

10 밀은 개인의 행동에 대한 사회의 제약의 정당성을 허용했기 때문에 극단적인 자유주의자들(가령 자유지상주의자)로부터 사회주의자라는 비판을 받기도 한다. 가령 밀에 대한 미제스(1995, p. 292)의 평가는 신랄하다. "존 스튜어트 밀은 … 만년에 아내의 영향을 받아 쉽게 타협하는 유약함을 보였고 그 결과 서서히 사회주의로 빠져들어 갔으며 … 사회주의 사상과 자유주의 사상의 무분별한 혼동의 효시가 된 사람이다. … 밀은 사회주의의 열렬한 선두 주창자였다. 사회주의의 찬성론의 진술에 관한 한, 마르크스, 엥겔스 및 라살레조차도 밀에 견주어 보면 별로 중요하지 않다."

11 이런 연유로 자유주의 전통에서 밀의 시도는 실패로 보는 것이 일반적이다(이근식, 1999, p. 204).

하는 경우와 사회가 개인을 전혀 통제하지 못하는 경우를 생각해 보자. 비록 양자가 정당성을 가지는 적정 한계라 할지라도 전자에서는 사회만 존재하며 후자에서는 개인만 존재한다. 현실에서는 양 극단 사이에 적정 한계가 존재할 것이다. 물론 적정 한계를 놓고 치열한 정당성의 논쟁과 투쟁이 일어날 것이다.

양 극단은 현실에 존재하지 않지만 이를 지향하는 하나의 이념적 유형(ideal types)으로 존재한다. 아마도 이러한 이념적 유형으로 전자는 전체주의, 후자는 극단적 자유지상주의일 것 같다.[12] 자유주의는 아무래도 후자 쪽으로 치우쳐 포진해 있을 것 같다. 그러나 이러한 예상은 여지없이 깨진다.

자유주의는 양 극단에 걸쳐 모든 영역에 펼쳐져 있다. 우선 전체주의가 포진해 있을 자리를 살펴보자. 이 자리는 의외로 벤담의 공리주의가 차지하고 있다. 벤담(1981; 1982, p. 2)의 최대다수의 최대행복 혹은 효용의 원칙은 모든 사람들의 행복의 증감 여부에 따라 개인 행동의 사회적 승인 원칙이다. 통상 경제학 교과서에 나오는 공리주의적 사회후생함수는 벤담의 이러한 원칙을 정식화한 것이다.

$$W^s = \sum W^i.$$

여기서, W^s, W^i는 사회와 개인 i의 사회후생함수

공리주의 사회후생함수는 비록 개인후생의 총화가 사회후생이라 할지라도 사회후생을 위해 개인후생의 희생을 정당화한다. 따라서 이러한 원칙이 존재하는 한, 사회가 우선하는 극단에 위치할 수밖에 없다.

12 전체를 위해 모든 개인의 자유를 제약할 수 있다는 전체주의와 단 한 사람이라도 개인의 자유를 제약하며 전체를 위할 수 없다는 자유지상주의는 논리적으로 상반되는 관계에 있다.

이보다 더 의외인 것은 극단적인 자유지상주의가 포진할 그 위치에 주류 경제학의 주류인 신고전파가 위치한다는 사실이다. 타인에게 어떠한 피해도 가하지 않고 자유로운 행동이 존재 가능한지 의문이 들지만 이것은 이념적 유형의 원칙으로 제시 가능하다. 개인의 자기주권(self sovereignty) 혹은 자기결정권(self determination right)을 최대한 보장하는 원칙이 있을까? 그 원칙은 바로 파레토 원리이다. 사실 신고전파의 중심에는 파레티언 자유주의(Paretian Liberal)가 있다. 적어도 미시경제학 영역 안에서 신고전파는 파레토 원리를 기초로 한 논리적 구성물이므로 이 글에서는 파레티언 자유주의를 신고전파의 동의어로도 사용할 것이다.

파레토 원리는 A와 B 모두 상태 s_1보다 상태 s_2를 선호하면 현실적인 대안으로 s_2가 선택된다는 것이다. 수학적으로 간결하게 정의하면 다음과 같다.[13]

$$s_1 <_i s_2 \text{ for all } i \Rightarrow s_1 <_s s_2.$$

여기서, $<_i$, $<_s$는 각각 개인 i의 선호와 사회선호

이것은 사회적 선호가 합당한 개념이기 위해 필요한 하나의 규범명제이다. 또한 이러한 선호가 선택으로 이어져야 한다는 의미에서 파레토 원리는 규범명제인 동시에 행동법칙이 된다(Plott, 1976, pp. 528-529). 물론 $s_1 <_s s_2$라고 해서 모든 개인이 s_1보다 s_2를 선호하는 것이 아니다. 즉, 어떤 개인이 선호하지 않는 대안이 사회적으로 선택될 수 있지만 파레토 원리에 의해 모든 개인이 선호하는

13 수학적으로 엄밀히 말한다면 $>$이므로 이 원리를 약한(weak) 파레토 원리라고 부른다. 물론 $\geq$이라면 강한(strong) 파레토 원리이다. 참고로 이러한 강약의 의미는 다음과 같다. 즉, 약한 파레토 원리를 적용하여 성립된 결론은 강한 파레토 원리를 적용하더라도 여전히 성립된다.

대안은 사회적으로 선택되어야 한다. 선택되지 않는다면 파레토 원리를 위배하는 것이다. 즉,

$$s_1 <_i s_2 \text{ for all } i, \text{ but } s_1 >_s s_2.$$

이 경우 모든 개인이 s_1보다 s_2를 선호함에도 불구하고 사회적으로 s_2보다 s_1을 선호하는 것이다. 이와 같이 파레토 원리를 위배하는 사회적 선호를 생각하기 어려우므로 이것은 지극히 자명한 원리로서 일종의 공준인 셈이다. 파레토 원리가 충족된 경우를 파레토 효율성이라고 이야기한다. 주류 경제학의 효율성은 파레토 효율성을 말한다. 왜냐하면 시장의 모든 교환관계에서 파레토 효율성이 충족되기 때문이다. 즉, 모든 교환관계는 파레토 원리가 충족된다. 교환관계에서 s_2는 교환 후의 상태이고 s_1은 교환 전의 상태이다. 따라서 A와 B 간에 교환이 일어나는 것이다.

파레토 원리에 따른 교환의 자유를 보장하기 위해서 또 하나의 전제가 필요하다. 교환을 통해 어느 누구도 피해를 보지 않는 것이 가능하기 위해서는 초기 상태(early state) 혹은 기존의 상태(status quo)가 전제되어야 하고 가능한 선택 대안 안에 들어가 있어야 한다. 즉, 초기 상태를 수용한 상태에서 선호 계산을 한 것이다. 이 점을 교환에 적용하여 설명하여 보자.

초기 상태 혹은 기존의 상태는 교환 전의 상태 s_1으로 둘 수 있다. 참고로 교환 후의 상태를 s_2라고 하자. 교환당사자 A와 B는 언제든지 s_1을 선택할 수 있어야 한다. 그래서 A와 B 중 누군가가 s_2보다 s_1을 선호한다면 교환은 일어나지 않는다. 즉, 파레토 원리는 교환당사자의 자유를 보장한다면 하나의 공준으로 작동된다.

그림 2-1 주류 경제학의 스펙트럼

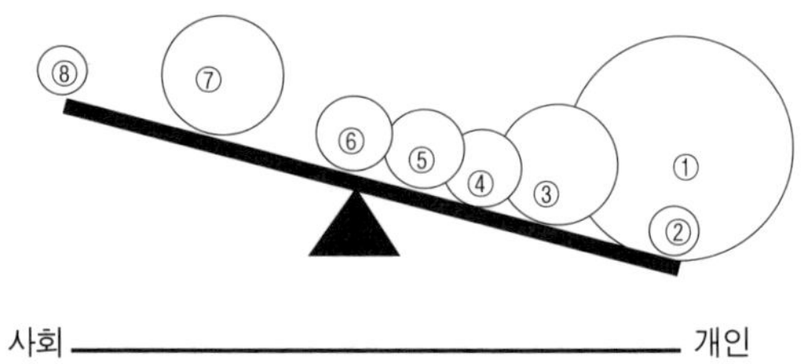

① 신고전파(보다 엄밀하게 말한다면 파레티언 자유주의)
② (자유지상주의 전통의) 자유시장주의, 신자유주의 경제학
③ 고전파 전통의 거시경제학 패러다임(고전파, 통화주의, 합리적 기대론자, 새고전파)
④ 신제도주의 경제학, 재산권이론 접근, 법경제학
⑤ 신정치경제학
⑥ 게임이론, 행동경제학
⑦ 케인스 전통의 거시경제학 패러다임(케인시언, 새케인시언, 포스트 케인시언)
⑧ 공리주의 경제학

이처럼 공리주의와 신고전파는 사회와 개인 간에 펼쳐져 있는 주류 경제학의 스펙트럼에서 양 극단에 위치하고 있다. 이것이 무슨 문제를 야기하는 것일까? 양 극단에 걸쳐 다양한 학파와 접근들이 펼쳐져 있다는 것은 문제의 소지가 되는 것이 아니라 오히려 바람직할 수 있다. 그러나 주류 경제학의 주류인 신고전파가 극단적으로 개인에 치우쳐 포진하고 있다. 이것을 그림으로 나타내면 [그림 2-1]과 같다.

자유주의자들은 주류 경제학이 이렇게 극단에 위치하고 있는 것에 다소 놀랄 것 같다. 왜냐하면 아무리 주류 경제학의 이데올로기가 자유주의라 하더라도 자유주의 철학은 이 정도로 극단에 치우쳐 있지 않기 때문이다. 물론 신자유주의가 득세하면서 자유주의가 우편향화한 측면도 있다. 그러나 공리주의적 전통의 자유주의가 여전히 자리를 잡고 있고 공동체적 자유주의(맥킨타이어, 샌델), 자유주의적 공화주의, 자유주의적 평등론(드워킨) 등이 왼쪽에 굳건하게 포진하고 있다. 물론 롤스의 자유주의(혹은 정의론)가 오른쪽[14)]에서 여전히 위세를 떨치고 있지만 자유주의는 전체적으로 평형을 상실한 것이 아니다.

자유주의 철학과 달리 유독 주류 경제학이 왜 한쪽으로 그것도 극단적으로 치우쳐졌는지 의문을 가지지 않을 수 없다. 그 의문에 답하기 위해 애로의 불가능성 정리라는 복잡한 문제와 마주칠 수밖에 없다. 이제 애로의 불가능성 정리를 파헤치면서 그 의문의 실마리를 풀어 보도록 하자.

3. 애로의 불가능성 정리

1) 합리적인 사회적 선호를 위한 전제조건들

사회는 사회적 의사결정[15)]이 이루어지는 공간이다. 사회적 의사결정은 사회적 선호에 의해 결정된다. 사회선호함수는 개인의 선호가 주어졌을 때 사회선호를 선택하는 규칙(social choice rule)이다.

$R_s = f(\{R_i\})$.

여기서, R_s: 사회적 선호서열(preference order). 예를 들면, $x >_s y >_s z$

14 오른쪽의 극단은 노직의 자유지상주의가 포진하고 있다. 자유지상주의가 오른쪽의 자유주의를 대변하는 것도 아니고 더구나 자유주의를 대표한다고 보기에는 이론적 기반이 너무나 허약하다.

15 사회적 의사결정은 각종 정치적 선거, 의회의 법안 통과, 정부관료의 정책 시행, 사법부의 판단 등 국가 전체에 적용되는 사안에서뿐만 아니라 학교, 기업, 시민단체, 이익집단, 친목단체, 동호회 등 일상의 소모임에서도 끊임없이 이루어진다.

R_i: 개인 i의 선호서열. 예를 들면, $x >_i y >_i z$

$\{R_i\}=\{R_1, R_2, \cdots R_n\}$.[16] 즉, n명의 개인들의 선호 체계

사회선호를 선택하는 규칙이 다수결 원칙이 통용되는 민주적 선거일 수도 있고 특정의 개인 혹은 집단의 의사에 사회적 의사결정이 좌지우지되는 독재일 수도 있다. 여기에서 사회선호가 개인의 선호처럼 합리적일 수 있느냐는 의문이 제기된다. 물론 현실에서는 사회적 선호가 얼마든지 합리적이지 않을 수 있다. 가령 독재적 선호가 합리적일 수는 없다. 문제는 현실을 떠나 이론적으로 합리적인 사회선호의 존재 가능성 여부이다. 애로는 이러한 의문에 대해 다음과 같이 풀고자 했다.

우선 합리적인 사회적 선호로 누구나 수긍할 수 있는 자명한 원칙을 제시하고 그러한 원칙을 만족하는 선호 존재 가능한지 살펴보는 것이다. 우선 가장 중요한 두 원칙을 먼저 제시하고 나머지 자명한 원칙들부터 나열해 보자.

① 비독재성: $R_s \neq R_d$ (d=독재자)

사회선호가 사회구성원들의 선호와 무관하게 어느 한 개인에 의해 결정되어서는 안 된다. 만일 그러하다면 그 개인은 독재자가 되는 셈이다.

② 파레토 원리: 다른 표현으로 만장일치의 원칙으로 부른다. 즉, 이것은 모든 개인이 선호하는 대안은 사회적으로도 선호하는 대안이라는 자명한 원칙이다.

16 수학적으로 말하자면 $\{R_i\}$는 개인선호의 n-튜플(tuple)이다. n-튜플은 n명의 선호서열 리스트(프로파일(profile))이다.

두 조건은 합리적 사회선호이기 위해 성립해야만 하는 지극히 당연한 원칙이다. 이 외에 여러 조건들이 있다. 이 조건들은 사회선호이든 개인선호이든 간에 그것들의 선호 체계가 논리적 일관성을 가지기 위해 필요한 일종의 공리이다. 대안 x, y, z 가 있다고($A=\{x, y, z\}$: 대안들의 집합) 상정하고 각 조건을 나열하여 보자.

③ 이행성(transitivity): $x >_s y$ 이고 $y >_s z$ 이면 $x >_s z$.

④ 무제한적인 정의역(unrestricted domain):

$\mathrm{dom}(f) = \{\{R_i\} \mid n$명의 가능한 모든 선호서열 리스트$\}$.[17]

⑤ 무관한 대안들로부터 독립성(independence of irrelevant alternative): $x >_s y$ 라면 다른 대안, 가령 z에 의해 영향을 받아서는 안 된다.[18]

①-⑤의 조건을 충족하는 사회적 선호는 합리적 사회선호의 최소요건을 충족한 셈이다. 과연 이러한 조건을 충족하는 사회적 선호가 존재 가능할까? 애로(1963)는 이러한 존재 가능성에 대한 증명을 시도하였다. 그 결과 아이러니하게도 불가능성이 증명되었다.

---

17 이때의 정의역은 사회후생함수의 정의역 dom(f)로서 모든 가능한 $\{R_i\}$들의 집합이어야 한다. 즉, n 명의 개인들의 가능한 모든 선호서열 리스트에 대해 사회선호 서열이 대응해야 한다. 임의로 어떤 선호서열 리스트를 배제해서는 안 된다. 참고로 2인 2대안의 경우 $\{R_i\}$의 가능한 가짓수는 4이다 .

$\{R_i\}_1=\{x >_1 y, x >_2 y\}$,
$\{R_i\}_2=\{x >_1 y, y >_2 x\}$,
$\{R_i\}_3=\{y >_1 x, x >_2 y\}$,
$\{R_i\}_4=\{y >_1 x, y >_2 x\}$.

그러나 3인 3대안의 경우 $\{R_i\}$의 가능한 가짓수는 무려 216이다.

18 이것은 $x >_s y$ 라면, 가령 $y >_s x >_s z$ 라는 사회선호는 있을 수 없음을 의미한다.

2) 애로의 불가능성 정리의 증명

애로는 결정자 집합(decisive set)이라는 개념을 이용하여 증명하고 있으므로 우선 이 개념을 설명하기로 하자. 결정자 집합은 사회선호를 결정하는 집단이다. 결정자 집합의 모든 개인의 선호는 사회선호와 일치한다.

결정자 집합: $D(a_j, a_h) = \{i | P(a_j, a_h) = P_i(a_j, a_h)\}$.

여기서, a_j, a_h : 대안 j, 대안 h. 단, $a_j \neq a_h$

$P(a_j, a_h)$: 대안 j, h 간의 사회적 선호. 즉, either $a_j >_s a_h$ or $a_j <_s a_h$

$P_i(a_j, a_h)$: 대안 j, h 간의 개인 i의 선호. 즉, either $a_j >_i a_h$ or $a_j <_i a_h$

결정자는 사회적 대안의 결정권자가 아니라 자신의 개인적 선호가 사회적 선호로 관철되는, 즉 자신의 이해관계를 관철시킨 사람을 의미할 뿐이다. 애로의 불가능성 정리는 다양한 방식으로 증명된다. 간결한 방식이 있는가 하면(Sen, 2011; Roemer, 1996; Blau, 1972; Colman, 1966 등) 다소 일반적이지만 복잡한 방식도 있다(Campbell & Kelly, 2002; Arrow, 1963 등). 물론 이 글에서는 결정자 집합의 개념을 이용하여 간결하게 증명하여 보겠다.[19] 우선 증명에 필요한 보조정리들을 증명하여 보자.

[보조정리 1]

$D(a_j, a_h) \Leftrightarrow P(a_j, a_h)$.

19 부분적으로는 센(2011)의 방식과 유사하지만 증명기법이 다르다.

[증명]

결정자 집합 $D(a_j, a_h)$의 모든 개인의 선호는 사회적 선호 $P(a_j, a_h)$이다.

$\therefore D(a_j, a_h) \Rightarrow P(a_j, a_h)$.

사회적 선호 $P(a_j, a_h)$와 일치하는 모든 개인의 집합은 결정자 집합 $D(a_j, a_h)$이다.

$\therefore P(a_j, a_h) \Rightarrow D(a_j, a_h)$.

따라서 $D(a_j, a_h) \Leftrightarrow P(a_j, a_h)$. Q.E.D.

결정자 집합 $D(a_j, a_h)$와 사회적 선호 $P(a_j, a_h)$가 동일한 사실에 대한 다른 표현이므로 양자가 동치관계라는 [보조정리 1]은 자명하게 성립된다.

[보조정리 2]

$D(a_j, a_h) \neq \emptyset$ for all (a_j, a_h).

[증명]

$D(a_j, a_h) = \emptyset$ 라고 가정하자. 즉, (a_j, a_h)에 대해 결정권자가 존재하지 않으므로 사회적 선호 $P(a_j, a_h)$를 아무도 선호하지 않는다. 그렇다면 모든 개인은 $\sim P(a_j, a_h)$[20]를 선호한다. 조건 (2), 즉 파레토 원리에 의해 $P(a_j, a_h) = \sim P(a_j, a_h)$. 이 식은 모

20 가령 $P(a_j, a_h) = a_j >_s a_h$이라면 $\sim P(a_j, a_h) = a_j < a_h$.

순이므로 가정 $D(a_j, a_h)=\emptyset$ 는 잘못된 것이다. 따라서 $D(a_j, a_h)\neq\emptyset$. Q.E.D.

(a_j, a_h)에 대해 결정권자가 존재하지 않는다면 모든 사회구성원의 개인선호가 사회적 선호와 다르다. 이 경우 사회적 선호를 부정하는 선호는 만장일치로 사회적 선호가 되어야 한다. [보조정리 2]는 결정권자가 존재하지 않는 사회적 선호 $P(a_j, a_h)$는 존재하지 않음을 보여 준다.

[보조정리 3]

$$D(a_1, a_2) \cap D(a_1, a_3) \cap \cdots \cap D(a_j, a_h) \cap \cdots = \bigcap_{k=1}^{M} D(a_j, a_h) \neq \emptyset.$$

[증명]

[보조정리 1]에 의해 $D(a_j, a_h) \Leftrightarrow P(a_j, a_h)$ for $\forall(a_j, a_h)$. 따라서 좌변에서 결정권자 집합들의 공통집합 $\cap$은 우변에서 사회적 선호명제들의 논리연결 $\wedge$(and)로 바꿀 수 있다. 즉,

$$D(a_1, a_2) \cap D(a_1, a_3) \cap \cdots \cap D(a_j, a_h) \cap \cdots$$
$$\Leftrightarrow P(a_1, a_2) \wedge P(a_1, a_3) \wedge \cdots \wedge (a_j, a_h) \wedge \cdots.$$

이를 간략하게 표현하면 $\bigcap_{k=1}^{M} D(a_j, a_h) \Leftrightarrow (\forall(a_j, a_h))P(a_j, a_h)$.

조건 ③을 충족하므로 모든 $P(a_j, a_h)$들에 대해 이행성 공리를 충족한다. 따라서 우변 항은 다음과 같이 완전한 선호 서열관계로 바꿀 수 있다.

$$(\forall(a_j, a_h))P(a_j, a_h) = a_{1st} >_s a_{2nd} >_s \cdots >_s a_{jth} >_s \cdots.$$

모든 $P(a_j, a_h)$들의 관계가 모순이 아니므로,[21)]

$$\bigcap_{k=1}^{M} D(a_j, a_h) \neq \varnothing. \qquad \text{Q.E.D.}$$

이행성 공리의 충족에 의해 모든 $P(a_j, a_h)$들 간에는 완전한 선호 서열관계를 가지게 됨으로써 모든 결정권자 집합들의 공통집합은 공집합이 될 수 없다. 이상의 보조정리를 통해 애로의 불가능성 정리를 증명하여 보자.

[애로의 불가능성 정리]
조건 ①-⑤를 충족하는 사회적 선호는 존재하지 않는다.

[증명]
[보조정리 3]에 의해 $\bigcap_{k=1}^{M} D(a_j, a_h) = D \neq \varnothing$ 이므로 $d \in D$.
따라서 d는 모든 $P(a_j, a_h)$들의 결정자 집합 D의 원소이므로

$$R_s = a_{1st} >_s a_{2nd} >_s \cdots >_s a_{jth} >_s \cdots$$
$$= a_{1st} >_d a_{2nd} >_d \cdots >_d a_{jth} >_d \cdots = R_d.$$

$R_s = R_d$이므로 d는 독재자이다. 따라서 조건 ① 비독재성 조건을 위배하므로 조건 ①-⑤를 충족하는 사회적 선호는 존재하지 않는다. Q.E.D.

21 이행성 공리가 충족되지 않는 경우 모순이 발생한다. 사회적 선호 $P(a_j, a_h)$는 이행성 공리에 의해 도출된 $\sim P(a_j, a_h)$와 동시에 공존한다. 가령 다수결에 의해 결정되는 사회적 선호 $(x >_s y, y >_s z, z >_s x)$는 $x >_s y$는 $y >_s z$와 $z >_s x$에서 유도되는 $y >_s x$가 동시에 공존한다.

[보조정리 3]에 의해 사회구성원 안에 독재자가 있기 마련이다. 불가능성 정리의 증명은 마치 (상자 속의 상자가 끊임없이 들어 있는) 차이나 박스에서 최종의 상자를 찾는 것처럼 독재자를 찾아내는 것이다(Sen, 1995; Mueller, 2003, p. 584; Kirman & Sondermann, 1972). 물론 주어지는 $\{R_i\}$에 따라 가령 $\{R_i\} = \{x >_1 y >_1 z, x >_2 y >_2 z, x >_3 y >_3 z\}$로 주어지면 독재자는 1인 개인이 아닐 수 있다. 그러나 $\{R_i\}$가 어떻게 주어지든지 간에 ②-④를 만족하면서 $\{R_i\}$에서 사회선호 R_s를 선택하는 규칙은 어디까지나 독재일 수밖에 없다. 사회적 선호는 합리적일 수 없다는 논리적 함정에 빠지고 말았다. 그 여파는 지대했다. 주류 경제학이 어떻게 대처했는지 살펴보도록 하자.

3) 애로의 불가능성 정리의 여파: 주류 경제학의 자폐화

애로의 불가능성 정리로 당장 합리적인 사회적 선호라는 말조차 꺼낼 수 없게 되었다. 사회적 선호에 대한 연구가 침체했다(Sen, 2008, p. 93). 적어도 경제학 교과서에서(경제원론에서 전문적인 고급미시경제학까지) 더 이상의 이론적 진전은 소개조차 되지 않는다. 말하자면 교과서에서 사회선호이론은 애로의 불가능성 정리와 함께 1960년대에서 멈춰버렸다. 원래 사회후생함수와 같은 후생경제학의 많은 개념들은 공리주의 경제학에서 파생된 것이다. 불가능성 정리는 신고전파에게 후생경제학 나아가 주류 경제학의 주도권을 부여하고 공리주의 경제학의 흔적을 말끔하게 지우는 정당성을 부여하였다. 과연 신고전파는 주류 경제학을 어떻게 재구성하였을까? 우리가 살펴볼 문제의 초점은 여기에 있다.

우선 어차피 애로의 모든 전제조건을 충족하지 못한다면 어떤 조건을 희생할 것인가 생각해 볼 수 있다. 당연히 신고전파는 비독재성의 원칙을 폐기할 것이다. 당연히 조건 ②-⑤는 합리적 선호이기 위해 필요한 원칙이다. 또한 ③-⑤는 합리적 선호이기 위한 논리적 필요 원칙이다. 그렇다면 신고전파는 비독재성의 원칙을 희생하고 파레토 원리를 고수한 셈이다.[22] 신고전파는 파레토 원리 위에 주류 경제학을 재구성하였다. 신고전파는 센(1970; 1977)이 말한 것처럼 다름 아닌 파레토 자유주의 그 자체로서 그 이상도 그 이하도 아니다.

파레토 원리가 이론의 토대가 된다면 앞 절에서 살펴본 것처럼 굳이 사회를 들먹일 필요는 없다. 공리주의 경제학의 흔적을 지워버렸지만 파레토 원리만으로 사회질서로 확대해석할 수 있을지 의문이 든다. 물론 파레토 자유주의자는 그 의문에 답을 한다. 그들은 효율성 기준인 파레토 원리의 공정성에 주목한다.

공정성에 대한 시각이 논자마다 제각기 달라 공정성이 무엇인가에 대한 합의를 한다는 것은 불가능하다. 그러나 효율성은 사정이 다르다. 적어도 주류 경제학 내에서 효율성은 그 정의에서 이미 합의되어 버렸다. 그것은 파레토 효율성이다. 주류 경제학을 배우는 경제학 교육에서 효율성은 어디까지나 파레토 효율성이어야만 한다. 여기에서 신고전파, 즉 파레토 자유주의의 위력을 실감할 수밖에 없다. 파레토 효율성은 후생경제학 제1정리와 제2정리에 의해 현실적으로 파악 가능한 구체적 개념으로 바꿔 볼 수 있다. 이러한 개념 치환을 통해 파레토 원리의 공정성을 읽어 낼 수 있다. 파레토 효율성의 또 다른 개념을 이해하여 보자.

---

22 수많은 주류 경제학자들이 조건 ①-⑤를 완화시켜 대안을 강구하는 등 수많은 연구(Mueller, 2003, pp. 585-591 참조)가 있음에도 불구하고 본문에서처럼 한마디로 딱 잘라 말하기 어려울지 모른다. 그러나 가정을 완화하는 수많은 시도들이 뾰족한 대안을 마련하지 못했기 때문에 한마디로 정리하였다.

후생경제학의 정리에 의해 경쟁시장의 균형은 파레토 효율성을 충족하고 파레토 효율적인 배분은 경쟁시장의 균형이 된다(Arrow & Debreu, 1954). 사회적 잉여가 최대화되는 경우가 경쟁시장의 균형이므로 파레토 효율적인 배분이다. 즉, 파레토 효율성≡경쟁시장 균형≡사회적 잉여의 최대화. 사회적 잉여에 관한 식에서 파레토 효율성을 발견하여 보자.

사회적 잉여 = 소비자 잉여 + 생산자 잉여
= (수요가격 − 지불가격) + (지불가격 − 공급가격)
= 수요가격 − 공급가격.

사회적 잉여가 최대화되기 위해서, 가장 높은 수요가격을 제시한 소비자에게 그리고 가장 낮은 공급가격을 제시한 생산자에게 각각 소비와 생산의 기회가 돌아가야만 한다. 이러한 최대화 원리가 다름 아닌 파레토 효율성을 의미한다(마찬가지로 경쟁시장의 경쟁 원리는 파레토 원리와 사실상 동일한 것이다). 결론적으로 파레토 효율성은 가장 높은 가격을 제시한 소비자에게 소비의 기회가 돌아가고 가장 낮은 공급가격을 제시한 생산자에게 생산의 기회가 돌아가는 것을 말한다.[23] 시장효율성은 이와 같이 생산과 소비의 기회를 제공하지만 이윤과 편익을 취하지 못할 경우 손실로써 책임을 부담시킨다. 이제 이러한 효율성 개념을 공정성 차원에서 확장시켜 논의하여 보자.

우선 생산자의 생산 능력과 소비자의 필요 정도가 화폐로 표현되는 것에

23 사실 맨큐(1999, pp. 148-152)를 위시한 많은 경제학 원론 교과서에서는 파레토 효율성에 대해 따로 언급을 하지 않고 사회적 잉여의 최대화를 시장효율성으로 정의하고 있다. 그러나 이러한 효율성 개념이 파레토 효율성과 다름없는 것임을 유념해야 한다.

문제 삼을 수 있다. 유동성 동원 능력이 우월한 생산자와 소비자가 그 기회를 차지하는 것은 지극히 당연하다. 따라서 효율성에 의해 상품의 생산과 소비의 기회는 유능한 생산자와 그것을 절실히 원하는 소비자에게 돌아가지 않을 공산이 크다. 가령 자금동원 능력이 우월한 생산자가 손실을 감수하면서까지 낮은 공급가격(이른바 약탈가격)을 제시하여 수많은 잠재적 경쟁자들의 존립 기반을 허물 수 있다. 또한 부자의 애완용 개에게 주는 신선한 고기 대신에 난민 몇 사람의 식량을 해결할 수 있다 하더라도 부자는 그들을 아사하게 한 책임을 지는 것이 아니고 고기값만 물면 된다.

이처럼 파레토 효율성은 일견 불공정한 것처럼 보인다. 그러나 파레토 자유주의자는 결코 그렇지 않음을 설파한다. 그들은 자본시장과 금융시장이 경쟁적으로 작동된다면 대부를 통해 자금동원 능력이 열등한 생산자와 빈자는 각각 파산하지 않고 아사하지 않는다고 주장한다. 자본시장과 금융시장의 경쟁적 작동에 의해 약탈적인 생산자와 사치스런 부자는 잘못된 경쟁과 선택을 하는 셈이다. 잘못된 경쟁과 선택을 계속할 경우 파산은 불가피할 것이다. 이처럼 약탈적인 생산자나 사치스런 부자는 잘못된 경쟁과 선택을 했을 뿐 불공정한 것이 아니라는 것이 파레티언 자유주의자들의 관점이다. 파레토 효율성이 달성되면 그 자체로 소망스런 공정한 것이 되고 만다. 파레토 효율성은 부자라거나 자금동원 능력이 우월한 생산자라고 해서 유리한 원칙이 아니다.

결국 파레토 효율성 그 자체가 공정성이 되어버렸다. 따라서 주류 경제학의 일각에서 다른 개념의 공정성을 들고 나오면 신고전파와 충돌하는 난맥상을 연출할 수밖에 없다. 이러한 충돌에 대비하여 신고전파는 효율지상주의로 견고하게 무장한다.

파레티언 자유주의자에게 공정성은 기껏해야 파레토 효율성을 달성하기 위한 보조수단인 셈이다.[24] 만일 자본시장과 금융시장이 경쟁적으로 작동되지 않는다면 파레토 효율성은 확보되지 않는다. 그럴수록 자본시장과 금융시장의 규제를 풀고 보다 많은 시장과 경쟁의 도입을 주장할 것이다. 보다 많은 시장과 경쟁이 정의로운 것이 되고 만다. 이러한 정의는 파레토 효율성의 실현을 위한 수단이다. 이러한 정의는 단순한 수단으로 그치지 않는다.

이러한 정의는 파레토 원리가 적용되는 교환과 교환당사자의 자유를 모든 사회적 의사결정과 사회구성원 모두에게 확대 · 적용하는 당위성의 근거로 작용한다. 자본주의와 함께 근대적 시장의 등장은 초기 배분 상태가 사적 소유재산제도로,[25] 교환당사자의 자유는 사회구성원 모두의 자유로 확대시켰다.[26] 이처럼 파레토 효율성은 자본주의 질서의 이해관계를 대변하는 견고한 이데올로기로서 작동된다.

보다 많은 시장과 경쟁이 강도를 더해 가면서 이러한 정의는 전 사회적으로 관철된다. 강도의 극단에는 사회가 실종되고 만다. 즉, 파레토 원리가 적용되는 시장질서가 모든 사회질서를 지배하고 대체하여 버리고 만다. 파레토 원리에 의해 움직이는 개인만 존재한다. 주류 경제학은 파레토 원리만 존재하는 자폐증적 경제학이 되고 말았다. 주류 경제학 모델 안의 호모 에코노미쿠스는 개인만 존재하는 자폐아이며(홍훈, 2014, p. 641) 그들 간의 관계는 자폐증적 소통이다. 심지어 주류 경제학 내 이론적 논쟁도 자폐증적 소통일 뿐이다.

이러한 경제학의 자폐화의 일등 공신은 (애로가 의도하지는 않았지만) 애로의

---

24 정의를 보조수단으로 이해한 또 다른 예를 들어 보면 그것은 하이에크(1982)이다. 그에게서 정의는 룰을 통해 개인들의 목적을 충족하는 대사회(great society)가 작동하기 위한 보조수단인 셈이다.

25 이런 맥락에서 사유재산제도에 대한 스미스(1992)의 다음과 같은 주장을 이해해 볼 수 있다(Fleischecker, 2007, p. 76). 즉, 사유재산제도는 우선 빈민으로부터 부자를 보호하지만 간접적으로 빈민에게 이익이 된다는 것이다.

26 폴라니에 의하면 전근대의 수많은 개별시장들이 지역적으로 신분적으로 고립 · 분산되어 있을 뿐 사회적으로 통합되지 않았다.

불가능성 정리인 것은 사실이다. 불가능성 정리로 합리성의 추구는 합리적인 불합리하기 짝이 없는 사회적 선호와 사회후생함수가 판치는 사회를 버리고 파레토 원리가 통용되는 개인[27]에게만 매달리게 된다. 이러한 합리성의 추구는 시장질서를 확대하여 비시장질서인 헌정질서를 통합하는 자유헌정론(Hayek, 1982)과 독일의 신정치경제학(민경국, 1993)으로 확대되어 나갔다. 이러한 합리성의 추구는 이론에서 그치지 않고 현실로 나아가 전 지구를 하나의 시장질서로 재편하려는 신자유주의를 등장시켰다. 주류 경제학이 경제학을 지배하고 신자유주의가 맹위를 떨칠 때 그 중심에 파레토 효율성이 있었고 불가능성 정리가 밑거름이 되었다는 것은 부정할 수 없는 사실이다.

4. 센의 불가능성 정리

1) 합리적인 개인선호를 위한 전제조건들: 센의 기상천외한 발상

애로의 불가능성 정리와 관계없이 사회적 선호와 사회후생함수는 여전히 존재한다. 단지 사회적 선호와 사회후생함수에 불합리라는 낙인이 찍혔을 뿐이다. 그렇다고 해서 합리적인 사회적 선택이 존재할 수 없다는 것을 의미하지 않는다. 가령 단봉형 선호 체계 하에서 제안된 선택 대안이 다수결의 역설을 피할 수 있는 것처럼(Black, 1948), 합리적인 사회적 선택이 가능한 선호 체계의 여지를 찾아볼 수 있다.[28] 그러나 이 경우 애초에 조건 ④(무제한적 정의역)를 위배

27 센(1977)은 이러한 개인이 호모 에코노미쿠스이며 다름 아닌 합리적 바보(rational fool)임을 통렬하게 지적한다.
28 센(1982; 1999)은 선택 대안과 선호 체계의 제약을 두고 사회적 선택의 가능성의 여지를 발견한다. 단봉형 선호

하였으므로 특수한 경우에 국한되는 가능성일 뿐이다.

조건을 반박하거나 완화하는 방식으로 무수한 비판이 있었지만 불가능성 정리의 철옹성에 어떠한 균열도 가하지 못했다. 여기에서 센은 기상천외한 방법으로 그 철옹성을 허물었다. 드디어 파레티언 자유주의의 허를 찌르는 센의 역습을 보자.

가장 좋은 비판은 동일한 방법론과 동일한 개념을 공유하며 비판하는 것이다. 센은 이런 의미에서 가장 좋은 비판자였다. 센은 애로가 사용한 방법론과 개념은 물론 그가 제시한 모든 조건을 받아들였다. 다만 그 차이점은 사회적 선호가 합리적인지 아닌지를 애로가 밝히고자 했다면 센은 개인선호가 합리적인지 밝히고자 했다는 사실이다.

개인선호는 선호의 공리를 충족하기 때문에 어차피 합리적이다. 그런데 뚱딴지같이 개인선호가 합리적인지 아닌지 의문을 가지는 것일까? 이 답을 하기 위해서 애로가 했던 방식을 복기할 필요가 있다. 애로는 조건 ②-⑤를 통해 사회적 선호 $>_s$에 마치 개인선호 $>_i$처럼 완전한 선호 체계를 부여하여 $>_s$를 합리적 선호 체계로 만들었다. 그리고 나서 비독재성을 추가함으로써 사회적 선호가 합리적일 수 없는 불가능성을 만들어 버렸다.

센도 조건 ②-⑤를 그대로 따라 한다. 당연히 $>_i$는 완전한 합리적 선호 체계이다. 이제 긴 흉내바둑의 종지부를 찍을 때가 되었다. 센은 개인선호에 관한 분석이므로 조건 ①, 즉 비독재성의 원칙을 따라 할 수는 없다. 조건 ① 대신에 최소한의 자유주의(minimum liberalism) 조건을 추가한다. 애로가 비독재성 원칙을 추가하여 불가능성을 만든 것처럼 센은 최소한의 자유주의 조건을 추가하여

체계는 개인들의 선호가 유사한 경우에 성립되는 경우로서 일반화되기 어렵다. 그러나 단봉형과 유사한 사회적 선호 체계는 공정한 절차를 거쳐 선택 대안과 선호 체계의 제약을 사회적으로 합의함으로써 형성될 수 있다.

개인적 선호가 합리적일 수 없는 불가능성을 만들어 버린다. 우선 합리적인 개인선호를 위한 전제조건들을 나열하여 보자.

① 최소한의 자유주의 조건: $\exists P(a_j, a_h)=P_i(a_j, a_h)$ for all i.
모든 개인들에게 사회적 제약 없이 자기결정권을 행사할 수 있는 최소한의 영역이 존재한다.

②-⑤: 합리적 선호를 위해 애로가 제시한 조건과 동일.[29)]

여기에서 따로 설명해야 할 조건은 ①밖에 없다. 최소한의 자유주의의 조건은 개인의 자유를 보장하는 최소한의 조건이다. 가령 공공장소에서 담배를 필 수 없다. 우리의 일상에 모든 일이 공공장소의 흡연처럼 자기결정권이 없다고 하자. 그러면 개인의 자유는 일체 없는 셈이다. 따라서 어떤 개인이 자유롭다고 이야기할 수 있으려면 다른 누구도 그 결정권을 가져서도 안 되는 최소한 단 하나의 영역이 존재하여야만 한다. 그래서 그것이 각자가 이빨을 닦을 것인가 말 것인가를 결정하는 결정권이라고 하자(사실 담배와 달리 이빨을 닦지 않는다고 해서 구속되거나 벌금을 무는 일은 없다). 이빨을 닦지 않는 것은 자유지만 타인에게 불쾌감을 줄 수 있다. 비록 개인의 선호에 의해 결정권을 행사하지만 개인의 선호는 타인의 선호와 관련되며 그 결정권은 타인에게 영향을 끼친다. 이러한 상호영향을 간과해서는 안 된다.

실제로 $x >_i y$에서 대안 x와 y는 개인들 간의 상호관계 하에 형성된다. 가령 사과 5개를 원하면 누군가 그만큼 사과를 원할 수 없다. 사과가 하늘에서 떨

29 조건 ⑤를 제시할 필요는 없다. 다만 센의 조건이 애로의 조건과 다를 바 없다는 것을 보여 주기 위해 포함시켰다. 물론 조건 ⑤가 포함되었다고 해서 이론적으로 달라지는 것은 전혀 없다.

어지는 것이 아닌 것처럼 대안 역시 그냥 주어지는 것이 아니다. 물론 개인들 간에 영향을 주지도 받지도 않는 대안이 있을 수 있다. 가령 혼자 사는 원룸에서 발을 안 씻거나 큰소리로 방귀 뀌는 대안들이 있을 것이다. 사회적 파장이 없는 그런 대안을 선택하는 의사결정을 굳이 분석해야 할 필요는 없을 것 같다. 센은 대안이 가져야 할 특성을 불가능성 정리의 예증에 활용한다. 이제 조건 ①-⑤의 동시 성립이 불가능한지 증명하여 보자.

2) 센의 불가능성 정리의 증명

센(1970)은 앞에서 소개한 조건들과 특성을 가지고 너무나 간결하게 불가능성을 증명하여 우리를 어리둥절하게 만들었다. 센은 일반적 증명을 하고 이론적 함의를 잘 알 수 있도록 예증을 하였다. 여기에서도 예증을 중심으로 증명하도록 하자. 좀더 쉽게 이해할 수 있도록 센의 예증에 나오는 등장인물을 다음과 같은 부부로 바꾸어 보자.

W: 개인의 총기소지 허용을 반대하는 아내,
H: 개인의 총기소지 허용을 찬성하는 남편.

총기소지를 둘러싼 대안은 우리나라에서야 어림도 없지만 총기소지가 자유로운 미국에서는 얼마든지 거론될 수 있다. 이제 총기 한 자루를 두고 대안을 생각해 볼 수 있다. 그 대안은 다음 세 가지이다(괄호 안은 총기소지의 대상이다).

w(only wife), h(only husband), n(nothing).

누군가에게만 총기소지를 허용한다면 범죄의 위험으로부터 많이 노출된 아내가 총기를 소지해야 한다는 것에 부부가 공감한다고 하자. 그러면 부부의 선호서열은 다음과 같다.

$$R_W = n >_W w >_W h,$$
$$R_H = w >_H h >_H n.$$

이제 센의 불가능성 정리를 증명하여 보자.

[센의 불가능성 정리]

조건 ①-⑤를 충족하는 개인적 선호는 존재하지 않는다.

[증명]

자기결정권을 부부에게 부여해야만 자유롭다고 할 수 있다. 여기에서는 임의로 아내에게는 (n, w) 간의 선택에 남편에게는 (h, n) 간의 선택에 자기결정권을 부여하자. 아내는 $n >_W w$ 이므로 총기를 소지하지 않는다. 남편은 $h >_W n$ 이므로 총기를 소지한다.

자기결정권은 사회적으로 존중해 주기 때문에 그 의미를 가진다. 따라서 부부의 자기결정권은 사회적으로 실현되어야만 한다. 즉,

$$n >_W w = n >_s w,$$
$$h >_W n = h >_s n.$$

위의 식에서 조건 ③ 이행성 공리를 적용하면 $h >_s w$이므로 남편이 총기를 소지한다. 그러나 조건 ②, 즉 파레토 원리에 의해 다음과 같은 식이 도출된다.

$$w >_i h \text{ for } \forall i \Rightarrow w >_s h.$$

파레토 원리에 의해 이번에는 아내가 총기를 소지한다. $h >_s w$와 $w >_s h$가 동시에 존재하므로 모순이다. 따라서 조건 ①-⑤를 충족하는 개인적 선호는 존재하지 않는다. Q.E.D.

물론 예증으로 일반화하기는 어렵다고 말할 수 있겠지만 당연하게도 센은 일반화된 증명을 하였다.

3) 센의 불가능성 정리의 함의: 논리적 딜레마의 이해와 사회의 복원

불가능성 정리에 대한 센의 논문은 고작 6쪽에 불과했지만 엄청난 반향을 일으키며 그의 논문에 대한 논평과 소개의 수많은 논문들이 뒤이어 나왔다. 센(1976) 자신이 이 논문들을 정리하기 위해 하나의 논문을 썼을 정도이다.

파레토 효율성을 만능도구로 만들며 공리주의 잔재를 지운다면서 사실상 분석 대상에서 사회를 실종시킨 파레티언 자유주의가 개인의 자유를 보장하지 못한다는 역설은 충격적이지 않을 수 없다. 다른 자명한 원칙들이 성립하면 개인적 선호가 최소한의 자유주의를 성립시킬 수 없다는 센의 불가능성 정리는 똑같이 다른 자명한 원칙들이 성립하면 사회적 선호가 독재적이어야 한다는 애로의 불가능성 정리와 맞먹는 폭발력을 갖고 있다. 이러한 폭발력은 주류 경제학의 양대 진영을 논리적으로 참담하게 초토화시켜 버렸다. 양대 진영은 공리주의 경제학을 포함한 사회중시 입장과 신고전파를 포함한 개인중시 입장을 말한다. 얼마나 논리적으로 망가졌는지 알 수 있는 좋은 방법은 합리적인 사회선호와 합리적인 개인선호가 가능한 경우를 보여 주면 된다.

애로의 불가능성 정리의 경우, 독재가 아니면서 합리적 사회선호가 가능한 경우는 모든 사람들이 한 사람처럼 동일한 선호를 가져야 한다.[30] 이것은 전체주의 유토피아이다. 반면에 센의 불가능성 정리의 경우, 최소한의 자유를 보장하면서 합리적인 개인선호가 가능한 경우는 만장일치의 대안에만 자기결정권을 행사하는 것이다.[31] 이것은 모든 개인은 다른 개인들과의 어떤 상호작용도 어떤 의사소통도 전혀 없이 자신의 의사와 무관하게 결정된 사회의 수많은 의사결정을 수용해야만 하는 사실상 사회질서의 룰만 따르는 고립된 개인이다. 그야말로 양 경우 모두 기이하기 짝이 없다.

여기에서 가능한 경우가 아니라 가능한 방법이 되면 몸서리쳐질 정도로 끔찍하다. 모든 사람들이 한 사람처럼 동일한 선호를 가지도록 강제하는 것은 유토피아가 아니라 지옥이다. 만장일치의 대안에만 자기결정권을 행사하도록 강제하는 것은 인간을 사회질서라는 기계의 부속물로 만드는 것이다. 논의가 이 정도로 진행되면 불가능성 정리는 양대 진영을 누가 더 잘났고 못났는지를 따지지 못하는 피장파장으로 만든 정도가 아니다. 그것들은 양대 진영 각각에게 결코 지울 수 없는 상처를 남기게 된다. 이러한 화해 불가능한 대립은 학설

30 모두가 동일한 선호서열을 갖고 있다면 자신의 개인선호가 사회적 선호로 될 수 있다. 개인선호가 합리적이므로 사회선호도 합리적이다. 이 경우 독재자도 따로 없다.

31 만장일치의 대안에만 자기결정권을 행사하는 경우, 타인에게 어떠한 영향도 끼치지 않는다. 이처럼 개인들 간의 선호가 상호관련성이 없다면 불가능성 정리가 도출되지 않을 수 있다(Blau, 1975).

사적으로 볼 때 전혀 새로운 것이 아니다.

자유주의의 학설사적 계보 속에서 애로와 센의 이론적 공헌을 정리해 볼 수 있다. 사회후생함수와 파레토 원칙은 각각 공리주의와 사회계약론의 산물이다. 애로와 센이 본 맹점은 각기 달랐지만 공리주의와 사회계약론이 양립할 수 없다는 것을 수학적으로 명쾌하게 밝혀낸 셈이다. 그러나 이것은 자유주의 철학자들에 의해 널리 알려져 있는 사실이다. 어찌 보면 그들은 불가능성의 논점을 재치 있는 방식으로 표현한 것에 불과하지만(Hahnel, 2002, p. 237) 논점을 분명하게(수학적으로) 제기했기 때문에 그 파장이 격심했던 것이다. 그러나 자유주의 철학과 달리 주류 경제학에서 그 파장은 엉뚱한 방향으로 진행되어 갔다.

두 불가능성 정리는 닮아 있는 정도가 아니라 마치 거울을 보는 것과 같이 짝패를 이룬다. 개념과 방법론은 물론 충족해야 할 조건마저 하나를 제외하고 동일하다. 제외된 하나의 조건은 각각 사회와 개인에 관한 조건이다. 두 불가능성의 관계는 사회와 개인에 대해 이도저도 될 수 없다는 논리적 평형을 보여 준다. 따라서 애로의 논의가 중요하다면 센의 논의도 그만큼 중요하다. 그러나 주류 경제학에서는 애로의 불가능성 정리는 광신적으로 받아들이면서 센의 불가능성 정리는 철저하게 외면했다.[32] 가령 대부분의 미시경제학 교과서에서 애로의 불가능성 정리는 소개되면서 센의 불가능성 정리는 배제된다. 여전히 애로의 불가능성 정리가 위력적인 양 서술되어 있고 파레토 원리는 신과 같은 최고의 원칙으로 판치고 있다. 교과서이니까 그럴 수 있다고 오해해서는 안 된다. 물리학 교과서에 뉴턴 물리학이 나온다고 해서 뉴턴 물리학이 물리학의 중핵이 아니지만 파레토 원리는 주류 경제학의 중핵이기 때문이다.

---

32 센의 불가능성 정리에 대한 수많은 논문들이 쏟아져 나왔고 센 그 자신이 노벨상을 수상하였음에도 불구하고 외면당한 것이다. 센은 만년의 저서인 *The Idea of Justice*에서도 불가능성 정리를 매우 비중 있게 다루고 있다.

파레토 원리는 더 이상 자명한 공리라고 보기 어려울 정도로 그 이론적 지위가 훼손되었다. 죄수의 딜레마 게임에서 파레토 우위 전략인 상호협조 전략을 구사할 수 없다. 이처럼 기회주의 행동은 파레토 원리를 쓸모없게 만든다. 최후통첩 게임에서 파레토 우위 전략은 불공정하기 때문에 거부된다. 기회주의 행동과 공정성의 문제가 파레토 원리와 충돌되는 사례는 이론과 현실에서 부지기수이다. 아마도 파레토 원리를 가장 심각하게 궁지에 몰아넣은 것은 센의 불가능성 정리일 것이다. 왜냐하면 파레토 원리가 궁지에 빠진 이유는 기회주의와 공정성이 아니라 자유 그것도 최소한의 자유이기 때문이다. 센의 불가능성 정리에 따르면 최소한의 자유주의를 받아들이려면 파레토 원칙을 희생해야 한다는 점이다. 이 점은 파레토 원리를 토대로 한 이론 체계 그 자체에 대한 비판으로 나갈 수밖에 없다. 이러한 사정에 아랑곳하지 않고 여전히 파레토 효율성이 위력을 떨치는 경제학 교과서는 파레토 원리를 신으로 받드는 광신도들의 바이블일 뿐이다. 광신도들의 극단주의는 주류 경제학의 주류일지는 몰라도 자유주의 철학에서 주류일 수는 없다. 노직이 여전히 극단이었던 것처럼 극단은 극단이다.

공리주의와 사회계약론의 양립 불가능성의 논의에 센이 일조했다고 해서 센이 공리주의자는 아니다. 센은 애로의 불가능성 정리가 나오면서 합리적 선택이론에서 사회가 사라지면서 주류 경제학이 자폐화되는 것을 목도했다. 사회를 복원하고 주류 경제학의 자폐화를 구해 내는 가장 좋은 방법은 합리적 선택이론의 방법론과 개념으로 자유주의가 불가함을 보여 주는 것이었다. 물론 맹점을 밝힌 것이 문제의 해결은 아니다. 그러나 이것 이상으로 당시에 좋은 방법은 없었을 것이다.

센의 불가능성 정리가 정당하다면 애로의 불가능성 정리도 논리적으로 정당하다. 합리적 사회적 선호가 불가능하여 사회적 선호를 배제하는 방식이 바로 자폐화로 치달은 주류 경제학의 방식이었다. 애로마저도 이 방식을 못마땅하게 생각했다(사실 애로는 사회적 선호의 중요성을 강조했다). 애로의 불가능성을 얼마든지 다르게 수용해 볼 수 있다(Sen, 1999). 사회적 선호가 어차피 불합리한 것이라면(사실 투표를 통해 이루어지는 의사결정은 다수결의 역설에서 보는 것처럼 합리적이지 않다) 합리적인 선택원칙을 희생하면서 사회적 선택을 합의 · 도출하는 적극적인 방식이 필요하다. 이 과정에서 센은 토론과 숙의(deliberation)가 필요함을 지적한다. 마찬가지로 센의 불가능성 정리에서도 파레토 원칙을 희생해 가면 최소한의 자유주의를 보장하는 자기결정권을 행사하기 위해서도 토론과 숙의가 필요하다.[33)]

토론과 숙의가 이론적으로 필요한 궁극적인 이유는 다른 데에 있다. 이 점을 이해하면 센(2009)이 숙의민주주의(deliberative democracy)를 대안으로 제시한 이유를 알 수 있을 것이다. 숙의민주주의는 선호 체계가 주어져서 호모 에코노미쿠스가 합리적으로 행동하는 신고전파의 공공선택론을 비판하고 대안을 강구하는 데에서 비롯된 것이다.[34)] 공공선택론이 대의민주주의와 결합하면서 합리적인 시민이 합리적인 선택을 통해 시민의 대리인을 선출하는 대의민주제의 정당성을 제공한다. 이론과 달리 현실에서는 '대표의 실패'를 경험할 수밖에 없게 된다. 이러한 실패는 신고전파의 기본 가정에서 비롯된다. 호모 에코노미쿠스는 사실상 무오류성(infallibility)을 가정하는 것이다. 밀(2008, p. 22)의 지적처럼 무오류성의 가정은 토론을 침묵시키는 것이다. 설사 무오류성을 가정하더라도

33 롤스의 정의론에 비추어 본다면 신고전파의 이러한 이론적 가정에는 사회적 정의가 아예 존재하지 않는다. 이 가정들은 무지의 베일을 부정하기 때문이다. 사회적 정의의 실현을 위해서 롤스도 숙의민주주의를 제안했다.

34 아마도 자폐화된 주류 경제학에 센의 불가능성 정리를 수용한다면 애로의 그것을 수용하면서 했던 것과 똑같이 파레토 원칙을 고수하기 위해서 어떠한 최소한의 자유도 보장하지 않으려 할지도 모르겠다.

만장일치의 파레토 원리에 의존하여 개인의 최소한의 자유를 보장할 수 없다는 것이 센의 이론적 공헌이다. 최소한의 자유를 보장하기 위해서 토론과 숙의가 필요하다. 사실 두 불가능성 정리는 토론과 숙의의 필요성에 대한 이론적 토대가 된다[35](Sen, 2008, p. 314).

개인이 자신의 선호를 발견하고 민주적으로 의사결정하기 위해서는 열린 숙의(open deliberation)와 열린 숙의자(open deliberator)가 필요하다. 이러한 개방성은 선호, 입장 나아가 의사결정을 바꿀 수 있는 여지를 전제하지 않고서는 성립되지 않는다. 따라서 이러한 개방성은 인간의 오류를 시정하는 유일한 방법인 셈이다(Mill, 2008, p. 26). 이러한 개방공간이 사회구성원들 간의 관심, 설득, 동조를 위해 공적 추론의 공간이다(Sen, 2009, p. 44). 이러한 공적 추론의 장이 단순히 토론의 장이 아니라 통상 대의민주제 하에서 정부가 짊어졌던 정치적 책임을 공유하며 그 책임에 상응하는 권리를 행사하는 것이 바로 숙의민주주의이다. 센에게서 공적 추론의 공간이 사회의 새로운 복원이라고 볼 수 있을 것이다. 물론 이러한 숙의민주주의가 대의민주주의를 대체하는 것에 동의하지 않을 수 있다. 그러나 대의민주주의를 보완하는 관계로서 숙의민주주의는 대안으로서 충분한 함의를 가질 것이다 .

5. 맺음말

애로와 센의 불가능성 정리는 마치 거울을 보는 듯 짝패를 이루고 있다. 개

35 애로의 경우와 마찬가지로 사회적 선호가 독재적 선호로 되지 않기 위해서 합리적 선호의 제 조건을 희생해야 하는데 이 과정에서 토론과 숙의가 필요할 수밖에 없다.

념과 방법론은 물론 충족해야 할 조건마저 하나를 제외하고 동일하다. 각각의 하나는, 애로의 경우 비독재성의 원칙이고, 센의 경우 최소한의 자유주의 조건이다. 두 불가능성 정리는 이 조건들의 추가에 의해 사회적 선호와 개인적 선호가 합리적 선호가 불가함을 밝혔다.

이 글에서는 이러한 논리적 딜레마와 함께 이러한 딜레마가 주류 경제학의 위상을 어떻게 변화시켰는지 살펴보았다. 사회와 개인 간에 펼쳐져 있는 주류 경제학의 스펙트럼은 다양할 뿐만 아니라 넓은 영역에 걸쳐 있다. 이것은 하나의 거대 과학연구 프로그램으로 장점임에 분명하지만 주류 경제학의 주류인 신고전파가 스펙트럼상에서 극단적으로 개인에 치우쳐 포진하고 있다. 이렇게 된 연유에는 애로의 불가능성 정리의 영향이 컸다.

우선 당장 합리적인 사회적 선호라는 말조차 꺼낼 수 없게 되었다. 어차피 애로의 모든 전제조건을 충족할 수 없다. 신고전파는 선택의 기로에서 비독재성의 원칙을 희생하고 파레토 원리를 고수한다. 신고전파는 파레토 원리 위에 주류 경제학을 재구성하게 된다. 센이 지적한 것처럼 신고전파는 파레토 자유주의 그 자체로서 그 이상도 그 이하도 아니다.

주류 경제학은 파레토 원리가 적용되는 시장질서가 모든 사회질서를 지배하고 대체하는 세상을 그려 놓게 된다. 사회는 실종되고 파레토 원리에 의해 움직이는 개인만 존재한다. 주류 경제학은 파레토 원리만 존재하는 자폐증적 경제학이 되고 말았다.

철옹성 같아 보였던 애로의 불가능성 정리는 센의 기상천외한 방법의 역습으로 흔들리게 된다. 센은 애로의 불가능성 정리의 방법론, 개념 그리고 4개의 조건을 따라하는 흉내바둑을 둔다. 애로의 비독재성의 원칙 대신에 최소한의 개인주의 조건을 제시함으로써 긴 흉내바둑의 종지부를 찍는다. 센은 애로와 정반대로 사회적 선호가 아니라 개인선호가 합리적인지 밝히고자 했다. 센은 불가능성을 증명하여 우리를 어리둥절하게 만들었다.

그것은 충격적이었다. 사회를 실종시키며 개인으로 가득 채운 파레티언 자유주의가 개인의 자유를 보장하지 못한다는 것이 말이 안 된다. 이제 주류 경제학은 심각한 논리적 딜레마에 빠진다. 억지로라도 합리적 사회선호와 개인선호를 만들어 보면 괴담에 가깝다. 애로의 경우, 모든 사람들이 한 사람처럼 동일한 선호를 가져야 하고 센의 경우 만장일치의 대안에만 자기결정권을 행사한다.

두 불가능성 정리의 관계는 사회와 개인에 대해 이도저도 될 수 없다는 논리적 평형을 보여 준다. 따라서 애로의 논의가 중요하다면 센의 논의도 그만큼 중요하다. 그러나 주류 경제학에서는 애로의 불가능성 정리는 광신적으로 받아들이면서 센의 불가능성 정리는 철저하게 외면했다. 파레토 원리는 불가능성 정리가 아니라 할지라도 공정성 문제와 기회주의 행동과 충돌하여 더 이상 자명한 공리라고 보기 어려울 정도로 그 이론적 지위가 훼손되었다. 이러한 사정에 아랑곳하지 않고 여전히 파레토 효율성이 위력을 떨치는 경제학 교과서는 파레토 원리를 신으로 받드는 광신도들의 바이블일 뿐이다. 주류 경제학이 이들 광신도들에 의해 사로잡혀 있는 한, 주류 경제학의 미래는 없다. 이들 광신도들의 포로 안에 신고전파의 공공선택론이 있다는 것은 전혀 어색하지 않다. 공공선택론은 대의민주제와 만나면서 정교하고도 아름다운 이론을 제시한다. 그것은 합리적인 개인이 합리적인 대표를 선출하는 합리적 선택이론이다. 아름다운 이론은 현실에서 '대표의 실패'라는 기괴한 괴물을 낳으면서 파산한다. 애초에 사회가 없는 이론이 봉착할 수밖에 없는 예정된 파산이다. 센은 사회를 복원하는 대안으로 공적 추론의 장으로서 숙의민주주의를 제시한다. 숙의민주주의는 민주주의의 대안으로서 센의 입장에 동의하지는 않는다 하더라도 대의민주제를 보완하는 대안으로 얼마든지 공감할 수는 있다.

개인의 축에 극단적으로 치우친 주류 경제학의 위상은 두 불가능성 정리가 초래한 딜레마의 논리적 평형관계를 감안한다면 아무리 보아도 논리적으로 정상이 아니다. 주류 경제학이 기울어진 위상을 극복하고 균형감각을 회복하기 위해서는 인식론적 전환이 필요하다. 이러한 인식론적 전환은 신고전파의 기본 가정(호모 에코노미쿠스)과 중핵(파레토 원리)을 대체하는 사실상의 패러다임 전환이다. 과학사적으로 볼 때 이러한 패러다임 전환이 얼마나 험난한 과정인지 잘 알고 있다. 그럼에도 불구하고 이러한 패러다임 전환의 필요성을 제기할 수밖에 없는 배경에는 두 불가능성 정리가 초래한 논리적 딜레마가 있다.

주류 경제학의 인식전환이 어떻게 가능할지 의문이지만 이것은 비단 주류 경제학의 내부 문제로 보고 강 건너 불 보듯 방관할 수 없다. 가령 신자유주의의 득세는 경제정책과 사회정책을 둘러싼 케인시언의 주도권을 탈취하여 신자유주의가 원하는 세력들에게 이양하였다. 그 세력은 시장근본주의자, 친기업론자, 민영화론자, 금융자본가 등이다. 사실 자본의 운동논리를 옹호하고 따른다는 점에서 자유주의나 신자유주의는 별반 다를 바 없다. 따라서 진보경제학의 일각에서는 자유주의나 신자유주의를 그 나물에 그 밥으로 보는 경향이 있다. 그러나 이러한 입장은 중요한 사실을 간과하고 있다. 신자유주의의 부상은 자유주의자들 간의 충돌일 뿐만 아니라 그 핵심은 노자 간의 충돌이다. 신자유주의에 의해 유린된 노자 간의 계급지형을 새롭게 변혁하기 위해서도 신자유주의에 대한 케인시언의 공세[36]에 촉각을 기울여야 하는 것처럼 주류 경제학

36 케인시언 경제학은 주로 미시적 기초의 결여로 인한 현실분석의 한계로 통렬하게 비판 받아 왔다(대표적인 예로 루카스 비판). 경제위기로 신자유주의가 몰락하면서 케인시언은 공세적 국면으로 전환한다. 최근의 대표적인 시

의 연구 동향에 관심을 가져야 한다. 더구나 신고전파가 경제학 교육을 독점하고 있는 현실을 감안한다면 이 문제에 대한 복합적인 검토가 불가피하기 때문이다.

사적 예로 새고전파 거시경제학의 미시적 기초에 대한 크루그만(2015)의 비판과 동태확률일반균형(DSGE) 모형에 대한 스티글리츠(2017)의 비판을 들 수 있다. 이러한 비판들은 주류 경제학 내부의 문제일 뿐만 아니라 현실 경제의 이해를 위해서도 눈여겨볼 필요가 있다.

참고문헌

민경국, 《신정치경제학》, 석정, 1993.

박지웅, 〈공정성 논의를 둘러싼 주류 경제학의 난맥상 연구〉, 《사회경제평론》, 47호, 한국사회경제학회, 2015.

최정규, 《이타적 인간의 출현: 게임이론으로 푸는 인간 본성 진화의 수수께끼》, 뿌리와 이파리, 2004.

______, 《게임이론과 진화다이내믹스》, 이음, 2009a.

______, 〈사회적 선호와 제도: 문헌연구〉, 《사회경제평론》, 32호, 한국사회경제학회, 2009b.

홍 훈, 〈모두가 자유를 위한 행위를 추구하는 경제〉, 김진방 외, 《경제의 교양을 읽는다》, 더난출판, 2014.

Allngham, M., ed., *Rational Choice Theory I, II, III, IV, V*, New York: Routledge, 2006.

Arrow, K. J., *Social Choice and Individual Values*, New York: John Wiley & Sons, 1963.

Arrow, K. J. and G. Debreu, "Existence of an equilibrium for a competitive economy," *Econometrica*, 22, 1954, pp. 265–290.

Arrow, K. J., A. Sen, and K. Suzumura, eds., *Handbook of Social Choice and Welfare I*, Amsterdam: North Holland, 2002.

______, *Handbook of Social Choice and Welfare II*, Amsterdam: North Holland, 2011.

Bentham, J., *Fragment on government*, Oxford: Oxford University Press, 1981.

______, *An introduction to the principles of morals and legislation*, London: Methuen, 1982.

Blau, J. H., "A Direct Proof of Arrow's Theorem," *Econometrica*, 40, 1972, pp. 61–67.

______, "Liberal Values and Independence," *Review of Economic Studies*, 42, 1975, pp. 395–401.

Campbell, D. E. and J. S. Kelly, "Impossibility Theorems in the Arrovian Framework," Arrow, Sen, and Suzumura, eds., 2002.

Coleman, J. S., "The Possibility of A Social Welfare Fuction," *The American*

Economic Paper, 56, 1966, pp. 1105-1122.

Elster, J. ed., *Rational Choice*, 1993(김성철 · 최문기 역, 《합리적 선택》, 신유).

Fleischacker, S., *A Short History of Distributive Justice*, 2007(강준호 역, 《분배적 정의의 소사》, 서광사).

Gintis, H., *Game theory evolving*, New Jersey: Princeton University Press, 2000.

Grofman, B., "Arrow's Impossibility Theorem," in C. K. Rowley and F. Schneider, 2004.

Hahnel, R., "Amartya Sen," D. Dowel, ed., *Understanding Capitalism: Critical Analysis from Marx to Amartya Sen*, 2002(류동민 역, 《자본주의에 대한 비판적 이해》, 필맥, 2007).

Hausman, D. M. and M. S. Mapherson, *Economic Analysis, Moral Philosophy, and Public Policy*, 2010(주동률 역, 《경제분석, 도덕철학, 공공정책》, 나남).

Hayek, F. A., *Law, Legislation and Liberty*, Routledge & Kegan Paul, 1982.

Kirman and Sondermann, "Arrow's Theorem, Many Agent, and Invisible Dictator," *Journal of Economic Theory*, 5(4), 1972, pp. 267-277.

Krugman, P., "The Trade, Geography, and Microfoundations(Wonkish)," Retrieved June 19, 2015(http://krugman.blogs.nytimes.com/2015/04/05/trade-geography-and-microfoundations-Wonkish/?_r=0).

Mankiw, N. G., *Principles of Economics*, 1999(김경환 · 김종석 역, 《맨큐의 경제학》, 교보문고).

Mill, J. S., *On Liberty and Other Essays*, Oxford: Oxford University Press, 2008.

Mises, L. von, *Liberalism*, 1995(이지순 역, 《자유주의》, 한국경제연구원).

Mueller, D. C., *Public Choice III*, Cambridge University Press, 2003.

Nozick, R., *Anarchy, State and Utopia*, Basic Books, 1974.

Peters, E. and C. K. Rowley, "The Logic of Liberty," in C. K. Rowley and F. Schneider, eds., *The Encyclopedia of Public Choice*, 2004.

Plott, C. R., "Axiomatic Social Choice Theory: An overview and interpretation," *American Journal of Political Science*, 20, 1976, pp. 511-596.

Rawls, J., *Theory of Justice*, 1971(황경식 역, 《정의론》, 서광사).

Rowley, C. K. and F. Schneider, eds., *The Encyclopedia of Public Choice*, Dordrecht the Netherlands: Klower Academic Publisher, 2004.

Sandel, M., *Justice: What's the right thing to do*, 2009(이창신 역, 《정의란 무엇인가》, 김영사, 2010).

Sen, A., "The Impossibility of a Paretian Liberal," 1970, in M. Allngham, ed., *Rational Choice Theory IV*(2006).

______, "Liberty, Unanimaty and Rights," *Economica*, 43(3), 1976, pp. 217–245.

______, "Rational fools," *Philosophy and Public Affair*, 6, 1977, pp. 317–344.

______, "Liberty and Social Choice," *Journal of Philosophy*, 80, 1983, pp. 5–28.

______, "Rationality and Social Choice," *American Economic Review*, 85(1), 1995, pp. 1–24.

______, "The Possibility of Social Choice," *American Economic Review*, 89, 1999, pp. 349–378.

______, *The Idea of Justices*, Cambridge MA: The Belknap Press of Harvard University Press, 2009.

______, "The Informational Basis of Social Choice," Arrow, Sen, and Suzumura, eds., *Handbook of Social Choice and Welfare II*, 2011.

______, "Arrow and the impossibility theorem," 2012, Retrieved March 11, 2016 (http://econweb.ucsd.edu/~rstarr/113Winter2012/Sen's%20ARRO-COL%2009A.pdf).

Stiglitz, J. E., "Where Morden Macroeconomics Went Wrong," retrieved September 29, 2017(http://www.intereconomics.org/uploads/papers/Where-Modern-Macroeconomics-Went Wrong.pdf).

제3장

이타적 협력을 둘러싼 논의들, 과거와 현재

최정규

1. 머리말

근대 경제학은 도덕감정에 기초하지 않고도 잘 작동하는 시장이라는 메커니즘을 찾아냈고, 완전하고 경쟁적으로 작동하는 시장 하에서는 도덕감정에 의존하지 않고도(혹은 그 의존도를 최소화하고도) 효율적인 결과를 낳을 수 있음을 보였다. 하지만 시장이 도덕을 불필요하게 만들 정도로 완전하고 경쟁적으로 작동하는지, 우리의 삶의 모든 측면을 시장이 매개할 수 있는지, 혹은 그렇게 할 수 있더라도 그것이 바람직한지 등은 여전히 문제일 수 있다. 더 나아가 시장이 제대로 작동하기 위해서라도 (거래비용을 줄여 주는 데 필요한) 여러 가지 제도적 기초들이 있어야 할텐데, 그러한 제도적 기초에서는 호혜, 신뢰와 같은 요소들이 여전히 중요한 역할을 한다. 다시 말해, 시장 그 자체가 완전하고 경쟁적이기 위해서라도 도덕적 토대가 필요한 것이 아닌가라는 의문도 제기될 수 있다. 우리 삶의 모든 측면들이 완전한 계약을 통해서 규제되지 못한다면, 당사자들 간에는 계약이 불완전해서 생긴 틈을 통해 여전히 직접적 대면적 상호작용이 일어나게 된다. 그리고 그러한 직접적이고 대면적인 상호작용이 존재할 때 당사자들이 타인을 어떻게 바라보는지, 자신의 행동이 타인에 미치는 영향을 얼마나 고려하는지 등이 경제적 성과에도 영향을 미칠 수밖에 없다. 즉, 상호작용이 완전한 계약을 통해 매개되지 않는 곳에서는 도덕감정이 여전히 중요하다.

애덤 스미스의 《도덕감정론》은 우리가 우리의 이익만을 배타적으로 추구하는 존재가 아님을 단언하면서 시작한다. 그리고 우리가 '본성으로서' 갖고 있는 도덕적 감정들로부터 출발하여 근대 사회 질서의 도덕적 기초를 찾아내고자 한다.

> 인간이 아무리 이기적이라고 상정하더라도, 인간의 본성에는 분명이와 상반되는 몇 가지 원리들이 존재한다. 이 원리들로 인해 인간은 타인의 운명에 관심을 가지며, 단지 그것을 지켜보는 즐거움밖에는 아무것도 얻을 수 없다고 하더라도, 타인의 행복을 필요로 한다. 연민과 동정이 이런 종류의 원리이다. 타인의 비참함을 목격하거나 또는 그것을 아주 생생하게 느끼게 될 때 우리는 이러한 감정을 느낀다. (애덤 스미스, 《도덕감정론》, I-1-1-1)

애덤 스미스는 인간이 이기적인 성향과 더불어 이와 상반되는 도덕적 성향을 갖는다는 것을 당연스럽게 받아들였지만, 과연 정말로 그런지, 그리고 그렇다면 우리가 어떻게 그러한 성향을 갖게 되었는지를 둘러싸고 이후 많은 논의와 연구가 진행되었다. 현실에서의 많은 사례들 그리고 통제된 조건 하에서 이루어지는 실험실에서의 보고들은 애덤 스미스의 말대로 우리 인간이 이기적인 성향과 아울러 이와 상반되는 몇 가지 원리들로써 타인의 운명과 행복에 대한 관심을 갖고 있음을 보여 주고 있다. 때로는 자신에게 손해가 되더라도 타인에 이득을 주는 방향으로 행동하기도 하며, 사회가 공유하는 규범으로부터 이탈하는 사람을 제재하는 데 동참하기도 한다. 때로는 이타성으로, 때로는 상호성으로, 혹은 신뢰로 나타나는 이러한 행동 성향은 그 사람이 속한 집단 전체의 복지를 증대시킴과 동시에 사회를 유지해 나가는 데 필수적인 토대를 이룬다.

이 글에서는 경제 주체의 이타성이나 호혜성 등 도덕감정의 존재를 확인해 주는 실험경제학 연구들을 간략히 정리해 보면서 그러한 실험적 증거들이 갖는 함의를 확인해 보고자 한다. 지난 수십 년간 죄수의 딜레마 게임이나 여러 형태로 변형된 공공재 게임, 그리고 최후통첩 게임이나 신뢰 게임 등을 실험한 연구 결과들은 경제 주체들이 자신의 이익만을 고려하는 방향으로 의사결정을 내리고 있지 않다는 것을 보여 왔다. 실험실 연구를 통해 드러한 경제 주체들의 모습은 자신에게 손해가 되더라도 상대방에게 이득을 주는 방향으로 행동하기도 한다는 점에서 이타주의적이었으며, 사회적 규범으로부터 이탈하는 집단 구성원에 대해서는 처벌을 가하고 규범에 순응하는 집단 구성원을 포상하는 데에 적극 참여하기도 한다는 점에서 강한 의미의 호혜성을 띠기도 했다. 공정하지 못한 분배 결정에 분노했고, 자신을 신뢰하고 투자한 상대방에게는 그에 걸맞게 행동하기도 했다. 다시 말해, 실험실에서 피실험자들의 행동은 경제이론이 출발점으로 삼고 있는 호모 에코노미쿠스의 모습과는 거리가 멀었다. 아래 제2절에서는 경제 주체들의 (이타주의적) 협력 성향이 존재한다는 것, 그리고 이들의 협력 성향은 타인의 협력 성향이 확인될 때에만 발현된다는 의미에서 조건부로 존재한다는 것을 보여 주는 몇몇 연구 결과들을 서베이할 것이다. 여기서 살펴볼 논의들은 공공재 게임을 가지고 실험한 연구들로부터 얻어진 결과들이다. 제3절에서는 협력적 성향이 조건부로 나타난다는 것이 제도 연구에서 어떤 의미가 있는지를 이야기할 것이다.

2. 실험실로부터의 보고

1) 공공재 게임의 결과가 말해 주는 것

공공재 게임은 다음과 같은 구조를 갖는다. 피실험자들을 n명으로 조를 구성한 후, w만큼의 초기 부존을 주고 주어진 초기 부존 중 x_i만큼을 공공계정에,

그리고 $w - x_i$만큼을 개인계정에 배분하라고 해보자. 개인계정에 배분한 $w - x_i$에 대해서는 1의 수익률을 갖도록 하고, n명의 조원들이 공공계정에 배분한 총액 $\sum_{j=1}^{n} x_j$에 대해서는 r의 수익률을 갖도록 하자. 이때 피실험자 i의 보수는 $\pi_i = (w - x_i) + r\sum_{j=1}^{n} x_j$로 쓸 수 있다. 이 게임이 사회적 딜레마를 반영하도록 $1/n < r < 1$이라는 조건을 추가하자. 이 조건 하에서 다음을 확인할 수 있다.

- $\partial\pi_i/\partial x_i = -1 + r$. $r < 1$이면, 피실험자 i의 보수는 다른 조원들이 얼마를 공공계정에 기여했는지와 무관하게 공공계정에의 배분액을 늘릴수록 작아진다. 따라서 $x_i = 0$이 개인의 보수를 극대화해 주는 기여 수준이다. 이는 다른 조원들이 얼마를 공공계정에 기여했는지와 무관하게 성립하며, 이때 $x_i = 0$을 우월전략이라고 부른다.
- $\sum_{j=1}^{n} \partial\pi_j/\partial x_i = rn$. 피실험자 i가 공공계정에 기여를 한 단위 증가시킬 때, 본인을 포함하여 조원 전체의 이득은 rn만큼 늘어나며, 따라서 $r > 1/n$이면 피실험자 i의 공공계정에의 기여는 조 전체의 순편익을 증가시킨다.

모두가 우월전략에 따라 행동할 때, 즉 자신의 이익을 최대로 만들기 위해 행동할 때, 개인들은 w의 보수를 얻게 된다. 이 상태는 비효율적이다. 조원 모두가 동시에 1만큼 기여를 늘리면 각자의 보수는 $rn-1$만큼 증가할 것인데 위 조건에 의해 이 증가분은 0보다 크기 때문이다. 따라서 모두가 $x_i = w$를 기여할 때 효율적 상태가 되고 각 개인은 rnw를 얻는다. 그리고 이는 모두가 우월전략에 따라 행동할 때의 보수 w보다 크다.

만일 어떤 피실험자가 자신의 이익만을 배타적으로 고려한다고 해보자. 그는 자신이 한 단위 기여를 늘릴 때, 자신의 보수가 $1-r$만큼 감소한다는 것만을 고려할 뿐, 자신의 한 단위 추가 기여가 타인들의 보수를 총 $r(n-1)$만큼 증가시키고 그로 인해 조의 순편익이 $rn-1$만큼 증가한다는 사실은 전혀 고려에 넣지 않을 것이다. 따라서 그는 공공계정에 하나도 기여하지 않을 것이다. 반대로 어떤 피실험자가 자신의 이익과는 무관하게 조 전체의 이득만을 고려한다고 해보자. 그는 자신이 공공계정에의 기여를 한 단위 늘릴 때마다 자신에게는 $1-r$만큼 손해이지만 자신을 포함한 조원 전체의 이득이 rn 증가할 것이기에, 그리고 전체의 이득이 자신의 손해를 넘어설 것이기에, 그가 가진 액수 w를 전부 공공계정에 기여할 것이다. 따라서 공공재 게임에서 피실험자들이 공공계정에 얼마를 기여하는지를 보면 이들이 어느 정도까지 자신의 이익만을 고려하며, 어느 정도까지 타인의 이익을 고려하는지를 알 수 있다. 그러한 의미에서 공공계정에의 기여액은 피실험자가 얼마나 타인을 고려하는지를 보여 주는 척도가 된다.

2) 피실험자들은 자신에게 손해가 되더라도 타인에게 이득이 되는 방향으로 행동하는 성향을 갖고 있다

지난 수십 년간 시행된 다수의 실험 연구에 따르면 ① 피실험자들은 평균적으로 첫 회에 자신이 받은 초기 부존의 40-60% 가량을 공공계정에 기여하고, ② 공공재 게임을 정해진 횟수만큼 반복하면 공공계정에의 기여율은 점점 하락하는 추세를 보이지만, ③ 정해진 횟수의 마지막 회에서도 기여율은 0으로 떨어지지 않는다. 이러한 결과는 피실험자들이 평균적으로 볼 때, 전체 조원의 이익만을 위해서 행동하는 존재는 아니지만, 그렇다고 자신의 이익만을 배타적으로 고려하는 존재도 아니라는 것을 보여 준다(이에 대한 전반적 리뷰로는

Keser, 2000; Ledyard, 1997; Andreoni & Croson, 2008).

0보다 큰 액수를 공공계정에 기여하는 것으로부터 과연 피실험자들이 자신의 손해를 감수하면서 타인을 위해 행동한다는 결론을 곧바로 유도할 수 있는지, 그리고 정해진 횟수를 반복할 때 기여율이 하락하는 이유는 무엇인지를 놓고 추가적인 연구들이 진행되었다. 학습가설에 따르면, 피실험자들이 첫 회에 상당한 양의 기여를 하는 것은 게임의 보수구조를 잘 이해하지 못한 결과이지 타인을 고려하는 선호로부터 나온 결과는 아니다. 그래서 피실험자들에게 게임을 충분히 이해시키고 나면 피실험자들은 0을 기여하는 것이 자신에게 가장 유리하다는 것을 깨달을 것이라고 한다. 따라서 게임을 반복적으로 시행하면 기여율이 하락하는 추세를 보이는 것은 피실험자들이 게임을 반복하면서 점차 0을 기여하는 것이 자신의 이익에 부합한다는 것을 학습해 나가고 있다는 증거로 해석한다. 전략가설에 따르면, 피실험자들이 첫 회에 높은 기여를 하는 이유는 게임을 이해 못해서도 아니고 타인을 위해 행동하기 때문도 아니며, (정해진 횟수를 반복하는 동안 조구성이 변하지 않고 그대로 유지되는 경우) 그렇게 함으로써 다른 조원들의 기여를 유도할 수 있고 그렇게 하는 것이 자신에게 유리할 것이라는 믿음 때문이라고 한다. 즉, 초반에 높은 기여를 하고 게임의 막바지에 이를 때 무임승차를 하는 것이 개인들의 이익에 가장 부합하는 전략일 수 있다는 것이다. 따라서 이 가설은 모든 피실험자들이 그렇게 믿고 행동하기에 초반에 높은 기여율이 나타나고 기여율이 게임의 막바지에 이르면서 하락하게 되는 것이라고 해석한다. 하지만, 피실험자들이 정해진 횟수의 게임의 반복을 마치고 나서, 미리 예고하지 않고 갑작스럽게 게임을 재시작했을 때 떨어졌던 기여율이 다시 40-60% 수준으로 상승하는 것, 그리고 반복의 횟수를 늘리면 기여율의 하락이 그만큼 더 완만하게 나타나는 것 등은 피실험자들의 기여가 게임의 구조를 이해하지 못해서도 아니고, 반복에 따른 기여율의 하락이 '학습의 진행'으로 인해 나타나는 것도 아니라는 것을 확인해 주는 증거이다. 그리고 조의 구성을 매회 바꿔서 전략적 고려가 없도록 한 경우에 얻어지는 기여율 수준이 조의 구성을 바꾸지 않고 유지하는 경우보다 유의미하게 낮지 않다는 것은 피실험자의 기여와 반복에 따른 기여율의 하락이 피실험자들의 '전략'으로만 해석될 수 없음을 보여 준다(Andreoni, 1988).

매회 조를 무작위적으로 재구성함으로써 피실험자들의 기여에서 전략적 동기가 작용하지 않게 만들 수 있다. 매회 조가 재구성되면 매회 다른 사람들과 상호작용하게 되므로, 피실험자들의 행동이 다른 조원들에게 영향을 미쳐 이후 다시 자신의 보수에 영향을 줄 가능성이 없어지기 때문이다. 그럼에도 불구하고 이렇게 하더라도 0보다 큰 기여율이 나타난다는 것, 그리고 게임을 반복하면 기여율이 하락하는 추세를 보이기는 하지만 어떤 경우에도 그 크기가 0으로 수렴하지는 않는다는 사실 등은 게임의 반복을 통해 어느 정도 게임의 구조에 대한 학습이 일어난다는 것을 받아들이더라도 피실험자들이 협조적 성향을 갖고 있다는 것을 보여 주는 강력한 증거가 된다(Choi & Huhh, 2012). 그렇다면 게임을 반복적으로 수행할 때 피실험자들의 협조가 감소한다는 것은 어떻게 해석해야 할까? 아마도 이에 대한 해답은 피실험자들의 협조적 성향이 무조건적으로 나타나지 않고 조건부로 나타나기 때문일 것이라는 데에서 찾아질 수 있을 것이다. 다음을 보자.

3) 피실험자들의 협력적 행동은 '조건부'로 나타난다. 즉, 다른 사람들도 자신과 마찬가지의 성향을 갖고 있다는 것이 확인되는 경우에만 협력적 행동을 지속한다

학습가설과 전략가설이 모두 공공재 게임에서 피실험자들의 행동을 설명해 내는 데 한계가 있기에 많은 연구자들이 피실험자들의 강한 상호성에 주목해 왔다. 강한 상호성 가설에 따르면, 피실험자들이 0보다 큰 기여를 하고, 또 게임을 반복함에 따라 기여율이 하락하는 것 모두 피실험자들이 조건부로 협력적인 성향을 갖기 때문이라고 해석한다. 자신의 이익만을 배타적으로 고려하지 않기에, 자신에게 손해가 되더라도 어느 정도는 타인에게 이득이 되는 방향으로 행동하게 되고 그 결과 0보다 더 큰 기여가 나타난다는 것이다. 그리고 그러한 협력적 행동은 타인도 자신과 마찬가지의 성향을 갖고 있다는 것이 확인되는 경우에만 지속된다는 점에서, 즉 타인이 그렇지 않음이 확인된다면 언제든지 협력적 행동을 철회할 준비가 되어 있다는 점에서 피실험자들의 협력적 성향은 조건부라는 것이다. 그렇다면 반복에 따른 기여율의 하락이 일어나는 이유는 다음과 같이 설명될 수 있을 것이다. 이질적인 성향을 가진 사람들로 조가 구성되어 한 조에 무조건적으로 무임승차를 하는 피실험자들(이들은 자신의 이익만을 배타적으로 고려하기 때문에 언제나 우월전략에 따라 행동하는 이들이다)과 조건부로 협조적인 피실험자들이 섞여 있다고 해보자. 이 경우 조건부로 협력적인 성향을 가진 피실험자들은 게임이 반복되면서 상대방들 중 적어도 일부가 자신과 같은 협조적 성향을 가진 사람이 아니라는 것을 깨닫게 될 것이고, 그에 대응하여 자신의 기여를 철회하게 될 것이다. 이것이 반복에 따라 기여율이 하락하는 이유에 대한 강한 호혜성 가설에 입각한 설명이다(Andreoni, 1995;

Croson et al., 2005; Carpenter et al., 2009; Fehr & Gachter, 2000; Fehr & Fischbacher, 2002).

여러 실험 결과들이 공공재 게임에 참가하는 피실험자들의 조건부 협력 성향을 확인해 준다. 탈콧 페이지 연구팀은 16명을 4인 1조로 하여 공공재 게임을 반복하면서, 매 3회째마다 조를 재구성했다. 그리고 조를 재구성할 때마다 피실험자들에게 다른 15명의 기여 수준을 알려 주면서 이 중 누구와 함께 조를 구성하고 싶은지를 순서대로 적어 내도록 했다. 사람들의 선호도에 따라 16명 전체에 순위를 매긴 후, 높은 순위에 있는 사람들 4명을 추려 먼저 조를 묶고, 남은 사람들 중 높은 순위에 있는 사람들 4명을 추려 조를 구성하는 등, 선호도 순위에 따라 조를 재구성했다. 자연스럽게 기여율이 높은 사람 순으로 조가 구성되었다. 페이지 연구팀이 발견한 것은 가장 선호도가 높은 사람들(아마도 기여율이 높은 사람들)끼리 묶인 조에서는 반복에 따라 기여율의 하락이 관찰되지 않았고, 가장 선호도가 낮은 사람들로 묶인 하위 조 두 개에서만 기여율의 하락이 관찰되더라는 것이었다(Page et al., 2005). 애나 건소스도티어 연구팀도 피실험자들을 기여율 순으로 조를 묶은 후 게임을 반복시킨 결과 무작위로 조를 재구성하는 경우에 비해 높은 기여율이 나타난다는 것을 관찰함으로써 페이지 연구팀의 결과와 유사한 결과를 확인할 수 있었다(Gunnthorsdottir et al., 2007). 이러한 조 구성 규칙 하에서 기여율의 하락이 나타나지 않고, 또 높은 수준으로 유지된다는 것은 피실험자들이 조건부로 협력적인 성향을 갖고 있다는 것을 보여 주는 증거가 된다. 기여율이 높은 피실험자들끼리 조가 구성되는 경우 피실험자들은 다른 조원들 역시 자신들과 마찬가지로 협력적 성향을 가진 이들임을 확신할 수 있게 되고, 타인도 협력적으로 나올 것이라는 기대 속에서 협력적 행동을 유지할 수 있을 것이기 때문이다.

우스 피시바허 연구팀은 피실험자들에게 공공재 실험에 앞서 기여계획표를 주고 이를 작성하라고 요구하였다. 즉, 다른 사람들이 0을 기여했음을 안다면 피실험자 본인은 얼마를 기여할 것인지, 다른 사람들이 1을 기여했음을 안다면 피실험자 본인은 얼마를 기여할 것인지 등 다른 조원의 기여율을 놓고 나타날 수 있는 모든 가능한 결과들 각각에 대해 피실험자들이 어떻게 행동할 것인지를 물었다. 결과에 따르면, 50%에 해당하는 피실험자들이 타인의 기여가 높을 때, 자신들의 기여율도 높이겠다고 응답함으로써 조건부 협조적 성향을 나타냈다(Fischbacher, Gachter, & Fehr, 2001).

피실험자들의 조건부 협조 성향은 매회 피실험자들의 기여에 대해 바로 직전 회에서의 다른 조 구성원들의 (평균)기여율이 얼마나 영향을 미치는지를 관찰함으로써 확인할 수도 있다. 대개의 경우 조를 무작위적으로 재구성할 때나 조 구성을 변화시키지 않고 유지했을 때 모두, 매회 피실험자들의 기여율에 대해 이전 회 조를 함께 구성했던 다른 피실험자들의 평균기여율은 +의 영향을 주는데, 이 효과는 통계적으로 유의하게 나타난다. 그리고 이때 다른 조원들의 기여율이 주는 영향력의 크기는 조의 구성을 변화시키지 않고 유지했을 때, 즉 같은 조원들과 계속 상호작용을 할 때가 무작위적으로 조를 구성했을 때보다 유의하게 더 크다. 예를 들어, 한 연구에 따르면 다른 조건들이 일정할 때, 조원들의 직전 회 평균기여율이 1 증가할 때 무작위적으로 조를 재구성하는 경우에는 피실험자들의 평균기여율은 0.15 정도 증가하며, 조를 재구성하지 않고 동일한 조원들과 계속 상호작용하는 경우 피실험자들의 평균기여율은 0.33 정도 증가한다(Choi & Huhh, 2012). 이처럼 동일한 조 구성이 유지되는 경우 조건부 협력 성향은 더 강하게 나타난다.

4) 피실험자들의 협력적 행동이 조건부로 나타나기 때문에, 타인이 어떻게 행동할 것인가에 대한 기대가 중요한 역할을 한다

피실험자들의 협력적 행동이 조건부로 나타난다면, 상대방이 어떻게 행동할 것인가에 대한 기대가 피실험자들의 행동에 영향을 미칠 것이다. 우스 피시바허와 사이몬 개히터는 매회 공공재 게임을 시행하기 전 다른 조원들의 기여율이 얼마나 될 것이라고 생각하는지를 묻고, 각자 이에 대해 답한 후 스스로의 기여에 대해 의사결정을 내리도록 했다. 이들은 상대방들의 기여에 대한 예측과 본인들의 실제 기여 사이에 상당히 유사한 패턴(절대적인 수준뿐 아니라 변화 추세까지 유사한)이 나타난다는 것을 확인했다(Fischbacher & Gachter, 2010). 부르노 프라이와 스테판 마이어는 스위스 취리히대학 재학생들을 대상으로 매년 장학금 지원을 위한 기금 마련 기부를 받을 때, 학생들의 기부가 다른 사람들의 기부 수준에 크게 영향을 받는다는 것을 발견했다. 이들은 무작위로 1,000명을 추려 이전 해 모금 자료를 기초로 전체의 64%가 기부에 참여했음을 알려 주었고, 무작위로 추린 또 다른 1,000명에게는 지난 10년간의 모금 자료를 기초로 전체의 46%가 모금에 참여했음을 알려 주었다. 그 결과 기부율이 높게 나온 정보를 전달 받은 첫 번째 집단에게서 더 높은 기부율을 얻을 수 있었다(Frey & Meier, 2004).

2인 1조로 조를 구성한 후 공공재 게임(이 경우의 공공재 게임은 죄수의 딜레마 게임이 된다)을 순차적으로 시행한 연구들은 피실험자들이 상대방의 행동에 대해 어떻게 기대를 형성하는지, 그리고 그렇게 형성된 기대에 따라 행동이 어떻게 드러나는지를 확인할 수 있는 증거들을 제공해 준다. 두 사람이 다른 사람들이 어떤 결정을 내렸는지를 모르는 상태에서 동시에 의사결정을 내리게 되는 경우와 달리, 한 사람씩 순차적으로 의사결정을 내린다고 해보자. 즉, 두 번째 사람은 첫 번째 사람이 어떻게 의사결정을 했는지 확인하고 나서 의사결정을 내린다고 해보자. 도코 기요나리 연구팀은 죄수의 딜레마 게임에서 동시에 의사결정하도록 한 경우 협조율이 37.5%였던 것에 비해, 순차적으로 의사결정을 하도록 했더니 선행 경기자들에게서 협조율이 59% 수준으로 상승했다고 보고한 바 있다(Kiyonari, Tanida, & Yamagishi, 2000). 이와 다른 연구에서도 동시에 의사결정한 경우 협조율이 36.5%, 그리고 순차적 의사결정을 하는 경우 선행 경기자들에게서의 협조율이 52.1% 수준으로 증가한다는 것이 확인되기도 했다(Choi & Park, 2017). 동시에 의사결정을 내려야 하는 경우와 달리 순차적으로 의사결정을 내리는 경우, 선행 경기자는 자신의 결정을 확인한 상대방이 자신의 결정에 어떻게 반응할 것인지를 예측해야 하는 상황에 놓이게 된다. 따라서 동시 게임에서와 달리 상대가 자신의 협조에 호혜적으로 대응한다고 예측한다면 협조율을 높일 것이고 상대가 자신의 협조 여부와 무관하게 우월전략을 선택할 것이라고 예측한다면 협조율을 높일 유인을 갖지 않을 것이다. 따라서 순차적으로 의사결정을 내리게 한 상황에서 선행 경기자들이 동시 게임에서보다 더 높은 협조율을 보인다는 것은, 상대가 자신의 협조적 행위에 대해 긍정적으로 반응할 것이라고 믿기 때문이다. 다른 한편, 앞서의 기요나리 연구팀의 결과에서 후행 경기자들의 행동을 살펴보면, 이들의 협조율도 동시 게임 때의 37.5%보다 상승한 62% 수준으로 나온다고 보고하고 있다. 순차적으로 진행되는 죄수의 딜레마 게임에서 후행 경기자의 경우, 상대방이 어떻게 의사결정을 했든, 자신이 의사결정을 내리면 그대로 경기가 끝난다는 점에 주목하자. 이때 후행 경기자의 의사결정에 대해 상대는 전혀 추가적인 대응을 할 수 없는 상황이므로, 후행 경기자는 0을 기여하고 게임을 마치는 것이 유리하다는 것이 자명하게 드러난다. 그런 상황임에도 불구하고, 이들이 선행 경기자들의 기여에 대해 상당한 정도로 호혜적으로 반응한다는 것이 이들 연구가 보여 주는 바이다. 위에서 언급한 또 다른 연구에 따르면 선행 경기자들이 기여한 1단위당 후행 경기자는 0.6 정도로 반응하는 것으로 나타났다(Choi & Park, 2017).

사람들이 자신의 이익만을 배타적으로 고려하는 존재라면 공공재 게임이나 죄수의 딜레마 게임에서는 상대방 경기자(들)가 어떤 의사결정을 내리는가와 무관하게 자신의 이익에 부합하는 전략이 존재하게 된다. 따라서 자신의 이익만을 배타적으로 고려하는 사람이라면 이 게임에 임할 때 상대방이 어떤 행동을 취하려 하는지에 대한 정보를 알아야 할 필요도 없고, 그 정보가 주어진다고 해서 자신의 행동을 변화시킬 유인도 없다. 하지만 이 게임에 임할 때 많은 사람들은 상대방이 어떻게 행동하고자 하는지를 알고 싶어하고, 또 그러한 정보가 주어질 때 그에 입각해서 자신의 행동을 변화시키곤 한다. 이는 사람들이 조건부적으로 협조적임을 보여 주는 증거가 된다. 그리고 조건부적으로 협조적이기에 사람들은 주어진 상황을 죄수의 딜레마 상황으로 해석하지 않고 확신 게임의 상황으로 해석한다. 즉, 다른 사람들이 협조한다는 확신만 있으면 본인도 협조를 하는 것이 '유리'하다고 생각한다는 것이다. 따라서 사람들이 조건부적으로 협조적이라면, 협조적 결과에 필요한 것은 상대방이 협조적으로 나올 것이라는 확신이다.

3. 제도의 역할

이상의 발견은 어떤 의미를 갖는가? 사회를 구성하는 사람들이 타인을 고려하고, 자신의 행동이 타인에게 미치는 영향을 고려한다는 사실이 갖게 되는

그림 3-1 죄수의 딜레마 게임(a>b>c>d라고 가정)

		경기자 2	
		C	D
경기자 1	C	b, b	d, a
	D	a, d	c, c

		경기자 2	
		C	D
경기자 1	C	b, b	d, a-g
	D	a-g, d	c, c

함의는 무엇인가? 누군가는 이로부터 '제도 없이' 구성원들의 도덕감정에만 기초한 사회적 질서의 가능성을 점치기도 하고, 누군가는 이로부터 행위자들의 금전적·물질적 제약조건을 바꾸는 데 초점을 맞춘 외적 강제제도가 아니라 도덕감정과 어우러질 수 있는 새로운 제도의 위상을 재정립해 보려고 시도하기도 한다. 이에 대해 살펴보도록 하자.

[그림 3-1]의 왼쪽 게임을 보자. 이 게임이 a>b>c>d인 보수구조를 갖는다면 이 게임은 죄수의 딜레마 게임이 된다. a>b이고 c>d이므로 상대방이 어떻게 나오든지 무관하게 C를 하는 것보다 D를 하는 것이 유리하며(그래서 D가 우월전략이 되며), b>c이므로 두 경기자 모두 우월전략에 따라 행동할 때의 결과는 비효율적이다. 여기서 C를 협조로, D를 무임승차 혹은 배신으로 각각 해석해 보자. 사람들이 위의 게임을 주어진 보수대로 해석한다면(그래서 [그림 3-1]의 좌측 보수행렬에 따라 행동한다면), 모든 경기자들은 D를 행할 것이다. 그럼에도 불구하고 앞에서 살펴본 많은 실험 사례들에서 상당수의 사람들이 C를 선택한다는 것을 확인할 수 있었는데, 그것은 어쩌면 이 게임에 임하는 사람들이 게임을 '주어진 대로' 죄수의 딜레마로 해석하지 않고 있다는 것을 말하는 것일 수도 있다. 예를 들어, 상대방이 C를 하고 있는데 자신이 D를 하는 경우, 금전적으로

는 a-b만큼의 추가 이득을 얻을 수 있을지 몰라도, 그에 따라 g만큼의 심리적 비용(이를 죄책감이라고 불러도 좋다)이 든다고 해보자. 만일 g>a-b라면 상대방의 협조적 행동에 대해 자신이 배신전략을 선택함으로써 물질적으로 얻게 되는 이득(a-b)보다 그로 인한 심리적 비용(g)이 더 크게 되고, 따라서 상대방의 C에 대한 최적대응은 D가 아니라 C가 될 수도 있다. 이 상황을 나타낸 것이 [그림 3-1]의 오른쪽 게임이다. 만일 사람들이 이렇게 구조를 해석한다면 위 게임은 (D, D)라는 유일한 우세전략균형이 존재하는 죄수의 딜레마 게임이 아니라, (C, C)와 (D, D)의 두 개의 균형이 존재하는 확신 게임의 구조를 갖게 된다. 혹은 g로 표현된 심리적 비용을 심리적 만족감으로 해석하고 보수행렬에서 (D, C)일 때 a-g라고 표현하는 대신 (C, C)일 때 b+g로 해석해도 동일한 결과를 얻을 수 있다. 여기서 중요한 것은 보수조건이 왼쪽 게임처럼 주어졌더라도 사람들은 이를 오른쪽 게임인 것처럼 해석한다는 것인데, 이를 학습가설처럼 피실험자들의 '착각'이나 '몰이해'로 간주할 수만은 없다. 제2절 2)에서 확인한 것처럼 사람들에게 충분한 학습기회를 제공하더라도 여전히 C를 선택하는 사람들이 존재하기 때문이다. 상대방의 협조에 대해 배신하는 것에 따른 심리적 비용을 크게 느끼든, 상대방의 협조에 대해 협조로 대응하는 것으로부터 심리적 만족감을 느끼든, 조건부 협조자들은 죄수의 딜레마 게임을 우측 그림에 나와 있는 것처럼 확신 게임으로 해석한다.

만일 주어진 상황이 죄수의 딜레마 상황이라고 해보자. 그리고 사람들이 자신의 이익만을 배타적으로 고려하고 있다고(상대방의 협조에 배신으로 대응할 때 죄책감을 느끼더라도 그 크기가 금전적 이득을 상쇄할 만큼 크지는 않다고) 가정해 보자. 이러한 상황에서라면 사람들에게 C를 하도록 유도할 수 있는 유일한 방법은 외적인 제재 조치를 통하는 방법밖에 없을 것이다. 이때 제도의 역할은 D를 행하는 사람들에게 a-b보다 큰 금전적 비용을 물게 함으로써, 강제로 (C, C)를 균형으로 만드는 것이 된다. 이를 홉스적 해법이라고 부르자. 사람들이 실제로 자신의 이익만을 배타적으로 고려하고 있다는 믿음 하에서, 혹은 사람들이 어느 정도는 타인을 고려하면서 자신의 행동의 수위를 결정하려 할지 모르지만 그러한 자기 절제 혹은 도덕감정은 거대한 사회의 질서를 유지하는 데에는 미약하며 불안정적일 수밖에 없을 것이라는 믿음 하에서, 홉스적 해법은 사회의 질서를 유지하고 사회구성원들의 협력적 행동을 유도하기 위해 유일하게 기댈 만한 방법이라고 간주되어 왔다.

하지만 지금까지 공공재 게임을 둘러싸고 보고된 수많은 실험 사례들은 홉스적이지 않은 방식으로 제도가 기능할 가능성을 시사해 주고 있다. 지금까지 살펴본 실험 연구들이 보여 주는바, 사람들은 자신의 이익만을 배타적으로 고려하고 행동하지 않으며, 타인들이 협력적으로 행동할 것이라는 것을 확신하는 경우에는 자신에게 손해가 되더라도 협력적 행동을 취한다. 이처럼 사람들이 조건부적으로 협력적으로 행동한다면, 홉스적이지만은 않은 해법도 존재할 수 있을 것이다. 앞서 언급한 바대로 사람들이 조건부적으로 협력적 성향을 갖고 있다면 죄수의 딜레마 게임은 확신 게임으로 해석될텐데, 이때 이들로부터 실제의 협력을 이끌어 내기 위해 필요한 것은 타인들도 협조를 할 것이라는 확신이다. 그렇다면 이때 제도의 역할은 특정한 행동이 금전적으로 이득이 되게끔 혹은 금전적으로 손해가 되게끔 인센티브 구조를 변화시키는 것으로서가 아니라 사람들의 다른 사람들에 대한 기대를 변화시키는 것일 수 있다. 이를 오스트롬적 해법이라 부르자. 여기서 요점은 사회적 제도나 규범은 사람들로 하여금 그 규범을 따르는 것이 이득일 것임을 말해 줌으로써 효과를 낳기도 하지만, 다른 사람들이 그 제도나 규범을 따를 것이라는 기대를 충족시켜 줌으로써 사람들의 행동을 바람직한 방향으로 이끌기도 한다는 것이다.

홉스적 해법으로서의 제도는 오스트롬적 해법으로서의 제도와 때로는 상충하기도 하고 때로는 서로를 강화하기도 한다. 이 둘 간의 관계가 상충하는 경우 제도적 구축 효과가 나타나기도 한다. 홉스적 해법은 모든 사람들이 자신의 이익만을 배타적으로 고려한다는 전제 하에서 언제나 충돌이 불가피하고 따라서 외적 강제에 의한 해법만이 유일한 해결책이라고 간주하지만, 마이클 테일러와 같은 공동체주의자들은 홉스적 해법이야말로 사실상 사람들 사이에서의 자율적인 해결을 가로막는 요인이라고 주장한다. 즉, 갈등의 해결을 국가라는 외적 강제기구에 맡기게 되면, 사람들은 점점 도덕감정을 잃게 되고 그 결과 자율적 해결 능력을 상실하게 된다는 것이다. 앞서의 [그림 3-1]에서 만일 사람들이 자신만을 고려한다고 간주한 후 D를 하는 개인들에게 g만큼의 외부적 강제비용을 부과한다고 해보자. 이러한 상황은 심리적 비용 g를 외적 강제비용 g로 대체하는 것이다. 그런데 이러한 홉스적 해법은 사람들로 하여금 도덕적 심리적 비용을 느낄 필요를 없앨 수 있다는 것이 문제이다. 테일러는 홉스적 해법은 사람들을 문제의 해결을 외부에 맡긴 채 스스로는 개인적 이해에만 골몰하게 만들고, 이것이 점점 더 호혜성에 근거한 대안적 해법의 등장을 어렵게 만들어 점점 더 홉스적 해법에 의존할 수밖에 없게 만든다고 주장한다(Taylor, 1982). 혹은 홉스적 해법이 잘 작동해서 자신의 이익만을 배타적으로 고려하는 사람조차도 협력적 행동을 하도록 유도하는 데 성공하는 경우, 협력적 행동을 함에 따라 얻게 되는 자족감은 사라지고 그 결과 사회적 규범에 대해 자발적으로 순응하게 되는 동기를 해체시킬 수도 있다는 우려도 존재한다. 협력적 행동에 외부적 권위체로부터 양의 보상이 주어진다고 해보자. 이제 그 일을 하는 것이 더 이상 힘든 일이 아니고 누구나 하는 일이, 심지어는 금전적 보상이 따르는 일이 되어 버린다고 해보자. 협력적 행동을 하는 것이 도덕적인 동기에서만 비롯되는 것이 아니게 된다면, 이제는 그 일에 부여되는 평판도 사라질 것이고 그 일을 하는 것 자체가 그 사람의 도덕적 성향을 드러내 주는 일도 아니게 되어 버리게 된다(Benabu & Tirole, 2006). 도덕적 행동으로부터 어떠한 의미도 찾지 못하게 된다면 도덕감정이 설 자리도 아울러 없어질 것이다.

반대로 홉스적 해법이 잘 작동하여, 협력적 성향을 가진 사람들이 협조적 행동을 하더라도 타인으로부터 착취당할 가능성을 줄이고, 착취당하더라도 큰 비용이 들지 않게 하고, 또 이들의 노력에 무임승차하면서 이들을 착취하려는 사람들이 사회에 그렇게 많이 존재하는 것은 아니라는 확신을 주는 데 성공한다면, 홉스적 해법은 오스트롬적 해법과 보완적인 역할을 할 가능성도 있다. 베네딕트 헤르만 연구팀은 전 세계에서 15개의 도시를 뽑아 공공재 게임과 동료처벌 게임을 결합한 실험을 진행했었다. 이들은 공공재 게임을 한 차례씩 시행할 때마다 구성원들의 기여 수준을 익명으로 처리한 채 조원들에게 알려 주었고, 추가로 지급된 초기 부존을 사용하여 조원 중 누군가의 수익을 감소시킬 수 있는 권한을 부여했다. 대개의 경우 공공재 게임에서 피실험자들은 기여율을 공개한 후 누군가의 수익을 감소시킬 수 있도록 하면, 대부분의 사람들은 기여율이 낮은 이들의 수익을 감소시키기 위해 지급 받은 초기 부존을 사용하곤 한다(이를 동료처벌이라고 부른다). 그리고 처벌이 이루어지면(혹은 이루어질 가능성을 고려하면) 그 결과 공공재에 대한 기여가 상승한다. 다시 말해, 대부분의 처벌은 기여 수준이 낮은 사람을 향해 이루어지며, 처벌 받은 사람은 이후 처벌을 피하기 위해 공공재에 대한 기여를 높이는 효과를 낳는다. 이렇게 이루어지는 처벌을 정상적 처벌이라고 부른다. 그런데 간간히(그리 흔하지 않지만) 처벌이 기여 수준이 높은 사람에 대해 이루어질 때가 있는데 이러한 처벌을 가리켜 삐뚤어진 처벌 혹은 반사회적 처벌이라고 부른다. 이 경우 대부분은 처벌을 받은 사람이 이후 공공재에 대한 기여를 늘리는 방향으로 행동하지 않고 자신을 처벌한(정확히 말하면 처벌했으리라 짐작되는) 상대를 찾아 보복을 하기 때문에 나타난다. 아무래도 높은 기여를 한 사람들이 자신을 처벌했을 가능성이 높다고 판단해서일 것이다. 헤르만 연구팀은 이 실험을 통해 삐뚤어진 처벌이 자주 일어나는 곳일수록 공공재 게임에서 기여율이 낮다는 것을 확인했다. 그리고 세계가치관 조사 데이터를 기초로 시민적 참여 정도(civic cooperation)와 법치의 확립 정도(rule of law)가 삐뚤어진 처벌이 일어날 가능성을 잘 예측해 주는 지표가 된다는 것도 확인할 수 있었다. 민주주의가 확립되고, 법치가 정착되어 있을수록 삐뚤어진 처벌은 잘 일어나지 않더라는 것이다. 새뮤얼 볼스는 잘 정착되어 있는 법치는 경제 주체들의 협력적 성향에 반복적으로 무임승차하려는 이들을 적절히 막아 낼 수 있을 것이라는 기대, 그래서 협력적 행동에 따른 비용이 그렇게 크지 않을 것이라는 기대, 더 나아가 그렇기 때문에 다른 사람들도 협력적으로 나설 가능성이 그만큼 높을 것이라는 기대를 형성해 줄 수 있다고 해석한다. 이처럼 홉스적 제도라고 해서 그 자체로 강제적인 경로를 통해서만 작동하는 것이 아니라, 홉스적 제도의 존재 자체가 구성원들의 기대에 영향을 주면서 바람직한 효과를 낳을 수도 있다. 볼스에 따르면 공공재 게임에서의 기여, 정상적인 처벌의 작동, 생면부지의 사람들을 대상으로 나타나는 보편적 신뢰, 그리고 공정함에 대한 추구 등은 자유주의적 사회에서 더 잘 관찰되는 경향이 있는데, 법적 제도의 정비와 민주주의 등이 구성원들의 기대에 영향을 미침으로써 친사회적 행동을 낳기 때문일 것이라고 해석한다(Bowles, 2016).

4. 맺음말

근대적 사회의 질서를 상상했던 적어도 일부의 사람들은 타인에 대한 공감이 없더라도 잘 작동하는 사회를 꿈꿔 왔던 것은 분명한 것 같다. 데이비드 흄은 “정부 시스템을 고안함에 있어 … 모든 사람들이 도덕감을 갖고 있지 않고, 행동에서 자신의 이해말고는 다른 어떤 목적도 갖고 있지 않다고 가정해야만 한다”고 썼고, 애덤 스미스도 그의 또 다른 저작 《국부론》의 유명한 구절을 통해 “우리가 저녁 식사를 기대할 수 있는 것은 푸줏간 주인이나 양조장 주인, 빵 제조업자들의 박애심 때문이 아니라, 그들의 돈벌이에 대한 관심 덕분이다”라고 썼다. 이들 말고도 타인의 처지에 대한 고려와 타인의 행복과 고통에 대한 공감이라는 도덕감정에 기초한 사회는 몇 가지 이유로 극히 제한적으로 보이거나 바람직한 모습이 아니었다고 본 이들도 있었다. 예를 들어, 맨더빌과 같은 사람들은 박애와 연민을 강조하는 ‘도덕적 가르침’을 이전의 사회처럼 여전히 개인을 예속하는 족쇄로 보았다. 하이에크와 같은 이들은 공감에 기초한 질서는 근대를 특징지우는 거대한 사회의 기초가 되기에는 무력하고 제한적일 수밖에 없다고 생각했다. 하지만, 첫째 도덕감정 없이 작동하는 시장이라는 메커니즘이 얼마나 바람직한 결과를 낳을 수 있는가는 계약이 얼마나 완전하고 얼마나 포괄적인가의 여부에 의존한다. 계약이 도덕을 완전히 대체할 수 있기 위해서는 계약이 완전해야 하고, 사회적 삶의 모든 영역을 계약이 포괄할 수 있어야 하기 때문이다. 둘째, 도덕감정을 확인하고 이를 기초로 제도를 사고하는 논의들이 이기심에 기초한 사회를 이타성에 기초한 사회로 대체해야 한다는 주장으로 곧바로 이어지는 것이 아님을 지적하고 넘어가야겠다. 이타적 협력의 문제의 출발은 “이렇게 해야 한다”라는 의미의 규범이 아니라 사람들이 실제로 "이렇게 한다"라는 의미의 현실이다. 그렇다면 남은 문제는 과연 여전히 우리 사회에 이타적 협력이 필요하고 중요한 역할을 할 수 있는가이다. 이에 대한 답은 우리의 삶의 영역 중 얼마나 많은 부분이 죄수의 딜레마와 같은 상황에 처해 있는가에 달려 있을 것이다. 그리고 그러한 영역은 애정과 우애를 기초로 한 좁은 범위의 삶의 영역뿐 아니라 노사관계와 팀 생산, 디지털 재화의 생산 등 시장의 심장부 곳곳에 존재한다.

참고문헌

애덤 스미스 저, 박세일 · 민경국 역, 《도덕감정론》, 비봉출판사, 1996.

Andreoni, J., "Why free ride? Strategies and learning in public goods experiments," *Journal of Public Economics*, 37, 1988, pp. 291–304.

______, "Cooperation in public-goods experiments: Kindness or confusion?," *American Economic Review*, 85, 1995, pp. 891–904.

Andreoni, J. and R. Croson, "Partners versus strangers: Random rematching in public goods experiments," C. R. Plott and V. L. Smith, eds., *Handbook of Experimental Economics Results*, 1, North-Holland, 2008, pp. 776–783.

Benabou, R. and J. Tirole, "Incentives and prosocial behavior," *American Economic Review*, 96, 2004, pp. 1652–1678.

Bowles, S., *The Moral Economy: Why Good Incentives Are No Substitute for Good Citizens*, Yale University Press, 2016.

Carpenter, J., S. Bowles, H. Gintis, and S.-H. Hwang, "Strong reciprocity and team production: Theory and evidence," *Journal of Economic Behavior & Organization*, 71, 2009, pp. 221–232.

Choi, J. and J. Huhh, "The decay in contributions in a public goods game: Learning hypothesis, strategy hypothesis and reciprocity hypothesis revisited," *Journal of Economic Theory and Econometrics*, 23(2), 2012, pp. 165–186.

Choi, J. and S. Park, "Beliefs matter in the prisoner's dilemma game: Revisiting economists' freeriding," Working Paper, 2017.

Croson, R., E. Fatas, and T. Neugebauer, "Reciprocity, matching and conditional cooperation in two public goods games," *Economics Letters*, 87, 2005, pp. 95–101.

Fehr, E. and U. Fischbacher, "Why social preferences matter–the impact of non-selfish motives on competition, cooperation, and incentives," *Economic Journal*, 112, 2002, pp. C1–C33.

Fehr, E. and S. Gächter, "Cooperation and punishment in public goods experiments," *American Economic Review*, 90, 2000, pp. 980–994.

Fischbacher, U. and S. Gächter, "Social preferences, beliefs, and the dynamics of free riding in public goods experiments," *American Economic Review*, 100, 2010, pp. 541–556.

Fischbacher, U., S. Gächter, and E. Fehr, "Are people conditionally cooperative? Evidence from a public goods experiment," *Economics Letters*, 71, 2001, pp. 397–404.

Frey, B. and S. Meier, "Social Comparisons and Pro-Social Behavior: Testing Conditional Cooperation in a Field Experiment," *American Economic Review*, 94, 2004, pp. 1717–1722.

Gunnthorsdottir, A., D. Houser, and K. McCable, "Disposition, history and contributions in public goods experiments," *Journal of Economic Behavior & Organization*, 62, 2007, pp. 304–315.

Herrmann, B. C. Thoni, and S. Gächter, "Antisocial punishment scross societies," *Science*, 319, 2008, pp. 1362–1367.

Keser, C., "Cooperation in public goods experiments," CIRANO Working Paper, 2000.

Kiyonari, T., S. Tanida, and T. Yamagishi, "Social exchange and reciprocity. Confusion or a heuristic," *Evolution and Human Behavior*, 21, 2000, pp. 411–427.

Ledyard, J. O., "Public Goods: A survey of experimental research," J. H. Kagel and A. E. Roth, eds., *Handbook of Experimental Economics*, Princeton University Press, 1997, pp. 111–194.

Page, T., L. Putterman, and B. Unel, "Voluntary association in public goods experiments, reciprocity, mimicry and efficiency," *Economic Journal*, 115, 2005, pp. 1032–1053.

Taylor, M., *Community, Anarchy and Liberty*, Cambridge University Press, 1982.

제4장

경제문명사와 실체적 비시장경제학: 폴라니의 《인간의 살림살이》를 중심으로

이병천

이 글은 〈후기 폴라니와 경제문명사의 도전〉, 《사회경제평론》, 43, 2014를 수정 · 보완한 것이다.

1. 경제문명사와 《인간의 살림살이》

고삐 풀린 시장경제와 시장사회를 인류사에서 정상적인 것 또는 어떤 자연적 진화의 산물로 바라보는 생각은 우리 시대의 지배적 통념이다. 이 통념의 뿌리는 매우 깊다. 그런데 칼 폴라니는 바로 이런 근대 시장경제 및 시장사회 형태, 그 속에서 사는 '시장인간'의 살림살이와 삶의 방식이 매우 비정상적이고 부자연스러운 것, 모순에 가득 찬 것이라고 보았다. 그리고 이 특수 역사적인 형태에 자연적 진화의 옷을 입혀 정당화하는 지배적 통념은 심각한 착각 내지 비뚤어진 편견일 뿐이라고 질타했다. 폴라니는 그런 생각 위에서 사회경제학과 사회경제사와 새 길, 그리하여 새로운 대안경제의 양식과 삶의 양식을 열기 위해 고투했다. 그는 원자처럼 흩어져 사익을 추구하며 다투는 '시장인간'을 맷돌 돌리듯이 찍어 내는 시장사회, 이를 정당화하는 주류 시장경제학, 그 기초에 있는 공리주의, 효율지상주의와 경제주의에 대항했다. 그리하여 그는 풍부한, 다면적 욕구를 가진 인간, 사회적 존재로서 인간의 고귀함, 좋은 삶을 추구하는 이들의 자치력과 연대력을 복원 · 발전시키고자 했다.

이를 위해 폴라니는 단지 고고한 철학자나 문학자에 머물러 있을 수는 없었다. 그는 인간의 삶에서 나날이 먹고사는 살림살이 문제가 얼마나 중요한지를, 다시 말해 "항산(恒産)이 없으면 항심(恒心)도 없다"(맹자)는 삶의 진실을 잘 알고 있었다. 나아가 경제주의자, 시장 근본주의자의 수중에 넘겨주기에는 이 문제가 너무 중요하다고 생각했다. 폴라니는 사회경제학자 및 경제인류학자로 인간의 고귀함을 회복하기 위한 작업을 수행했으며, 인간 삶의 통일성과 총체성을 회복 · 발전시키기 위한 '인류경제학'(anthropological economics)의 공부 길을 추구했다. 인간이 공동체 구성원으로서 서로 협력하면서 삶의 터전과 기본적인 물질적 욕구를 안정적으로 확보하고 자존감과 연대성을 실현 가능케 하는 좋은 경제(폴라니의 용어로는 '실체적 경제') 없이는 좋은 삶도 좋은 사회도 얻을 수 없다는 것이 폴라니의 생각이었다. 이는 얼핏 저 유명한 마르크스의 토대·상부구조론과 유사해 보이기도 하지만, 폴라니의 경제 및 사회 관념, 그리고 이 둘 사이의 상호관계에 대한 생각은 마르크스식 경제적 사회구성체론과는 판이하게 다르다. 오히려 마르크스의 생각을 뒤집었다고 해도 좋다. 폴라니 사회경제학의 핵심 화두란 사회 속에서 경제가 차지하는 위치는 어떤 것인가, 경제라는 말 자체에 함축된 인간 활동의 동기 또는 욕구란 어떤 것인가, 경제 과정이 서로 다른 시기와 장소에 따라 제도화되는 방식은 어떤 것인가, 나아가 어떻게 노동, 토지, 화폐(와 생산조직)를 '허구적 상품'으로 만든 시장경제와 시장사회를 다시 새로운 민주적 사회에 재착근시킬 수 있는가 하는 것이었다. 이때 폴라니가 지향하는 '사회'라는 말은 인간의 필요 욕구가 안정적으로 충족되며 자존을 인정 받고 소속감을 갖게 하는 공동의 세계, 좋은 삶을 가능케 하는 윤리적이고 문화적인 공유 신념 체계라는 의미들과 함께 고립된, 공리주의적 경제인을 넘는 인간 주체의 자치력과 연대력에 대한 포괄적 생각, 즉 총체적·사회적·자율적 존재로서의 인간(der Vergesellschaftliche Mensch) 주체라는 의미를 포함하고 있다.[1] 자신의 작업의 실천적 의미를 간결하면서도 적절히 요약하고 있는 폴라니의 다음 말이 이를 잘 말해 준다.

> 내가 원하는 것은 생산자로서 일상 활동에서 인간을 이끌어 가는 동기의 통일성을 회복하는 것이며, 경제 시스템을 다시 사회 속에 재흡

1 폴라니의 사회 개념의 의미를 아렌트의 세계 개념과 함께 묶어 예각적으로 보여 준 글로는 Azam(2009)을 들 수 있다. 또한 Prudham(2013)은 영속적 시초축적과 관련지어, 폴라니 사회 개념의 의미를 새롭게 재해석하고 있다.

수하는 것이며, 우리의 삶의 방식을 산업적 환경에 창조적으로 적응케 하는 것이다.(Polanyi, 1947a, pp. 72-73)

폴라니 사회경제학의 세계는 매우 방대하기 때문에 그것을 들여다보는 방식 자체가 문제가 된다. 그렇지만 좀 간단히 이야기하자면, 그의 학문 세계는 우리 시대의 시장경제 및 시장사회에 대한 연구, 경제문명사적 견지에서 비시장경제에 대한 연구, 시장 체제를 극복하는 미래의 민주적 대안 사회 연구 등 세 가지 주제군으로 나누어 볼 수 있다. 《거대한 전환》(Polanyi, 1944)은 첫 번째 주제군의 대표 저작이자 폴라니 사회경제학 또는 인류경제학 전체를 통틀어 가장 대표적인 저작에 해당된다. 세 번째 주제군과 관련해 폴라니는 분량면에서 많은 연구를 내놓지는 않았다. 《거대한 전환》 출간 이전 시기, 특히 '사회주의 경제계산 논쟁'에 참여하기도 했던 '붉은 빈' 시기에 쓴 글들에서 기능적 민주주의, 결사체 민주주의와 이에 기반한 참여사회주의에 대한 그의 중요한 생각을 찾아볼 수 있다. 청년 마르크스, 오스트리아 마르크스주의, 오스트리아 경제학, 영국의 길드사회주의, 독일 사회학 등에 걸쳐 널리 영향을 받았던 폴라니의 사유는 이후의 연구 속에도 면면히 흐르고 있고 그 메시지들은 오늘날 자본주의 시장사회의 대안을 모색하는 데도 여전히 큰 생명력을 갖고 있다. 그는 진보주의자의 핵심 과제는 어떤 객관적 법칙의 해명보다는 자유의 실현 가능성을 찾는 데에, 물화의 극복에 의한 사회적 자유의 실현에 있어야 한다고 생각했는데, 이는 《거대한 전환》에서 제시된 이중운동론의 '기원'이 된다(Thomasberger, 2005).[2] 또 폴라니는 '자기조정시장'의 가격 계산은 구매력이 없는 보통 사람들

2 물론 기원과 완성태는 다르다. 《거대한 전환》의 이중운동론은 폴라니가 경제인류학을 포섭함으로써 붉은 빈 시기에서 질적 변화를 거친다. 토인비의 '도전과 응전'이 폴라니 이중운동론의 한 모티브가 되었다는 지적도 있다

의 기본적 필요를 배제한다고 보고 시장경제의 작동을 공동체의 기본적 필요에 종속시켜야 한다고 생각했다(Schaffer, 2006; 홍기빈, 2009, pp. 612-615; 구본우, 2012).[3)] 그렇지만 세 번째 주제군이 폴라니 전체 작업에서 차지하는 비중은 크지 않다. 오히려 폴라니가 첫 번째 주제군 못지않게 크게 열정을 쏟았던 것은 두 번째 주제군이었는데, 이는《거대한 전환》이후 후기 폴라니의 주요 관심 분야였다.[4)]

폴라니는 경제문명사라는 우회로로 진입함으로써 우리가 살고 있는 시장경제와 시장사회를 자명한 것으로, 어떤 자연사적 진화의 산물로 간주하는 당대 좌우의 공통된 편견에 대항했다. 그리하여 우리 시대 시장 체제를 거시문명사적 견지에서 상대화 · 특수화하면서 자신의 사회경제(사)학의 지평을 새롭게 확장했다. 이 주제군과 관련된 대표작으로는《초기 제국에서의 교역과 시장》(1957),《다호메이와 노예무역》(1966), 그리고《인간의 살림살이》(1977)를 들 수 있다.《초기 제국에서의 교역과 시장》은 폴라니가 주도한, 컬럼비아대학에서의 학제 간 공동 연구 프로젝트 성과이며,《다호메이와 노예무역》은 이미 생전에(1950년대 초) 완성되었으나 사후에 출간되었다. 그리고《인간의 살림살이》는 미완성 상태의 유고를 폴라니 제자 중의 한 사람인 해리 피어슨이 편집해 발간한 것이다. 그렇지만 우리는《거대한 전환》이후 여러 연구들 중에서도 특히《인간의 살림살이》에 주목하게 된다. 폴라니의 학문적 생애에서《인간의 살림살

(Dale, 2016a, pp. 134-136).

3 폴라니는 기능 대표와 지역 대표의 두 축으로 대표되는 분권적 참여사회주의를 구상했다. 폴라니의 대안사회주의론에서 주목해야 할 것은 그것이 민주적 사회주의일 뿐만 아니라, 콜(G. H. Cole) 등 길드사회주의의 전통을 이어받아 국가 장치로의 권력 집중을 경계하고 심지어 그에 '대항하는' 자율적 결사체 사회에 대한 사고가 들어 있다는 것이다.

4 최후의 폴라니는 산업 문명에서 인간은 어떻게 순응주의에서 벗어나 자유로울 수 있는가, 효율 지배시장 문명을 넘어 좋은 삶은 어떻게 가능한가 하는 '아리스토텔레스적 문제'와 대면했다. 그는 효율 대신에 좋은 삶을 추구하는 자유를 제1의 가치로 올려세워야 한다고 생각했다("Aristotle on an Affluent Society," March 13, 1959). 폴라니는 자신이 발의한 잡지《공존》(*Coexistence*)의 출간을 보지 못하고 죽었다.

이》가 어떤 위치에 있는지는 다른 어떤 것보다, 그 자신이 한 다음과 같은 말을 들어 보면 잘 알 수 있다.

> 이 책은 보편적인 경제사를 출발점으로 삼아 인간의 살림살이 문제를 포괄적으로 재검토하려는 취지에서 썼다.
>
> 따라서 십여 년 전 《거대한 전환》에서 다룬 최초의 문제의식은 이 책에서도 계속 이어질 것이다. 《거대한 전환》에서는 인간 사회에서 경제가 차지하는 위치를 좀더 현실적으로 조망하기 위해 일반경제사를 폭넓은 개념적 기초 위에 재건해야 할 필요가 있음을 암시했다.
>
> 이와 같은 노력의 일환으로 5년여 동안(1948-1952년까지) 컬럼비아대학 사회과학 연구위원회의 지원을 받아 체계적인 연구가 진행되었다. 이 작업은 내가 아렌스버그 교수, 피어슨 교수와 함께 《초기 제국에서의 교역과 시장》(1957)을 편집하는 데 관여함에 따라(여기에는 우리의 논문도 몇 편 실었다) 몇 년간 지연되었다. 《인간의 살림살이》라는 제목의 이 저작은 애초의 노력으로 되돌아가는 것이다.(Polanyi, 1977[2017], pp. 57-58)

여기서 폴라니는 자신이 《거대한 전환》을 쓰면서 인간 사회에서 경제가 차지하는 위치를 더 현실적으로 조망하기 위해 폭넓은 개념적 기초 위에 일반경제사를 재건해야 한다는 문제의식을 갖고 있었음을 상기한다. 그러면서 《인간의 살림살이》가 비시장경제를 대상으로 삼아 《거대한 전환》의 이 생각을 가장 잘 이어받고 있음을 말하고 있다. 비시장경제 형태와 그 다양한 진화 경로를 보여 줌으로써 현대 시장 체제를 상대화하는 '일반경제사'(general economic history)의 새로운 재구축, 이것은 실로 매력적이고 야심찬 지적 구상이 아닐 수 없다.

《인간의 살림살이》는 또 이론적으로도 그가 전 생애를 걸고 추구한 '시장경제학을 극복하는 폭넓은 개념적 기초', 즉 실체적 비시장경제학에 대해 가장 정리된 생각을 보여 준다. 우리는 폴라니의 실체적 경제학이 《거대한 전환》에서는 아직 명확한 모습을 드러내지 않았다는 사실을 지적해야 한다. 실체적 경제학은 《거대한 전환》 이후에 새로 수립된 것으로서, 그 대략적 윤곽은 《초기 제국에서의 교역과 시장》에 수록된 폴라니의 논문 〈제도화된 과정으로서의 경제〉(1957)에서 처음 제시된 바 있고, 유고집 《인간의 살림살이》에서 보다 진전되고 정리된 모습으로 나타났다.

이와 같은 생각 위에서 이 글은 《인간의 살림살이》를 중심으로 후기 폴라니의 진화된 사회경제(사)학의 내용을 살펴보고자 한다. 이하 본문의 제2절에서는 먼저 《거대한 전환》 이후 새롭게 선보이고 있는 《인간의 살림살이》의 실체적 경제학의 이론적 부분을 살펴본다. 이어 제3절에서는 전통적 비시장경제에 대한 폴라니의 관점과 구체적 분석 내용을 살펴본다. 그리고 제4절에서는 《인간의 살림살이》가 남기고 있는 문제점과 연구 과제를 지적한다. 마지막으로 제5절에서는 이 글의 논지를 간단히 요약한다.

2. 《인간의 살림살이》와 실체적 비시장경제학

1) 출판 경과

《인간의 살림살이》[5]는 폴라니의 유고집이다. 이 유고집이 간행되어 세상

---

5 영문 원제는 'The Livelihood of Man'이다. 1983년판 국역본과 1980년판 일역본은 '인간의 경제'로, 2011년 불역

의 빛을 보기까지는 우여곡절이 있었다. 폴라니의 《인간의 살림살이》의 출간을 둘러싸고는 이견들이 있었던 것으로 알려져 있는데, 이는 무엇보다 이 책이 미완성 상태였기 때문이다. 편집 책임을 맡았던 피어슨은 편집자 서문에서 "폴라니가 십 년을 더 살았다 해도 《인간의 살림살이》를 출판하지 않았을 것"이라고 말한다. 저자의 방대한 구상, 그리고 철저하고 꼼꼼한 완벽증을 생각한다면 그 말이 맞는 것 같다.

또 한 가지 빠트릴 수 없는 이야깃거리가 있다. 출간 여부와 관련해 특히 강하게 반대 의견을 표명한 사람이 있었다. 그는 당시 폴라니의 제자 중 한 사람이며 이후 고대사가로 명성을 높인 모지스 핀리(Moses I. Finley)였다. 핀리는 피어슨에게 그리스에 대한 원고를 《인간의 살림살이》에 넣지 말도록 강력히 요구했다고 한다.[6] 자세한 반대 이유를 알 길은 없으나 그리스 경제에 대한 폴라니의 생각이 자신과는 달랐기 때문인지 모른다.[7] 핀리의 고대 경제 연구는 베버의 영향을 많이 받은 것으로 알려져 있다. 여하튼 최종적으로는, 원고를 컬럼비아대학 도서관에 기탁하는 시점에 칼 폴라니의 미망인인 일로나 두친스카 폴라니의 요청에 따라 출판이 결정되었다.

《인간의 살림살이》는 크게 2부로 구성되어 있다. 제1부는 '사회에서 경제의 위치'(1-10장)를, 제2부는 '고대 그리스의 교역, 시장, 화폐'(11-17장)를 다루고 있다. 그런데 제1부와 제2부는 원고 원천도, 집필 시기도 약간 달랐다. 제1부는 《초기 제국에서의 교역과 시장》과 직결된 원고로서 1951년 3월경에 일단 마무

판은 'La Subsistance de L' Homme'로 번역했다. 폴라니는 '인간의 경제'(human economy)라는 말도 사용하고 있다. 그러나 적어도 책 제목은 영문 원제를 살려 '인간의 살림살이'로 번역하는 것이 적절하다고 생각한다. 나아가 살림살이라는 우리말을 잘 살린다면, '경제학'도 '살림 공부'라고 할 만하다.

6 Duncan & Tandy(1994), p. 25 주석; Dale(2016a), p. 353 주석 230을 참조할 것.

7 폴라니와 핀리는 아리스토텔레스가 가정경제를 넘어 '공공경제'(public economy)의 개념을 갖고 있었는지에 대해 견해가 서로 달랐다(Swanson, 1992, pp. 70-75). 이것은 경제사상사적으로도 매우 중요하고 흥미로운 논점이다.

리되었다. 반면 제2부는 1947-1953년 기간 중 컬럼비아대학에서 했던 강의록으로 구성되어 있다.[8] 제1부 '사회에서 경제의 위치' 편은 《인간의 살림살이》라는 제목 그리고 서문을 포함해 출판을 위한 윤곽이 뚜렷하게 잡혀 있었다. 따라서 제1부는 단순한 이런저런 유고들의 모음집이 아니라 폴라니가 출판 계획을 갖고 체계적으로 준비했던 원고인 것이다. 반면에 제2부 그리스편은 원래 폴라니가 계획한 단행본에는 포함되어 있지 않았던 원고로 보이며, 피어슨이 편집하면서 포함시켰던 것 같다. 책의 체계로 보면, 《인간의 살림살이》에서 제1부와 제2부는 상당히 이질적인 것이 사실이다. 이런 점에서는 피어슨의 편집안에 대해 핀리가 반대했던 것도 일리가 있다. 그런데 아래에서 지적하겠지만, 뜻밖에 《인간의 살림살이》에서 2부 그리스편은 폴라니의 사회경제학에서 매우 중요한 의미를 갖는, 새로운 면모를 보여 주고 있다. 그런 의미에서 본다면 오히려 우리로서는 피어슨에게 고맙다고 말해야 할 것 같다. 이제 《인간의 살림살이》의 경제학 이론 부분부터 살펴보기로 하자. 나는 실체적 경제학의 이론적 · 개념적 원천에서부터 논의를 시작하려고 한다.

2) 실체적 경제학의 이론적 원천: 멩거, 아리스토텔레스, 베버

《인간의 살림살이》의 이론 부분을 접하면서 우리는 《거대한 전환》을 다시 보게 된다. 폴라니의 대표작 《거대한 전환》도 분명한 이론적 기초 위에 서 있었다. 《거대한 전환》에서 폴라니는 이전의 이론적 기초 위에 경제인류학의 성과를 포섭함으로써 새로운 이론적 골조와 시야를 갖추게 되었다. 그 저작은 사회

8 Dalton(1981), p. 89 주석 1.

속에서 경제가 차지하는 위치를 기본 주제로 삼고, 인간들이 경제적 삶에서 상호의존하는, 안정성과 통합을 가능케 하는 양식으로서 시장적 교환뿐만 아니라 호혜, 재분배, 가정경제가 존재함을 제시하고 있었다(제4장). 호혜, 재분배, 가정경제 등 비시장 형태가 지배적인 사회통합 양식의 의의는 본원적 생산요소이자 사회의 인간적 · 자연적 실체인 노동, 토지, 화폐가 상품화되지 않아 삶의 안정성과 연대성이 보장된다는 것, 경제적 동기가 사회 속에 착근된다는 것이다. 폴라니는 경제인류학의 성과를 수용한 이런 다양한 비시장적 통합 형태를 제시함으로써 근대의 시장지배적 경제가 역사적으로 정상 형태가 아니라 오히려 매우 비정상적이고 특수한 형태라고 말할 수 있었다. 그리고 본원적 생산요소이자 사회의 실체적 구성요소인 노동, 토지, 화폐를 허구적 상품으로 만들어 수요 · 공급 · 가격기구 안에 집어넣음으로써 뿌리 뽑힌 인간과 삶의 불안을 낳은 우리 시대 시장경제, 그리고 사회 전체를 시장경제 논리에 종속시키는 시장사회가 왜 지속 불가능한지, 왜 사회의 보호적 대항 운동을 불러일으켜 '이중운동'의 갈등 동학을 낳는지, 왜 파시즘이라는 괴물이 출현했는지, 어떻게 새로운 민주적 사회경제 길을 열어야 하는지를 보여 주었다.

그럼에도 불구하고 《거대한 전환》의 체계에는 약점도 없지 않다. 첫째, 이 책의 서술구조는 역사적 전개를 중심축으로 하고 있고 이론은 역사 안에 녹아들어 있는 방식으로 되어 있다. 굳이 비교하자면 마르크스의 《자본론》 서술구조와는 판이하게 다르다. 둘째, 이론적 수준에서 호혜, 재분배, 가정경제 등 비시장적 통합 양식에 대한 논의는 투른발트, 말리노프스키 등 인류학의 연구 성과에서 가져온 것으로서 주로 비경제적 동기에 초점을 맞춘 사회통합 양식론이다. 그 때문에 경제학으로서 독자적 컨텐츠가 미흡한 것은 부정하기 어렵다. 대표적인 것으로 이 같은 사회통합 형태론에는 계급 갈등 및 타협의 제도적 형태, 협상적 거래(bargaining transactions), 네트워크 협력 등 제도주의 정치경제학의 기초적 개념이 빠져 있다. 《거대한 전환》의 경제학은 분명히 '사회경제학'이지만 '경제사회학'적 성격을 강하게 띠고 있다고 볼 수도 있다. 폴라니 자신도 이 점을 충분히 의식했던 것 같다. 그가 《거대한 전환》에서 '폭넓은 개념적 기초 위에 일반경제사를 재건'할 필요성을 암시하고 이후 실체적 경제학(substantive economics)의 길을 모색한 것도 바로 이 때문이며, 이론적 측면에서 《인간의 살림살이》가 《거대한 전환》으로부터 새롭게 진전된 지점도 바로 여기서 찾을 수 있다. 폴라니의 경제에 대한 실체적 접근, 또는 실체적 경제학이란 사회에 착근된 경제의 위치와 작동 방식, 그 독자적 내용을 연구하기 위해 고투한 노력의 산물이다. 그것은 상이한 역사적 사회들에서 인간의 필요 욕구 충족 과정이 취하는 제도 형태를 분석한다. 실체적 경제학의 기본 관심은 효율성보다는 우선적으로 인간의 욕구 충족에, 시장경제를 공동체 성원의 보편적 욕구 충족에 종속시키는 것에 있다.

폴라니가 새롭게 실체적 경제학을 구성하는 데 있어 가장 중요한 이론적 · 개념적 원천(자원)은 멩거, 아리스토텔레스, 베버 등이었다.[9] 먼저 폴라니는 멩거가 《국민경제학의 기본원리》(이하 《원리》) 제2판 유고에서 남긴 인간의 경제에 대한 논의를 가져온다.[10] 멩거는 제본스, 왈라스와 함께 희소 자원의 효율적 배분을 핵심 관심사로 하는 신고전파 경제학의 창시자로서 《원리》는 그

9 폴라니는 사회통합 형태론에서는 주로 인류학자들에 의존했다. 물론 폴라니의 사상과 이론 전반으로 보면 마르크스(무엇보다 초기 마르크스의 물화론) 그리고 오언이 큰 영향을 미쳤다. 여기서는 실체적 경제학의 기본 개념을 중심으로 지적 원천을 말한 것이다. 폴라니와 멩거의 관계에 대한 기존 연구로는 임종철(1998), Cangiani(2010), Yagi(2010)를, 폴라니의 베버와의 관계에 대해서는 Dale(2010, pp. 109-110), 若森みどり(2011)를 참고하라.

10 폴라니(Polanyi, 1971)는 멩거의 유고에 대해 별도로 독립 논문을 집필했다. 이 논문은 《초기 제국에서의 교역과 시장》이 발간된 후 1958-1960년 사이에 쓴 것으로 알려져 있다. 멩거의 유고에 대한 자세한 해설은 八木紀一郎(1982)를 보라.

의 대표작이다. 그러나 멩거는 《원리》 제1판 발간 후 수십 년의 숙고 끝에 경제 활동의 의미에 대해 보다 포괄적인 생각에 이르렀다. 그 생각을 담은 《원리》 제2판은 유고로 남겨졌으나 발간은 하이에크, 나이트 등 시장자유주의자들에 의해 의도적으로 저지되었다. 폴라니는 바로 멩거의 유고에 담긴 경제 활동의 포괄적 정의에 주목했다. 멩거는 유고의 제1장 욕구의 이론에서 욕구 인식의 이성화론을 제시하고 있으며, 제4장 경제와 경제적 재화의 이론에서 "인간의 경제의 두 가지 기본 방향"을 구분한다.[11] 한 가지 방향은 욕구 충족 수단의 부족에서 발생하는 '절약화(경제화)의 방향'(die sparende [ökonomisierende] richtung)이다. 여기에는 욕구 충족의 여러 행위들이 갖는 상대적 의의를 인식하려는 노력, 향수재 규모의 인식을 정확히 하려는 노력, 희소한 향수재의 손실을 방지하는 노력, 각각의 욕구 충족 행위에서 희소한 향수재의 소비를 극소화하는 노력, 희소한 재화의 각종 욕구 충족 행위로의 배분 또는 그 시간적 배분에서 전체 욕구 충족을 극대화하려는 노력 등이 포함된다. 또 다른 방향은 수단의 충분 · 부족과 상관없이 인간의 욕구 충족을 위한, 그리고 그것의 목표와 방향에 따른 생산의 필요에서 유래하는 '기술적-경제적 배분의 방향'(die technisch-ökonomisch disposition richtung)이다. 여기에는 자신의 욕구에 대한 예측, 욕구 충족을 위해 직접 지배할 수 있는 향수재의 종류 · 규모 · 시간 · 장소의 인식, 수요에 비해 희소한 향수재의 인식 및 그 향수재 생산에 적합한 생산 수단의 기술적 인식, 그리고 지배 가능한 생산 수단(노동급부 포함)에 목표와 방향을 주는 배분적 행위가 포함된다. 절약화의 방향이란 주류 신고전파 경제학이 경제의 전부라고 제시하는 세계이고 기술-경제적 방향이 바로 멩거가 고심 끝에 제시한 경제의 또

11 멩거가 '인간의 경제'라고 했을 때 독일어 '경제'(Wirtshaft)는 영어의 economy가 아니라 '살림을 돌본다'라는 의미가 있다.

다른 세계이다. 멩거는 두 방향이 통상 현실에서는 결부되어 나타나지만 본질적으로 상이한 것으로서, 서로 독립된 원인에서 발생한다고 보고 있다. 멩거는 말한다. "인간경제의 기술적 방향은 절약화의 방향을 필연적인 전제로 삼는 것도 아니며 그 방향과 필연적으로 결합되어 있는 것도 아니다." 바로 이 대목을 폴라니는 특별히 강조한다. 이에 따르면 인간 경제의 기술-경제적 방향과 절약화 방향은 매우 다양한 방식으로 결합되고 그에 따라 경제 제 현상도 다양하게 나타날 수 있다.[12] 이는 경제사상사에서 그야말로 일대 전환적 의미를 갖는 생각이 아닐 수 없다. 폴라니는 인간 경제의 두 가지 기본 방향에 대한 바로 이 멩거의 생각을 공동체적 연대와 경제적 자유의 미묘한 반성적 균형, 나아가 좋은 삶을 위한 물질적 수단을 조달하는 경제 논의를 전개할 수 있는 실체적 경제학의 이론적 초석으로 삼았던 것이다.

다음으로 폴라니는 아리스토텔레스를 사상사적으로 경제가 사회에서 차지하는 위치의 문제를 정면에서 제기한 최초의 인물이라고 생각했다.[13] 통상 아리스토텔레스는 정치공동체로서 폴리스와 경제공동체로서 오이코스의 이분법에 기반해 경제에 대해서는 '가정경제'의 생각만 가지고 있는 것으로 알려져 있기 때문에 이런 폴라니의 생각은 주목할 가치가 있다. 아리스토텔레스는 부에 대한 무한한 충동을 칭송한 솔론을 비판하고 가정이나 국가의 진정한 부는 저장과 보존이 가능한 생활필수품이라고 보았다. 그에게서 생활필수품은

12 폴라니는 언급하고 있지 않지만 멩거(Menger, 1923)[1982, pp. 127-128]는 두 방향의 결합으로부터 다음과 같은 세 가지 노력이 생겨난다고 말하고 있다. 첫째는 모든 기술-경제적 성과를 경제재의 최소 지출로 얻고 경제재의 일정 수량으로 최대한의 기술-경제적 성과를 얻으려는 노력이다. 둘째는 부족한 재화의 상황에서 보다 중요한 욕구 충족을 보증하도록 목표와 방향을 부여하려는 노력이다. 셋째는 인간의 욕구를 가능한 완전하게 충족시킨다는 관점에서 기술적 생산 과정을 변형시키려는 노력이다.

13 아리스토텔레스의 제도경제학에 대해서는 폴라니의 글(Polanyi, 1957)을 보라. 이 글은 멩거에 대한 논문보다 조금 전에 쓰여진 것 같다.

가정에서는 삶의 수단이며 폴리스에서는 좋은 삶의 수단이다. 그러므로 인간의 욕구와 필요는 무한한 것이 아니다. 이리하여 아리스토텔레스의 경제 개념은 생활필수품을 조달하는 하나의 제도화된 과정을 가리킨다. 폴라니는 아리스토텔레스에서 공동체, 자급자족, 그리고 정의가 핵심 개념이 되어 있다는 생각, 공동체 구성원은 '우애'(philia)의 유대로 연결되어 있다는 생각, 그리고 좋은 삶과 공동체의 지속 및 안정적 물자 조달을 위해 고삐 풀린 돈벌이와 시장교역을 공적으로 규제해야 한다는 생각에 주목했다. 폴라니는 바로 여기에 자신이 생각하는 실체적 경제학의 진수가 들어 있다고 보았다.

절박함의 정도에 따라 인간 욕구를 구분하고 '욕구 인식의 이성화 과정'을 다루고 있는 멩거의 욕구의 이성화론(유고 제1장에 제시되어 있다)은 (신)고전파적 '경제인'의 욕망이 아니라 놀랍게도 아리스토텔레스까지 닿아 있는 것으로 보이는데,[14] 폴라니가 실체적 경제학을 구성하면서 얼핏 이해하기 어렵게 아리스토텔레스와 멩거를 함께 끌어들일 수 있었던 것도 이런 이유 때문이었을 것이다.[15]

또한 폴라니는 경제행위의 실체적 합리성과 형식적 합리성에 대한 베버의 논의를 이어받았다. 베버(Weber, 1972[1997], pp. 227-229)는 근대 자본주의에는 두 가지 경제적 합리성 간에 근본적 긴장이 내재되어 있다고 보고 있다. 즉, 가치 평가를 제거한 경제 활동의 "수량적 계산 혹은 회계의 정도"를 의미하며 그 가능성의 제고를 추구하는 형식적 합리성과, 경제행동이 특정한 가치 기준에 따라 인구집단에 재화를 조달하는 정도를 의미하는 실체적 합리성(가치 합리성, 목적

14 八木紀一郎(1982, p. 548), Yagi(2010, p. 35), Smith(1990) 참조.

15 폴라니는 《인간의 살림살이》 이후 최후의 시기에 좋은 삶과 좋은 사회라는 관점에서 한층 더 아리스토텔레스에 주목한다. 이에 대해서는 若森みどり(2011, pp. 241-246) 참조.

합리성) 간의 근본적 긴장이 그것이다. 이처럼 베버가 합리성을 구분하는 바탕에는 '공동체 대 사회'라는 대비가 존재하는데 이는 퇴니에스로 소급되는 생각이다. 베버는 형식적 합리성의 극대화란 노동자의 기업가에 대한 복종 등, 실체적 합리성을 희생시키는 사회적 조건을 전제로 해서만 가능하다고 지적한다. 또한 베버는 통상 경제학에서 말하는 소유뿐만 아니라 더 기초적 개념으로 경제적 효능을 낳는 온갖 기회들에 대한 권리를 의미하는 '전유'(appropriation)라는 개념을 제시했다(Weber, 1972[1997], pp. 175, 268-324).[16] 이 또한 폴라니의 실체적 경제학이 중요하게 받아들이는 지점들이다.

그런데 베버 경제사회학의 성격은 단순하지 않다. 거기에는 근대의 합리화 과정을 '철창'(iron cage)에 갇힌 것처럼 바라보는 생각이라든가, 국민국가 이해를 전면에 앞세우는 권력정치의 옹호라든가 등, 보수적 지점들이 매우 많다(Mommsen, 1984[1959]; Eliaeson, 2000). 폴라니의 경우 사회에서 경제의 위치를 바라보는 사상의 계보학이라는 측면에서 베버가 사회적 접근과 경제주의적 접근을 종합하는 시도를 했다고 높이 평가했다. 그러나 폴라니는 베버가 '경제적'이라는 말의 실체적 의미를 우위에 두지 않았다고 그 한계를 매우 날카롭게 비판한다. 그리고 이것이 일반경제사의 제 문제와 시장경제, 시장사회의 모순을 해명하는 데 중대한 난점을 초래했다고 지적한다(Polanyi, 1947a, pp. 135-138; Polanyi, 2014[[2015], pp. 218-219).[17]

---

16 베버 전유 개념의 자세한 의미에 대해서는 Swedberg(1998, pp. 39, 224; 2011, pp. 69-70)를 보라. 그리고 베버의 소유 개념을 파고든 보기 드문 연구로는 Ford(2010)를 참고하라. 흥미롭게도 포드는 베버의 소유 정의가 현대 법학 및 경제학에서 통상적으로 사용하는 '권리 다발'로서의 소유 정의와 흡사하다고 지적한다(Ford, 2010, p. 99).

17 若森みどり(2011, pp. 175-186)는 폴라니에 미친 베버의 영향을 잘 부각시켰다. 그러나 이상하게도 폴라니의 베버에 대한 이 핵심 비판 지점은 주변적으로 처리한다.

3) 실체적 비시장경제학의 내용

폴라니는 이상과 같이 멩거, 아리스토텔레스, 베버가 펼친 경제행위의 복합적 합리성과 인간의 욕구에 대한 논의를 물려받았다. 지배적 통념에 사로잡힌 사람들은 이 '3대 이론적 원천' 사이의 공통점을 발견하고 새롭게 재구성한 폴라니의 생각에 충격을 받을지도 모른다. 거꾸로 보면 바로 그 같은 법고창신(法古創新)이야말로 폴라니의 사상사적 기여라고 할 수 있다. 여하튼 폴라니는 그들에 내장된 진보적 부분 및 그 잠재력을 자기 방식의 실체적 경제학 이론화 작업에 녹여 넣었다.

폴라니는 주류 시장경제학을 경제의 형식적 의미에 기반한 형식적 경제학이라 규정하고, 이를 실체적 의미에 기반한 실체적 경제학과 대립시켰다. 두 경제학의 차이를 이해함에 있어 결정적으로 중요한 지점은 이론의 핵심 구조에서 제도화된 가치 또는 동기가 다름을 인식하는 것이다. 형식적 경제학의 체계란 무한한 욕망을 갖고 경쟁적으로 사익을 추구하는 고립된 '경제인', 기술적 의미 또는 자연적 사실로서의 희소성, 그리고 효율적 선택을 공준의 기초로 삼는다. 즉, 시장적 인간관에 입각해 도구적 · 공리주의적 가치를 전면적으로 추구하는 경제학이다. 여기서는 인간 욕구와 필요의 성질을 따지는 어떤 논의도 실체를 갖지 못한다(Polanyi, 1977, p. 129).

이에 반해 실체적 경제학의 체계란 다면적인 풍부한 욕구를 가지고 사회적 자유와 연대, 정의를 추구하는 '사회적 인간', 문화적 · 사회적으로 정의되는 희소성, 그리고 공동체 구성원에 보편적인 물질적 필요의 조달을 공준의 기초로 삼는다.

폴라니는 인간은 먹지 않으면 죽을 수밖에 없지만 좋은 삶, 더 높은 삶을 추구하는 고귀한 존재이며, 공리주의적인 무한한 욕망이 아니라 다면적이고 사회적인 인간의 욕구와 그 일부인 경제적 욕구를 충족시키는 물질적 수단을 조달하고 제공하는 것이 좋은 경제, 즉 실체적 경제라고 생각한다. 그런데 인간은 결코 고립적으로 물질적 수단을 얻는 것이 아니다. 물질적 수단을 확보하기 위해 인간은 자연에 그리고 자기 동료에 의존한다. 이로부터 '자연적 사실'로서의 희소성과는 무관하게 "물질적 욕구를 충족시키는 데에 기여하는 제도화된 상호작용 과정" 또는 '인간이 자신이 필요로 하는 물질적 수단을 조달하는 행위'라고 하는 실체적 경제의 정의가 나타난다. 인간의 살림살이 또는 '인간적인 살림살이'라는 말은 바로 이런 실체적 의미의 경제를 가리킨다. 폴라니는 실체적 의미의 경제야말로 인류사에서 보편적이며, 형식적 의미의 경제란 시장경제에 특수한 것일 뿐이고 두 의미가 오늘날처럼 결합된 것은 우연에 불과하다고 역설한다.[18]

폴라니는 실체적 경제를 떠받치는 제도화 방식, 그리고 인간 및 자연과의 상호작용 과정, 이 둘의 내용에 대해 한 걸음 더 들어가 설명하고 있다. 먼저 상호작용 과정부터 보자. 폴라니는 인간과 자연 그리고 인간과 인간 간의 '상호작용 과정'에 따른 물질적 수단의 상태 변화를 위치 변화(changes of position)와 주인의 변화(changes of hands)라는 두 가지 측면에서 파악한다. 경제 과정의 이 두 가지 측면은 위치이동(locational movement)과 전유이동(appropriational movement)으로 불린다. 이 둘은 같이 또는 따로 진행될 수 있다. 위치이동에서 주목해야 할 것은 수송과 같은 물(物)의 공간적 이동과 함께 생산 활동이 포함된다는 것이다.

18 중국의 유학자 천후안장(陳煥章)은 집단적으로 사는 인간, 덕을 지닌 인간에 기반해 '유교 경제학'이라 할 만한 체계를 제시했는데, 그에 따르면 경제학은 "집단적으로 생활하는 인간을 위해 정의의 원리에 따라 재보를 관리하는 과학"이다(미야지마 히로시, 2017, pp. 38-48). 이는 실체적 경제학의 유교적 버전을 보여 준다.

폴라니는 생산을, 특이하게 "소비 단계를 향한 물질적 수단의 서열 상승"으로 보는데, 이 생각은 칼 멩거로부터 가져온 것이다. 수렵, 원정과 침략, 벌채와 관개, 국제적인 해운 · 철도 · 항공 수송이 모두 위치이동에 포함된다. 다른 한편, 전유이동은 주인의 변화를 가리킨다. 전유는 원래는 법률적 소유의 취득이라는 의미를 갖고 있으나 폴라니는 베버로부터 전유 개념을 가져와 물리적 대상, 권리, 위신, 여러 유리한 '기회' 등 경제적 효능을 제공하는 일체의 것에 대한 실질적 취득권을 의미하는 것으로 이 개념을 사용한다. 그리하여 경영과 관리, 재화의 유통, 소득 분배, 공납과 과세 등을 모두 전유의 분야에 포함시키면서 전유의 권리와 의무가 결정되는 방식을 탐색한다.[19] 그러면서 폴라니는 쌍방향의 전유이동인 '거래'와 일방적 강제인 '처분'을 구분한다.

다음으로, 제도화란 위치이동과 전유이동으로 구성되는 경제 과정에 일정한 통합적 질서를, 즉 통일성과 안정성을 부여하는 기능을 수행하는 것이다. 폴라니는 통합 형태 및 그 지지구조로서 교환-시장과 별도로, 호혜-대칭성 및 재분배-중심성을 제시한다. 《인간의 살림살이》에서 이 부분은 구체적 통합 형태론과 관련해 《거대한 전환》과 마찬가지로 주로 말리노프스키, 투른발트 등 인류학자의 성과에 기대고 있는데, 그 생각의 '뿌리'는 초기 폴라니가 사회주의 경제계산 논쟁에서 보여 주었던 '구매력 대 교환경제'의 모순이라는 사고까지 소급된다고 볼 수 있다. 그렇지만 몇 가지 점들에 대해 면밀한 주의가 요구된다. 첫째, 폴라니는 통합 형태로서 호혜를 말할 때 단지 인류학의 논의에만 기대는 것이 아니라 흥미롭게도 아리스토텔레스가 말하는 우애(philia)의 의미로도 풀이한다. 아리스토텔레스의 생각은 《거대한 전환》에서도 거론되기는 했었

19 피어슨(Pearson, 1977, p. xxxii)은 '전유 권력의 사회적 조직'이라는 용어를 쓰고 있다.

다(Polanyi, 1944[2009], pp. 197-199). 그러나 그때 폴라니가 본 아리스토텔레스는 돈벌이와 반대되는 사용을 위한 생산 또는 집단 성원들의 필요를 충족시키는 전형적 형태로서 '가정경제'의 본질을 파악한 인물이었다. 반면《인간의 살림살이》에서 폴라니는 가정경제를 넘어 폴리스 공동체 차원의 통합 원리인 우애에 주목하면서 이것이 곧 호혜라고 말한다. 이 점은 중요하다.[20] 그런데 그리스 폴리스의 자유시민의 공동체가 보여 주는 우애의 의미가 멜라네시아 트로브리안드 군도 부족공동체의 쿨라 교역 등이 보여 주는 호혜의 의미와 과연 같은 것인가 하는 문제가 당연히 제기될 법한데, 폴라니는 이 점에 대해서는 언급하지 않는다. 폴라니는 이 문제를 미해결 상태로 남겨 놓았다. 그러나 우리는 그가 실체적 경제학의 원천으로서 아리스토텔레스에 대해 언급한 것을 상기해야 한다.

둘째, 가정경제(householding)에 대한 것인데 폴라니의 저작에서 이 통합 형태의 위상은 여러 모습으로 나타난다. 가정경제는《거대한 전환》에서는 재분배와 별개의 형태로 제시되었던 반면,《인간의 살림살이》와《초기 제국에서의 교역과 시장》에서는 주로 재분배와 관련 속에서 다루어진다. 폴라니는 아테네 경제의 분석에서 재분배를 영지적 오이코스의 재분배와 국가적 재분배로 구분하기도 한다. 다른 한편, 〈다호메이 왕국과 노예무역〉으로 오면, 가정경제는 재분배와 별도로 그 자체로 매우 중요한 비중과 의미를 갖는다. 셋째, 교환이 시장 체제의 지지 기반을 필요로 한다고 말하면서도, 이를 조작적 교환(단순한 위치상의 이동), 결정적 교환(고정 비율에 따른 소유권 이동), 그리고 통합적 교환(협상 비율에 따른 소유권 이동)으로 세분하고 있다. 넷째, 폴라니는 경제적 제도와 비경

20 Dale(2016a, p. 234)은 폴라니의 접근을 '아리스토텔레스적'이라고 볼 만하다고 쓰고 있다. 또한 Zamagni & Bruni(2004)는 폴라니보다 더 나아가 호혜 개념을 '시민적 행복'(civil happiness) 개념으로 재구성해 행복경제학을 제창했음을 지적해 두고자 한다. 이병천(2007)도 참고.

제적 제도를 훨씬 명확히 구분하기에 이르렀다. 이에 따라 착근(embeddedness)의 의미도 단일하지 않게 되었다. 따라서 경제 활동이 비경제적 사회관계에 편입된다는 의미의 착근성과 경제적 제도를 통해 조직된다는 의미의 착근성을 함께 보면서 그것들의 의미를 잘 구별할 필요가 있다.[21)]

그런데 두 말할 것도 없이 사회적 인간들이 제도화된 상호작용을 통해 물질적 수단을 조달하고 이용하려면 물질적 생산을 해야만 한다. 그러나 지극히 당연한 이 일이 잘 이루어지지 않은 것 또한 경제의 역사이고 현대 시장자본주의 역사이다. 공동체 모두를 위한 물질적 생산은 그것을 가로막는 구조적 권력과 대면하게 된다. 이는 2008년 과잉 거품 축적 끝에 위기의 세계화를 초래한 미국식 금융 주도 자본주의 현상을 보아도 잘 알 수 있다. 그러므로 실체적 경제란 이런 거품 축적 경제와 대조되는, 실질적으로 유용한 가치를 창조하고 그것을 공동체에 제공하는 '물질적' 경제이며, 따라서 자본의 소유권과 영리 추구 활동도 이 '물질적 경제'의 유지 발전을 위해 헌신해야만 한다. 폴라니는 다음과 같이 말한다.

> 현실주의 사상가들은 '경제적'이라는 말의 실체적 의미를 강조했다. 그들은 경제를 영리보다는 산업과, 허례보다는 기술과, 소유권보다는 생산 수단과, 금융보다는 생산적 자본과, 자본보다는 자본재와 동일시했다. 간단히 말해서 그들은 경제를 시장화 형태나 시장화 용어보다 실체적 경제와 동일시했다.(Polanyi, 1977, p. 89)

21 폴라니의 실체적 경제학에서 '제도화된 과정으로서의 경제'라는 새로운 이론화가 이루어짐으로써 '착근'이라는 말은 중요하지 않게 되었다는 주장이 있다(홍기빈, 2009, pp. 638-639). 그러나 이는 적절한 지적 같지는 않다. 착근이라는 말을 제거하면, 사회 속에서 경제의 위치를 중심 화두로 삼고 사회관계의 그물망 및 사회적 인간에 방점을 찍는 폴라니의 사회적 제도경제학과 주류 효율 지향 제도경제학의 차이가 흐릿해질 위험마저 있다. 착근이라는 말이 담고 있는 이중적 의미를 잘 생각하면서 그 중요성을 계속 가져가는 것이 좋다고 본다.

> 멩거가 개척한 가격이론의 빛나는 성취로 인해 '경제적'이라는 말에 대해 절약하기(economizing)라는 새로운 의미 또는 형식적 의미가 유일한 의미로 되고, 더 전통적이지만 얼핏 평범해 보이는 물질성(materiality)의 의미, 반드시 희소성의 제약을 받지는 않는다는 의미는 학문적 지위를 잃고 결국 잊혔다. 신고전파 경제학은 이 새로운 의미를 토대로 세워졌고, 그 사이 기존의 물질적 · 실체적 의미는 사람들의 의식에서 점점 희미해져 경제사상에서 정체를 감추었다.(Polanyi, 1977, p. 119)

여기서 폴라니는 '실체적'의 의미를 반드시 희소성의 지배 아래 있지는 않는 물질성의 의미로 사용한다. 그러면서 산업, 기술, 생산 수단, 생산적 자본, 자본재를 실체적 의미의 카테고리로 간주하고, 이를 영리, 허례, 재산권, 금융, 자본 등 형식적 의미의 카테고리와 대립시킨다. '경제적'의 이 카테고리 대립의 바탕에는 자본 개념의 대립, 즉 '생산적 노동을 고용하고 지지하는 것'으로서의 자본과 '미래 소득의 원천이 되는 것'으로서의 자본 사이의 대립이 깔려 있다(馬場啓之助, 1970, pp. 90-94, 290-295). 이런 대립으로부터 우리는 폴라니에서 '경제적'의 실체적 의미가 인간의 욕구 충족을 위한 물질적 가치 생산에 대한 헌신을 내포하고 있음을 알 수 있다. 실체적 경제학의 논리에 서면 재산권, 영리 활동, 금융 활동, 자본의 권리 등은 사회적 필요와 이용을 위한 물질적 생산에 기여하거나 그 같은 기능을 수행할 때 비로소 정당성을 가질 수 있으며 그런 기여와 헌신에서 유리된 '기능 없는 재산권'(functionless property), 고삐 풀린 자본의 자유에 우선적 권리를 주어서는 안 된다는 말이 된다. 재산권 및 자본권에 대한 폴라니의 이 비판적 사고를 노동, 토지, 화폐의 '허구적 상품화'에 대한 그의 비판과 함께 묶어 생각하면, 시장경제 및 시장사회, 경제문명사를 보는 실체적 경제학은 보다 체계적인 모양새를 갖추게 되고 그 비판적 잠재력은 한층 배가된다. 호혜 · 재분배 · 교환의 유형을 제시한 폴라니의 사회통합론의 바탕에도 이런 생각이 깔려 있다.[22)]

3. 비시장경제의 역사

폴라니가 새롭게 구축한 실체적 경제학은 비시장경제와 시장경제 모두를 비판적으로 분석해 낼 수 있는 이른바 '광의의 경제학' 틀이다. 실체적 경제학이 《인간의 살림살이》에 수록되어 있다는 이유로 전근대 비시장경제에만 적용되는 이론 틀이라 생각하는 것은 맞지 않다. 그가 더 일찍 이 이론 틀을 수립했더라면 《거대한 전환》의 서술도 상당히 달라졌을 것이라는 생각도 가능하다.

그러면 실체적 경제학의 틀 위에서 폴라니는 구체적으로 우리 시대 이전 비시장경제의 역사를 어떻게 바라보고 있는가. 사실 《거대한 전환》에 비해 《인간의 살림살이》의 구체적 내용을 잘 따라가기란 그렇게 쉬운 일은 아니다. 낯선 이야기도 많고 자질구레하게 보이는 옛 이야기도 적지 않다. 따라서 폴라니가 〈저자 서문〉에서 들려주는 다음의 문제의식을 가져 보는 것이 좋을 것 같다.

22 구본우(2012, pp. 141, 173-178)에 의하면 폴라니는 1930년대 이전 저작에서는 자본(주의)이라는 용어를 자주 사용했지만 그 이후에는 시장사회라는 말을 더 많이 사용했다. 폴라니가 말한 '현실주의 사상가들'이 구체적으로 어떤 사람들인지는 잘 알 수 없다. 그러나 실체적 경제를 공동체 모두를 위한 물질적 경제로 보는 폴라니의 생각은 그 이전 베블런(Veblen, 1904)이 부재 소유(absentee ownership) 주도의 영리 활동과 산업 활동 간의 갈등에 대해 말한 견해와 매우 유사해 보인다. 폴라니는 베블런을 "'형식론적인 것'의 지배에 대항한 '실체론적' 반란의 예언자"라고 하면서 높이 평가했다(Dale, 2016a, p. 231). 그렇다면 우리는 폴라니의 실체적 경제학이 세 가지가 아니라 네 가지 이론적 원천을 가진다고 말해야 할 것 같다. 폴라니의 영국 시절 가까운 사이였던 토니(Tawney, 1920) 또한 사회적 목적에 기여하는 기능적 재산과 기능 없는 재산을 구별했다(Dale, 2016a, p. 134). 폴라니의 이론과 베블런의 제도주의를 연결시킨 인물로는 카프(K. W. Kapp)를 주목할 필요가 있는데 이에 대해서는 버거(Berger, 2008)를 보라.

초기 수천 년 동안 인간이 겪어 온 삶의 문제들을 재검토해 보면, 매우 중요한 정책적 경향이 절실히 다가온다. 우리 세대에 고유하며 숙명적인 것으로 보였던 갈림길 – 자유 대 관료제, 계획 방식 대 시장 방식 – 이 역사에서 반복되어 온 인간적 상황의 변형된 논제로 인식된다. 그리스, 이집트의 전면적인 계획경제에 의해 동지중해에 '세계' 최초의 곡물 시장이 생겼다. 교역인의 개인적 주도권을 정부의 교역 관리와 어떻게 조화시킬 것인가는 기원전 2세기 초에 이미 아시리아의 지배자들이 추구한 목표였다. 그리고 개별 교역인의 자유를 보호하기 위해 식민지 교역 방식에서 세심한 장치가 고안되었던 것으로 보아, 그 조화는 비교적 성공적이었던 것으로 보인다. 이 책에서 우리가 살펴보고 있는 이른바 카파도키아식 교역 식민도시에서는 가격 형성 시장이 없었으며, 고정가격에 따라 위험 부담이 없는 거래가 이루어졌다. 이때 교역인의 이익은 중개 수수료에서 나왔다. 그렇지만 법치와 교역인 개인의 자유는 놀라울 정도로 보장되었다. 마찬가지로 경제계획을 시장의 요구와 조화시키는 방법은 기원전 5세기의 민주정 아티카(Attica)나 그로부터 2천 년 후 문자가 없던 서아프리카의 흑인 왕국 다호메이와 같은 상이한 공동체에서도 발견되었다. 다호메이 왕국의 경우 대외상업은 여전히 왕궁의 교역 조직이 지배했지만, 농촌이나 친족 집단의 경제생활은 지역 시장과 진정한 농촌 자치에 의존했다.

우리가 사는 근대 세계는 인간의 살림살이라는 견지에서 보면 우리의 생각보다 훨씬 더 역사가 짧을지 모르지만, 자유와 중앙집중, 자발성과 계획성이라는 인류의 커다란 문제는 분명히 우리의 예상보다 더 오래 지속되어 온 난제임을 알 수 있다.(Polanyi, 1977[2017], pp. 60-61)

여기서 흥미롭게도 폴라니는 지난날 비시장경제 역사를 살았던 인간들의 핵심 화두가 바로 오늘날 우리 시대 인류가 씨름하고 있는 것과 결코 다르지 않은 문제, 즉 자유와 집권, 시장 방식과 계획 방식[23]의 균형 혹은 조화를 수립하는 문제였음을 말하고 있다. 그리고 그 조화로운 균형점을 잘 찾았던 사회와 문명은 흥했고, 그러지 못했을 때는 망했다는 교훈을 던진다. 물론 이 조정 방식의 균형 잡기는 개인적 자유와 공동체적 연대 및 정의 간의 균형을 추구하기 위한 목적을 가진 것이다. 적절한 공동체적 규제가 오히려 개인의 자유도 보장하고 연대 및 사회적 정의를 확보하는 열쇠였다는 것이 바로 폴라니가 말하고자 하는 요점이다. 그러므로 실체적 경제학 위에서 비시장경제 역사의 문으로 들어간다 함은 곧 고삐 풀린 시장의 정신을 떨쳐 버리는 것이다. 동서양을 막론하고, 전근대 경제는 미개하고 근대 시장경제는 문명이라는, 뿌리 깊은 진화론적 이분법의 눈을 탈피하는 것이다. 하이에크의 눈을 도려내고 경제와 사회, 시장과 사회의 변증법 또는 이중운동론으로 비시장경제의 역사, 그 다양한 진화 경로와 흥망성쇠를 읽어 내는 것이다. 폴라니는 그럴 때 지나간 과거 '인간의 살림살이' 문제가 바로 현재 우리들의 살림살이 문제이고 나아가 내일의 민주적 대안 사회 전망과 닿아 있음을 알게 된다고 말하는 것이다.

보다 구체적으로 들어가 《인간의 살림살이》의 비시장경제 역사편의 첫 부분에서 폴라니는 부족사회에서 고대사회로 이행하면서 경제적 거래가 출현하는 문제를 다룬다. 4장에서 7장에 걸쳐 있는 이 논의는 매우 의미심장하다. 왜냐하면 그것은 곧바로 경제적 거래 및 개인적 자유라는 축과 공동체적 연대 및 사회적 정의라는 축 사이의 긴장과 갈등이라는, 원시공동체 균열 이후 인간의

23 폴라니는 호혜와 재분배를 합쳐 계획 방식이라 말하기도 한다(Polanyi, 2015[2014], p. 263).

살림살이가 마주하는 근원적 문제를 제기하기 때문이다. 원시부족사회에서 경제는 자립적 영역으로 분리되지 못한 채 사회에 착근 또는 매몰되어 있었고 거기서 통합의 지배적 형태란 호혜였다. 그런데 경제적 거래와 개인적 자유의 출현은 이 원시적인 사회적 연대성과 정의를 깨트리는 분열과 불안정 효과를 낳는다. 그렇지만 이는 사태의 한 가지 측면이다. 의외로 생각될지 모르지만, 폴라니는 독자적인 경제적 거래 출현의 해방적 의미를 높이 평가한다. 그는 이렇게 말한다. "고유한 경제적 거래의 출현은 개인들에게 사회에서 이용 가능한 경제적 수단을 보다 자유롭게 이용할 수 있게 해주며, 그리하여 공동체 전체에 걸쳐 거의 무한한 물질적 진보의 가능성을 열게 할 것이다"(Polanyi, 1977, p. 178).

그렇다면 우리에게 제기되는 문제는 경제적 거래와 개인적 자유로 나아가는 포스트 원시 공동체 역사의 물길을 '반동적으로' 틀어막는 것이 아니라, 역사의 새 단계에서 한편으로 경제적 거래 · 자유, 다른 한편으로 공동체적 연대 · 정의 간의 조화 또는 반성적 균형을 어떻게 새롭게 수립할 수 있을까 하는 것이다. 폴라니에 따르면 그 해법으로 다양한 역사적 경로가 출현하고 서로 경합하기도 했다. 전유이동의 대표적 두 진화 경로로서, 소농민사회의 거래적 경로(시장 형성의 경로)와 관개형 제국의 처분적 경로가 존재했는데, 소수의 지역만이 거래적 경로로 나아갔다.

그러면 경제적 거래와 공동체적 연대 및 정의가 긴장을 내포하면서 서로 접합되는 구체적 방식은 어떤 것일까. 우리는 그 내부를 더 들여다보아야 한다. 경제적 거래의 출현과 그 내적 모순의 문제에 이어, 폴라니는 교역, 화폐, 시장의 '삼위일체' 신화에 도전하면서 그 '삼인조'가 제도화되는 방식을 파고든다. 가격기구로서의 시장을 시장 일반과 동일시하고, 교역, 화폐, 시장을 분리 불가능한 삼위일체적 통합체로 간주하는 형식적 경제학의 대척점에 서서 폴라니는 다음과 같이 자신의 세 가지 명제를 제시한다. 첫째, 시장경제의 삼인조를 구성하는 교역, 화폐, 시장은 결코 분리 불가능한 삼위일체가 아니라 제각기 별개의 역사적 기원을 갖는다. 둘째, 이 삼인조의 발전이 공동체 내부적인가, 외부적인가가 중요하다. 교역, 화폐, 시장 모두에서 대외적 발전이 우선했으며 공동체 내부적 발전과 대외적 발전은 분리되어 있다. 셋째, 삼인조는 호혜, 재분배와 같은 비시장경제적 방식에 의해 통합된다. 다시 말해, 시장은 사회에 착근되어 있다. 폴라니는 교역, 화폐, 시장 각각에 대해 세 가지 명제를 더 자세히 검토해 나간다. 그중에서 특별히 아래 세 가지 문제에 대해 지적하고 싶다.

먼저, 폴라니는 교역, 화폐, 시장에 대한 전통적 관념을 해체하고 교역을 시장에 기초하지 않은 교역(증여교역, 관리교역)과 시장교역으로 구분하고 있다. 둘째, 교역, 화폐, 시장의 삼인조가 결합되는 방식이 엄청나게 다양할 수 있다. 따라서 그 결합체가 결국 현대 시장경제로 진화할 운명에 처해 있는 것처럼 생각하는 목적론적 함정에 결코 빠져서는 안 된다는 것이다. 이 대목에서 우리는 폴라니가 시장을 시장요소라고 부르는 특정한 제도적 특성들의 결합체로 파악하고 있는 부분에 주목해야 한다. 셋째, 화폐론에 대한 것이다. 폴라니는 화폐를 의미론적 체계로 파악한다. 즉, 언어, 문자, 도량형과 유사한 하나의 상징 체계라고 생각한다. 그리고 화폐의 다양한 용도들이 독립적으로 발생했으며, 지불 용도, 가치 저장 용도, 가치 기준 용도가 교환 수단보다 선행했다고 본다. 그리하여 시장사회의 '전(全) 목적 화폐'와 달리 고대 비시장사회의 화폐를 '특정 목적 화폐'라고 부른다.

이제 제2부 그리스편으로 넘어가 보자. 이 글의 서두에서 지적한 것처럼 2부는 《인간의 살림살이》의 편집 · 출판 과정에서 다소 논란이 되기도 했던 부분이다. 편집 체계로 본다면 그리스편은 분명히 이질적인 측면이 있는 것이 사실이다. 그렇지만 폴라니가 주도한 공동 연구 《초기 제국에서의 교역과 시장》(Polanyi, 1957)에 이미 〈아리스토텔레스에서 경제의 발견〉이라는 논문이 수록되어 있다. 또 앞서 보았듯이 아리스토텔레스는 멩거, 베버와 더불어 폴라니 실체적 경제학의 핵심에 자리 잡은 이론적 원천이기도 했다. 그리고 《인간의 살림살이》 이후 최후의 폴라니는 산업 문명에서 좋은 삶은 어떻게 가능한가 하는 화두를 붙잡고 다시 아리스토텔레스와 만난다.[24] 그런 점들을 염두에 두고 그리스편을 보면, 비시장경제의 내부 통합 방식과 분열을 바라보는 폴라니의 생각이 한층 명료하게 제시되어 있음을 발견할 수 있다. 나아가 그의 실체적 경제학에서 새로운 이론적 요소 역시 그리스편에서 나타난다. 《인간의 살림살이》에서 그리스편이야말로 좋은 삶을 위한 필요물자 조달의 제도화 방식이라는 실체적 경제학의 세계를 잘 보여 준다고 하겠다.

폴라니에 따르면 인간의 살림살이 역사에서 고대 시기는 압도적으로 재분배 형태가 지배하는 가운데 호혜 및 시장 교환의 형태가 결합되었는데, 그것들의 결합 방식은 지역에 따라 상당히 달랐다. 그는 특히 곡물(식량) 조달의 제도화 방식을 중심으로 이 문제를 깊이 있게 파헤치고 있다.[25] 그런데 폴라니는 그리스가 재분배 형태와 시장 교환 형태의 결합을 그 최고 수준으로까지 발전적으로 진화시킨 역사적 사례라고 파악한다. 이 점에서 그리스는 시장이 존재하지 않았으며 교환 수단으로서 화폐가 거의 사용되지 않았던 메소포타미아[26]와는 매우 대조적인 진화 경로를 걸었다. 그리스편 중에서 우리가 가장 주목하고 싶은 것은 폴라니가 민주파 페리클레스와 과두파 키몬의 대립에 대해 쓰고 있

24 若森みどり(2011, pp. 241-246)를 보라.
25 곡물 조달 문제는 로마에서도 그라쿠스 형제의 개혁에서 보듯이 토지개혁과 함께 매우 중요한 주제였다(허승일, 1985).
26 메소포타미아에 대해서는 Polanyi et al.(1957)에 별도의 연구 논문이 수록되어 있다(2장, 3장).

는 대목이다. 폴라니는 아테네 경제를 세 부분, 즉 영지적 오이코스의 재분배, 국가적 재분배, 그리고 시장 교환 간의 접합 및 갈등으로 바라보면서 민주파와 과두파의 계급 갈등을 이 세 유형과의 관계 속에서 해명하고 있다. 그는 페리클레스와 키몬[27] 간의 갈등을 재분배의 두 중심인 영지적 오이코스와 민주적 폴리스 사이의 대립으로 파악한다. 폴라니는 이렇게 말한다. "어떻게 부가 민주적 제도를 보유한 폴리스에서 권력의 수단을 제공하는가? 민주주의는 어떻게 폴리스 민주주의의 특징을 잃지 않고, 즉 관료제의 구축 없이 그런 발전에 대응할 수 있었을까? … 그리스적 의미에서 민주주의는 부자의 대중 매수를 막기 위한 물질적 보호 장치를 필요로 했다. 유일하게 효과적인 보장 장치는 배심원 활동이나 민회의 투표, 평의회의 행정 수행 등의 정치적 활동에 적극적으로 참여하는 대중을 부자가 부양하지 못하도록 하는 것이었다"(Polanyi, 1977, pp. 382-383). 그에 따르면 폴리스를 통한 민주적 재분배 – 폴라니는 이것이 지배적이었다고 본다 – 와 안정된 곡물 조달을 위한 곡물시장 관리 또는 규제 – 이는 대외적 조절을 포함한다 – 가 결합되고 이를 통해 폴리스의 참여민주주의와 아고라의 착근된 시장이 상호공진, 선순환을 이룬 것이 페리클레스가 이끄는 민주 아테네 제국의 성공의 열쇠였다.

그리스편의 이 서술은 몇 가지 점에서 매우 주목할 만한 것이다. 첫째, 폴라니는 고전기 아테네 민주정이 비록 노예제에 의존하고 있긴 하지만, 그 성취에 대해 높이 평가한다. 이는 베버를 비롯해 아테네 정치경제를 부정적으로 보는 많은 논자들의 견해와 대비된다. 폴라니는 지속 가능한 참여민주주의를 위한 사회경제적 기반, 그 제도화 양식과 필수적 제도개혁 과제를 짚고 있다. 먹

27 마라톤 전투의 영웅인 밀티아데스의 아들이며, 페리클레스의 정적이었다.

고사는 살림살이 문제에 전전긍긍하는 상황에서는 민주도, 참여도 지속 불가능하다. 솔론의 부채 청산 조치에서 보듯이 그리스 아테네 민주주의는 사회경제적 제도개혁을 통해 진화해 갔다. 정치적 민주주의는 사회경제적 민주주의와 공진했다. 자유 시민의 참여민주주의는 탈규제 시장경제가 아니라 물질적 삶의 안정성을 보장하는, 사회에 착근된 시장과 보완재이다. 폴라니는 사실상 시장이 민주를 꺾는 이른바 '민주주의와 시장경제의 병행 발전'이 아니라, 착근된 시장과 그것과 결합된 참여적 민주주의를 주창한다.[28)]

이 대목에서 《인간의 살림살이》의 그리스편은 "고대에는 부는 생산의 목적이 아니다. 언제나 문제는 어떤 소유 양식이 최상의 시민들을 낳는가 하는 것이다"라고 갈파했던 《정치경제학 비판 요강》(시초 축적, '자본주의 이전의 제 형태')의 마르크스를 연상시킨다.[29)] 실체적 경제학과 사회통합 양식에 터하고 있는 폴라니의 논의와는 달리 마르크스의 논의는 소유와 생산 양식에 기반을 두고 있다는 큰 차이가 여전히 존재하지만, '공동체 대 시장자본주의'라는 인식 틀로 인류사를 바라보고 있다는 점에서 두 사람의 생각은 놀라울 정도로 가까우며, 둘 다 '아리스토텔레스의 아이들'로서 쌍둥이 형제이다.[30)]

둘째, 《거대한 전환》 이래 일관된, 폴라니 사회경제학의 핵심 화두는 사회경제적 통합 양식이었다. 시장, 호혜, 재분배의 통합 양식을 논할 때 폴라니는

28 데일(Dale, 2016a, p. 237)은 "폴라니에서 민주적 아테네는 진정 붉은 빈의 고대 시기 선구자였다"라고 쓰고 있는데 이는 아주 적절한 지적이다.

29 Marx(1857-1858)[2000, p. 488], 이병천(2013, p. 113) 참조.

30 이런 관점에서 볼 때 폴라니와 마르크스의 사상을 공화주의의 계보를 잇는 것으로 파악하는 것은 결코 이상한 일이 아니다(Klein, 2017; Fisher, 2015). 그리고 마르크스에서 '공동체 대 자본주의'라는 세계사 인식 틀은 흔히 '의존관계사론'이라 불리기도 한다. 이 사관은 《자본론》(독어판)에서 소멸했다가 만년의 러시아론에서 부활한다. 마르크스는 러시아론에서 미르 공동체가 사회주의의 모태가 될 수 있다고 하면서 시초 축적을 건너뛰는 비자본주의 발전론을 주장했다. 이 변화에는 마르크스의 자본주의관, 인류사에서 문명으로서 자본주의가 차지하는 위상 및 시초 축적에 대한 생각의 변화가 포함되어 있다.

지배, 피지배의 분열이라든가 민주정치와 전제정치의 구분 문제를 본격적으로 도입하지 않았다. 그러던 그가 《인간의 살림살이》 그리스편에서는 민주적 재분배와 영지적 재분배를 준별하고 있으며, 이에 기반해 사회통합의 문제 틀에 정치 · 경제적 지배와 갈등의 문제를 도입하고 있다.

셋째, 폴라니는 이전에는 시장의 분열 · 불안정 효과와 사유재산권 및 통제권의 지배 효과를 확연히 구분하지 않은 채 논의를 전개하는 경우가 적지 않았다. 그런데 여기서는 고삐 풀린 시장 교환의 파괴적 효과와 별개로, 영지적 가정경제라는 소유 · 통제권 형태가 발휘하는 보수적 지배력과 효과를 체계적으로 문제 삼는다. 이는 《거대한 전환》에서는 물론, 《인간의 살림살이》 제1부에서도 잘 볼 수 없었던 대목이다.

4. 이론적 공백과 극복 과제

폴라니는 경제가 사회에서 차지하는 위치의 문제를 평생 화두로 삼고 우리 시대 지배적 통념인 자기조정시장의 환상을 비판했다. 그는 고삐 풀린 탈규제 시장과 거기에 포획된 사회 전체, 그리고 그 속에서 뿌리 뽑혀 불안에 떨며 살아가는 시장인간적 삶을 안정과 안전, 사회적 자유와 연대에 착근시켜 제자리에 가져다놓으려 했으며, 좋은 삶을 위한 물질적 수단의 조달이라는 관점에서 '사회적인 것'을 추구하고 사회주의 대안을 재정의했다. 그는 《거대한 전환》 이후 고심 끝에 실체적 경제학의 체계를 구성하고 경제문명사의 대륙으로 나아가 일반경제사를 새롭게 재구성하는 작업을 추구했다. 이 성취는 오늘날 비판적 인류학과 사회경제학, 일반경제사의 재구성 작업에서 실로 소중한 유산이 아닐 수 없다.[31] 그러나 그의 작업은 문제점도 없지 않으며 여전히 미완으로 열려 있다고 생각된다. 이 점과 관련해 아래에서 몇 가지 문제들에 대해 지적해 보고자 한다.[32]

첫째, 폴라니는 근대 시장 체제가 보편적이고 자연적이라는 지배적 편견과 대결하면서 오히려 전통사회에서 정작 보편적인 것은 호혜, 재분배, 가정경제 등 비시장적인 경제통합 방식임을 보여 주고자 했다. 그렇지만 통합에 초점을 두다 보니 권력, 지배, 계급, 착취 등의 문제는 부차적으로 취급하는 경향이 있음을 부정하기 어렵다. 물론 폴라니가 이들 문제의 존재를 몰랐던 것은 전혀 아니다. 그의 개념 틀과 연구 전략상 그렇게 되었을 것이다.[33] 《거대한 전환》에서 재분배 원리를 설명하는 대목에서 폴라니는 다음과 같이 말하고 있다.

> 우리는 이런 설명들에서 동질적 사회와 계층화된 사회, 즉 사회가 전체적으로 통합되어 있는 사회들과 지배자, 피지배자로 갈려 있는 사회들 사이의 절대적으로 중요한 구별을 의도적으로 무시했다. 노예와 주인의 상대적 지위는 일부 수렵 부족들의 자유롭고 평등한 성원들 사이의 관계와 하늘과 땅만큼 차이가 있으며, 그 결과 두 사회 안에서 개인들이 재분배에 참여하는 동기도 대단히 큰 차이가 있지만, 그래도 경제체제를 조직하는 원리는 동일하다.(Polanyi, 1944[2009], p. 195)

31 Dale(2016b, pp. 161-201)은 신제도주의의 거센 도전에도 불구하고 폴라니의 실체론적 · 착근론적 접근이 그 핵심 대목에서 여전히 유효함을 옹호한다.

32 폴라니의 저작에 대한 중요 논쟁들을 종합적으로 정리하면서 자신의 생각을 제시한 최근의 대표작으로는 Dale(2010; 2016a; 2016b)을 참고할 수 있다.

33 인류학에서 가져온 폴라니의 사회통합론에는 지배와 갈등을 드러내거나 주체적 행위자를 전면에 내세우는 것이 아니라 통합의 필요를 중심에 두는 어떤 기능주의가 내포되어 있는 것 같다. 이 문제에 대해서는 Berthoud(1990), Dale(2010, pp. 78-79)과 Dale(2016b, pp. 31, 159, 170-177, 183-184) 참고.

또 폴라니는 가정경제의 원리에 대해서도 다음과 같이 말한다.

> 제도 차원에서 핵심이 되는 것이 어떤 성격의 것이냐는 여기에서 관심사가 아니다. 그 집단의 내부 조직의 성격도 문제가 되지 않는다. 그것은 로마의 파밀리아에서처럼 전제적 성격을 가질 수 있고 남슬라브족의 자드루가처럼 민주적일 수도 있다. 카롤링 왕조 시절 프랑크 왕국 호족들의 거대한 지배지만큼 클 수도 있고, 서유럽의 평균적 농민의 보유지처럼 작을 수도 있다.(같은 책, pp. 196-197)

《인간의 살림살이》에 와서 폴라니는 실체적 경제학을 수립하는 중요한 이론적 진전을 이루었다. 실체적 경제학에서 그는 베버에서 유래하는 '전유'라는 중요한 개념을 도입했고 이는 당연히 분배와 재분배상의 갈등을 내포한다. 또 폴라니는 반드시 희소성 제약에 지배 받지는 않는 물질적 생산의 중요성을 제기하면서 규제 받지 않는 재산권의 방종이 물질적 생산에 의한 공동체의 욕구 충족 과제와 충돌할 수 있다는 것도 지적했다. 그리고 그리스편에서는 민주적 재분배와 영지적 재분배를 구분하고 계급갈등과 정치갈등을 아울러 설명했다.

그럼에도 불구하고 폴라니의 실체적 경제학은 권력, 지배, 계급, 착취 등을 중심 문제로 다루지 않았으며, 이와 관련해 또 한 가지 이론적 문제를 미해결 상태로 남기고 있다. 그것은 광의의 전유권(rights) 중에서도 생산수단의 통제 및 처분권(power of control and disposal)에 대해 특별한 중요성을 부여하지 않고 있다는 것이다. 물질적 생산과 전유는 어떤 방식으로 결합되고 분리되는지, 생산 수단의 통제 및 처분권에 의해 규정되는 생산 양식과 노동 양식은 어떠한지 등의 문제에 대한 분석은 매우 미약하다.[34] 이 문제와 관련해 핼퍼린(Halperin, 1984; 1994, pp. 62-63)은 폴라니의 실체적 경제학을 마르크스의 생산양식론과 비교하면서 그 핵심 논리구조에서 폴라니가 생산 측면은 위치이동에, 분배 측면은 전유이동에 배속시키는 이분법에 빠져 있다고 비판한다. 그 때문에 생산의 전유적 측면과 분배의 위치적 측면이 실체적 경제학의 구도에서 제거되는 결과가 초래되었다는 것이다. 또한 구드맨(Gudeman, 2001, pp. 17, 80-86; 2008, p. 40)에 따르면 공동체의 정치경제학은 우선적으로 구성원의 공유 이해를 낳는 물질적 '토대'(base) 또는 커먼스(commons)가 어떻게 구성되어 있는지, 그것을 유지하고 할당(allotment)하는 규칙이 어떻게 되어 있는지를 물어야 한다. 호혜는 토대를 분배하거나 다른 공동체와 관계를 맺을 때 나타나는 통합 형태이므로 호혜 이전에 토대의 존재 형태를 살펴야 한다. 구드맨은 그런 관점에서 폴라니의 사회통합 형태론에는 바로 이 토대에 대한 논의가 빠져 있으며, 그 때문에 그의 이중운동론은 커먼스에 기반한 공동체와 시장 간 갈등의 변증법을 발전시키지 못했다고 비판한다. 폴라니의 통합 형태론이 가정경제를 적절히 자리매김하지 못하고 혼란을 보이는 것도 교환 양식 중심으로 짜여 있기 때문이라는 것이다.[35]

이와 같은 헬퍼린 그리고 구드맨의 비판은 분명히 폴라니의 실체적 경제학이 안고 있는 약점에 대한 날카로운 비판이며 상당한 설득력을 가진다. 이와 관련해 폴라니가 베버에 대해 형식적 경제학을 우위에 두고 있다고 비판한 점은 매우 적절하다고 해도, 베버의 《사회경제사》(Weber, 1924) 같은 저작이 전유양식, 지배 양식, 생산-관리 및 노동-분업의 양식을 유기적으로 통합한 이론

34 Swedberg(2011, pp. 69-70)는 베버의 경우조차 이 부분에서 상당한 공백이 있다고 지적한다.

35 Price(1975), Illich(1991), Woodburn(1998), Widlok(2016)도 같이 참고할 것. Price는 공유(sharing), 호혜, 재분배의 세 범주를 제시하면서 공유가 호혜보다 더 근본적이라고 말한 바 있다. 또한 Illich는 커먼스가 공동체에서 희소성 인식이 확대되지 않도록 막아 주는 역할을 한다고 지적한 바 있다. 이는 커먼스를 실체적 경제학의 중핵으로 포섭할 수 있게 하는 매우 중요한 생각이다.

틀과 역사적 분석을 보여 주고 있는 점은 부정할 수 없다. 적어도 이 부분에서 폴라니는 베버보다 뒤져 있다는 생각마저 든다.

셋째, 만약 우리가 경제문명사에서 권력, 지배, 착취가 있는 공동체를 생각하고 커먼스의 제도화 양식을 포함해 생산 수단(전통사회에서는 토지 또는 토지에 맞먹는 중요 물자)의 소유 양식과 생산 양식을 실체적 경제학의 틀 속에 포섭하게 되면 – 그렇게 해야 한다 – 전통사회에서 실체적 경제와 형식적 경제 간의 쟁투, 지배와 사회보호 간의 갈등 그리고 특히 동아시아 사회에서 '공'(公)이나 공공성에 대한 연구는 폴라니의 논의보다 훨씬 더 비판적으로 진전되어야 한다. 그 연구는 단지 시장의 사회적 착근성뿐만 아니라 반드시 커먼스의 공유를 포함해 '재산권의 사회적 착근성'(social embeddedness of property) 문제,[36] 법적 소유를 넘어선 실질적 소유와 통제 양식, 생산 양식을 둘러싼 계급 및 권력 갈등 문제, 소유권과 사용권의 조합 및 그 다양한 진화 경로 문제 등을 포함해야 한다. 이와 관련해 중앙 권력이 사회통합의 보편적 이해를 대변한다는 생각도 버려야 마땅하다. 그런데 소유와 생산 양식, 계급–권력 갈등, 착취의 문제 틀을 체계적으로 도입한다는 것이 곧 전통 마르크스주의적 계급투쟁사관을 가져옴을 의미하지는 않는다. 마르크스주의적 역사관은 계급갈등이 단지 소유만이 아니라 소유의 상이한 기능들(ownership functions)의 지배를 둘러싼 갈등이고 타협임을 중시하지 않았다.[37] 우리는 현대 사회(민주)주의 및 민주적 자본주의의 풍부한 이론 및 역사가 보여 준 소유와 통제의 변증법이라는 문제 틀을 가져와야 한다(Stephens, 1979; 김수진, 2001; 홍기빈, 2011; 신정완, 2012; 이병천, 2013; Standing, 2017). 그럼

---

36 이와 관련된 주요 연구로는 Hann(1998), 三浦撤 外(2004)를 들 수 있다. Hann(1998)은 동서양 전체에 걸쳐 있으며 인류학의 현재적 의미를 보다 강조한다. 三浦撤 外(2004)는 중국, 동남아, 중동의 세 지역에 집중하고 있다. 이들 연구는 한국 전통사회 연구에도 중요한 함의를 제공한다. 이와 관련해서는 미야지마 히로시(2013)를 참고하라.

37 스웨덴 기능사회주의론의 대표 논자인 Adler-Karlsson(1967, p. 49)을 보라.

으로써 폴라니에서 막혀 있었던 새 연구 분야와 대안적인 '잠정적 유토피아'의 길을 열어야 한다. 그리고 당연히 새 연구는 전통사회에서 소유, 통제 및 시장의 사회적 착근 대 탈착근(탈규제) 간의 '이중운동'의 갈등 동학을 밝혀내야 한다. 나는 폴라니의 실체적 경제학을 비판적으로 재구성하는 이런 문제 틀과 연구 프레임이 경제문명사에 대해 광범한 새 연구 지평을 여는 것이며 이미 열어 놓고 있다고 생각한다.[38)]

넷째, 사회통합이란 결코 피지배 세력만이 내세우는 기획은 아니다. 그것은 피지배 대중의 동의를 확보하기 위한 지배 세력의 헤게모니 기획 또는 '수동혁명'(그람시) 형태가 될 수 있다(Buraway, 2003). 사회통합은 《인간의 살림살이》 2부 그리스편에서 본 바와 같이 민주파의 기획(페리클레스)일 수 있지만 과두파의 기획(키몬)일 수도 있다. 내가 《인간의 살림살이》의 2부 그리스편에 특별한 관심을 갖는 것은 거기서 폴라니가 이런 이론적 · 분석적 방향으로 발을 내디뎠음을 보여 준다고 생각하기 때문이다. 다른 한편, 시장화에 대한 피지배 대중의 대항 운동 또한 결코 단순하지 않다. 이와 관련해 프레이저(Fraser, 2013)는 폴라니의 이중운동 틀, 즉 시장화와 사회보호의 이원적 틀에 해방운동 항을 추가해 삼중운동론을 제기하기도 했다. 실버(Silber, 2003)는 자기조정시장의 지구적 확산에 반격하는 폴라니식 노동 소요와 새롭게 형성되는 노동계급이 투쟁에 나서는 마르크스식 노동 소요를 구분하기도 했다.[39)] 스탠딩(Standing, 2011[2014])

38 (신)자유주의와 마르크스주의가 함께 공유한 역사의 자연사적 진화론을 해체시킨 폴라니의 담대한 정신을 계승하되 그의 경제문명사론의 비판적 재구성을 추구하는 우리의 문제 틀에 따른다면, 배타적 사적 소유권에 기반한 영미식 자유주의적 시장자본주의 형태는 자연적 · 필연적 진화의 산물이 아니라 다양한 쟁투적 가능성을 내포한 이중운동 동학의 한 가지 역사적 경로로 인식될 수 있다. 나아가 서구 중심주의를 정정하는, 동서 비교 경제문명사론의 실마리도 얻을 수 있지 않을까 한다.

39 그렇지만 폴라니의 '노동 소요'를 시장자유주의 확산에 대한 방어적 성격으로만 간주하는 것은 논란의 여지가 많다.

은 신자유주의 세계화와 재상품화시대 새로운 위험한 계급으로 출현한 '프레카리아트'의 존재와 노동/자주의(labourism)를 넘어서는 새 대안의 길에 대해 말한다. 뿐만 아니라 신자유주의 시대 '수탈에 의한 축적'(Harvey, 2003)과 이에 대한 대항적 실천을 담아 내는 연구들이 쏟아지고 있다. 따라서 피지배 대중의 다양한 존재 형태와 대항운동의 복잡한 분화상, 지배 세력의 헤게모니 기획 등을 시야에 넣으면서 폴라니의 이중운동론은 비판적으로 새롭게 재구성되어야 한다. 이에 기반해 공공사(公共私)의 각 수준에서 글로벌, 국민국가, 지역, 마을 수준에서 일어나고 있는 다양한 이중운동 동학을 분석하고 환원 불가능한 각각의 스케일에서 그에 맞는 대안을 추구해야 할 과제를 우리는 안고 있다.

다섯째, 폴라니가 사회에 착근된 시장과 탈착근된 시장을 너무 과도하게 이분법적으로 대비시켰다는 것은 일찍이 그라노베터의 '과잉사회화'(Granovetter, 1985) 지적 이래 널리 알려져 있는 바와 같다. 이후 '착근' 그리고 '네트워크' 개념의 잠재력을 발전시키는 많은 논의들이 이루어졌다. 따라서 여기서 이 점에 대해서는 별도로 논의하지 않겠다.[40] 그런데 폴라니에서 사회라는 개념은 인간의 자유, 특히 사회적 자유와 연대성이 상생적 조화를 이룰 수 있는 어떤 관계적 실재(reality)를 가리킨다. 그의 경우, 사회통합이란 개인적이면서 사회적인 자유의 신장과 공동체적 연대성 간에 조화가 달성된 균형 상태를 의미한다. 폴라니는 이런 의미의 사회적 통합을 염두에 두면서 시장사회를 비판하고 그것과 비교해 이전의 전통사회 그리고 대안적 사회주의에 대해 언급한다.

그러나 생각해 보면, 인간의 역사적 삶에서 그런 조화 또는 균형이란 결코 달성하기 쉽지 않은 도전적 과제이다. 특히, 오늘날 후기 근대에는 '개인화' 또

40 자세한 것은 Dale(2010, pp. 188-206), Grabher(2006), 이병천(2009) 참조.

는 '성찰적 근대화'의 경향이 크게 진전되고 있다(Beck, 1992). 이에 따라 사회민주주의의 새로운 반성적 진화를 위해서도 개인적 자율성과 공동체적 연대성 간의 긴장, 나아가 갈등을 어떻게 새롭게 해결할 것인가가 중요한 도전으로 제기되고 있다.[41] 이 문제는 '공상에서 과학으로' 새롭게 거듭나야 할 미래의 민주적 · 생태적 사회(민주)주의 기획에서 우회할 수 없는 도전이다.

그런데 폴라니는 개인적 자율성과 공동체적 연대성 간에 엄연히 존재하는 긴장 또는 갈등의 문제에 대해서는 깊이 파고들지 않는다. 이는 시장경제 및 시장사회, 이를 뒷받침하는 주류 시장경제학과 대결하는 그의 주된 문제의식에 기인한다고 볼 수 있지만 폴라니 사회경제학의 중요한 공백 지점임은 분명하다. 나는《인간의 살림살이》에서 폴라니가 개인적 · 사회적 자유라는 측면에서 근대 이전의 '원초적 공동체'들이 갖고 있는 역사적 한계에 대해 깊이 있게 검토한 부분을 잘 찾아볼 수 없다. 또한 나는 폴라니가 '사회'를 너무 넓게, 미분화된 개념으로 사용하고 있으며, 그가 어렵게 발견한 사회라는 실체는 다시금 재발견되어야 한다고 생각한다(이병천, 2004, pp. 179-180). 그리고 경제문명사란 단지 과거만 문제 삼는 것이 아니라 미래를 향해 나아가야 한다. 경제와 사회는 재창조되어야 한다. 시장 교환, 호혜, 재분배, 가정경제, 결사, 네트워크, 위계, 민주적 참여 등 여러 조정 방식에 대해서, 고삐 풀린 시장화와 사회적 착근화 간의 길항적 '이중운동' 동학이 낳는 잠정적인 제도화 형태에 대해서도 논의의 진전이 필요하다.

사회(민주)주의는 더불어 사는 연대의 가치를 추구한다. 그러나 '능력에 따라 일하고 필요에 따라 분배 받는다'는 목표는 능력이 필요를 감당하지 못하는

41 Stjerno(2004)는 연대 이념을 중심으로 사회(민주)주의의 역사와 전망을 생각하면서 이 문제를 제기하고 있다.

문제와 씨름해야 한다. 사회경제적 통합과 여러 조정 형태들은 통합 또는 연대를 지속 가능케 할 책임 규율의 문제, 무임승차 · 무책임 · 기회주의 등 이른바 집단행동의 딜레마 문제를 극복할 경제 · 사회적 작동 규율상의 원리적 · 제도적 문제를 해결해야 한다. 폴라니는 자유, 연대, 정의에 대해서 언급하고 있기는 하나, 이들 사회적 가치들은 어떤 방식으로 조화를 이룰 수 있는지, 그리고 어떻게 지속 가능한 제도 형태와 성장 체제로 구현될 수 있는지 하는 것이 문제가 된다(이병천, 2009, pp. 284-291). 요컨대, 우리는 개인적 자율성과 공동체적 연대성 간의 긴장 및 갈등이라는 관점에서 미래의 '리얼 유토피아'에 대해 더 진전된 논의를 해야 한다.

마지막으로, 통합이 이루어지는 하나의 공동체 또는 사회가 다른 사회에 대해서는 얼마나 개방적인지 하는 문제가 제기된다. 베버도 말했듯이 대내 도덕과 대외 도덕 간에는 큰 간극이 있을 수 있다. 하나의 사회는 대내적으로 똘똘 뭉쳐 강한 통합 및 연대성을 가지면서, 대외관계에서는 '눈에는 눈, 이에는 이'라는 식으로, 강한 폐쇄성 나아가 적대감조차 보일 수 있다. 이 문제에 대해서도 폴라니의 논의는 불충분하다. 전체적으로 폴라니는 자신의 '공동체주의'가 하나의 동질적 목표로 통합된 닫힌 공동체주의와는 어떤 근본적 차이가 있는지, 공동체주의, 좋은 삶과 다원주의는 어떻게 조화될 수 있는지 하는 물음에 대해 해결되지 않은, 공백 지점을 남겼다.[42)]

42 좋은 삶의 추구와 다원주의를 결합시킨 대표적 논의로는 아마티아 센의 역량 접근을 들 수 있다. 이에 대해서는 이 책에 수록된 이양수의 글(제1장 정의와 역량) 참고.

5. 결론

《거대한 전환》의 발간 이후 폴라니의 주요한 화두는 문명사적 견지에서 오늘의 시장경제와 시장사회를 다시 생각하는 것이었다. 이 글은 《인간의 살림살이》를 중심으로 후기 폴라니가 이룬 큰 성취와 그 한계 지점, 새로운 과제를 살펴보고자 했다. 《인간의 살림살이》는 이론적 · 역사적으로 후기 폴라니를 이해하는 데 가장 중요한 저작이다. 폴라니는 일찍이 《거대한 전환》을 쓰면서부터 인간 사회에서 경제의 위치를 더 현실적으로 조망하려면 폭넓은 개념적 기초 위에 일반경제사를 새롭게 재건해야 한다는 문제의식을 갖고 있었다. 《인간의 살림살이》는 이 생각을 가장 잘 실천에 옮긴 저작이었다.

《인간의 살림살이》는 한편으로 경제문명사라는 우회로로 진입해, 현대 시장 체제를 상대화하고 사회에 재착근시키는 길을 제시하려는 《거대한 전환》의 문제의식을 계승하고 있다. 그렇지만 다른 한편으로, 이 저작은 《거대한 전환》에서 미진했던 폴라니의 지적 작업의 보다 진전된 내용을 보여 준다. 폴라니의 유고는 이론적 면에서 멩거, 아리스토텔레스, 베버, 베블런 등을 이론적 원천으로 삼아 새롭게 구성한 실체적 비시장경제학의 성취를 이루었다. 그것은 경제문명사적 견지에서 전통사회의 비시장경제적인 사회통합 방식과 그 다양한 진화 경로들을 보여 준다. 폴라니는 지난날 비시장경제 역사를 살았던 인류의 핵심 화두가 우리 시대 인류가 씨름하고 있는 것과 별반 다르지 않다고 말한다. 그는 개인적 자유와 공동체적 연대 및 사회적 정의 간의 균형점을 잘 찾은 사회와 문명은 흥했으며 그러지 못한 경우는 망했다는 교훈을 던진다.

후기 폴라니의 성취와 수준을 잘 보여 주는 대표 저작 《인간의 살림살이》는 여전히 미완의 과제를 남기고 있다. 권력과 지배, 소유와 통제, 계급과 착취

등의 문제, 그것과 사회보호 또는 사회통합의 문제를 통합적으로 엮어 해명하는 작업을 만족스럽게 수행해 내지는 못했던 《거대한 전환》의 빈틈은 《인간의 살림살이》에 와서도 근본적으로 해결되지는 못했다. 이는 경험적 서술뿐만 아니라 실체적 경제학의 이론구조에서도 발견된다. 폴라니의 실체적 경제학은 시장의 착근성뿐만 아니라 커먼스를 포함해 소유와 생산 양식의 사회적 착근성을 확고히 포섭해야 하며 이에 기반해 경제문명사에서 이중운동의 동학도 비판적으로, 새롭게 재구성해야 한다.

또 《인간의 살림살이》에서 폴라니는 주로 개인적 자율성과 공동체적 연대성 간의 조화에 주목하며 그들 두 축 간에 존재하는 긴장이나 갈등의 문제는 부차화한다. 그러나 이는 과거는 물론, 오늘날 진보적 기획의 재구성에서도 결정적 중요성을 갖고 있는 문제이다. 그리고 하나의 사회는 대내적으로 강한 통합 및 연대성을 가지면서 대외적으로 강한 폐쇄성 및 적대감을 보일 수 있는데, 이 문제에 대해서도 폴라니의 논의는 불충분하다. 폴라니는 자신의 어떤 '공동체주의'가 동질적 목표로 통합된 닫힌 공동체주의와는 어떻게 다른지, 공동체주의, 좋은 삶과 다원주의는 어떻게 조화될 수 있는지 하는 물음에 대해 해결되지 않은, 공백 지점을 남기고 있다.

참고문헌

구본우, 《칼 폴라니, 반경제의 경제학: 경제계산과 자연주의 신화》, 비르투, 2012.

김수진, 《민주주의와 계급 정치》, 백산서당, 2001.

미야지마 히로시(宮嶋博史), 《나의 한국사 공부》, 너머북스, 2013.

______, 〈유학 경제학이 가능한가: 근대 이행기의 유학과 경제〉, 미야지마 히로시 · 배항섭 엮음, 《동아시아에서 세계를 보면?》, 너머북스, 2017.

신정완, 《복지 자본주의냐 민주적 사회주의냐》, 사회평론, 2012.

이병천, 〈칼 폴라니의 제도 경제학과 시장사회 비판〉, 《사회경제평론》, 제23호, 2004, pp. 159-188.

______, 〈상호성과 시민경제론의 두 흐름 – 새 정치경제학과 행복경제학〉, 《시민과 세계》, 제12호, 2007.

______, 〈호혜의 경제, 공생의 사회: 칼 폴라니에게 배우는 공동체의 사회경제학〉, 이정우 외, 《행복 경제 디자인》, 바로 세움, 2009, pp. 249-300.

______, 〈어떤 경제/민주화인가〉, 《시민과 세계》, 제22호, 2013a 상반기, pp. 106-125.

______, 〈소유, 통제, 축적: 자본주의와 민주주의의 화해와 불화〉, 이병천 · 전창환 편, 《사회경제 민주주의의 경제학》, 돌베개, 2013b.

임종철, 〈칼 멩거 연구〉, 《경제논집》, 제37호 제1권, 서울대 경제연구소, 1998, pp. 1-24.

허승일, 《로마 공화정의 연구》, 서울대 출판부, 1985.

홍기빈, 〈시장경제 유토피아와 사회의 발견〉, 〈옮긴이의 말〉, 칼 폴라니, 《거대한 전환》, 홍기빈 옮김, 길, 2009, pp. 605-634.

______, 《비그포르스 복지국가와 잠정적 유토피아》, 책세상, 2011.

馬場啓之助, 《近代經濟學史》, 東洋經濟新報社, 1970.

三浦撤 外編, 《比較史のアジア– 所有 契約 市場 公正》, 東京大出版會, 2004.

若森みどり, 《カール · ポランニー: 市場社會 · 民主主義 · 人間の自由》, NTT出版, 2011.

八木紀一郎, 〈解說 メンガーの探究と《經濟學原理》の改訂作業〉, 《一般理論經濟學: 遺稿による經濟學原理》, 第2版, 2, みすず書房, 1982, pp. 533-549.

Adler-Karlsson, G., *Functional Socialism: A Swedish Theory for Democratic Socialization*, Bokforlaget Prisma, 1969.

Azam, G., "Hannah Arendt and Karl Polanyi," *Revue du MAUSS*, 2009/2(No. 34),

2009.

Beck, U., *Risk Society: Towards a New Modernity*, SAGE Publications, 1992(홍성태 옮김, 《위험 사회》, 새물결, 2006).

Berger, S., "Karl Polanyi's and Karl William Kapp's Substantive Economics: Important Insights from the Kapp-Polanyi Correspondence," *Review of Social Economy*, 66(3), 2008, pp. 381-396.

Berthoud, Gérald, "Toward a Comparative Approach: The Contribution of Karl Polanyi," Polanyi-Lewitt, ed., *The Life and Work of Karl Polanyi*, Montréal: Black Rose Books, 1990.

Bottomore, T., *Theories of Modern Capitalism*, George Allen & Unwin, 1985.

Bruni, L. and S. Zamagni, *Economia Civile. Efficienza, equità e pubblica Felicità*, Il Mulino, Bologna, 2004(제현주 역, 《21세기 시민경제학의 탄생》, 북돋움, 2015).

Buraway, M., "For a Sociological Marxism: The Complementary Convergence of Antonio Gramsci and Karl Polanyi," *Politics and Society*, 31(2), 2003, pp. 193-261.

Cangiani, M., "From Menger to Polanyi: The Institutional Way," H. Hagemann, T. Nishizawa, and Y. Ikeda, eds., *Austrian Economics in Transition*, Palgrave Macmillan, 2010, pp. 138-153.

Dale, G., *Karl Polanyi, The Limits of the Market*, Polity Press, 2010.

______, *Karl Polanyi: A Life on the Left*, Columbia University Press, 2016a.

______, *Reconstructing Karl Polanyi: Excavation and Critique*, Pluto Press, 2016b.

Dalton, G., "Comment," *Research in Economic Anthropology*, 4, 1981, pp. 69-93.

Dalton, G., ed., *Primitive, Archaic and Modern Economies: Essays of Karl Polanyi, Anchor Books*, New York: Doubleday & Company, Inc., 1968.

Duncan, C. M. and D. W. Tandy, eds., *From Political Economy to Anthropology*, Black Rose Books, 1994.

Eliason, S., "Constitutional Caesarism: Weber's Politics in their German Context," in S. Turner, ed., *The Cambridge Companion to Weber*, Cambridge, UK: CUP, 2000.

Fisher, N. A., *Marxist Ethics within Western Political Theory: A Dialogue with Republicanism, Communitarianism, and Liberalism*, N.Y.: Palgrave

MacMillan, 2015.
Ford, L. R., "Max Weber on Property: An Effort in Interpretative Understanding," *Social-Legal Review*, 6, 2010, pp. 24–100.
Fraser, N., "A Triple Movement?: Parsing the Politics of Crisis after Polanyi," *New Left Leview*, 81, May–June 2013, pp. 119–133.
Grabher, G., "Trading Routes, bypasses, and risky intersections," *Progress in Human Geography*, 30(2), 2006, pp. 163–189.
Granovetter, M., "Economic Action and Social Structure: The Problem of Embeddedness," *American Journal of Sociology*, 91(3), 1985, pp. 481–510.
Gudeman, S., *The Anthropology of Economy*, Blackwell, 2001.
______, *Economy's Tension: The Dialectics of Community and Market*, Berghahn Books, 2008.
Halperin, R. H., "Polanyi, Marx and the Institutional Paradigm in Economic Anthropology," B. L. Issac, ed., *Research in Economic Anthropology*, 6, JAI Press, 1984, pp. 245–272.
______, *Cultural Economies, Past and Present*, University Press of Texus, 1994.
Hann, C. M., ed., *Property Relations: Renewing the Anthropological Tradition*, Cambridge University Press, 1998.
Harvey, D., *The new imperialism*, Oxford University Press, USA, 2003.
Illich, I., *In the mirror of the past: Lecture and address, 1978–1990*, 1991(권 그루시안 옮김, 《과거의 거울에 비추어》, 서울: 느린걸음, 2013).
Klein, S., "Fictitions Freedom: A Polanyian Critigue of the Republican Revival," *American Journal of Political Science*, 61(4), 2017.
Marx, K., *Grundrisse: Foundations of the Critique of Political Economy*, Penguin Books, translated by M. Nicholas, 1957–1958(김호균 옮김, 《정치경제학 비판 요강》, 백의, 2000).
Menger, C., *Grundsätze der Volkswirtschaftslehre*, 2. Aufl.: Wien und Leipzig, 1923(八木紀一郎, 中村友太郎, 中島芳郎 譯, 《一般理論經濟學: 遺稿による經濟學原理》, 第2版, みすず書房, 1982).
Mommsen, Wolfgang J., *Max Weber and German Politics, 1980–1920*, trans. by Michael Steinberg, Chicago: University of Chicago Press, 1984[1959].

Pearson, H. W., "Editor's Introduction," *Polanyi K.*, 1977, pp. xxv–xxxvi.

Polanyi, K., *The Great Transformation: The Political and Economic Origins of Our Time*, Rinchart & Co., 1944(홍기빈 옮김, 《거대한 전환》, 길, 2009).

______, "Our Obsolete Market Mentality," *Commentary*, vol. 3, Feb, G. Dalton, ed., *Primitive, Archaic and Modern Economies: Essays of Karl Polanyi*, 1947a, pp. 59–77.

______, 1947b, "Appendix," G. Dalton, ed., 1968, pp. 120–138.

Polanyi K., C. Arensberg, and H. Pearson, eds., *Trade and Market in the Early Empires*, Free Press, 1957(이종욱 옮김, 《초기 제국에 있어서의 교역과 시장》, 민음사, 1994).

______, "Aristotle Discovers the Economy," Karl Polanyi, Conrad Arensberg and Harry Pearson, eds., 1957, pp. 64–95.

______, *Dahomey and the Slave Trade: An Analysis of an Archaic Economy*, University of Washington Press, 1966(홍기빈 옮김, 《다호메이 왕국과 노예무역: 어느 고대적 경제에 대한 분석》, 길, 2015).

______, "Carl Menger's Two Meanings of "Economic"," G. Dalton, ed., *Studies in Economic Anthropology*, 1971, pp. 16–24.

______, *The Livelihood of Man*, New York: Academic Press, 1977(이병천 · 나익주 옮김, 《인간의 살림살이》, 후마니타스, 2017).

______, *For a New West: Essays*, 1919–1958, G. Resta and M. C. Malden, eds., Mass.: Polity Press, 2014(홍기빈 옮김, 《칼 폴라니 새로운 문명을 말하다》, 착한책가게, 2015).

Price, John A., "Sharing: The integration of intimate economies," *Anthropologica*, 17(1), 1975.

Prudham, S., "Men and things: Karl Polanyi, primitive accumulation and their relevance to a radical green political economy," *Environment and Planning A*, 45(7), 2013.

Schaffer F., "Vorgartenstrasse 2003: Extracts from a Memoir," K. McRobbie and K. Polanyi Levitt, eds., *Karl Polanyi in Vienna*, Black Rose Books, 2000.

Silber B., *Forces of Labor: Worker's Movements and Globalization since 1870*, Cambridge University Press, 2003(백승욱 외 옮김, 《노동의 힘: 1870년 이후의

노동자운동과 세계화》, 그린비, 2005).

Smith, B., "Aristotle, Menger, Mises: An Essay in the Metaphysics of Economics," *History of Political Economy*, Annual Supplement to vol. 22, 1990, pp. 263-288.

Standing, Guy, *The Precariat: The New Dangerous Class*, Bloomsbury USA, 2011(김태오 역, 《프레카리아트》, 박종철출판사, 2014).

Stephens J. D., *The Transition from Capitalism to Socialism*, The Macmillian Press, 1979.

Stjerno, S., *Solidarity in Europe: The History of an Idea*, Cambridge University Press, 2004.

Swanson J. A., *The Public and the Private in Aristole's Political Philosophy*, Cornell University Press, 1992.

Swedberg, R., *Marx Weber and the Idea of Economic Sciology*, Princeton University Press, 1998.

______, "Marx Weber's central text in economic sociology," M. Granovetter and R. Swedberg, *Sociology of Economic Life*, 3rd ed., Westview, 2011, pp. 62-77.

Tawney, R. H., *The Acquisitive Society*, Harcourt, Brace and Company, 1920.

Thomasberger, C., "Human Freedom and the 'Reality of Society': Origins and Development of Karl Polanyi's Ideas during the Inter-war Period," *The History of Economic Thought*, 47(2), 2005, pp. 1-14.

Veblen, T., *The Theory of the Business Enterprise. New Brunswick*, New Jersey: Transaction Books, 1904.

Weber, M., *Wirtschaftsgeschichte: Abriss der universalen Sozial- und Wirtschafts-geschichte*, aus den nachgelassenen Vorlesungen, herausgegeben von S. Hellmann und M. Palyi 2te Auflage, Munchen und Leipzig, 1924(조기준 옮김, 《사회경제사》, 삼성출판사, 1987).

______, *Wirtschaft und Gesellschaft. Grundriss der verstehenden Soziologie*, 5., revidierte Aufl., Studienausgabe, [besorgt von J. Winckelmann], Tubingen: J. C. B. Mohr(Paul Siebeck), 1972(박성환 옮김, 《경제와 사회》, 문학과 지성사, 1997).

Widlok, T., *Anthropology and the Economy of Sharing*, Taylor & Francis, 2016.

Woodburn, James, "Sharing is not a form of exchange: An analysis of property-sharing in immediate-return hunter-gatherer societies," in C. M. Hann, ed., *Property relations: renewing the anthropological tradition*, Cambridge University Press, 1998.

Yagi, K., "Carl Menger after 1871: Quest for the reality of 'Economic Man'," *Austrian Economics in Transition*, H. Hagemann et al., eds., Palgrave Macmillan, 2010, pp. 21-38.

제2부 정치경제학의 전환, 현대 자본주의의 전환

제5장

세 개의 현대와 마르크스주의의 위기: 스위지를 중심으로

이병천

이 글은 《사회경제평론》, 제22호(2004. 4)에 수록된 논문을 수정 · 보완한 것이다.

누구나 현재는 언젠가 역사가 될 것임을 알고 있다.
나는 사회과학자의 가장 중요한 과제는 그것이 아직 현재일 때,
우리가 그 모습과 결과에 영향을 미칠 수 있는 힘을 가지고 있을 때,
그것을 역사로서 이해하려고 노력하는 것이라고 믿는다.
-《역사로서의 현재》(1953)

1. 폴 스위지라는 거울, 어떻게 볼 것인가

폴 스위지는 우리에게 있어서 하나의 역사적 거울이다. 스위지를 대면하는 것은 곧 이 거인을 통해 비쳐지는 지난날의 우리 자신과 만나는 것이다. 1970년대 초 내가 대학생이었던 시절이다. 그때 스위지는 한국의 정치경제학 형성에서 필수적 안내자 역할을 하고 있었다. 지금도 우리 학문의 길, 학문 주체화의 길은 멀기만 한데, 당시 사정은 짐작하고도 남음이 있다. 지상에서는 수입대체와 자립경제의 정치경제학이 초기 상태에 있고 지하에서는 민족해방파(NL)적 전통이 뿌리 깊던 냉전 개발독재 시기, 스위지의 《자본주의 발전의 이론》(이하 '이론'으로 줄임)을 위시하여, 바란의 《성장의 정치경제학》 그리고 돕의 《자본주의 발전의 연구》는 학생들의 정치경제학 공부와 '의식화 교육'를 위한 동아리 커리큘럼에서 3대 필독서의 위치를 차지하고 있었다.[1] 돕의 《자본주의 발전의 연구》의 경우는 정규 강의시간에 기본 교과서로도 사용되었던 것으로 기억된다. 1980년대 이후에도 스위지의 책은 꾸준히 번역되고 읽혔다. 사회구

1 내가 소련의 정치경제학 교과서와 프랑크의 《발전과 저발전》을 접한 것은 학부 4학년 때였던 것으로 기억한다. 그리고 한국적 정치경제학 형성의 초석을 놓은 박현채의 《민족경제론》과 《민중과 경제》는 1970년대 후반(1978년)에 와서 출간되었다.

성체 논쟁 과정에서는 주변부 자본주의론자의 논거로 등장하기도 했다. 스위지가 창간을 주도한 《먼슬리 리뷰》는 지금도 우리와 함께 하고 있다.

스위지의 책은 마르크스의 자본론이나 소련 정치경제학 교과서가 매우 위험하고 또 구하기도 어려웠던 궁핍한 시기에 이를 대신하여, 주류 신고전파 경제학, 이른바 '부르주아 경제학'의 대척에 있는 마르크스주의 정치경제학의 전반적 체계를 일목요연하게 정리한 책으로 널리 읽혔고 학생들의 비판 담론 갈증을 해소하는 데 지대한 역할을 수행했다. 한편, 바란의 책은 프랑크 이전에 이미 종속이론의 원형을 제시한 저작이었다. 그것은 제3세계 후진성의 근본 원인을 제국주의의 억압과 수탈, 그리고 이와 결탁한 현지 정부의 매판성, 그 부패와 무능에서 찾음으로써 우리들이 당시 한국의 어두운 현실에 대해 비판적 안목을 기르는 데 길잡이 역할을 했다. 그리고 돕의 책은 '자본의 창세기'와 자본주의 발전의 역사에 대해 비판적 인식을 갖게 하는 데 큰 몫을 했다.

더욱이 스위지, 바란, 돕이라는 삼인조가 우리에게 친숙했던 것은 이들이 서로 동반자로서 또 논적으로서 한 둥지에 있었기 때문이다. 잘 알려진 것처럼 《자본주의 발전의 이론》이 발간된 지 한참 후인 1960년대 중엽에 발간된 《독점자본》은 스위지와 바란의 공동 연구서인데, 거기에는 《자본주의 발전의 이론》에서 제시된 스위지의 견해와 《성장의 정치경제학》에서 제시된 바란의 견해가 구분하기 어려울 정도로 혼융되어 있다. 그리고 스위지와 돕은 1940년대 말-1950년대 《과학과 사회》를 무대로 전개되었던 제1차 '자본주의 이행 논쟁'의 주역이었다. 그뿐만 아니다. 우리가 알아야 할 중요한 사실은 스위지의 자본주의 비판과 사회주의 계획경제 대안은 바란이 제시한바 세계체제를 이탈하는(delinking) 자력갱생 계획경제라는 후진성의 극복 대안, 그리고 발전론 분야에서 소련의 중공업 우선 계획화론을 모범으로 제시한 돕의 대안 발전론과 대동소이했다는 것이다. 다시 말해, 1970년대 한국 수입 정치경제학 형성사에서 큰 안내자 역할을 한 스위지, 바란, 돕의 트리오는 사회주의 비전과 관련하여 이제는 종말을 고한 지난날의 시대의식을 공유하고 있었다. 그리고 이들의 안내를 받았던 우리 또한 대체로 이들과 과거의 시대의식을 공유했었다. 그러므로 베를린 장벽 '붕괴 이후' 체제 전환과 자본주의 대 자본주의 시대를 살고 있는 오늘날 이들에 대한 우리의 시각은 단순한 '부채의식'을 넘어서야 한다. 그리고 이들 트리오에 대한 비판적 대면은 동시에 지난날 나 자신의 의식에 대한 자기 비판과 성찰의 의미를 갖는다.[2)]

스위지의 마르크스주의를 어떻게 볼 것인가. 그 정신은 무엇보다 냉전 반공주의 종주국 미국에서 매카시즘의 광풍이 매섭게 불던 시기 그것도 세계적으로 보기 드물게 그가 월간으로 '독립 사회주의 잡지'인 《먼슬리 리뷰》를 창간하여 죽을 때까지 선구적, 헌신적으로 이끌어 왔다는 사실에서 잘 나타난다. 펠프스(Phelps, 1999)는 《먼슬리 리뷰》를 단순한 급진적 정기간행물이 아니라, "사회주의자들을 위한 노아의 방주" 같은 것이라고 말하면서, 평이하면서도 어리석지 않은 마르크스주의, 모범적인 용기, 정치경제학의 기민한 실천, 현재를 장기적으로 조망할 수 있는 능력, 그리고 국제주의 등 다섯 가지를 특징으로 들고 있다. 강단에 유폐되기를 거부한 스위지의 실천적 마르크스주의는 그의 연구 작업의 내용에서도 잘 나타난다. 그의 연구에는 주저 《자본주의 발전의 이론》을 비롯하여 일부 연구를 제외하면 순수이론적인 연구는 많지 않았다. 대부분의 연구는 현실 변화에 개입하기 위한 경험적 현실 분석의 성격을 가지고

2 1980년대 이후 우리의 사상 이론적 흐름을 돌이켜 보면, 스위지-바란-돕의 이론적 시야를 넘어서는 작업이 결코 용이한 일은 아니었음을 알게 된다. 새로이 PD(민중민주주의)론이 수입되고, 지하의 NL(민족해방주의)론이 지상으로 분출함으로써 진보 이념과 한국 사회론의 두 축을 놓고 '사회구성체 논쟁'이 일어나는 등, 우리는 1989년의 장벽 붕괴에 이르기까지 10여 년간 정통의 세계 안에 머물러 있었다.

있었고, 이론은 현실 및 역사에 대한 구체적 분석과 긴밀히 결합되어 그 속에 녹아 있었다. 스위지는 《역사로서의 현재》의 서문에서 이렇게 말한다(1953, 서문): "누구나 현재는 언젠가 역사가 될 것임을 알고 있다. 나는 사회과학자의 가장 중요한 과제는 그것이 아직 현재일 때, 우리가 그 모습과 결과에 영향을 미칠 수 있는 힘을 가지고 있을 때, 그것을 역사로서 이해하려고 노력하는 것이라고 믿는다."

그렇지만 시대와 함께한 실천적 마르크스주의의 성격과 별도로, 이론적 측면에서 스위지의 마르크스주의는 어떠한가. 국제적으로 보통 잘 알려져 있는 마르크스주의의 역사 속에서 스위지에 대한 자리매김은 자본주의 위기론를 중심으로 하는, 과소소비론자로서의 스위지이다. 이와 관련하여 스위지는 네오마르크스주의적 케인스주의라든가, 좌파 케인스주의라는 비판을 받곤 했다. 또 자본주의 이행 논쟁의 맥락에서는 '네오스미스적 마르크스주의' 또는 유통주의라는 비판도 받았다. 그렇지만 우리는 마르크스주의 역사의 좀더 큰 틀에서 스위지를 바라볼 필요가 있으며, 위의 논점도 이 틀 속에서 파악할 필요가 있다고 본다. 메를로 퐁티(Merleau-Ponty, 1973[1955])의 정의를 따라 우리는 마르크스주의의 역사를 정통 마르크스주의와 서구 마르크스주의로 나눌 수 있다. 전자는 과학적, 객관주의적 마르크스주의의 성격을 갖고 있고, 후자는 인간주의적, 주체성의 마르크스주의의 성격을 갖고 있다. 전자는 소비에트 마르크스주의 또는 제3인터내셔날의 마르크스주의이며, 후자는 루카치와 부다페스트학파, 아도르노와 마르쿠제에서 하버마스에 이르는 프랑크푸르트학파, 그람시와 실천의 철학, 그리고 실존주의 및 현상학과 결합된 마르크스주의를 포괄한다. 이와 같은 2대 분류로 본다면 마르크스-레닌-마오-카스트로의 계보를 옹호한 스위지는 정통 좌파에 속한다. 소비에트 마르크스주의와의 일정한 거리를 고려에 넣어 더 구별해서 말한다면 '신정통' 마르크스주의에 속한다고 할 수 있겠다.

스위지가 정통 마르크스주의자라는 사실은 적어도 한국의 우리들에게는 그리 잘 알려진 것은 아닌 것 같다. 그러나 《자본주의 발전의 이론》만 해도, 과소소비론·독점자본주의론을 제외하고 나면 나머지 구성은 거의 소비에트 마르크스주의에 가깝다. 투하노동가치론과 산술적 잉여가치론, 도구주의 국가론, 레닌 제국주의론의 거의 전폭적인 수용, 자본주의에서 개혁주의의 성공 불가능성, 세계적 규모에서 자본주의의 쇠퇴와 사회주의로의 이행의 불가피성 등의 이론 구성이 그러하다. 그리고 아래에서 더 살펴보겠지만, 과소소비 위기론과 그 연장선상에 있는 독점자본주의론조차도 정체(停滯)를 객관적인 역사적 경향으로 간주하고 그에 따라 사회주의로의 이행의 불가피성을 역설하고 있어서 객관주의-경제주의의 경향을 갖고 있다. 스위지 마르크스주의의 정통파적 성격은 《사회주의》(1949)에서 아주 선명하다. 여기서 개진된 변증법적 유물론과 역사적 유물론, 정치경제학의 내용은 소비에트 마르크스주의와 아무런 차이를 보이지 않는다. 그리고 세계 사회주의 운동에서도 사회민주주의를 비판하고 소련식 사회주의를 옹호한다. 이후 이 견해는 소련 비판, 마오-카스트로 옹호로 변화된다.

그러나 스위지 마르크스주의의 숨결을 오로지 정통으로만 환원시키는 것은 곤란할 것이다. 그는 정통에 발의 중심을 담그고 있으면서도 분명 시대 변화를 읽은 사람이며, 여기에 부응하려고 노력하였다. 독점자본주의론만 해도 이중성을 가진 이론이다. 마르크스와 케인스의 종합을 통한 정치경제학의 재구성 시도, 미국 자본주의를 중심으로 이루어진 그의 현대 자본주의론과 제국주의론, 그리고 제3세계론 등에서 우리는 그의 마르크스주의가 가진 혁신성과 두 개의 얼굴을 볼 수 있다. 이 글은 이 두 개의 얼굴을 가진 스위지 마르크스주의의 죽은 것과 산 것, 그 실패와 살아 있는 유산에 대해 살펴보려는 것이다.[3]

2. 서: 독점자본주의, 신자유주의 금융화

제2차 세계대전 이후 현대 자본주의는 마르크스가 경험한 산업혁명기 자본주의는 물론이고, 레닌이 경험한 제1차 세계대전 전후의 자본주의와도 매우 다른 새로운 얼굴로 변모했다. 거대기업과 국가의 역할이 새로이 중요해졌고, 소비와 금융이 두드러진 의미를 갖게 되었다. 영토적 식민지 체제는 붕괴되었으나 경제적 · 정치군사적 대외 확장의 경향은 새로운 방식으로 나타났다. 이 새로운 현실과 그 모순적 성격을 상호연관된 어떤 총체성으로 파악할 수 없을까. 스위지는 동료인 바란, 그리고 맥도프와 공동으로 작업하면서 이 새로운 도전에 대응하고자 했다.

스위지는 《이론》에서 이미 과소소비 경향이 자본주의의 필연적인 산물이라는 견해를 제시하였고 그에 대한 반작용하는 저지력에 대해서도 언급한 바 있다. 바란과 공동 저서인 《독점자본》에서 제시한바, "잉여의 증대 경향"과 흡수 출구의 부족 간의 모순을 중심에 놓은 독점자본주의론은 과소소비 위기론을 단계론으로 확장시킨 것으로서 먼슬리학파의 핵심 이론의 위치를 차지하고 있다.[4] 거대주식회사가 지배하는 독점자본주의에서는 과소소비 경향이 더욱

3 기왕에 출간된 스위지와 맥도프를 기리는 기념논문집으로는 Resnick & Wolff(1985)가 있다. 생애와 저작에 대해 연대기적으로 정리한 글로는 Foster(2004)가 있다.

4 스위지는 국가독점자본주의론은 거부한다(Baran & Sweezy, 1984[1966], pp. 65-66).

심화되는 방식으로 자본주의 운동법칙이 변화된다. 정통 위기론에서 말하는 이윤율 저하 경향법칙과는 정반대로 경제잉여가 증대하는 경향법칙이 나타난다.

《독점자본》에 따르면 '가격설정자'로서의 독점자본의 지배력은 세 가지 측면에서 잉여의 증대 경향을 낳는다: ① 대노동관계에서 잉여가치율을 높인다. ② 자본 내부에서 독점적 기업과 산업에 유리한 방향으로 이윤율의 계층화가 초래된다. ③ 이윤율의 증대를 위해 생산력의 확장을 위한 투자를 줄인다. 그런데 잉여의 증대 경향에 비해 수익성 있는 흡수 출구는 좁다. 자본가의 소비와 투자, 광고 등의 판매 노력, 정부지출 등으로 처분되지만 경제잉여는 이를 채우고도 남을 만큼 막대하다. 따라서 독점자본주의의 정상 상태는 과잉생산능력과 투자의 감퇴, 그에 따른 불황, 그리고 실업과 빈곤이다. 이 자기 모순의 극복을 위해 독점자본주의는 온갖 비합리적인 방식의 잉여흡수 체제로 타락한다. 국가를 매개로 하는 군사비 지출과 대외팽창이 독점적 이윤 흡수의 새로운 출구가 되고, 그래서 군사주의와 제국주의는 독점자본주의의 쌍생아적 존재방식이 된다.

이런 설명 틀 위에서 스위지는 전후 호황은 매우 예외적인 조건에 힘입은 것으로 파악했다. 예외적 조건들은 다음을 포함한다: ① 제2차 자동화의 물결이 준 자극, ② 아시아의 두 전쟁을 포함한 냉전기 군사적 케인스주의, ③ '판매노력'의 확대, 그리고 ④ 금융의 팽창. 그렇지만 스위지가 보기에 이런 조치들의 실효성은 단기적일 뿐이다. 이후 스위지와 맥도프는 미국 자본주의의 금융화 현상에 주목하면서, 이를 마땅한 수익처를 찾지 못한 잉여가 새로이 모색한 대안적 출구로 파악했다(Magdoff & Sweezy, 1987). 이는 미국 경제의 불안정과 투기성, 구조적 불평등을 심화시킬 뿐 아니라, 제국주의 정치경제 채널을 통해 국경을 넘어 주변부로까지 확대된다.

3. 남: 세계체제론, 중심과 주변의 양극화, 주변부 혁명론

그람시는 러시아 혁명을 "자본론에 반하는 혁명"이라고 말한 바 있지만, 스위지는 《이론》에서 이미 제국주의 체제는 선진국이 아니라 가장 약한 고리에서 먼저 끊어진다는 레닌의 테제를 수용하고 있다. 제국주의 시대 후진국 혁명에 대한 이 레닌(주의)적 견해는 《역사로서의 현대》(1953)에 수록된 〈공산당 선언 출판 백주년 기념에 즈음하여〉라는 글에서는 한층 더 명확하게 정식화된다.[5] 그렇지만 이때까지만 해도 스위지는 선진국 혁명과 선진 노동자계급의 혁명성에 대해 신뢰를 보였다. 그는 《독점자본》을 저술하는 동안 바란의 《성장의 정치경제학》을 섭취하면서 종속이론가와 주변부 혁명론자로 변신한 것으로 보인다.[6] 산업노동자는 수가 감소하여 소수로 되고 기간산업에서 조직화된 중핵은 소비자로서, 또 이데올로기적으로도 체제 내에 통합되어 있다. 아웃사이더들은 오히려 실업자, 농업이주노동자, 도시 빈민, 노령자 등인데, 이들 부류는 너무 이질적이고 분산되어 있어 통일적인 반체제 세력이 될 수 없다. 그래서 이제 세계 혁명의 주도권은 제국주의 지배와 수탈 하에 있는 주변부 대중의 손으로 넘어갔다(1966, pp. 17, 325-326). 현단계 기본 모순은 선진 자본주의에서 자본 대 노동도, 제국주의 간 경쟁도 아니고, 제국주의와 제3세계 민족해방운동 간의 모순으로 파악된다.

스위지에 따르면 자본주의는 본래부터 세계체제로서, 지배적 중심부와 종속적 주변부의 모순적 통합체로서 형성·발전되었다. 세계체제에는 부단히 중

5 스위지는 초기 산업노동자의 혁명적 잠재력은 러시아 혁명에 의해 입증되었고, 러시아 혁명은 완전한 마르크스적 의미에서 프롤레타리아 혁명이었다고 주장한다.

6 스위지는 종속이론 발전의 이정표가 된 두 개의 저작으로 바란의 《성장의 정치경제학》과 더트(R. P. Dutt)의 《오늘의 인도》(1950)를 들고 있다(1972, p. 225).

심과 주변으로의 불평등한 양극화 경향이 작동한다.[7] 세계체제 내에서 주변부의 중심부로의 상승 가능성은 하늘에 별 따기와 같이 어려우며, 일본의 경우는 역사적으로 진귀하고 유일한 사례일 뿐이다(both historically unique and the only one that offered a chance of success(1981, p. 74)). 스위지의 종속이론은 조악한 정태적 저발전론은 아니고, 종속적 발전론인데, 그는 종속적 발전의 파행적 특징을 다음과 같이 들고 있다(1981, pp. 75-79): ① 아민의 견해를 따라 스위지는 주변부의 산업화는 농업혁명 없는 산업화라고 말한다. 독일, 일본과 같은 후발국들은 선진국의 경험을 학습, 수용하여 시행착오를 피하고 산업화 시간을 단축할 수 있었지만, 농업적 기초 없는 산업혁명의 '수입'은 종속의 새로운 형태를 낳았을 뿐이다. ② 주변부에는 중심부보다 착취율이 훨씬 더 높다. 이는 노동력의 일부만이 자본제적 임금노동자이고, 많은 노동자들이 직간접적으로 지주, 상인, 대금업자에 의해 착취당하는 데 기인한다. 높은 착취율 때문에 대중은 궁핍한 생활을 면치 못한다. 이는 국내시장도 협소하게 만든다. 그 반면 잉여는 토착지배계급의 생활을 살찌우고 또 중심부로 유출된다. ③ 뿐만 아니라 고착취율 때문에, 주변부 정치 시스템은 군사경찰국가가 정상 상태로 된다.

결론은 분명해진다. 종속적 발전은 주변부 대중에게 착취와 비참함을 심화시킬 뿐이다. 전체 자본주의 체제로부터 혁명적 단절만이 출구가 된다. 여기서 스위지는 주변부 무산대중의 상태가 마르크스 시대의 프롤레타리아의 상태와 유사하다고 하면서 일종의 궁핍화 혁명론을 보인다. 그리하여 스위지는 카스트로가 주도한 쿠바 혁명, 그리고 마오 주도의 중국 문화혁명을 진정한 사회

7 스위지는 이런 관점에서 마르크스의 《자본론》도 재해석하고 있다(1972, 제2부). 이와 관련하여 덜 주목된 것이지만, 봉건제에서 자본주의로의 이행론에서도 '내재적 이행론'으로부터 세계체제론적 견해 쪽으로 수정이 일어난 것으로 보인다.

주의 혁명이라고 환호한다. 그에 따르면, 쿠바보다 더 나은 성공 전망을 보여주는 혁명을 상상하는 것은 거의 불가능하다(1960, 국역 p. 175). 또한 고전 마르크스주의의 중국적 변형인 마오주의는 진정한 공산주의적 사고, 다시 말해 사용가치와 유용노동이 계획 생산 분배의 직접적 대상이 되며, 사회관계가 투명해지고 진정한 인간적 욕구와 열망을 최대한 충족시킬 수 있도록 조직되는 공산주의적 사고의 시작이 될 수 있다(1975, p. 11).

4. 동: "혁명 이후 사회" 비판과 마르크스주의의 위기

마르크스-레닌-마오-카스트로를 잇는 스위지의 고전 마르크스주의 세계는 사적 소유 - 시장경제로서의 자본주의 대 공적 소유 - 계획경제로서의 사회주의라는 이분법에 서 있고, 그 사이에는 대문자 혁명(R)의 단절이 가로놓여 있다. 그렇다면 현실사회주의의 퇴행과 최종적 붕괴에 대해서 스위지는 어떤 견해를 가지고 있을까. 그는 현실사회주의는 사회주의 사회가 아니고, 1989년 붕괴된 것은 사회주의가 아니라 새로운 계급사회로서의 혁명 이후 사회(post-revolutionary society)라고 말한다.

스위지는 소련의 체코 침공이 있었던 1968년부터 1971년까지 베틀레엥과 '사회주의 이행' 논쟁을 벌인 바 있다. 이 논쟁에서 두 사람은 현실사회주의의 성격을 어떻게 볼 것인가 하는 주제에서 의견이 달랐다. 베틀레엥은 소련에서 자본주의가 부활했다는 중국 측의 견해를 수용한 반면에, 스위지는 새로운 계급사회로서의 혁명 이후 사회라는 견해를 제시했다.[8] 그러나 시장사회주의를

8 스위지의 견해는 월러스틴(학파)의 견해와도 다른 것이다(1987). 스위지는 10월혁명 이후 소련에서 질적 단절은

비판하는 점에서는 양자는 의견을 같이했다. 소련의 체코 침공 사태가 사회주의 운동과 이론에서 갖는 심대한 의미는 별로 스위지의 관심사가 되지 못했는데, 이는 매우 놀라운 일이다. 그에게서 최대의 문제는 체코, 소련 모두 시장을 부활시키려고 했다는 것이다. 그에 따르면 관료적 관리경제의 곤란에 대한 해법은 두 가지이다. 하나는 관료제를 약화시키고 대중을 일깨워 주도권과 책임성을 더 높이는 것이다. 이 길은 사회주의적 생산관계가 전진하는 길이다. 다른 하나는 퇴각하는 길로서, 시장 원리와 이윤동기에 더 의존하는 것이다. 이는 상품 물신 숭배와 소외된 의식이 번창하는 조건을 재창출하고 계급 지배로, 결국 자본주의의 부활로 퇴행하는 길이다. 스위지는 국제공산주의 운동사에서 오직 마오의 문화혁명 – 그리고 카스트로의 쿠바 – 만이 전자로 나아갔고 소련과 여타 국가들은 후자의 길로 나아갔다고 보았다.[9] 마오의 문화혁명을 옹호하는 그가 덩샤오핑의 개혁을 자본주의 부활의 길로 인도하는 것이라고 비판하는 것은 당연한 일이다.

스위지는 알튀세르가 마르크스주의의 위기를 말한 때와 거의 동일한 시점(1979)에 마르크스주의의 위기에 대해 언급했다. 그에 따르면, 마르크스주의는 쿤의 패러다임론의 의미에서 위기 단계에 도달했다. "이 사회들(혁명 이후 사회)

스탈린 초기 동안에 일어났다고 보고 있다. 그래서 자본주의와도 사회주의와도 다른 새로운 종류의 계급착취 체제가 출현했다는 것이다. 스위지가 현실사회주의를 자본주의 부활, 또는 국가자본주의로 보지 않고 새로운 계급사회로 보는 것은 다음과 같은 이유 때문이다(1981, pp. 95-96). ① 자본주의는 경제법칙에 의해 지배되는 데 반해, 현실사회주의는 국가가 체제의 중심적인 경제적 · 정치적 기관이 되었다. 자본주의 사회에서 국가는 경제의 종이지만, 소비에트형 사회에서는 주인이다. 이 사회는 국가사회이며 지배계급은 국가계급이다. ② 이 사회는 노동자가 잉여생산물을 통제하지 못하므로 착취사회이다. ③ 잉여생산물의 생산과 사용은 정치 과정에 통합되어 있다. ④ 잉여의 추출과 사용의 정치화로 인해 국가사회는 일정한 합리성을 확보하여 대중생활의 개선을 이룰 수 있었다. 이는 자본주의에 비해 중요한 역사적 진보다. ⑤ 그러나 소수 지배계급에 의한 권력의 독점화와 특권으로, 정당화의 과정은 좁은 한계를 갖는다. ⑥ 국가사회는 자본주의적 공포를 완화시키는 데는 성공했지만, 공포를 보다 인간적인 동기로 대체하는 데는 성공하지 못했다. 그 결과 노동생산성 저하라는 가장 심각한 문제가 생겨났다.

9 스위지는 레닌이 주도한 신경제정책(NEP)에 대해서도 비판적이다. 이 점은 트로츠키의 견해와 유사하다.

은 계급을 철폐시키지 않았으며 중국의 문화혁명 시기를 제외하고는 계급 철폐의 장기적 효과를 가질 수 있는 과정을 추구하려고 하지도 않았다. 국가는 소멸되기는커녕 점점 더 중심적이고 지배적인 사회제도로 되어 갔다. 각국은 프롤레타리아 국제주의의 의미를 자기의 이익과 정책에 맞게 해석한다. 이 국가들은 자기 방어를 위해서만이 아니라 자국의 의지를 타국에 강요하기 위해 전쟁을 벌인다"(박성규, 1989, p. 227). 스위지는 마르크스주의 위기의 내용 속에 노동자계급의 이른바 자생적 의식과 혁명적 의식 간의 단절 문제를 포함시킴이 옳았을 것이다. 물론 그는 이 문제를 알고 있었다. 그러나 문화혁명에 대해 언급하는 맥락 속에서 단지 이렇게 말하고 있을 뿐이다: "마르크스가 말했듯이 모든 역사는 인간 본성의 지속적인 변화이다. 마오가 우리에게 말하고 있는 것은 계급 지배의 타도 후일지라도 인간 본성을 변화시키는 명확한 과제는 결코 중지될 수 없다는 것이 아닐까?"(박성규, 1989, p. 127)

스위지는 고전적 · 혁명적 마르크스주의가 인류의 미래에 대해 갖는 적실성에 대해서 끝까지 신뢰를 지녔던 인물이다. 그래서 혁명 이후 사회는 자본주의처럼 자신의 무덤을 파는 자로서 새로운 프롤레타리아를 생산하고 있는데, 이들은 혁명적 마르크스주의로부터 사회 전환의 영감을 얻을 것이다. 그렇지만 1989년, 70여 년에 걸친 현실사회주의 실험이 종말을 고했는데, 그런데도 이는 스위지의 견해에 별반 영향을 주지 못했다. 그의 경우 붕괴한 것은 변질된 혁명 이후 사회이지, 진정한 사회주의가 아니기 때문이다. 사회주의와 탈혁명 사회에 대해 거의 최후의 진술로 보이는 1999년 5월의 대담에서도 스위지는 끝까지 쿠바혁명과 중국 문화혁명에 대한 자신의 기존 견해를 고수하였다.[10)]

10 다음 언급을 참고. "쿠바에 대한 나의 입장의 어떤 것에 대해서도 후회한 적이 없다, 마오는 자본주의에 대한 대안을 세우는 문제에 진정으로 달려든 유일한 사람, 비록 그 길이 실패하고 자본주의적 길이 승리했다 해도 그 시

5. 스위지의 죽은 것과 산 것

1) 실패

스위지는 마르크스-레닌-마오-카스트로를 잇는 혁명적 마르크스주의의 깃발을 부여잡고 서, 남, 동의 세 가지 현대의 도전과 씨름하였다. 그가 살아온 94년(1910-2004)의 일생 동안 세상은 실로 크게 변했다. 반면에 놀랍도록 완고하게 스위지는 자신의 생각을 고수하였다. 그 같은 완고함은 초지일관한다는 점에서 미덕일 수도 있지만, 낡음이 되어 역사에 의해 추월당하게 된다. 나에게 있어 1970년대 초 정치경제학 안내자였던 스위지는 지금은 전혀 아니다. 나의 경우 스위지가 최후까지 부여잡고 있던 혁명적 마르크스주의는 1989년 붕괴를 결정적 분수령으로 하여 박물관으로 안치되었다. 분명 역사적 경험이 전부는 아니다. 경험주의에 빠져서는 안 된다. 그러나 우리 삶이 축적해 온 숱한 역사적 경험의 창고와 그것이 가르치는 교훈에 반성적으로 개방되어 있지 않은 관념적 · 독단적 이론주의는 위태롭고, 위험하다. 스위지의 눈에 비친 서, 남, 동의 현대와 현실 역사가 보인 현대는 아주 다르다. 이론과 현실의 갭만이 아니라, 이론 자체의 구조 또한 못지않게 큰 문제이다. 먼저 스위지의 실패, 그 죽은 것에 대해 말해 보자.[11)]

도는 최대로 중요한 것이다. 탈혁명사회의 왜곡의 대부분은 자본주의적 적의(hostility) 때문이며, 소비에트 지배계급의 행동과 이데올로기는 경제적 · 군사적으로 훨씬 강력한 적에 대항하는 장기적 투쟁의 결과였다" (1999).

11 스위지가 1960년대 미국의 신좌파 세대가 환호하던 인물에서 잊혀진 인물로 변해 가는 과정을 보여 주는 흥미로운 글로는 Barkan(1997)이 있다. 이에 따르면 한국에서 스위지가 수용되던 시점은 역설적으로 그가 막상 미국에서는 신좌파 세대로부터 잊혀지기 시작하던 때이다(p. 101). 이는 많은 것을 반성적으로 돌아보게 한다.

(1) 서: 스위지는 정통파의 이윤율 저하 경향과 반경향론을 잉여 증대와 흡수의 반경향론으로 대체했다. 그의 눈에 비친 현대 자본주의는 잉여 증대와 흡수 출구의 부족 간의 모순으로 고통 받는 자본주의이다. 독점자본주의의 정상적인 상태는 정체이고 이는 단지 일시적으로 지연되고 있을 뿐이라는 것이다. 이런 생각은 1930년대 공황 상황과 그 경험을 자본주의 역사 전반에 과잉일반화하는 것이라고 볼 수도 있다. 그러나 한센(Hansen, 1989, 국역 p. 255)은 스위지와 같은 시도가 결국 붕괴의 개념을 유지하려고 함으로써 카우츠키가 주도한 결정론적 논의를 답습하고 있을 뿐이라고 비판하는데, 필자는 이 비판에 공감한다. 고전 마르크스주의 일반이 그러하듯이 스위지는 자본주의의 생명력을 과소평가한다.

현대 급진 제도경제학의 견지에서 말한다면, 우선 공급 측면에서 자본이 잉여를 얻을 수 있는 가능 조건에 대한 고려가 없다. 독점자본의 지배력 만능주의에 빠져 있다고나 할까. 자본과 노동 간의 갈등, 독과점 아래에서도 부단한 자본 간의 경쟁 압력, 기술과 제도에서 끊이지 않는 혁신에 대한 추구 등은 스위지의 이론 사정(射程)을 벗어나 있다. 나아가 자본과 노동 간의 갈등 및 그 타협 방식에 따라 노동은 생산요소 또는 비용변수일 뿐 아니라 수요자로 나타나고 그리하여 거시경제의 선순환을 가져올 수 있다. 그렇다면 제2차 세계대전 후 자본주의 호황에 대한 설명은 단지 독점자본주의의 정상적 정체 상태에 대한 예외가 아니라, 조절이론이나 사회적 축적 구조학파에서 가르치는 바와 같이, 자본과 노동관계, 경쟁 형태, 금융제도, 국가의 개입 방식 등을 비롯한 일련의 제도적 조절 양식 또는 '축적의 사회적 구조' 속에서 작동한 성장 체제 – 포드주의 – 작동의 효과라는 설명이 가능해진다. 포드주의 성장체제론은 자본주의 대 사회주의의 이항 대립 틀을 넘어 자본주의가 그 내부에서 다양한 역사적 성장 체제를 가질 수 있다는 사고 속에서 나온다. 그리고 그것은 자본주의 시장경제를 강제와 동의의 복합체로 파악하는 통합경제의 정치경제학에 서 있다(이병천, 2000; 이병천 · 옥우석, 2013).

스위지가 거대 주식회사의 지배에 주목한 것은 적절하다. 그리하여 그는 독일에서 전형적으로 나타난 은행의 산업지배 현상은 과도기적인 한 국면에 불과함을 지적하고 내부금융=경영자지배론을 제기했다. 그러나 과도하게 독점 문제 쪽에만 집착함으로써 소유와 통제의 분리와 '경영자 지배'라는 것이 주식을 분할매매하는 방식의 '자본의 상품화'의 진전 결과라는 것, 그리고 그것이 현대 자본주의로 하여금 금융자본주의의 성격을 갖게 한다는 점에 대해서는 간과했다(馬場宏二, 1986, pp. 132-134; 1997, p. 169).

스위지의 자본주의 대 사회주의 이분법은 또 개량과 혁명의 이분법이기도 하다. 대문자 혁명의 환상에 사로잡혀 개량의 의미를 간단히 폄하하는 것은 큰 미망(迷妄)이다. 노동자가 소비의 주체로 출현하는 것은 자본의 새로운 포섭 방식, 따라서 새로운 소외 형태라 할 수도 있지만, 노동운동의 적극적 성과물로서 일정한 탈상품화라는 의미도 결코 간과할 수 없다. 위와 같은 의미에서 스위지와 그가 이끄는 《먼슬리 리뷰》는 보울스와 진티스 등이 주도하는 사회적 축적 구조학파의 급진 제도주의 정치경제학과 《급진 정치경제학 리뷰》(RRPE)에 뒤졌다.

(2) 남: 제2차 세계대전 후 세계사에서 스위지-나아가 월러스틴, 아리기 등-의 세계체제론과 종속이론에 가장 큰 난점을 안긴 현실적 · 이론적 도전은 역시 동아시아 자본주의의 '기적'적 성장이다. 이 새로운 현상으로 일본 예외론은 깨졌다. 자본주의 세계체제의 이탈이 아니라 그 속에서 산업화와 국민경제의 형성이 가능하다는 사실이 밝혀졌고, 종속이론의 근본적 맹점와 무능력이

드러났다. 동아시아 성장은 종속이론만이 아니라 신고전파 자유시장주의 경제학에 대해서도 큰 타격을 가했다. 스위지는 저발전이 아니라 종속적 발전을 말한다. 그러나 그의 이론 틀은 외적 규정력을 지배적인 것으로 보고 있다. 또 제3세계 내부 사정을 너무 단순하게 파악한다. 그 국가론은 환원주의적 · 도구주의적 관념에 사로잡혀 있다. 이는 제3세계의 대외적 자율성과 대내적 삶의 복잡성, 특히 제3세계에서는 각별한 중요성을 갖는 국가의 대내외적 자율성을 무시하는 것이다. 암스덴은 이렇게 말한다:

> 마르크스주의자가 외국무역과 외국투자를 제3세계의 저발전을 운명지우는 것으로 보았다면, 신고전파 경제학자는 동일한 논리를 따르면서 그것이 번영의 열쇠라는 정반대 결론에 도달했다. … 바란에서 시작하여 마르크스주의자들은 제3세계의 정치와 사회생활을 극단적으로 단순화시킨다. 국가와 토착자본가는 선진국의 부패한 괴뢰로 간주된다. 외국무역, 외국투자 및 외국원조를 자국에 이익이 되도록 매개할 수 있는 로컬 이니셔티브의 가능성에 대해서는 어떤 여지도 주어지지 않는다. … 시장과 기술만으로는 경제발전이 이루어지지 않는다. 결정적으로 중요하게 여겨지는 것은 축적 과정을 유도하는 권력관계와 제도들이다. 마르크스는 이에 대해 침묵한다. 일본과 한국 등이 보여 주는 것은 20세기 경제발전은 시장기구와 강제적 기제 간의 미묘한 관계에 달려 있다는 것이다.(Amsden, 1987, pp. 213-215)

외적 규정과 내적 규정의 결합 방식은 다양하고 유동적이며, 미리 정해져 있지 않다. 따라서 종속적 발전 – 또는 종속 심화 – 의 틀을 마치 숙명과 같이 고정화시키는 것은 아주 잘못이다. 이렇게 본다면 동아시아 자본주의는 중남미형 종속적 발전의 맥락보다는 오히려 19세기 독일과 일본, 또는 여타 유럽 국가들의 후발산업화 궤적의 연장선상에서 파악하는 것이 더 적절할지 모른다(이병천, 2003; 2016).

나아가 월러스틴이 말하는바 세계체제라는 것도 미리 주어진 것으로 보아서는 안 될 것이다. 특정한 글로벌 자본주의 질서는 항상 불확정적인 사회적 구성물이며, 역사적으로 특정한 프로젝트라는 지점을 가지고 있다. 그리고 이때 자본주의의 세계화 경향의 현실화 또는 좌절은 국가의 역할과 분리해서 파악될 수 없다. 이렇게 볼 때 월러스틴이 말하는 '역사적 자본주의'는 여전히 '관념적 자본주의'의 잔재를 탈피하지 못한 부분이 있다고 말할 수 있다(이병천, 2004, p. 512).

(3) 동: 스위지의 혁명적 마르크스주의의 맹점은 그의 현실사회주의론에서 가장 극명하게 드러난다. 그는 혁명 이후 사회의 문제가 마르크스주의 사회과학이 직면한 가장 중요한 과제라면서 마르크스주의의 위기에 대해 말하기도 했다. 그러나 그의 견해는 위기에 대처하기에 무능력할 뿐 아니라, 변호론적 성격도 가지고 있다. 하버마스(Harbermas, 1990)는 1989년 붕괴 이후 〈오늘날 우리에게 사회주의란 무엇인가〉라는 글에서 마르크스주의적 사회주의론의 결함에 대해 다음과 같이 비판한 바 있다: ① 마르크스주의 분석은 노동에 기반한 사회의 지평 내에서 일어나는 현상들에 한정되어 있다. ② 이 분석은 전체론적인 사회관에 의존하고 있다. 이는 현대사회에서 성취된 분화 수준을 무시한다. ③ 사회의 생산과 재생산 과정의 주요한 책임을 사회계급이나 역사의 거시적 주체로 상정하여 지극히 단순화된 갈등관이나 사회적 주체관에 사로잡히게 되었다. ④ 입헌민주주의를 부르주아 민주주의적인 것이라 비하하고, 자유를 어떻

게 제도화할 것에 대한 고민이 결여되어 있다. ⑤ 그 역사관은 존재의 목적론을 역사의 목적론으로 대체하였다. 이는 또한 위험한 전위주의를 조장한다. 여기서 하버마스가 말한 모든 논점을 검토할 여유는 없다. 아래에서는 한두 가지 주제에 대해서만 언급하고자 한다.

스위지가 보기에 현실사회주의의 곤경은 결코 국유-계획경제에 있지 않다. 끝까지 원인은 다른 데서 구해진다. 불리한 조건 탓이다. 혁명 출발 시점에서 경제 수준이 선진국이 아니라 후진국, 또는 초기 자본주의 수준이었다는 것, 그리고 제국주의의 압박에 지속적으로 시달려야 했다는 것이다. 이런 인식 때문에 또 시장 기제와 사적 이윤 동기를 도입하는 것은 곧 자본주의 부활의 길이라고 보게 된다.

포스트사회주의 체제 전환이 일어나고 체제 전환의 다양한 실험을 경험하고 있으며, 특히 한반도의 경우 북한이 기아의 동토로 전락하고, 위태롭게 핵 보유를 통해 자신의 생존을 도모하려 하는 오늘날, 스위지의 마오-카스트로주의에 대해 장황하게 논란하는 것은 다분히 잉여 작업이다. 스위지가 말하는 요인들이 현실사회주의를 고통스럽게 한 요인의 일부로 작용했음은 사실이다. 그러나 국유-계획경제에 고유하게 '부족의 경제'(Kornai)를 낳는 내재적 요인이 존재한다. 시장은 야만성을 갖고 있지만, 그렇다고 이를 만악의 근원으로 보는 것은 잘못이다. 거대사회에서 그것은 경제적 자유와 효율성의 제고에 필수적인 기제이다. 문제는 시장이 주인 노릇 하는 시장사회로 추락하지 않고 그 고삐를 잡아 어떻게 사회통합적 틀 속에서 작동케 할 것인가 하는 것이다. 스티글리츠의 시장사회주의 비판에서도 잘 볼 수 있는 바와 같이, 시장과 공적 소유의 결합이 능사도 아니다. 효과적인 거버넌스 방식과 책임 있는 경영의 문제가 주요 논점이 되어 있는 오늘날 경제 체제 또는 질서론의 기본 과제는 시장과 계획, 국유와 사유의 이항 대립을 넘어 시장, 제도, 국가의 배합을 어떻게 보완적으로 가져갈 것인가 하는 문제로 제기된다(이병천, 2001).

한때 마오의 문화혁명은 자본주의 극복 대안을 희구하는 세계의 좌파 지식인에게 희망의 등불과 같은 것으로 비쳐졌다.[12] 그러다가 정반대로 대재앙으로 비판 받기에 이르렀다. 덩샤오핑의 개혁 – 이는 사회주의적 개발독재라 할 만하다 – 이 이루어졌고, 개혁 개방의 중국은 미국과 경제 패권을 다투는 고속 성장의 기관차로 달리고 있다. 필자가 과문한 탓일지 모르지만, 문화혁명을 환호해 마지않던 세계 지식인들 중에서 그것이 대재앙으로 판명된 후 정면으로 자기 비판을 수행한 사람들은 그리 많아 보이지 않는다. 물론 여전히 꼭 마오식은 아니라 해도 치명적인 관념적 낭만주의, 투명한 사회를 지향하는 그 위험한 계몽의 유토피아를 옹호하는 사람들이 스위지 외에도 국내외에 일부 존재하고 있다. 그렇지만 이들이 붙잡고 있는 것은 도래할 미래 희망이 아니라 영영 지나간 과거이다.[13]

국가론, 더 나아가 정치론의 부재는 진정 마르크스주의의 결정적 맹점이다. 마르크스주의에는 좌우익 전체주의에 대한 비판력이 결여되어 있다. 정치란 소통적 · 표현적 활동이며, 미리 주어져 있지 않은 보편성을 다양한 개별성들의 상호반성적 소통을 통해서 만들어 가는 인간들의 공적 활동, 더 정확히 말해서 헤게모니적 활동인데, 마르크스주의에는 이에 대한 개념을 찾아볼 수 없다.[14] 대중의 자생적 의식 위에 군림하면서 역사적 진리의 독점자를 자임하는 오만한, 독백적 전위당주의는 이 정치론의 빈곤으로부터 생겨난다.[15] 내가 보

12 국내에서는 리영희 교수가 이 같은 견해를 보인 대표적 인물이었다.
13 오만하면서 단순화를 추구하는 국가의 계획이 왜 실패하고 대재앙을 낳았는지를 밝힌 훌륭한 연구로 Scott (1998[2010])을 들 수 있다.
14 한계를 갖고 있지만, 그람시만이 여기에 큰 기여를 했다.

기에 세계 마르크스주의의 역사는 그것의 바깥에 있는 정치(the political)를 어렵게 찾아다닌 역사라 해도 과언이 아닐 것이며 그 모색 끝에 포스트마르크스주의로 전환하였다. 한나 아렌트(Arendt, 2007)가 설파했듯이 정치는 인간의 복수성(複數性) 또는 다원성(plurality)에 기초한다. 지상의 인간의 삶을 '복수성'으로, 즉 근원적으로 'wo/man'이 아니라 'wo/men'으로 이해하는 바탕 위에서 서로 주체적인 반성적 소통을 사회적으로 제도화하는 공간이 정치적 공공 영역, 또는 시민사회이다.[16] 시민사회를 복수의 인간들이 더불어 사는 정치공동체의 정당성 기초와 공동의 세계 형성의 모태로 삼아, 평등한 자유와 연대적 삶, 모든 다중적인 주체 위치에서 인간 및 시민으로서 역량 신장(human and civic empowerment)을 추구하는 것이 바로 시민정치이다(이병천, 2006; 2009). 이 시민정치는 통치의 상위 개념임은 물론이거니와 노동정치의 상위 개념이지만, 그것을 필수적 구성 부분으로 포괄한다. 우리는 1989년 붕괴 이후의 시대, 다가올 미래의 민주주의는 이 같은 공화민주적인, '시민적 진보'의 정치관을 길잡이로 삼아야 한다고 생각한다.

15 레닌을 따르는 스위지의 전위주의 문제에 대해서는 박성규(1989, pp. 111-127) 참조.

16 이 기회에 지적해 두고자 하는 것은 칸트-아렌트의 시민사회론이 헤겔, 그리고 하버마스의 시민사회론과 간과할 수 없는 중요한 차이를 가지고 있다는 점이다. 그것은 시민사회를 미리 주어진 것으로 보지 않는 것, 그리하여 그것을 창출하고 발전시켜야 할 과제로 제기하고 있다는 것이다(Howard, 1989, p. 62). 나아가 아렌트에서 평의회는 '잃어버린 보물'과 같은 것이지만, 하버마스에는 전혀 찾아볼 수 없는 대목이다.

2) 적극적 유산

(1) 포스트왈라스적 급진 정치경제학의 기초로서 마르크스와 케인스의 종합, (신)자유주의 경제학에 대한 근본적 비판

우리가 보기에 스위지 정치경제학의 강점과 출중함은 자본주의 체제의 특성을 자본과 노동 간의 근본적으로 불평등한, 비대칭적 구조로 파악함은 물론이거니와, 그뿐 아니라 단순 상품 생산과 질적으로 구분되는 특수한 상품 생산과 유통의 경제로 파악하고 있는 대목이다. 마르크스가 굴곡을 그리는 가운데 남겨 준 최량의 정치경제학 비판의 정신을 따라 스위지는 자본주의를 상품 생산과 상품 유통의 어떤 모순적 통일체로 파악했다.

전통적 정치경제학은 신고전파 경제학과 마찬가지로 균형의 경제학, 왈라스적 확실성의 경제학 세계에 머물러 있다. 이는 가치론과 이윤율 저하 경향의 위기론에서 아주 잘 드러난다. 스위지가 적절히 지적한 대로 《자본론》에서 마르크스의 가치론은 사용가치와 수요의 측면을 사상하고 있다. 또한 이윤율 저하 경향론은 가치법칙의 제 조건이 완전히 충족되어 있다는 전제 하에서 도출된다. 즉, 모든 상품은 균형가치에서 판매된다고 전제된다. 그렇지만 자본주의 시장경제의 근본적 특징은 불균형, 불확실성이다. 상품-화폐-자본의 가치 형태는 불확실성과 위험의 세계 속에서 운동한다. 그런데 주목해야 할 것은 스위지가 《자본주의 발전의 이론》 이래 제시한 과소소비-과잉생산 위기론은 균형 경제학을 넘어, 포스트왈라스적 정치경제학의 성격을 갖고 있다는 것이다. 이는 그가 불균형 및 불확실성 경제학의 성격을 갖고 있는 케인스(및 슘페터)의 강점을 흡수하고 이를 마르크스와 접합시킴으로써 가능해졌다.

그래서 스위지는 새삼스럽게 마르크스의 세이의 법칙에 대한 비판을 거론한다. 그러면서 단순 상품 생산의 순환 형태 C-M-C와 자본주의의 순환 형태 M-C-M′의 근본적 차이로부터 위기론을 시작한다. 자본주의 시장경제의 운동 형태론은 M-C-M′의 순환 형태에 생산 과정을 장치하고, 화폐 및 금융 체제를 삽입하는 방식으로 구축될 수 있다.[17] 스위지의 경우 불균형 과소소비 위기론과 사용가치 및 수요 측면을 사상한 투하노동 균형가치론 간에는 간극이 있다. 나아가 가치론-축적론-위기론 간에 간극이 있다. 이 간극은 해결되어야 할 과제이다. 그러나 스위지의 포스트왈라스적 정치경제학은 하이에크를 위시하여 자기조정적 시장의 신화를 신봉하는 (신)자유주의 경제학을 넘어 대안적 정치경제학을 발전시킴에 있어서 중요한 유산을 남겨 주고 있다.[18]

(2) 거대 기업의 지배와 소비사회에 대한 비판

스위지의 현대 자본주의론 또한 오늘날 현대 자본주의론의 비판적 재구성을 위해 유용한 자산을 제공한다. 현대 자본주의는 거대 주식회사가 지배하는 독과점적 자본주의이다. 스위지의 《독점자본》은 현대 자본주의론에 기업론을 필수적 구성 부분으로 끌어들였다. 뿐만 아니라 기업을 단지 원자적 자유경쟁 단위로서가 아니라, 자본의 집적 집중에 기반하여 경제적 · 사회적 독점적 지배력을 행사하는 단위로 설정했다. 그는 경영자의 자율성을 봄과 동시에 그것이 자본의 대리인임도 놓치지 않았다.

뿐만 아니라 《독점자본》은 단지 정치경제학적 연구서임를 넘어서 정치경제(학) 비판의 저작이기도 하다. 그것은 소비주의, 빈곤과 병존하는 거대한 규

17 이 측면에서 스위지에 대한 적극적 평가는 크로티(Crotty, 1985)를 보라.
18 포스터(Foster, 2014)에 따르면, 자본주의의 모순과 위기에 대해 수요 또는 실현 문제를 중시하면서 마르크스적 정치경제학에 거시경제적 비판을 결합시킨 스위지의 이론은 로자 룩셈부르크 및 칼레츠키의 영향을 받았다고 한다. 이는 더 연구가 필요한 부분이다.

모의 비합리적 낭비, 주체성과 연대성을 상실하고 욕구불만인 채 고립되어 사소한 것들에 골몰하는 대중의 소외된 삶 등 자본주의적 삶의 양식에 대한 비판력을 갖고 있다. 이는 공저자인 바란이 프랑크푸르트학파의 세례를 받은 학자라는 데 기인한다(Attewell, 1984, pp. 35, 177). 그런데 프랑크푸르트학파의 비판이론이 정치경제학이 빈약한 문화 비판에 주력하고, 또 국가 자본주의적 조직 자본주의론으로 경도되었음에 반해, 《독점자본》의 소비사회 비판은 정치경제학의 내실을 갖추고 있고, 국가 또는 국가 독점보다 독점적 지배에 초점을 맞추고 있다. 《독점자본》이 미국 68세대의 대표적인 교과서로 널리 읽혔던 이유도 이 때문이다(Barkan, 1997).

《독점자본》에는 노동체제론이 사실상 빠져 있다. 현대 자본주의에서 특수한 기술 변화가 노동의 성격, 노동자들의 복잡한 구성과 분화, 노동자의 심리, 노동계급의 조직과 투쟁 형태 등에 미친 영향은 무시되고 있다. 이는 선진국 노동자는 체제 내로 통합되고 혁명의 주도권은 제3세계 대중의 손에 넘어갔다는 생각 때문이었다(서문). 그러나 이런 사고는 정정되어야 한다.

(3) 미국 자본주의와 신자유주의 금융 주도 축적 체제, 식민지 없는 신제국주의와 종속

스위지는 《독점자본》 이후 맥도프와 공동으로 1960년대 이후 미국 자본주의의 발전, 그 모순과 위기를 파헤친 4부작을 남겼다. 이들 연구는 생산과 화폐 금융, 기업과 거시경제, 국내경제와 세계경제적 연관, 패권 제국으로서의 미국의 위상과 역할 및 그것이 미국 경제에 갖는 함의 등을 종합적으로 포괄하고 있는, 훌륭한 연구서이자 비판적 개입서로서 모자람이 없다. 뿐만 아니라 이들 저서에는 신고전파에 의해 왜곡된, 마르크스와 보완관계에 있는 케인스, 즉 포스트왈라스 경제학이자 '투자의 포괄적 사회화'을 제기한 케인스 경제학의 본래

면모에 대한 옹호와 신자유주의 공급 사이드 경제학에 대한 비판도 담겨 있다. 정체론을 탈피하고 제도론이 보강된다면, 이 4부작은 충분히 새로운 생명력을 가질 것이다.

신자유주의의 시대 상황과 관련해서 주목해야 할 것은 스위지가 미국 자본주의의 금융화 문제에 파고들었다는 사실이다. 그는 《25년 이후의 독점자본》(1991)이라는 회고 글에서 금융 부문을 빠트린 《독점자본》의 결함에 대해 자기비판적 고백을 하고 있다. 그러면서 기존의 주류 경제학과 마르크스 경제학은 둘다 축적 과정에서 점점 더 중요해지는 금융 부문의 증대하는 위상과 역할을 멀리하고 자본축적을 실물적 현상으로만 간주하는 경향을 보였다고 비판한다. 그리하여 실물과 금융을 모두 아우르는 통합적 자본축적론을 발전시켜야 할 과제를 제시했다. 스위지는 4부작 중 네 번째 저작인 《정체와 금융폭발》(1987) 및 《금융자본의 승리》(1994)를 통해 이 과제를 수행하였다. 이 연구는 가히 신자유주의 금융 주도 축적체제론의 선구적 저작이라 할 만하며 1990년대 신경제 거품 붕괴도 예고하고 있다.

애당초부터 스위지의 정치경제학에서는 처음부터 제국주의 없는 자본주의란 상상조차 할 수 없는 것이었다. 그에게서 자본주의는 세계체제로서의 자본주의이며 제국주의는 자본주의의 생존 양식이다. 우리는 《독점자본》이 곧 제국주의와 다국적기업의 성장론이기도 했으며, 미국 자본주의에 대한 4부작 또한 제국주의에 대한 비판적 분석을 수반하고 있음에 주목해야 한다. 그러나 제국주의는 식민주의와 구별되었고, 전후의 제국주의는 식민지 없는 제국주의로 파악되었다. '신제국주의'론은 주로 맥도프에 의해 독자적 작업으로 수행되었고, 이는 제국(주의) 정치경제 연구에서 중요한 기여가 되고 있다. 할레비와 루카렐리(Halevi & Lucarelli, 2002)는 미국-일본-한국을 포함한 여타 아시아 국가들

간의 정치경제관계를 바란–스위지–맥도프의 시각에서 분석한다.

그렇지만 스위지는 바란을 통해 종속이론을 흡수하였고 제국주의 문제를 제3세계의 주체적 견지에서 파악하였다. 앞서 우리는 종속이론의 결함에 대해 지적하였다. 하지만 그것이 일면적이라 해서 제국주의 체제에 대한 그 비판력과 민중친화적인 내포적 · 내발적 발전론의 진보성을 통째로 버리는 것은 목욕물과 귀중한 아이를 같이 버리는, 어리석은 짓이 될 것이다.

6. 맺음말: 스위지 마르크스주의의 영혼

우리는 흥미롭게도 만년의 스위지가 미국 대중의 삶을 황폐화시키고 있는 신자유주의 지배에 대항하여 현실적 대안으로 두 가지 개혁 방안을 제시하고 있는 것을 볼 수 있다(1995): 첫째, 미국에서 비중이 높은 군사적 공공 부문 대신에 주택, 도시개조, 환경 개선 등을 위해 대대적으로 사회복지적 공공 부문을 건설할 것. 둘째, 사회경제적 불평등이 심화되고 있는 상황에 대처하기 위해 부와 소득 분배에 대한 더 많은 평등화를 도모할 것. 그런데 공교롭게도 스위지의 이 같은 개혁 대안은 마치 우리한테 주는 충고 같기도 하다. 한국 정치에 유례없이 새로운 대전환의 물결이 일어나고 있는 새로운 국면 속에서 스위지로부터 낡은 근본주의적 대안이 아니라 이런 진취적 개혁주의 대안의 목소리를 듣는다는 것은 반갑고, 좋은 일이다.

이렇게 해서 우리는 다시 스위지라는 거울과 새롭게 만난다. 세 개의 현대에 맞서 정통 마르크스주의의 깃발을 붙잡고 대결한 완고한 스위지는 죽었다. 그는 지나간 과거로서 우리에게 교훈을 준다. 그러나 궁핍한 시대, 불안의 시대에 현재를 '역사로서의 현재'로서, '선미래'(先未來)로서 전취하기 위해 온몸을 불살랐던 스위지의 실천적 마르크스주의의 영혼, 포스트왈라스적 급진 정치경제학과 진취적 개혁주의는 늘 우리의 곁에 살아 숨쉴 것이다.

참고문헌

[스위지의 저작(공동 연구 포함)]

Baran, P. A., *The Political of Economic Growth*, Monthly Review Press, 1957(김윤자 역, 《성장의 정치경제학》, 두레, 1984).

Baran, Paul A. and Paul Sweezy, *Monopoly Capital: An Essay on the American Economic and Social Order*, New York and London: Monthly Review Press, 1966(최희선 역, 《독점자본》, 한울, 1984).

Baran, Paul A., 김수행 역, 《제3세계 후진성의 역사적 고찰》, 한울, 열린글 7.

Bettleheim, Charles and Paul Sweezy, *On the Transition to Socialism*, New York: Monthly Review Press, 1971.

Braveman, H., *Labor and Monopoly Capital: The Degradation of Work in the Twentieth Century*, Monthly Review Press, 1974(이한주 · 강남훈 역, 《노동과 독점자본》, 까치, 1977).

Gurley, John G., Tarry Magdoff, and Paul Sweezy, *China's Economic Strategy*, New York: Monthly Review Press, 1975.

Huberman, Leo and Paul Sweezy, *Cuba: Anatomy of a Revolution*, New York: Monthly Review Press, 1960(《쿠바혁명사》, 지양사, 1984).

______, *Introduction to Socialism*, New York: Monthly Review Press, 1968.

______, *Socialism in Cuba*, New York: Monthly Review Press, 1969.

Huberman, Leo and Paul Sweezy, eds., *F. O. Matthiessen(1902–1950): A Collective Portrait*, New York: Schman, 1950(Note: This also apprears as the October 1950 issue of Monthly Review).

______, *Regis Debray and the Latin American Revolution: A Collection of Essays*, New York: Monthly Review Press, 1960.

______, *Paul A. Baran: A Collective Portrait*, New York: Monthly Review Press, 1965.

Huberman, Leo, Harry Magdoff, and Paul Sweezy, *Vietnam, the Endless War: from Monthly Review, 1954–1970*, New York: Monthly Review Press, 1970.

Magdoff, Harry, *The Age of Imperialism: The Economics of U.S. Foreign Policy*,

New York: Monthly Review Press, 1969(《제국주의의 시대》, 풀빛, 1982).
______, *Imperialism without Colonies*, Monthly Review Press, 2003.
Magdoff, Harry and Paul Sweezy, *Lenin Today: Eight Essays, on the Hundredth Anniversary of Lenin's Birth*, New York: Monthly Review Press, 1970.
______, *The Dynamics of U.S. Capitalism: Corporate Structure, Inflation, Credit, Gold, and the Dollar*, New York: Monthly Review Press, 1972.
______, *The End of Prosperity: The American Economy in the 1970s*, New York: Monthly Review Press, 1977.
______, *The Deepening Crisis of U.S. Capitalism*, New York: Monthly Review Press, 1981.
______, *Stagnation and Financial Explosion*, Monthly Review Press, 1987.
______, *The Irreversible Crisis*, Monthly Review Press, 1988.
Magdoff, Harry and Paul Sweezy, eds., *Revolution and Counterrevolution in Chile*, New York: Monthly Review Press, 1974.
Sweezy, Paul, *Monopoly and Competition in the English Coal Trade, 1550-1850*, Cambridge: Harvard University Press, 1938(also published - Westport: Greenwood Press, 1972).
______, *Socialism*, New York: McGraw-Hill, 1949.
______, *The Present as History*, New York: Monthly Review Press, 1953.
______, *The Theory of Capitalist Development: Principles of Maxian Political Economy*, New York: Oxford University Press, 1942(also published - New York: Monthly Review Press, 1956(이훈 · 이재연 역, 《자본주의 발전이론》, 화다, 1986).
______, "On the Theory of Monopoly Capitalism," *Monthly Review*, 23(11), Apr. 1972.
______, *Modern Capitalism and Other Esssays*, New York: Monthly Review Press, 1972.
______, *Post-Revolutionary Society*, Monthly Review Press, 1980.
______, *Four Lectures on Maxism*, New York: Monthly Review Press, 1981.
______, "Interview," *Monthly Review*, 1987. 4. 1.
______, *Imperialism in the 1990s*, 41(5), Oct. 1989.

______, *Preface for a New Edition of Post-Revolutionary Society*, 1990.
______, "Monopoly Capital after 25 Years," *Monthly Review*, 1991. 12. 1.
______, *Socialism: Legacy and Renewal*, 44(8), Jan. 1993.
______, "The Triumph of Financial Capital," *Monthly Review*, 46(2), June 1994.
______, "Economic Reminiscence," *Monthly Review*, 47(1), May 1995.
______, "More (or Less) on Globalization," *Monthly Review*, Sep. 1997.
______, "Interview," *Monthly Review*, 1999. 5. 1.
Sweezy, Paul, ed. and with an introduction, Karl Marx and the Close of His System, by Eugen von Bohm-Bawerk, Bohm-Bawerk's Criticism of Marx, by Rudolph Hilferding, Clifton: A. M. Kelly, 1951.
Sweezy, Paul, trans., *Principles of Communism by Frederick Engels*, A new translation New York: Monthly Review Press, 1952.
Sweezy, Paul, et al., with Introduction by Rodney Hilton, *The Transition from Feudalism to Capitalism: a Symposium*, New York: Science and Society, 1954.

[그 밖의 연구]

박성규 편역, 《사회주의 이행 논쟁》, 들녘, 1989.
아렌트 한나 지음, 제롬 콘 편집, 김선욱 옮김, 《정치의 약속》, 푸른숲, 2007.
이병천, 〈세계사적 근대와 한국의 근대〉, 김성기 편, 《모더니티란 무엇인가》, 민음사, 1994.
______, 〈세계자본주의 패권모델로서의 미국경제〉, 《사회경제평론》, 15, 2000.
______, 〈역사적 사회주의 이후의 대안체제론: 시장과 공적 소유의 결합으로 족한가〉, 《실현 가능한 사회주의의 미래》, 백의, 2001.
______, 〈개발독재의 정치경제학과 한국의 경험〉, 《개발독재와 박정희 시대》, 창비사, 2003.
______, 〈제국 논쟁과 우리 시대의 제국주의〉, 《시민과 세계》, 5, 2004 상반기.
______, 〈마르크스의 모순, 아렌트의 모순〉, 《문학과 사회》, 19(4), 2006 겨울.
______, 〈시민정치와 진보의 미래〉, 《시민과 세계》, 16, 2009.
______, 〈한국은 독일에서 무엇을 배울까〉, 《동향과 전망》, 98, 2016.
이병천 · 김주현 편, 《사회민주주의의 새로운 모색》, 백산, 1993.
이병천 · 옥우석, 〈조절이론의 진화와 전망〉, 《사회경제평론》, 42, 2013.
馬場宏二, 《新資本主義論》, 名古屋大學出版會, 1997.

______, 《富裕化と金融資本》, ミネルぱ書房, 1986.

Amsden, A., *Imperialism, The New Palgrave Marxian Economics*, W. W. Norton and Company, 1987.

Attewell, Paul A., *Radical Political Economy since the Sixties*, Rutgers University Press, 1984.

Barkan, J., "A Blast from the Past: Paul A Baran and Paul M. Sweezy's Monopoly Capital," *Dissent*, Spring 1997.

Broad, Dave, *Fordism and Imperialism*(book reviews of *Mirages and Miracles* by Alain Lipietz), *Monthly Review*, 3/1/1990.

Cataife, Daniel, "Fordism and the French Regulationist School," *Monthly Review*, 41(1), May 1989.

Crotty, J., "The Centrality of Money, Credit and Financial Intermediation in Marx's Crisis's Theory," in *Rethinking Marxism*, 1985.

Foster, J. Bellamy, "The Fetish of Fordism," *Monthly Review*, 39(10), March 1988.

______, "Is Overcompetition the Problem?," *Monthly Review*, 6/1/1999.

______, "Monopoly Capital at the Turn of the Millennium," *Monthly Review*, 51(11), Apr. 2000.

______, "Monopoly Capital and the New Globalization," *Monthly Review*, 53(8), Jan. 2002.

______, Memorial Service for Paul Marlor Sweezy(1910–2004), *Monthly Review*.

Foster, J. B., "Polish Marxian Political Economy and US Monopoly Capital Theory: The Influence of Luxemburg, Kalecki and Lange on Baran and Sweezy and *Monthly Review*," in Riccardo Bellofiore, Ewa Karwowski, Jan Toporowski, eds., *The Legacy of Rosa Luxemburg, Oskar Lange and Michal Kalecki*: Volume 1 of *Essays in Honour of Tadeusz Kowalik*, Palgrave Macmillan, 2014.

Foster, J. Bellamy, Paul Sweezy, and Monopoly Capital, Douglas Dowd, ed., *Understanding Capitalism*, Pluto Press, 2002.

Habermas, Jurgen, "What Does Socialism Mean Today," *New Left Review*, 183, 1990(〈오늘날 우리에게 사회주의란 무엇인가〉, 이병천 · 박형준 편저, 《마르크스주의의 위기와 포스트마르크스주의》, 1, 의암, 1992).

Halevi, J. and B. Lucarelli, "Japan's Stagnationist Crisis," *Monthly Review*, Feb. 2002.

Hansen, F. R., *The Breakdown of Capitalism: a History of the Idea in Western Marxism*, Routledge & Kegan Paul, 1883/1983(임덕순 역, 〈자본주의 붕괴 논쟁〉, 《과학과 사상》, 1989).

Howard, Dick, *Defining the Political*, University of Minnesota Press, 1989.

Kotz, David M. et al., eds., *Social Structures of Accumulation: The Political Economy of Growth and Crisis*, Cambridge University Press, 1994.

Lebowitz, Michael A., *The Theoretical Status of Monopoly Capital in Rethinking Marxism*, 1985.

Marglin, S. A., "Lessons of the Golden Age: An Overview," *The Golden Age of Capitalism: Reinterpretation the Postwar Experience*, Clarendon Press, 1990.

Merleau-Ponty Maurice, *Les Adventures de la dialectique*, 1955(English trans. by Joseph Bien, *Adventures of the Dialectic*, Northwestern University Press, 1973).

Phelps, C., "Introduction: a Socialist Magazine in the American Century," *Monthly Review*, May 1999.

Resnick and Wolff, eds., "Rethinking Marxism: Struggles in Marxist Theory," *Essays for Harry Magdoff & Paul Sweezy*, Automedia, Inc., 1985.

Scott, J. C., *Seeing like a state: How certain schemes to improve the human condition have failed*, Yale University Press, 1998(전상인 역, 《국가처럼 보기 - 왜 국가는 계획에 실패하는가》, 에코리브르, 2010).

제6장

하비의 역사지리적 유물론과 자본주의 공간생산론: 마르크스주의와 공간적 사유의 통합

김용창

1. 머리말: 하비 마르크스주의의 의미

최근 데이비드 하비(Harvey, 1935-)는 자신의 40여 년 연구 성과 가운데 중요한 성과들만 모아 편집한 책의 서문을 충격적인 사실로부터 시작한다. 중국에서 국토공간을 건설하는 데 2011년부터 2013년까지 단 3년 동안 66.51억 톤의 시멘트를 쏟아부었다. 이는 미국에서 1900년부터 1999년까지 100년간 쓰인 시멘트 44.05억 톤과 비교할 때 상상이 어려운 어마어마한 규모라는 것을 알 수 있다. 오늘날 이 엄청난 규모로 전개되는 중국의 도시화, 새로운 공간의 생산을 어떻게 이해할 것인가? 그것도 마르크스주의 사고 방식으로!(Harvey, 2016) 주지하다시피 하비는 마르크스의 연구에 토대를 두고 이러한 현실공간의 생산을 자본주의에 고유하게 내재하는 주기적 공황, 축적위기와 연관시켜 해석한다. 지리적 공간은 자본주의 축적 메커니즘과 분리된 것이 아니며, 자본주의의 진화 또한 지리적 공간의 생산과 절대 분리되어 사고할 수 없다는 것이다.

정통 마르크스주의에서 볼 때 공간적 사고는 지역주의처럼 계급투쟁을 신비화시키는 허위의식을 만들어 낸다고 오랜 동안 비판을 받던 사고이다. 하비는 이러한 정통적 사고에 과감하게 도전한다. 마르크스의 사유 체계에 기초하면서도 진정한 변증법적 유물론 사유 체계를 구축하려면 공간을 통합하는 전략이 필수적이라는 담대한 시도를 한다. 즉, 인간이 투쟁을 매개로 자신의 지리(공간)를 만들어 간다는 역사지리적 유물론(historical-geographical materialism) 사고가 필요하며, 그래야만 진정한 마르크스주의 실천이 이루어질 수 있다고 본다. 마르크스주의 연구에 대한 하비의 가장 큰 기여는 이론과 실천 양 측면에서 공간을 마르크스주의 영역으로 온전하게 끌어들였다는 것이다. 그 결과 그동안 주류 학문이나 마르크스주의 모두 공간을 그저 삶의 수동적인 배경 정도로만 취급하던 버릇에서 벗어날 수 있었다. 하비로 말미암아 공간도 당연히 진보적 실천의 대상에 포함시켜야 함을 근본적으로 깨닫게 된 것이다(김용창, 2012).

우리나라와도 아주 깊은 인연을 맺고 있는 하비는[1] 마르크스와 지리학 및 공간의 결합을 지난 40여 년 동안 가장 훌륭하게 수행하고 있다. 오늘날 하비는 우리나라뿐만 아니라 전 세계적으로 가장 유명한 마르크스주의 학자이자 지리학자이다. 또한 성서 해석에서도 하비의 공간이론을 활용할 정도로 이른바 '공간적 선회'(spatial turn)와 하비의 마르크스주의 지리학 연구가 대중과 학계의 주목을 끌고 있다(예컨대, 안용성, 2012).

하비의 마르크스주의 연구에서 가장 큰 강점은 마르크스 사고의 기본 원칙을 잘 지키면서도 상당히 유연한 사고를 전개하는 것은 물론, 아주 풍부한 사유 대상을 마르크스주의 연구로 포괄한다는 점이다. 이렇게 된 가장 큰 이유는 통상적인 마르크스주의 연구가 계급 및 경제적 사고를 중심으로 이루어진 것과는 달리, 하비는 여기에 더해서 지리학 또는 공간적 사유 방식을 전개했기 때문이다. 하비는 공간적 사고를 마르크스와 마르크스주의 연구의 중심부로 끌어들이면서 전통적인 생산 영역은 물론, 일상 생활 영역도 역사적 체제로서 자본주의에 고유한 특성(불안정성과 불균등 발전)에 기초하여 생동감 있는 분석을 하게 되었다(Harvey, 2001). 우리의 모든 사회경제 활동이 현실공간에서 이루어지기 때문에 연구 대상과 관점에서 공간을 배제하는 것은 인간 활동의 일부만을

---

1 하비는 여러 차례 한국을 공식 · 비공식적으로 방문하면서 다양한 인연을 맺고 있다. 한국에서 열린 2000년 제2차 세계비판지리학대회와 제29회 세계지리학대회에 참석하여 기조 강연을 하였으며, 2005년 11월에는 행정중심복합도시(현 세종시) 도시 개념 국제공모전의 공동심사위원장으로 참여하였다. 2016년에는 한국공간환경학회, 서울시, 서울연구원이 공동으로 주최한 '희망의 도시' 심포지엄에 참석하여 성황리에 서울시장과 공개 특별대담을 한 바 있다. 여기서 그는 노동현장의 문제 못지않게 생활공간에 대한 문제도 중요하며, 무분별하게 행동하는 자본을 제어하기 위해 동맹이 필요하고, 분별 있는 사람이라면 누구나 반자본주의자가 되어야 한다고 역설하였다(최병두 외, 2017). 팔순이 넘는 고령에도 전 세계에서 가장 정열적으로 활동하고 있는 마르크스주의자이자 지리학자이다.

다루는 한계를 드러내는 것이고, 결국은 미완성 분석으로 끝날 수밖에 없게 된다. 그리고 방법론적으로도 주류 경제학이나 사회과학에서 가정하듯 균질한 공간, 즉 사유 방식에서 사실상 제외해도 무방한 중립적 공간은 지구상에 없기 때문에 공허한 추상의 세계를 희구하는 것이 아니라면 반드시 공간적 사유를 통한 해석이 필요하다. 이것이 하비가 주장하는 마르크스주의 공간론의 핵심이다.

2. 하비의 학문이력과 역사지리적 유물론

1) 학문이력과 마르크스주의

하비는 영국 남동부 지역의 길링햄(Gillingham)에서 1935년 노동자 집안의 둘째로 태어났다. 1954년 영국 케임브리지대학교 존스칼리지 지리학과에 입학하였으며, 같은 대학에서 1962년 〈켄트지방의 농업 및 농촌지역 변동〉(Aspects of Agricultural and Rural Change in Kent, 1800-1900)으로 박사학위를 취득하였다. 1961년 영국 브리스톨대학교 지리학과에서 강의를 시작하면서 본격적인 학자의 길로 들어섰다(김용창, 2012).[2]

하비의 학문 생애사를 한마디로 요약하면 다음과 같다. 현대 지리학이 처한 난관을 극복하기 위해서는 지리와 지리학에 대한 역사유물론적 해석을 도입해야 한다고 강력히 주창하는 것으로부터 시작한다(Harvey, 1984). 그와 동시에

2 그의 보다 자세한 학문생애에 대해서는 김용창(2012)을 참조할 수 있다.

마르크스의 사상 및 마르크스주의의 완성을 위해서는 지리적 사고, 공간적 사고를 통합하는 역사지리적 유물론 관점을 정립해야 한다고 설파하는 것으로 귀결된다. 따라서 하비의 대표 저서이자 마르크스주의 정치경제학 연구 영역을 확장하는 데 기여한 《자본의 한계》는 이중적 의미를 가지고 있다고 해석할 수 있다. 하나는 자본주의 발전은 필연적으로 파국적 결과를 낳는다는 것, 즉 자본의 한계를 의미한다. 다른 하나는 마르크스의 자본주의 분석이 고정자본, 자본주의 조직 형태, 신용과 화폐, 지대, 공간생산과 불균등 발전, 제국주의 등의 분야에서 불완전한 이론 체계를 남겼기 때문에 마르크스의 사고를 바탕으로 이러한 분야로 이론적 확장을 꾀해야 한다는 것이다. 즉, 마르크스 《자본론》의 한계를 의미한다(김용창, 2012).

연구방법의 측면에서는 하비 역시 현상과 본질의 괴리를 꿰뚫어야 한다고 강조한 마르크스를 따른다. 만약 사물의 현상 형태와 본질이 직접적으로 일치한다면 모든 과학은 불필요하게 될 것이며, 그 둘은 일치하지 않기 때문에 '과학'이 필요하다는 마르크스의 논리를 따라서 현상세계 이면을 철저하게 파헤치는 엄밀성을 강조한다. "도덕적 분개로 얻을 수 있는 것은 과학적 설득력의 손실뿐"이라는 하비의 말이 이를 잘 표현해 준다(Harvey, 1982, p. 65).[3] 대신에 현상의 세계란 기만적이기 때문에 현상의 이면에 침투하여 그 밑에서 작동하는 힘을 규명하는 것이 과학의 과제이며, 현상적으로 드러나는 물신성(fetishism)을 극복하고 사회적 관계를 보는 것이 매우 중요하다고 강조한다(Harvey, 1982, pp. 196, 419). 이러한 엄밀성을 추구하기 위해서 기본적으로 채택한 연구방법론이 변증법이다.

3 이하 하비 저서의 괄호 안 페이지는 국내 번역본이 있는 경우, 해당 번역본의 페이지를 말한다. 다만 필요한 경우 필자가 번역문에 대해서 일부 수정을 하였다.

놀랍게도 하비는 현재까지도 최고의 찬사를 받고 있는 실증주의 지리학 연구방법론(Explanation in Geography)을 일찍이 1969년 저술하였다. 그런 그가 마르크스주의 공간 연구로 전환하게 된 이유는 1960년대 말과 1970년대 초 서구 사회의 현실에 대한 주류 지리학과 사회과학의 관점이 모두 만족스럽지 못했기 때문이다. 본래 지리학에서 오래된 진보적 전통으로는 아나키즘이 있었다. 기존의 주류 마르크스주의보다 공간 · 장소 · 환경 · 공동체 문제에 훨씬 더 세밀하게 접근하고 있었다. 그러나 아나키즘 지리학에는 마르크스가 선도했던 강력한 정치경제적 이론이 부족했다고 하비는 판단하였다(Harvey, 2016, pp. 103-104). 그렇다고 주류 마르크스주의도 도시나 생산공간, 생활공간 문제에 어떠한 개념이나 이론도 체계적으로 제시한 적이 없었다. 따라서 하비는 주요 개념에 대해 앙리 르페브르(H. Lefebvre)에 적지 않은 신세를 졌지만 독자적인 마르크스 독해방법을 통해 공간의 정치경제학, 역사지리적 유물론이라는 고유의 영역을 확립한 셈이다.

그리고 1970년대 중반 자본주의 공황 이후, 이른바 신자유주의와 유연적 축적시대에서 마르크스주의 연구에 대한 많은 비판과 포스트주의가 번창하는 가운데 여전히 마르크스에 토대를 둔 접근방법이 근본적이라는 입장을 고수한다. 마르크스 시대 못지않은 열악한 노동과 사회경제적 현실들을 "포스트주의가 제공하는 렌즈를 통해 읽는 것"은 무모한 짓이라고 비판한다(Harvey, 2000, p. 34). 최근 새로이 등장한 주제에 대해 마르크스가 논의하지 않았다는 사실, 또는 당대에 없던 새로운 문제들이 출현하고 있다는 사실이 마르크스 접근방법의 유효성을 부정하는 근거가 되지 못한다는 것이다.

나아가 마르크스주의가 전통적으로 배제한 영역이었던데다 사회주의 붕괴 이후 더욱 논의가 부족해진 유토피아 논의에도 마르크스주의가 적극적으로 개입해야 한다고 주장한다. 마르크스는 평생 애덤 스미스의 보이지 않는 손이 제시하는 유토피아를 철저하게 배격하려고 노력하였다. 그러나 하비가 보기에 좌파들이 유토피아에 관한 모든 논의에서 발을 빼는 것은 온당치 못하다는 것이다. 유토피아의 전망이 없다면 우리가 항해하고자 하는 항구를 결정할 방법이 없기 때문이다. 그리고 보수주의적 도덕주의 손에 유토피아 논의를 방치하지 말 것을 주문한다. 대안과 관련한 유토피아의 문제설정 방식에 대해서 적극적인 담론 투쟁을 전개하자고 주장한다. 이러한 마르크스주의 유토피아는 실천적인 구체성의 확보를 위해서 공간적 틀 잡기와 장소 구축, 즉 공간성과 장소의 지리와 통합시켜야 한다고 말한다(Harvey, 2000, pp. 240-246, 258-259).

2) 역사지리적 유물론

왜 하비는 마르크스주의 연구에 지리학 관점을 통합시키려고 했을까? 다소 긴 인용이지만 다음과 같은 하비의 말이 그 이유를 압축적으로 잘 보여 준다. 앞서 말한 대로 공간을 배제하는 연구 관점이 갖는 본질적 불완전성을 강조하고 있다.

> 지리라는 문제는 슬프게도 모든 사회이론에서 의붓자식처럼 무시된다. 내가 보기에 부분적으로 그 이유는 공간과 지리를 포함하면 사회이론의 '모든' 본체에 대한 중심 진술을 무력화시키는 효과가 있기 때문이다. 완전경쟁이론으로 연구하는 미시경제학자는 공간 독점에 직면하게 되고, 거시경제학자는 중앙은행들만큼이나 많은 경제 및 다양한 경제들 사이 독특한 교환관계의 흐름들을 발견하게 된다. 계급관계를

> 탐구하는 마르크스주의자들은 근린지역, 공동체, 지역, 국가를 발견하게 된다. 마르크스, 마셜, 베버, 뒤르켐은 모두 다음과 같은 공통점이 있다: 이들은 공간과 지리보다는 시간과 역사를 우선시한다. 공간을 다루는 경우라 할지라도 별다른 문제의식 없이 역사행위를 위한 변함없는 배경이나 장소쯤으로 여기는 경향이 있다.(Harvey, 1985, p. 141)

마르크스주의를 변화시키기에 앞서 하비는 우선 지리학의 학문적 성격에 대한 혁명적 변화를 시도하였다. 무엇보다도 지금까지 지리학의 학문적 · 방법론적 성격을 규정하는 데 영향을 미치고 있는 임마누엘 칸트의 관점에서 벗어나는 것이 필요했다. 칸트가 지리학은 공간 개념을 통한 다른 학문의 연구들을 종합하는 성격을 갖는다고 규정하면서 시간적 관점을 분리시켰고, 인류의 역사적 발전과 통합시키지 못하였다고 비판한다. 그리고 그 대안을 역사지리적 유물론에서 찾은 것이다(Harvey, 2009).

나아가 하비의 역사지리적 유물론은 자본주의에 대한 마르크스주의 분석의 진전을 위해서는 지금까지의 시간적 관점에 더해 공간 관점을 통합해야 한다고 주장한다. 이러한 방법론은 널리 알려진 사회과학 방법론은 아니지만 사회과학에서 공간적 사유로 전환 이후 많은 주목을 받고 있다.

예컨대, 아리기(Arrighi, 2004)는 규모와 범위 측면에서 진정으로 세계화된 유일한 역사적 사회 체제로서 자본주의를 규정한다. 이러한 자본주의 발전을 이해하는 것은 매우 어려운 작업이지만 하비가 말하는 시공간적 조정(spatial-temporal fix), 자본투자 전환 위기(switching crises), 탈취에 기초한 축적(accumulation by dispossession) 개념에 근거하여 역사적 자본주의 체제로서 변화를 구체적으로 분석하자고 제안한다. 아리기는 하비의 이러한 개념들이 자신의 저서 《장기 20세기》에서 확인한 자본주의 진화 패턴과 잘 부합한다고 말한다. 이러한 개념들을 토대로 역사적 체제로서 자본주의의 세계화와 진화를 분석하는 데 유용한 지리적 · 역사적 식견과 개념의 지도를 만들어야 한다고 주장한다. 하비의 역사지리적 유물론 관점에서 자본주의 및 그 진화에 대한 마르크스주의적 해석을 요구한 것이라고 볼 수 있다.

그런데 아리기가 보기에 하비는 과잉축적 위기, 시공간적 조정 및 투자 전환 위기 사이의 관계를 자세하게 설명하지 않는다고 본다. 이에 대한 아리기의 해석은 이렇다. 하비의 논리 전개에서 먼저 과잉축적 위기는 시공간적 조정의 원인으로 보는 반면에, 투자 전환 위기는 시공간적 조정의 가능한 효과(effects)로 간주한다. 그리고 시공간적 조정은 자본주의 역사지리를 반복해서 혁명적으로 바꾸는 관계로 본다. 이들 위기는 공간적 조정에 내재되어 있는 공간재배치(relocations)에 대한 저항으로부터 기인하고, 이 저항은 부분적으로는 자본축적 자체의 모순적 논리로부터 발원한다. 따라서 하비가 주장하는 것처럼 자본주의가 발달할수록 자본주의는 더욱더 지리적 관성에 구속되는 경향을 보인다(Arrighi, 2004, p. 529).

역사발전과 마르크스주의 발전을 위해서는 역사지리적 유물론에 입각한 사유가 핵심이라는 것에 하비는 확고한 신념을 갖는다. 역사지리적 유물론을 통하지 않고서는 마르크스주의 해석 내부의 근본적인 긴장 상황, 즉 계급신봉주의 또는 분열을 상징하는 계급의 지리적 분절로 퇴보하는 상황과 자본주의 세계 곳곳에서 일어나고 있는 다양한 형태의 사회투쟁들 사이의 긴장 상황을 해결할 수 없기 때문이다(Harvey, 1995, p. 4).

포이에르바하를 따르는 다수의 실천적 마르크스주의자들을 제외

> 한다면, 시간이 변증론자(dialectician)의 특권적 범주를 차지하는 사유 체계에서는 공간에 대해 변증법적으로 사고하기는 어려운 것 같다. 내가 보기에, '역사유물론'이란 용어조차도 지리의 중요성을 삭제하고 있다. 그리고 내가 지난 몇 년 동안 '역사-지리적 유물론'이라는 사고를 정착시키려고 노력했다면, 그 이유는 … 이러한 사유가 세계화 및 지리적 불균등 발전과 같은 과정들의 계급적 중요성에 대해 보다 유연하고 설득력 있게 보이도록 우리를 준비시키기 때문이다. 또한 내가 최근의 저술에서 시공간성(spatiotemporality)의 변증법적 방법과 씨름하고 있다고 한다면(내가 보기에 이러한 용어들의 융합 자체가 아주 중요하다) … 이는 마르크스주의적 설명에 내재하는 근본적 긴장을 정치적으로 해소하지 못할 때, 보다 나은 대안적 이해 방식을 필요로 한다고 느끼기 때문이다.(Harvey, 1995, p. 4)

이러한 역사지리적 유물론 사고의 장점은 자본주의에 특유한 시공간적 모순을 이해할 수 있으며, 그 모순의 약한 고리를 유리하게 이용하여 자본주의의 사회경제적 폭력을 극복할 수 있는 실천을 뒷받침한다는 데 있다. 그러나 마르크스주의에 이러한 공간적 사유를 통합하더라도 자본주의의 공간 생산과 파괴 메커니즘을 정치경제적으로 포괄하지 못하는 포스트모더니즘 논의들처럼 마르크스 이론의 본질과 단절하는 방식은 올바르지 않다는 것이 하비의 입장이다. 우리는 여전히 사회주의적 전위를 강하게 필요로 한다고 말한다. 대안적 비전은 포스트모던 절충주의에 대한 호소가 아니라 역사지리적 유물론의 관점에서 사회주의 비전을 찾고, 공통성과 특수성, 차이와 보편성의 관계에 대해 보다 깊이 있는 논의를 통해서 찾아야 함을 하비는 강조한다(Harvey, 1995).

물론 변동하는 공간성과 재영토화의 이론적 함의를 찾으려는 수많은 노력들이 있다. 들뢰즈와 가타리(Deleuze & Guattari) … 다른 모든 설명과 마찬가지로 이들이 사회사상을 공간적 관점에서 재구성하여 얻은 장점이라는 것은 마르크스주의 정식화에 대해 부분적이거나 때로는 철저한 단절을 대가로 발생하였다. 나의 연구에서는 중심 명제들을 꼭 파기하지 않고서도 공간성을 마르크스주의 이론과 실천에 통합하는 방법이 있다는 것을 보여 주려고 노력한다. 비록 이러한 통합 과정에서 이론과 실천 모두에서 어느 정도의 수정이 발생하지만 말이다.(Harvey, 1995, pp. 5-6)

3. 공간적 관점의 자본순환론과 공황론

1) 공간적 자본순환론

주지하다시피 마르크스가 자본축적 과정의 다양한 변화 측면을 다루고, 자본축적의 불안정성 문제에 접근하기 위해 발전시킨 개념 도구가 바로 '자본의 순환'이다. 하비의 자본순환론은 마르크스의 《자본론》 2권에 토대를 두고 있으며, 마르크스의 기본 자본순환 도식이 지리적인 의미를 내포하고 있다고 보고 지리학적 관점에서 자본순환 구조를 구상한 것이다.

하비는 마르크스의 자본순환을 세 개의 순환으로 재구성하고 있다. 그의 자본순환론은 위기(공황)를 계기로 바뀌는 시간적·순서적 순환으로 이해하기 쉽다. 그러나 비록 하비가 명시적으로 밝히지는 않았지만 사실상 3차원의 중층적 순환론으로 이해하는 것이 옳을 것이다. 그의 자본순환론은 상품의 생산-소

그림 6-1 하비가 제시한 자본순환 과정

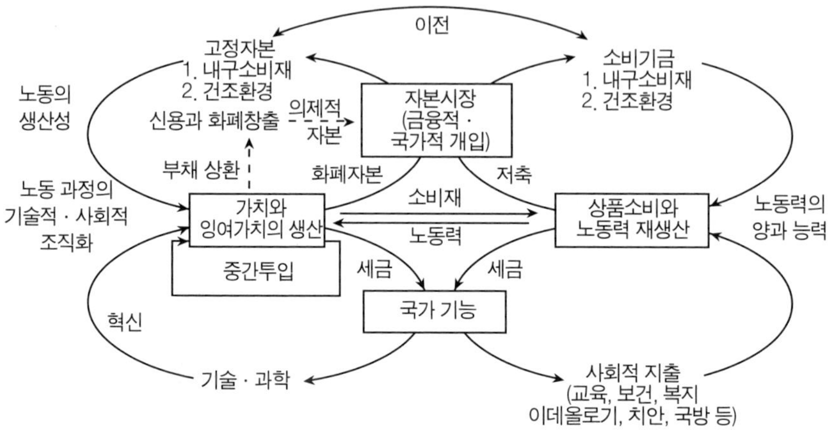

자료: Harvey(2016), p. 117.

비 과정에서 작동하는 자본의 1차 순환(이윤율의 저하에 따른 과잉축적 위기 발생), 과잉축적 위기를 해소하기 위해 고정자본 및 소비기금으로 전환되는 2차 순환(도시 하부구조 등 물리적 자본축적 환경의 건설과 공간적 조정), 과학기술과 노동력 재생산을 위한 사회적 지출(교육, 보건, 이데올로기 · 군사적 수단에 대한 지출)로 구성된 3차 순환으로 이루어져 있다([그림 6-1] 참조, Harvey, 2016, pp. 109-125; 최병두, 2017).

이처럼 그의 자본순환론은 3차원으로 구성되어 있지만 그의 논의에서 중심적인 부분이자 독창적인 것은 자본주의 경제위기 국면에서 공간을 이용한 잠정적인 해결(공간적 조정)을 위해 물리적 축적환경(건조환경)으로 자본투자를 전환한다는 사고이다. 바로 그의 자본주의 역사지리적 유물론에서 2차 순환이 중심을 차지한다. 하비는 2차 순환으로 전환, 즉 물리적 축적환경의 생산은 "과잉축적 자본의 흡수를 위해 하늘이 준 선물(godsend)로서 출현한다"고 말한다

(Harvey, 1982, p. 319). 이러한 순환 개념은 중국의 대규모 도시화를 포함한 도시화 과정 일반, 도시 내부의 국지적인 변동, 지리적 불균등 발전을 자본축적 및 자본주의 위기 과정과 연결하여 분석할 수 있는 길을 열었다. 또한 경제순환에서 자본투자 이동을 통해 부동산 투자 급증과 시장붕괴의 주기적 · 반복적 흐름을 분석할 수 있게 해준다(Wilson, 1991).[4)]

그런데 하비의 도식을 살펴보면 1차 순환의 중심부를 가치와 잉여가치의 생산이 차지하고 있지만 도식의 나머지에서는 가치흐름이 사라져 있다. 대신에 최종 산출물, 새로운 생산 수단(중간투입물), 물리적 축적환경 등과 같은 사용가치 중심으로 구성되어 있다. 이러한 자본순환 도식은 자본순환의 변화에 따른 공간조직 및 사회지출 형태 등과 같은 생산 영역 이외 부문의 창출을 분석하는 데 장점을 갖는다. 그러나 신용과 의제자본 부분을 제외하면 '운동하는 가치'(value in motion)와 그 형태 변화에 기초한 자본순환의 내재적 모순과 위기를 분석하기에는 어려운 측면이 있다(Feldman, 2015).

반면에 하비와 마찬가지로 마르크스의 자본순환을 주목하는 폴리(Foley, 1986, pp. 112-117)는 가치흐름과 가치 형태 변화를 중심으로 자본순환을 분석하고 있다. 그는 자본주의 생산 과정에 대해 세 개의 주요 마디, 즉 금융자본, 생산자본, 상업자본 형태의 연속 체계로 자본순환을 구성한다. 이러한 접근은 가치흐름의 시간 지체와 중단에 따라 현상적으로 나타나는 다양한 형태의 자본주의 위기와 확대 재생산의 단절 국면을 포착하는 데 장점이 있다. 반면, 구체적인 현실의 생활세계와 생활공간의 위기, 현대 도시의 급속한 성장과 위기를 인식하는 데는 하비의 도식보다는 한계가 있다. 따라서 두 유형의 자본순환 접근을

4 하비의 관점에서 보자면 부동산시장의 과열과 투기는 1차 순환의 생산 영역에서 과잉축적 위기, 이윤율 저하로부터 탈출하기 위한 출구로 해석할 수 있다.

통합하는 틀이 필요하다.

2) 과잉축적 공황론과 공간

하비의 자본순환론은 '과정으로서 자본'과 '형태로서 자본' 사이 모순을 가장 잘 표현하고 있다. 순환해야 하는 자본의 운명과 물질적 형태의 사물로서 자본의 운명 사이 모순은 물론, 자본순환 내에서 공간적 고착성과 이동성을 끊임없이 추구해야 하는 내적 긴장관계를 잘 보여 준다(Harvey, 2014).

하비의 공황론(위기론) 역시 이러한 자본순환론의 연장선상에서 전통적인 마르크스주의 공황론과 달리 공간적 관점을 강하게 내포한다. 하비는 《자본의 한계》(1982)에서 자본주의 공황(위기)의 계기를 세 가지로 구분한다. 이윤율 저하와 과잉축적 위기에 따른 1차 공황 국면, 공간적 조정(spatial fix)과 신용 체계 및 금융자본(의제자본)의 발달에 따른 금융공황으로서 2차 공황 국면, 공간적 조정과 국지적 감가에 대한 지구 차원의 해결 전략 추진 및 세계전쟁 국면으로서 공황의 3차 국면이다. 그런데 이와는 달리 《자본이라는 수수께끼》(2010)에서는 자본순환의 단계적 이행에서 자본의 흐름을 저해하는 잠재적 장애물로 공황을 설명한다. 그 장애물로는 화폐자본의 부족, 노동공급 부족, 물리적 축적환경을 포함한 생산 수단의 부적절성, 기술과 조직의 부적합성, 노동(과정)의 비효율성, 화폐적 유효수요 부족(과소소비 위기) 등을 꼽고 있다(최병두, 2016).

하비의 공황론은 크게 보면 '실현공황론'[5] 입장에서 자본주의적 생산과

5 생산된 잉여가치가 유통 과정에서 그 가치대로 실현되지 못함으로써 주기적 과잉생산공황이 발생한다는 입장이다. 이러한 입장들은 불비례설, 과소소비설, 과잉생산공황론으로 나누어진다. 장기적 · 경향적으로 관철되는 이념적 평균의 법칙에서 이해되는 가치법칙, 현실경쟁과 산업순환 수준에서 가치법칙 사이 불균형을 주목한다. 현

실현의 통일성을 깨뜨리는 다양한 요인들을 경제공황의 원인으로 생각하고 있는 듯하다. 그가 공황의 원인으로 이윤율 저하 경향을 중요하게 간주하지 않는 이유이기도 하다(이정구, 2016).

하비의 공황론은 과잉축적 위기론이 중심을 이룬다. 하비에 따르면 "가치는 불안정한 세계를 기술하기 위한 고정된 측정 장치가 아니다. 자본주의에 근본적으로 내재하고 있는 모순들을 반영하는 불안정하고, 불확실하며 모호한 측정도구이다"(Harvey, 1982, p. 265). 자본주의에서 가치라는 것은 고정된 것이 아니기 때문에 운동하지 못하는 가치는 감가(가치상실)되는 자본이며, 과잉축적의 또 다른 면을 표현하는 것이다. 하비는 감가와 과잉축적, 이 개념이 실제 경제생활에서 드러나는 다양한 모습(현상 형태)들을 다음과 같이 제시한다.

> 감가는 과잉축적의 이면(underside)이다. … 자본일반의 과잉축적은 순환 과정에서 취하는 모든 상태들로 '보류된' 과잉자본의 특수한 표현 형태들(manifestations)로 즉시 전환될 수 있다. 우리는 다음과 같은 형태들을 꼽을 수 있다: ① 상품의 과잉생산, ② 자본의 정상적인 순환에 필요한 것을 초과하는 불변자본투입물과 반제품들의 과잉재고, ③ 생산 과정 내의 유휴자본, 특히 완전가동이 되지 않는 고정자본, ④ 정상적으로 필요한 화폐보유량을 넘어서는 과잉 화폐자본과 유휴현금잔고, ⑤ 노동력의 과잉: 생산에서 과소고용, 축적에 필요한 적정 수준을 넘는 산업예비군의 팽창, 노동력의 일시적 감가를 유발하는 착취율의 상승, ⑥ 투하자본수익률의 하락: 실질이자율의 하락, 산업자본과 상업자본의 이윤율

실경쟁 차원에서 가치법칙의 작동은 가격기구 때문에 균형으로 수렴되지 않고 순환적인 불균형의 누적과 주기적 공황을 동반하는 불균형기구라고 본다(김성구, 2008).

하락, 지대 감소 등.(Harvey, 1982, pp. 267-268)

하비는 과잉축적의 이러한 다양한 현상 형태들을 구체적으로 고려할 때에만 과소소비설, 이윤율의 저하법칙 등 공황에 대한 기존의 논쟁들을 올바르게 다룰 수 있다고 본다. 즉, 이윤율 저하법칙의 관철과 상품의 과잉은 어느 한쪽에 우선권을 부여할 수 있는 것이 아니라 모두 똑같은 근본 문제의 현상적 구현들인 것이다(Harvey, 1982, p. 268).

그런데 하비의 과잉축적 개념은 지시 대상과 관련해서 모호함을 벗어날 수 없다는 비판을 받는다. 하비의 과잉축적 개념은 기술진보가 순조롭게 이루어지고 투자가 활성화되는 가운데 더 많은 잉여가 재생산되는 상황, 기술진보가 제약을 겪고 투자가 침체되면서 잉여가 생겨나는 상황 모두를 가리킬 수 있다. 이는 결국 하비의 의도와는 무관하게 구조적 위기와 순환적 위기를 구별할 수 없게 만든다. 공간적 조정을 포함하여 뉴딜과 같은 일련의 조정정책이 순조롭게 이루어지면 자본주의 위기를 극복할 수 있다는 해석으로 넘어갈 소지가 있다. 자본주의 위기를 내재적인 근본 모순과 구조적 위기로 파악할 수 없게 되는 문제를 낳는 것이다(장진범, 2006).[6)]

자본주의 작동 및 지속과 관련한 하비의 공황에 대한 생각은 다음과 같다. 생산 부문 사이, 생산과 소비 사이 순조로운 진행과 순환이 어그러지며 발생하는 불균형을 강제로 회복하는 폭력적 조정 과정이 공황이다. 자본주의는 자본의 자기 증식이 자본주의적 생산의 출발점이자 끝이며, 동기이자 목표로 나타

6 이러한 해석은 결국에는 개량주의적 해석과 정책대안으로 이어진다는 것이 마르크스주의 진영의 논쟁에서 오랫동안 반복되는 쟁점이기도 하다. 그래서 하비에게도 '새로운 뉴딜'이나 '헤게모니 이행'과 같은 비현실적 대안을 제시한다는 비판이 따른다(장진범, 2006).

나는 시스템이다. 이러한 자본주의 생산의 한계는 자본 그 자체라는 마르크스의 인식을 바탕으로 공황은 자본주의의 한계로 보이지만 그렇다고 자동적 붕괴로 이어지는 것이 아니라 자본의 탈출구로 기능한다고 본다. 그러나 기존의 자본축적 장애는 더 큰 장애를 통해서만 극복되는 모순적 체제이기 때문에 균형 달성은 아주 우연적 현상일 뿐이며, 공황은 반복적이고 구조적일 수밖에 없다.

그런데 최근 공황에 대한 하비의 이해를 둘러싸고 논쟁이 일고 있다. 논쟁의 전선은 마르크스가 주장한 '이윤율의 경향적 저하법칙'에 대한 하비의 이해 방식이다. 물론 이 법칙은 마르크스 진영에서 오랜 논쟁 대상이다. 주지하다시피 자본주의에서는 노동절약형 기술진보 때문에 이윤율이 하락하는 경향이 있다고 말하는 법칙이 마르크스의 이윤율 저하법칙이다.[7)]

최근 하비는 마르크스의 이윤율 저하법칙 및 자본주의 경제위기론에서 차지하는 이 법칙의 위상, 그리고 2009년 경기 대침체(Great Recession)의 원인에 대한 설명력과 관련하여 전반적인 비판을 제기하였다. 하비의 생각은 마르크스의 연구에서 경제위기 또는 공황 형성에 대한 단일 원인은 없다는 것이기 때문에 이윤율 저하법칙을 독보적인 원인으로 고려할 수 없다는 입장이다.[8)] 그는

---

7 이윤율의 경향적 저하법칙이 자본주의 위기(공황)의 명확한 원인이고, 자본주의적 생산의 주기적 변동과 위기를 근본적으로 설명할 수 있다는 입장이 마르크스주의 진영에서 다수를 차지했던 적은 없다. 마르크스 사후 초기에는 카우츠키, 레닌, 부하린, 룩셈부르크, 힐퍼딩이 이 법칙을 마르크스주의 핵심 공황이론으로 인정하지 않았다. 그로스만(Grossman), 마틱(Mattick), 야페(Yaffe), 카르케디(Carchedi), 코고이(Cogoy) 등이 이윤율 저하법칙을 공황이론의 기초로 삼았지만 오늘날에도 여전히 소수이다. 오늘날은 하비를 비롯하여 아글리에타(Aglietta), 뒤메닐(Dumenil), 위송(Husson), 우노(Uno), 이토(Itoh), 울프(Wolf) 등 저명한 마르크스주의 경제학자들이 여전히 이 법칙을 받아들이지 않는다(Roberts, 2016). 보다 자세한 공황론의 연구 동향과 갈래에 대해서는 김성구(2008)를 참조할 수 있다.

8 공황과 이윤율 저하법칙의 관계에 대해 하비는 다음과 같이 말한다. "우리가 절대적 확신을 갖고 말할 수 있는 점은 마르크스가 그의 이윤율 저하법칙을 자본주의 공황 형성에 대한 그의 이론에서 첫 번째 국면에 관한 진술로 간주했다는 점이다"(Harvey, 1982, p. 262).

자본주의 경제에 본래적인 다중적인 모순들과 위기 경향들이 끊임없이 창조된다고 본다. 즉, "체계적인 것과 정세적(국면적)인 것 사이의 관계는 그것이 선명해지는 바로 그 순간에 융합하기 시작하기" 때문에 구체적 상황을 설명할 수 있는 보다 함축성 있는 이론을 필요로 한다. 그렇기 때문에 "훌륭한 역사지리적 유물론자로서 우리는 두 말할 필요 없이 그러한 목표를 추구해야 한다"는 것이다(Harvey, 2016, p. 53). 여기서 하비는 자본주의 경제위기를 이윤율 저하법칙으로 주로 설명하려는 많은 마르크스주의 경제학자들의 논리를 태양이 궁극적으로 수명을 다할 먼 미래의 일로 비유한다. 그러한 의미에서 하비는 길게 보았을 때는 논쟁 상대자인 클라이먼(Kliman)이 옳을 것이라고 말한다. 그러나 자본주의 위기에 대한 자신의 이해 방식이 바로 '지금 여기서' 우리에게 무슨 일이 벌어지는지를 이해하는 데 훨씬 더 나을 것이라고 말한다(Harvey, 2015).[9]

하비의 생각에 경제위기와 그 원인은 시공간적 구체성을 갖고 있는 데 비해, 보편적인 이윤율 저하법칙으로 모든 상황을 설명하려는 것은 자본주의의 시공간적 진화를 고려하지 않는 설명방법에 해당한다. 모든 위기를 이윤율 저하법칙으로 설명하고자 한다면 아무 설명도 안하는 것과 같고, 시공간적 구체성에 부응하는 실천적 전략도 제시하지 못한다고 보는 것이다. 지극히 지리학자로서 하비다운 인식이다.

하비에 반대하는 클라이먼, 로버츠 등의 입장은 이윤율 저하법칙을 2009년 9월 서브프라임 모기기 사태 이후 벌어진 대침체의 원인으로 간주하는지 여부

9 이에 대해 클라이먼은 다음과 같이 반박한다. 하비의 비유는 "이윤율 하락 때문에 자본주의가 붕괴하는 것은 대략 태양이 다 타 없어질 때까지처럼 오랜 시간이 걸릴 것이다"라는 룩셈부르크의 말로부터 빌려온 것으로 보인다. 마르크스는 자본주의가 이윤율 하락 때문에 반드시 또는 그렇게 붕괴할 것이라고 말했다는 증거는 없다. 이와 달리 마르크스는 "그 일반법칙(이윤율의 경향적 저하법칙)의 효과들을 억제하고 무효로 만드는 상쇄 요인들이 작용한다. 이 법칙은 공황의 방식에 의해서 끊임없이 극복되어야만 하는 것이며, 항구적인 공황이라는 것은 존재하지 않는다"라고 주장한다(Kliman, 2015c).

가 정치적으로 중요하다고 본다. 이러한 입장에 선다는 것은 자본주의 위기를 극복하기 위한 정책들이 결국에는 성공하지 못할 것을 제시하는 것으로서 자본주의는 본성상 구조적 위기를 벗어날 수 없다고 보는 것이다. 자본주의가 그 자체로 파멸적 요소를 담고 있는 결정적 요인이 이윤율의 경향적 저하법칙이라고 본다. 즉, 마르크스의 이윤율 저하 경향의 법칙은 위기의 원인을 설명해 줄 뿐 아니라 자본주의 생산 양식의 한시적 성격도 보여 준다.

반면에 이 법칙을 인정하지 않게 되면 위기 조정을 위한 정책들을 통해서 자본주의가 위기를 극복할 수 있다는 기능주의 입장을 취하게 된다고 본다. 즉, 자본주의 위기에 대한 입장에 따라 자본주의의 장기적인 역동성에 대한 해석이 달라지고, 실천방법과 정치적 입장의 차이로 이어진다. 이들은 "이윤율 저하법칙이 마르크스주의 상상 속에서 우상적 지위(iconic position)를 지니고 있으며, 게다가 마르크스가 제기한 다른 가능성들을 고려 대상에서 배제하는 방식으로 통상 제시되고 있다"(Harvey, 2016, p. 52)고 보는 하비의 주장에 대해 상당히 모욕적이라고 말한다. 자신들을 교조적이라 단정해 놓고 줄기차게 비난하는 학계의 관행과 하비가 연결되어 있다고 보기 때문이다(이정구, 2016; Kliman, 2015a, b, c; Roberts, 2016).[10)]

이들은 하비가 다중원인론을 주장하는 것은 사실 자본주의 위기의 원인 부재론을 주장하려는 연막이라고 의심한다. 아울러 마르크스는 이윤율 저하법

10 이들은 하비가 이윤율 저하법칙을 단일원인론으로 비판하는 것과 이 법칙의 핵심적 중요성을 인정하지 않으려는 것에 대해 다음과 같은 논리로 비판한다. 사과가 나무에서 떨어지는 경향을 만유인력법칙으로 설명하면서 바람이나 공기저항 등과 같은 다른 요인들을 언급하지 않는다고 해서 이러한 요인들을 없는 셈 치는 것이 아니라고 말한다(Kliman, 2015a). 로버츠(Roberts)는 하비가 이윤율의 경향적 저하법칙이 위기의 유일한 원인이기는커녕 주된 원인도 아니라고 결론을 내리는 것에 대해 반발한다. 대신에 뉴턴이 중력과 작용 반작용의 영향을 받는 지구 위의 물체들의 움직임에서 그 근본 원인을 가려냈던 것과 같은 방식으로 위기의 근본적이고 궁극적인 원인을 가려내야 한다고 강력하게 주장한다. 이윤율 저하법칙이 그것이라는 것이다(Roberts, 2016).

칙이 가장 중요한 경제법칙이라고 하였는데, 하비가 과소소비, 유효수요 부족에 근거한 위기이론을 마르크스 이론인 것처럼 둔갑시키려 한다고 비판한다. 그렇다고 자신들이 모든 상황을 이윤율 저하가 원인이라고 말하는 것은 아니지만 2009년 경기 대침체 이후 더딘 경제회복은 생산적 투자의 수익성이 높지 않은 것과 연관된 것은 분명하다고 말한다.[11] 저금리 상황이 계속되는 것은 인플레이션을 고려할 때 채무자들이 빌린 것보다 더 적은 돈을 갚는 상황이 되었다는 것이다. 기업들에게 투자를 유도할 유인책이라고는 갚지 않아도 될 돈을 제공하는 것밖에 없는 상황이라면 신규투자의 기대이윤율이 지독히도 낮은 상황을 보여 준다는 것이다(Kliman, 2015a, b, c).

하비나 비판론자들이나 모두 이윤율 저하법칙이 자본주의 위기를 설명하는 데 절대적 진리나 유일한 원인이 아니라는 데는 동의한다. 다만 비판론자의 입장에서 볼 때, 이윤율 저하법칙을 근본적 요인으로 받아들이지 않는다는 것은 자본주의 위기를 이 법칙보다는 다른 원인으로 더 잘 설명할 수 있다는 것을 승인하게 된다고 간주한다. 따라서 케인스주의나 부르주아 경제학의 처방을 받아들이게 된다. 그리고 마르크스의 주장과 달리 자본주의 생산 양식에는 주기적이고 반복적인 위기를 야기하는 근본 모순은 없으며, 단지 유통의 문제만 있을 뿐이라고 용인할 수밖에 없게 된다. 하비의 주장도 이와 크게 다르지 않다는 것이다. 결국에는 가치와 잉여가치를 생산하는 부분의 바깥 영역에 기초를 두는 자본의 부차적 순환에 기초한 다른 원인, 즉 투기적 과잉생산과 같이 주로 가치의 분배와 관련된 부분에 눈을 돌리게 만든다는 것이다. 다음에 살펴볼 것처럼 자연히 하비는 탈취에 기초한 축적의 논리로 위기를 극복한다는 것으로

11 로버츠는 주택 가격 거품의 붕괴와 2007년에 시작된 신용경색은 2006년 이윤율과 이윤량이 떨어진 뒤에 찾아왔다고 본다(Roberts, 2016).

귀결될 수밖에 없다는 것이다(Roberts, 2016).

이러한 비판에도 불구하고 하비의 공황론은 공간적 사고 체계를 공황분석에 상정하고 있다. 그 때문에 마르크스주의 이론 가운데 유일하게 자본주의에 고유한 공간불균등 발전의 속성을 마르크스의 공황 연구와 통합하는 장점이 있다. 자본주의에서 늘 존재하는 경제위기(공황)는 모든 공간과 장소에서 동시적으로 발생하는 것이 아니다. 공간의 경쟁 이점과 경제경관이 지역과 장소에 따라 모두 다르기 때문에 위기는 특정의 구체적인 장소를 배경으로 발생하며, 그에 따른 가치상실(감가) 또한 특정한 장소에 자신의 흔적을 남겨 놓는다. 그만큼 지리적 불균등 발전은 자본주의 시스템에 본래적이다.

4. 공간적 조정과 제국주의론

1) 공간적 조정의 정치

앞서 말한 대로 하비의 마르크스 연구에서 가장 큰 특징은 무엇보다도 마르크스를 지리학(공간) 관점에서 읽는다는 것이다. 자본주의 생산 체제에서 생산, 분배, 교환 및 소비의 통일성으로서 가치, 사회적 필요 회전시간에 따라 감가를 겪는 가치라는 것을 상정할 때, 이러한 가치 개념은 지리적 측면을 필연적으로 내포한다고 해석한다. 가치의 증식 과정(M–C–M*. 여기서 M* = M + ΔM, 초과분 ΔM은 잉여가치)을 통해 가치는 자본으로 전환된다. 그리고 자본주의에서 정지와 고정이 가치의 본질이 아니고, '운동하는 가치'가 자신의 존재 의의라고 할 때, 상품생산 장소와 실현 장소의 시공간적 분리가 가치법칙 전개의 공간적 측면이고, 가치증식은 곧 시공간을 통한 증식 과정이다(Harvey, 1982; Henderson, 2004).

이처럼 현실의 시공간에서 가치가 지속적으로 증식할 때, 자본의 시공간적 순환 과정은 한편에서는 일정한 비율의 가치가 늘 공간에 고정되어 있어야 한다. 그리고 다른 한편에서는 자본주의적 경쟁 때문에 지리적 전환과 이동이 충분할 정도로 감가(가치상실)가 특정 공간에서 이루어져야 한다. 자본주의에서 경쟁은 늘 공간적 입지 이점의 생산과 향유를 전제한다. 그리고 상품 형태, 화폐 형태 등과 같이 자본은 자신의 형태에 따라 이동성이 천차만별이다. 따라서 운동하는 가치는 실제 세계에서는 필연적으로 고정과 이동이라는 공간성을 갖는다. 하비는 자본주의의 지리적 조직, 즉 공간조직은 가치 형태의 변화와 가치 법칙의 모순을 내부화한다고 본다. 이것이 의미하는 바는 자본주의는 새로운 공간생산을 통해서 기존 공간의 문제를 극복한다는 것이다. 그에 따라 지리적 불균등 발전이 자본주의에서는 필연적이라는 것이다(Harvey, 1982; Henderson, 2004).

따라서 가치법칙의 전개에 따른 모순과 경제위기는 반드시 상응하는 공간 차원을 갖는다. 주지하다시피 하비의 자본순환론과 그의 역사지리적 유물론 체계 전체에서 중심을 차지하는 것 가운데 하나가 바로 '공간적 조정'(spatial fix) 개념이다(Harvey, 2001). 공간적 조정은 자본주의 생존에도 본질적 요소이며, 하비 자신의 이론 체계에서도 핵심적 위치를 차지하는 것에 대해 다음과 같이 말한다.

> 자본축적은 늘 지리적이고 공간적인 문제와 깊게 연관되어 있다. 지리적 팽창, 공간 재조직화, 지리적 불균등 발전에 내재하는 여러 가능

> 성들이 없었다면 자본주의는 오래전에 하나의 정치경제적 체제로서 그 기능을 끝냈을 것이다. 내가 자본주의 모순에 대한 공간적 조정이라고 부르는 항구적 전환이 자본축적의 지구적 역사지리라는 것을 만들었다.(Harvey, 1995, p. 2)

그의 자본주의 역사지리적 유물론에서 '조정'에는 이중적 의미가 있다. 곧 모순적 해결, 늘 위기가 내재된 해결이라는 속성을 내포한다는 것이다. 한편에서는 자본운동 과정에서 총자본의 일정 부분과 사회적 지출은 투자 이점의 향유 및 물리적 형태의 축적경관으로서 늘 지리적으로 고정되어 있거나 영역화되어 있어야 한다. 다른 한편에서는 이러한 고정성과 영역성은 시간적 이연과 지리적 확장을 통해 자본주의의 위기를 일시적으로 해결하는 역할을 수행해야 한다(Harvey, 2003, p. 115; Harvey, 2004; Arrighi, 2004, p. 528).

또 다른 이중적 의미는 물리적 자본축적 환경 투자를 통해 과잉축적 위기를 흡수함으로써 공간을 통한 자본순환의 시간적 해결을 꾀하는 동시에 새로운 축적공간을 생산하는 공간적 과정이라는 것이다. 이는 자본흐름의 공간적 방향 전환(redirection)에 해당하는 것이기 때문에 지리적 불균등 발전을 낳는 과정이기도 하다.

여기서 우리가 주목할 것은 그의 공간적 조정론이 단순히 과잉축적 위기를 해결하기 위한 경제환원론이나 기능론이 아니라 정치적 갈등을 내재한다는 것이다. 과잉축적 위기를 해결하기 위해 2차 순환 영역으로 자본투자 전환이 이루어지면서 새로운 물리적 자본축적 환경이 생산된다. 자본주의 경쟁 체제 아래서 이러한 새로운 물리적 환경의 생산은 곧 경쟁 이점을 갖는 공간의 생산과 관련된다. 그리고 자본의 투자성과로서 경쟁 이점을 가능한 지속적 · 배타적으로 향유하기 위해서는 특정의 지리적 공간에만 작동하는 정치적 · 제도적 · 비공식적 장치를 필요로 한다. 하비는 이를 일컬어서 지리적으로 구조화된 정합성이 지배하는 영역(영토)이라고 말한다. 실리콘밸리는 이러한 공간을 잘 보여 준다.

그러나 이러한 공간의 창출은 경쟁 체제 때문에 다른 공간의 동시적인 가치잠식 과정을 동반한다. 물리적으로는 유용성이 충분히 있지만 경제적 측면에서는 경쟁력이 상대적으로 약화되면서 가치상실 과정을 겪는 것이다. 이는 곧 공간적 조정을 통한 모순의 해결이 일시적이며, 훗날 또 다른 공간적 조정을 위한 지리적 이동을 함축하는 과정이기도 하다. 자본주의적 공간생산은 경쟁 이점을 갖는 공간이 생산되는 바로 그 순간에 가치잠식 과정을 겪어야 하는 다른 공간을 자신의 운명으로 동시에 대면하는 것이다. 자본주의 경쟁 체제에서는 공간적 경쟁 이점의 길을 여는 순간, 이점의 약화와 상실이 동시에 전개되는 자기부정의 길을 가야 한다. 따라서 자본순환 과정에서 영토적 정합성의 형성과 침식(약화와 해체)은 자본축적에 내재하는 기본 과정이다. 가치법칙이 작동하는 한 이러한 전환 과정은 불가피한 것이지만 공간을 매개로 형성된 기존의 이해관계 때문에 늘 비경제적 갈등관계를 통해서 이루어질 수밖에 없다.

이처럼 자본주의 지리적 불균등 발전은 계급과 계층을 가로질러 특정 장소와 공간을 매개로 하는 구체적인 이해관계를 낳는다. 그 이해관계는 다른 공간과 장소의 이해관계와 다를 수밖에 없다. 따라서 이론적 계급동맹은 구체적인 실제세계에서는 장소와 공간이라는 현실적 장치를 넘어서야 한다. 이 의미는 장소와 공간 기반의 이해관계 역시 계급관계 못지않게 현실세계에 확고한 물적 토대를 갖는다는 것이다. 그렇기에 허위의식을 배격해야 한다는 당위론적인 정신적 이념무장만으로는 극복되는 것이 아니다. 이것이 앞서 하비가 말했던 '다양한 형태의 사회투쟁들 사이 긴장 상황'을 말하는 것이다. 하비의 역사지리적 유물론의 관점에서 볼 때, 대안적 발전 양식은 공간적 불평등을 내재적으로 극복할 수 있는 체제일 때만 가능하다는 것이고, 공간적 관점을 포함하는 실천 전략과 운동이 필요하다는 것을 보여 준다.

2) 자본주의적 제국주의론

하비는 공간적 조정이 갖는 정치경제적 성격을 도시 낙후동네의 공간 개선에 따른 둥지 내몰림(젠트리피케이션, gentrification), 국내의 지역불균등 발전 형태에서 제국주의에 이르기까지 다양한 공간적 스케일에 적용한다. 특히, 주목을 받는 것이 자본축적의 지정학이라는 관점에서 자본주의에 고유한 형태의 제국주의론을 전개하는 것이다. 자본주의 위기를 일시적으로 극복하기 위한 출구로서 공간적 조정을 지구적 스케일로 확장함으로써 자신의 고유한 '자본주의적 제국주의론'을 전개한다. 그에 따르면 자본주의에서 제국주의는 과잉축적 위기를 해소하기 위한 시공간적 조정,[12] 자본주의에 고유한 형태의 공간생산 방식이다. 그리고 그가 새로운 제국주의의 핵심적인 작동 기반이자 현저한 특징으로 내세우는 것이 바로 '탈취에 기초한 축적' 논리이다. 논리적 기반의 마련을 위해 마르크스의 시초 또는 최초 축적 개념을 호출한다. 이 개념이 자본축적의 역사지리에서 지속적으로 중요한 힘으로 작동하며, 제국주의를 낳는다고 주장한다(Harvey, 2003, p. 143; Harvey, 2004; 김용창, 2015).

12 과잉축적 공황에 따른 감가를 피하기 위해 수익성을 실현할 수 있는 새로운 지역으로 출구를 찾는 과정을 말한다. 출구를 지리적 팽창과 공간 재조직화에서 찾으면서 자본주의적 제국주의가 나타난다고 본다.

> 자본주의의 안정화를 위해 일정한 종류의 '외부'가 필요하다는 사고는 타당성이 있다. … 나는 다음과 같이 이러한 '안과 밖'의 변증법을 중요하게 고려할 것을 제안한다. 나는 한편에서는 확대재생산, 그리고 다른 한편에서는 종종 폭력적인 탈취 과정 사이의 유기적 관계가 어떻게 자본주의 역사지리를 만드는지를 검토할 것이다. 이것이 제국주의의 자본주의적 형태가 어떠한 형상으로 존재하는지를 보다 잘 이해할 수 있게 해준다.(Harvey, 2003, pp. 141-142)

이처럼 하비는 아리기(Arrighi)의 논의에 입각하여 자본주의적 제국주의를 '자본축적 논리'와 '영토 논리'의 모순적 혼합으로 규정하고, 그 주요한 특징이 '탈취에 기초한 축적'이라고 본다. 이러한 하비의 논리는 지속적으로 자본주의가 생존할 수 있는 비밀을 잉여가치 생산 영역의 외부, 끊임없이 자신의 '외부'를 만들어 내고 그것을 이용하는 능력에서 찾는다는 비판도 받는다. 아울러 그의 이러한 주장과 관련하여 자본축적 논리와 영토 논리는 변증법적 대립 쌍을 이룰 수 없을 뿐만 아니라 탈취에 기초한 축적은 하나의 독립된 이론적 범주로 성립될 수 없다는 비판, 부르주아적 기능주의로 속류화된 변증법이라는 비판도 받는다(김공회, 2006; Roberts, 2016).

그러나 하비는 일찍이 산 노동만이 가치의 유일한 원천이기 때문에 상품 등의 불평등 교환을 통한 재분배는 자본순환의 적절한 토대가 아니라고 보았다(Harvey, 1985). 따라서 하비가 탈취에 기초한 축적을 지속적인 자본순환의 근본 토대라고 간주하는 것은 아니라고 보아야 할 것이다. 자본주의 생산 과정에서 자본의 고유한 내적 운동은 동시에 '외부'를 만드는 과정이고, 지리적 불균등 발전을 내재하는 과정이다. 위기의 국면에서 그 외부를 내부화시키고(내적 관계로 전환시키고), 자본운동 과정에 실질적으로 포섭함으로써 새로운 모순적 통일을 이룬 자본축적 과정으로 인식했다고 보아야 한다. 이러한 과정의 이해는 인식과 존재의 양 측면에서 변증법 과정을 거치는 것으로 볼 수 있다.

아울러 단순히 속류 변증법으로 치부하기에 앞서 하비 제국주의론은 자본주의 지정학을 이해할 수 있게 해주는 큰 장점이 있다. 자본주의의 지정학적 갈등은 민주주의, 독재 등으로 위장한 도덕적인 선과 악의 개념이 작동하는 영역이 아니며, 그렇다고 전통적인 지정학적 이해와는 달리 민족국가 단위의 지구공간적 갈등도 아니다. 새로운 지정학적 갈등은 다양한 공간적 규모에서 중층적으로 발생한다는 것이고, 다른 한편으로는 일정한 공간적 규모에서 자본축적 위기의 해결 전략이 국가적 의지로 둔갑하는 것이다. 결국은 어떠한 공간적 규모를 지정학적 갈등 대상이자 전선으로 설정할 것인가는 자본축적을 둘러싼 경제·정치적 이해관계집단의 계급·계층적인 이해결합에 따라 달라진다. 도시 내의 젠트리피케이션, 국제이주와 난민, 자유무역지대 등 다양한 공간적 규모에서 상이한 이해관계의 충돌이 동시적으로 이루어지는 현실을 자본주의 지정학적 갈등으로 해석할 수 있는 길을 연 것이다. 따라서 자본주의의 확장은 지정학적 갈등의 대상과 규모 및 범위를 지속적으로 확장·재구성하는 결과를 낳을 것이고, 이러한 갈등이 늘 일어나도록 만든다. 끊임없이 새로운 지정학적 동맹이 형성되고, 자본주의적 전쟁이 재구성될 것이다. 하비는 일찍이 이러한 것을 다음과 같이 예상한 바 있다.

> 과잉축적의 내적 변증법에 대한 시간적·지리적 해결책이 고갈됨에 따라 자본주의 위기 경향들이 다시 한 번 고조되었다. 제국들 사이 경쟁은 날카로워졌으며, 폐쇄된 무역제국들 내부에서의 자립경제 위협이

엄습하고 있다. 해체되고 있는 세계질서 내에서 감가를 수출하기 위한 투쟁은 표면화되고 호전성이 정치적 담론의 어조를 지배한다.(Harvey, 1985, p. 162)

5. 결론: 역사지리적 실천론

장소와 지리적 공간은 인간 생활 및 역사에서 가장 근본적인 토대였음에도 확실한 이론화가 진전되어 있지 않았다. 그나마 이루어지는 논의는 오랫동안 환경결정론의 논리구조를 벗어나지 못했다. 게다가 다른 생활공간의 폄하, 지배와 침탈을 정당화하는 도구로 사용되면서 인류 역사해석에서 반동적 이미지가 강하게 덧씌워졌다.

마르크스주의 전통 역시 인류 역사와 자본주의 발전을 순전히 역사적 시간의 변화 과정으로 이해하면서 지리적으로 무차별적인 해석을 전개하였다. 자본주의의 도시화, 교외지역의 팽창과 도심부의 퇴락, 다양한 물리적 자본축적 환경의 생산과 쇠퇴, 지역불균등 발전, 자연의 상품화 분야에서 마르크스는 별다른 연구를 남기지 않았고, 마르크스주의에서 이론적 진전이 사실상 거의 없었다. 그리고 기존의 소위 정통 마르크스주의 경제학에서는 어느 누구도 자본주의 공간생산을 설명하지 못했고, 간단한 설명조차도 턱없이 부족했다.

하비는 지난 40여 년 동안 이러한 지리적 공간론에 대한 해석과 편견에 과감하게 도전하여 혁명적 변화를 이끌고 있다. 그는 마르크스주의와 지리학적 사고의 결합을 통해 역사지리적 유물론이라는 시각과 연구방법론을 개척하면서 이러한 변화를 이끌고 있다. 역사지리적 유물론이라는 관점은 공간과 장소에 대한 민감성을 갖기 때문에 당연히 자본주의 변혁을 위한 투쟁에 대해서도 기존의 정통 마르크스주의 실천론에 일정한 수정을 가한다.

그러나 앞서 살펴본 것처럼 다양한 포스트주의 접근과 달리 마르크스와의 급격한 단절을 통해서는 얻을 것이 없다고 단언한다. "일상 생활의 유기적 조건에 다시 뿌리를 두고 … 마르크스와 마르크스주의자가 우리에게 유산으로 전해 준 추상방법을 폐기하는 것이 아니라 … 다양한 공간적 스케일(spatial scale)에서 전개되는 다양한 투쟁을 통해 추상 과정을 재입증 · 재평가"하는 방법을 선택하자는 것이 하비의 방법론적 주장이다(Harvey, 2000, p. 123).

그럼에도 하비의 이론 체계가 갖는 실천론적 의미에 대해서는 많은 비판이 있다. 반자본주의 실천과 관련하여 하비에 대한 주된 비판은 계급투쟁을 중심에 놓지 않았다는 오래되고도 흔히 반복되는 논쟁이다. 예컨대, 하비는 처음부터 계급관계를 빼놓은 채 자본축적의 논리와 영토적 논리의 대비를 중심으로 제국주의론을 전개했다는 것이다. 그리고 탈취에 기초한 축적 개념은 '경제외적' 폭력을 지나치게 부각시키며, 그러다 보니 자본주의에 고유한 '경제적' 폭력 개념을 상대적으로 정상 범주로 취급할 위험성이 있다는 점이다(김공회, 2006; 장진범, 2006). 반자본주의 투쟁 전략 측면에서 볼 때, 하비의 주장은 변혁의 정치조직에 관한 흔한 부정적 편견들을 반복하고, 사회변혁에 대한 유토피아적 견해로 자주 기운다. 그리고 마르크스가 강조한 계급 중심성에 대한 강조가 상대적으로 부실하고, 마이클 하트나 안토니오 네그리의 '다중'(multitude) 개념과 공통점이 더 많다는 비판도 받는다(이정구, 2016; Jones, 2010).

그러나 계급투쟁의 실제적 기반은 아주 장소 특수적이라는 점, 자본주의 대안 체제의 이념상 구현에서 요구하는 보편주의라는 것은 장소에 특수한 요구, 관심, 열정 등을 통합해야 한다는 점을 깨달아야 한다. 앞서 살펴본 하비를 둘러싼 이윤율 논쟁에서 얻을 수 있는 교훈은 경제위기의 원인이나 계기가 다양한 만큼 이와 관련한 이해관계들을 반자본주의 전략 또는 혁명으로 이끄는 다중 전략을 어떻게 평가할 것인가이다. 하비는 오늘날 탈취에 기초한 축적이 다양한 공간적 규모와 대상들에 걸쳐 이루어지면서 이에 반대하는 다양한 사회운동이 증가하고 있다고 판단한다.[13] 그런데 이러한 운동들이 촉진하는 계급투쟁 형태는 전통적인 노동자 투쟁과는 매우 다른 성격을 지닌다고 말한다. 자본주의의 진화는 모순과 갈등관계의 다면화를 의미하기 때문에 투쟁 주체의 다양화를 성찰해야 하며, 기존의 계급 중심의 사회운동에서 복잡해진 자본주의만큼이나 투쟁 주체의 혁신적 변화를 도모해야 한다고 본다(Harvey, 2004; Harvey, 2014; 김용창, 2015).

아쉽게도 그동안 전통적인 마르크스주의는 이론적으로나 실천적으로 계급투쟁의 지정학과 자본축적의 지리적 역동성에 대한 만족스런 이해를 진전시키지 못했다. 오히려 공간적 사유를 도입하는 것에 대해 상당한 긴장과 불협화음을 내거나 경우에 따라서는 마뜩치 않은 타협으로 끝내곤 하였다. 그러나 다양한 공간적 스케일에서 지리적 불균등 발전과 그에 따른 이해관계 영역화가 있는 상황에서 전통적인 노동계급투쟁이 공간 해방을 당연한 결과로 가져다주지 않는다. 지리적 불균등 발전을 마르크스주의에 통합하는 것은 기존의 마르크스주의가 직면하지 않던 어려움을 노정시키기도 하지만 동시에 정치조직화와 정치행위에 새롭게 풍부한 기회를 제공한다. 게다가 지리적 불균등 발전은

13 하비가 탈취에 기초한 축적론에서 말하는 것은 사용가치와 교환가치의 분열을 바탕으로 경제위기 때마다 자본이 끊임없이 새로운 이윤 추구 대상을 찾으면서 현대의 일반 시민으로서 살아가는 데 필수적인 대상들이 점점 더 자본의 먹잇감으로 전락하고 있다는 것이다. 오늘날 의료, 교육, 주택, 가사 영역, 좋은 자연경관, 교통, 통신, 에너지, 물, 기타 공공 하부구조 분야에서 물불을 가리지 않고 교환가치 중심의 상품화, 사유화, 화폐화, 자본화를 추진하고 있기 때문에 이들 영역에서 자연히 갈등과 투쟁이 발생할 수밖에 없는 것이다. 우리의 과제는 이러한 갈등과 투쟁을 반자본주의 전략으로 연결하는 방법이다(김용창, 2015).

우리가 현실세계에서 만나는 실제적인 물질적 토대이기도 하다(Harvey, 1995).

분명 자본주의 역동성을 이해하는 방식의 차이가 더 나은 세계를 향한 실천방법과 전략의 차이를 낳는다. 마르크스주의에서도 마찬가지이다. 하비는 이를 이렇게 표현한다. "마르크스의 이론에 대한 올바른 해석을 추구하는 것은 공허한 학술적인 놀이가 아니라 우리가 할 수 있는 모든 엄정성을 갖고 수행하여야 할 정치적으로 민감한 과업이다"(Harvey, 1982, pp. 261-262).

마르크스의 위대함은 비록 '최후'의 날짜는 정확하게 정해져 있는 것은 아니지만 자본주의의 위기가 일시적이거나 '기현상'이 아니라 근본적이고, 구조적이며 파괴적이라는 것을 일깨워 주는 것이다. 하비는 이러한 마르크스의 기본 논리를 이어받으면서 역사지리적 유물론 방법을 통해 마르크스를 이해하는 통상적인 프레임을 바꾸려고 시도한다. 마르크스주의 연구는 이미 벌어진 일에 대해 사후적으로 해석의 올바름을 제시하는 데 강점이 있는 것이 아니다. 우리는 더욱 복잡해진 사회경제 현실과 그 미래에 대해 비판적으로 나갈 길을 제시해 주어야 한다. 마르크스와 마르크스주의가 아직 개척하지 못한 많은 영역들은 마르크스주의에 대해 새롭게 나갈 길을 요구하고 있다. 하비의 역사지리적 유물론은 분명 이러한 길에 굉장히 큰 기여를 하고 있다.

참고문헌

김공회, 〈데이비드 하비의 제국주의론 비판〉, 《마르크스주의 연구》, 3(1), 2006, pp. 138–163.

김성구, 〈마르크스의 공황론 방법과 주기적 과잉생산공황론〉, 《마르크스주의 연구》, 5(2), 2008, pp. 168–198.

김용창, 〈왜 시·공간 통합적 사고가 필요한가?: 데이비드 하비, 《자본의 한계》〉, 《사회과학 명저 재발견 3》, 서울대학교 출판문화원, 2012, pp. 353–385.

______, 〈신자유주의 도시화와 도시 인클로저(I): 이론적 검토〉, 《대한지리학회지》, 50(4), 2015, pp. 431–449.

______, 〈피케티보다 근본적인, 자본주의에 대한 강력한 비판: 데이비드 하비 《자본의 17가지 모순》〉, 《프레시안 북스》, 복간 12호, 2015(http://www.pressian.com/news/article.html?no=123358).

안용성, 〈누가–행전 서사에 나타나는 관계공간의 구성: 하비와 르페브르 공간 이론의 서사적 적용〉, 《한국기독교신학논총》, 83, 2012, pp. 75–100.

이정구, 〈데이비드 하비의 경제 이론과 정치 비판〉, 《마르크스 21》, 15, 2016, pp. 108–127.

장진범, 〈데이비드 하비, 《새로운 제국주의》: 제국주의 개념을 둘러싼 논란의 역사〉, 《월간 사회운동》, 66, 2006.

최병두, 《데이비드 하비》, 커뮤니케이션북스, 2016.

______, 〈역자 해제〉, 《데이비드 하비의 세계를 보는 눈》, 창비, 2017, pp. 606–624.

최병두 외, 《희망의 도시》, 한울, 2017.

Arrighi, G., "Spatial and Other 'Fixes' of Historical Capitalism," *Journal of World–Systems Research*, 10(2), 2004, pp. 526–539.

Feldman, M., "The Urban Process Under Distinct Accumulation Regimes: A Research Strategy," Paper presented at Regulation Theory in Times of Crisis: Research & Regulation Conference, Universite Paris–Diderot, June 2015, pp. 10–12.

Foley, D., *Understanding Capital: Marx's Economic Theory*, Harvard University Press, 1986(강경덕 역, 《자본의 이해: 마르크스의 경제이론》, 유비온, 2015).

Harvey, D., *The Limits to Capital*, Basil Blackwell, 1982(최병두 옮김, 《자본의 한계》,

한울, 1995).

______, "On the History and Present Condition of Geography: an Historical Materialist Manifesto," *Professional Geographer*, 36(1), 1984, pp. 1–11.

______, "The Geopolitics of Capitalism," in D. Gregory and J. Urry, eds., *Social Relations and Spatial Structures*, Blackwell, 1985, pp. 128–163.

______, "Globalization in Question," *Rethinking Marxism: A Journal of Economics, Culture & Society*, 8(4), 1995, pp. 1–17.

______, *Spaces of Hope*, University of California Press, 2000(최병두 외 옮김, 《희망의 공간》, 한울, 2007).

______, "Globalization and the 'Spatial Fix'," *Geographische Revue*, Heft 2(Marxism in Geography), 2001, pp. 23–30.

______, *The New Imperialism*, Oxford University Press, 2003(최병두 옮김, 《신제국주의》, 한울, 2005).

______, "The 'New' Imperialism: Accumulation by Dispossession," *Socialist Register*, 40, 2004, pp. 63–87.

______, *Cosmopolitanism and the Geographies of Freedom*, Columbia University Press, 2009.

______, *The Enigma of Capital*, Oxford University Press, 2010(이강국 역, 《자본이라는 수수께끼》, 창비, 2012).

______, "History Versus Theory: A Commentary on Marx's Method in Capital," *Historical Materialism*, 20(2), 2012, pp. 3–38.

______, *Seventeen Contradictions and the End of Capitalism*, Profile Books, 2014(황성원 옮김, 《자본의 17가지 모순》, 동녘, 2014).

______, "Capital's Nature–A Response To Andrew Kliman," New Left Project, 2015(http://www.newleftproject.org/).

______, "Crisis Theory and the Falling Rate of Profit," in T. Subasat, ed., *The Great Financial Meltdown: Systemic, Conjunctural or Policy Created?*, Edward Elgar, 2016, pp. 37–54.

______, *The Ways of the World*, Oxford University Press, 2016(최병두 옮김, 《데이비드 하비의 세계를 보는 눈》, 창비, 2017).

Henderson, G. L., "Value: The Many–Headed Hydra," *Antipode*, 36(3), 2004, pp.

445–460.

Jones, J., "The Enigma of Capital," *Socialist Review*, 347, 2010(http://socialistreview.org.uk/347/enigma-capital).

Kliman, A., "Harvey Versus Marx On Capitalism's Crises Part 1: Getting Marx Wrong," New Left Project, 2015a(http://www.newleftproject.org/).

______, "Harvey Versus Marx On Capitalism's Crises Part 2: Getting Profitability Wrong," 2015b(New Left Project, http://www. newleftproject.org/).

______, "Harvey Versus Marx On Capitalism's Crises, Part 3: A Rejoinder," New Left Project, 2015c(http://newleftproject.org/).

Roberts, M., "Monocausality and Crisis Theory: a Reply to David Harvey," in T. Subasat, ed., *The Great Financial Meltdown: Systemic, Conjunctural or Policy Created?*, Edward Elgar, 2016, pp. 55–72.

Swyngedouw, E. A., "Marxism and Historical-geographical Materialism: A Spectre is Haunting Geography," *Scottish Geographical Journal*, 115(2), 1999, pp. 91–102.

Wilson, D., "Urban Change, Circuits of Capital, and Uneven Development," *The Professional Geographer*, 43(4), 1991, pp. 403–415.

제7장

민스키의 포스트케인스주의: 금융불안정성과 완전고용을 중심으로

박종현

이 글은 필자가 발표한 〈내재적 금융불안정성과 투자의 사회화: 하이먼 민스키의 논의를 중심으로〉, 〈민스키가 보내는 암호〉에 부분적으로 의존했다.

1. 문제의 제기

20세기 경제를 해명하는 대표적 경제이론은 존 메이너드 케인스가 쓴《고용, 이자 및 화폐에 관한 일반이론》에 기초한 케인스주의 경제학(Keynesian Economics)이다. 1930년대의 대공황은 케인스의 처방에 의해 치유될 수 있었고, 제2차 세계대전 이후 서방 선진국들은 케인스주의 경제학의 도움을 받아 경제성장과 소득분배의 두 마리 토끼를 잡을 수 있었던 유례없는 '황금시대'를 구가할 수 있었다. 그런데 1970년대 초 스태그플레이션 현상이 본격화되면서 케인스주의 경제학에 대한 거센 도전이 본격화되었다. 기존 케인스주의 경제학의 이론 체계로는 인플레이션이 심화되는 가운데 불황이 지속되는 새로운 현상을 설명할 수 없었고, 고전학파의 세계관을 합리적 기대와 미시적 기초 위에서 복원하려 하였던 새고전학파(New Classcal)의 거센 도전이 겹쳐지면서 IS-LM모형 또는 소득지출모형으로 지칭되던 전후 황금시대의 케인스주의 경제학은 사실상 붕괴하게 되었다.

그러나 이러한 상황 속에서 이론적 정합성과 현실설명력을 상실한 것은 '케인스의 경제학'(Economics of Keynes)이 아니라 이를 잘못 해석한 '케인스주의 경제학'(Keynesian Economics)이라는 인식도 출현했다. 이들은 케인스 이후 케인스의 이름으로 제시된 경제학의 경우 소득–지출–총수요에 관한《일반이론》의 일부 서술만을 자의적으로 선별하여 구성한 왜곡에 불과하다며, 기존의 주류적 해석과는 상이한 입장과 방식으로《일반이론》을 해석하고 이러한 기초 위에 '케인시언' 및 '새고전학파'와는 전혀 다른 거시경제이론을 제시하려고 했다. 이들은 다른 케인시언들과 구별하여 스스로를 포스트 케인시언(Post Keynesian)이라고 지칭한다.

로렌스 클라인(Laurence Klein), 프랑코 모딜리아니(Franco Modigliani), 제임스 토빈(James Tobin), 폴 새뮤얼슨(Paul Samuelson) 등으로 대표되는 '올드' 케인시언은 IS-LM모형 등에 기초하여 거시경제의 연립방정식 체계를 설정하고 이에 근거하여 재정정책 위주의 총수요관리정책을 제안하였다. 그레고리 맨큐(Gregory Mankiw), 조지프 스티글리츠(Joseph Stiglitz), 벤 버냉키(Ben Bernanke) 등으로 대표되는 '뉴' 케인시언은 미시적 기초와 합리적 기대에 근거하여 가격기구의 경직성 및 정부 개입의 타당성을 논증하려 하는 학자들이다. 이들과 달리 '포스트' 케인시언은 불확실성과 기대를 강조하고 화폐와 이자율 등 금융 부문의 역할과 거시적 불안정성에 주목했던 《일반이론》의 케인스를 계승하려는 사람들이다. 이 학파는 조안 로빈슨(Joan Robinson)과 니콜라스 칼도(Nicolas Kaldor), 악셀 레이욘후프부드(Axel Leijonhufvud)가 단초를 제공했고, 하이먼 민스키(Hyman Minsky)와 폴 데이비드슨(Paul Davidson) 등에 의해 이론적 체계를 갖추었다. 그리고 미하우 칼레츠키(Michał Kalecki)의 영향을 받아 가격 결정 과정에서 마크업이 담당하는 역할에 주목함으로써 분배의 문제를 거시경제학에 다시 도입한 시드니 와인트라웁(Sidney Weintraub)이나 알프레드 아이흐너(Alfred Eichner) 등도 주목할 만한 포스트 케인시언에 속한다.

이 글은 대표적인 포스트 케인시언으로서, 케인스를 급진적 관점에서 재해석한 하이먼 민스키의 금융불안정성 이론과 완전고용에 관한 논의들을 살펴보려고 한다. 그는 생전에 주류 경제학계에서 철저하게 외면을 받았고, 대부분의 경제학자들에게조차 생소한 인물이었다. 그가 세상에 알려진 것은 러시아발 금융위기가 한창이던 1998년, 채권 운용사 '핌코'의 펀드매니저 폴 매컬리를 통해서였다. 투자자가 보유 자산을 헐값에 투매해 자산가격이 폭락을 거듭하던 당시 상황이 어느 죽은 경제학자의 이론으로 잘 설명된다는 점에 착안해

'민스키 모멘트'라는 용어를 만들었던 것이다. 그의 이름은 이후 잊혀졌다가, 서브프라임 모기지 부실이 본격화된 2007년 '월스트리트저널'과 '파이낸셜타임즈' 등 대부분의 경제지에서 다시 거론되었으며, 대형 투자은행의 부실 및 파산으로까지 이어진 2008년에는 '뉴요커'까지도 민스키에게 관심을 보이게 된다. 2011년 '이코노미스트'의 기사에 따르면, 전 세계의 대표적인 경제학자들은 지난 10년간 세계경제에 가장 큰 영향을 미친 경제학자로 벤 버냉키 연준 의장과 존 메이너드 케인스의 뒤를 이어 민스키를 꼽았다(*The Economist*, 2011).

미국발 금융위기는 화폐와 금융을 실물경제의 의사결정을 왜곡하는 교란요인이거나 실물경제의 진상을 은폐하는 베일로 취급했던 기존 거시경제학의 협소한 인식에 커다란 경종을 울렸다. 1950년대 이래 케인스의 재해석을 통해 금융이 중요하다는 인식을 체계화하고, 금융에 기초한 자본주의 경제의 내재적 불안정성을 피력한 민스키의 주장이 새롭게 재조명되었던 것은 주류 거시경제학의 자기 반성과도 관련이 깊다.[2] 그런데 최근의 논의들은 민스키의 연구 중 금융불안정성 이론에 관심을 집중하면서 완전고용에 관한 이론이나 정책 제안과 관련된 부분은 상대적으로 경시하고 있다.

그러나 민스키의 경우, 정책을 지향하지 않는 이론은 무의미하며 이론에 근거하지 않는 정책은 일관성을 가질 수 없다며 양자의 합일을 평생 추구한 학자였다. 그리고 그의 금융불안정성 이론에는 금융이 발달된 자본주의 경제의 자기 파괴적 속성과 내재적 불안정성에 관한 비관적 인식도 있지만, 그 이면에는 제도와 정책이 적절히 개입할 경우 불안정한 경제의 안정화와 완전고용을

2 최근 '이코노미스트'는 경제학의 가장 중요한 여섯 가지 이론(big ideas)을 재조명한 특집을 마련했는데, 여기에 케인스 승수이론, 내쉬균형, 애컬로프의 레몬시장 등과 함께 민스키의 금융불안정성 이론이 포함되었다(*The Economist*, 2016).

달성할 수 있다는 낙관적 전망도 공존한다. 민스키 이론의 합리적 핵심은, 거시경제의 불안정성과 불완전고용이 동전의 양면과도 같은 관계를 이루고 있으며, 그렇기 때문에 이들 두 문제를 별개의 수단들을 통해 해결해서는 안 된다는 문제의식에 있다. 이하에서는, 민스키가 어떤 학문적 편력을 거쳤으며, 어떤 경제학자들로부터 어떤 영향을 받았는지를 살펴보고, 그 이론 체계를 금융불안정성의 경제학과 완전고용의 경제학이라는 두 축을 중심으로 검토하기로 한다.

2. 민스키 이론의 형성 배경

1) 학문적 편력[3)]

민스키는 1919년 시카고에서 태어났다. 현실 문제 해결에 관심이 컸던 이단적 경제학자로서의 정체성은 유년기부터 형성되었다. 그 자신의 회고에 따르면, 어머니는 초창기 노동운동에 헌신적으로 참여했으며, 아버지는 1905년 혁명 실패 직후 러시아에서 미국으로 건너와 사회주의 정당에서 활동했던 열성당원이었다. 그의 부모는 칼 마르크스 탄생 100주년 기념 행사장에서 처음 인연을 맺었다. 민스키도 부모의 이러한 영향 아래, 중고등학교 시절부터 미국 사회주의 정당의 유년부 모임에 참여하며 사회에 대한 관심을 키웠다.

시카고대학 학부 시절에는 논리학, 방법론, 확률론, 과학철학 등에 흥미를 느껴 사회과학에 대한 강렬한 관심에도 불구하고 수학과 물리학을 전공으로

3 H. Minsky(1992); F. Mehring(1999), pp. 129-158; J. Toporowski(2010), pp. 363-368; D. Papadimitriou & L. Randall Wray(1998), pp. 199-225.

선택했다. 민스키가 케인스와 처음 만나게 된 것도 수학을 공부하면서였는데, 그때 읽은 케인스의 저작이 바로 《확률론》이었다. 특히, 불확실성에 대한 강조는 민스키가 자본주의 경제를 파악하는 데 결정적인 단서가 되었으며, 불확실한 미래에 대한 현재의 견해가 자본 및 금융자산의 가격을 결정한다는 견해를 형성하게 되었다. 그가 학문으로의 경제학에 관심을 갖기 시작했던 것은 2학년 겨울방학 때였다. 마르크스와 신고전학파를 결합해 시장사회주의를 실현하려 했던 오스카 랑게(Oscar Lange)가 시카고의 사회주의 정당 당원들을 대상으로 사회주의 경제이론을 강의했고, 민스키도 이 강의를 들으며 경제학의 세계로 본격적인 입문을 했던 것이다.

시카고대학 시절 민스키에게 가장 큰 영향을 미친 스승은 헨리 사이먼스(Henry Simons)였다. 사이먼스는 금융의 안정성을 좋은 사회의 핵심적 필요조건으로 제시했던 경제학자였다. 민스키가 평생 금융에 관심을 가지고 현대 자본주의의 근본적 결함이 금융구조와 밀접하게 관련되어 있음을 해명하며 '금융불안정성의 경제학'을 발전시켰던 것은 사이먼스의 가르침에 기반했던 것이다. 민스키가 지향했던 유토피아의 원형은 랑게의 사회주의 모델과 사이먼스의 좋은 금융사회(good financial society) 모델을 결합한 것으로, 현존하는 경제구조를 분석하고 비판할 때의 준거점이 되었다. 랑게와 사이먼스는 잘 관리되지 않는 금융은 불평등과 불안정을 낳으며 민주적 정치를 훼손시킨다고 믿었다. 랑게에게는 불평등이 더 큰 문제였고, 투입물과 산출물의 배분과 관련해 시장 메커니즘을 크게 제약하는 것이 해법이었다. 사이먼스의 경우에는 금융의 더 큰 해악은 불안정성이었고, 적절한 통화정책과 은행 개혁이 주요한 해법이었다.

민스키는 병역의무를 마친 1946년 모교에서 좋은 장학금 조건을 제공 받았지만, 랑게와 사이먼스가 떠난 시카고대학 대신 조지프 슘페터(Joseph Schumpeter)

의 지도를 받기 위해 하버드에서 대학원 과정을 밟았다. 자본주의 동태적 과정에 대한 슘페터의 비전이 완성되려면 금융시장과 투자행위에 대한 이론이 결합되어야 한다는 게 민스키의 문제의식이었으며, 그는 케인스의 연구로부터 금융 및 투자에 관한 이론을 제공 받을 수 있다고 기대했다. 그러나 1950년 슘페터가 세상을 떠나면서, 지도교수를 와실리 레온티에프(Wassily Leontief)로 바꾸었고, 시장구조, 은행업, 총수요의 결정 요인, 경기순환 사이의 관계를 다루는 주제로 박사논문을 썼다.

민스키는 브라운대학, 버클리대학, 워싱턴대학의 교수를 차례로 역임했다. 그는 버클리대학 재직 시절 계약상의 약정과 관련해 현금흐름이 차지하는 중요성에 주목하기 시작했고, 연방준비제도이사회, 연방예금보험공사, 뱅크오브아메리카 등 금융권 사람들과의 빈번한 접촉을 통해 은행업의 제도적 혁신 및 은행의 실제 운영에 관한 지식을 키울 수 있었다. 또한 완전고용을 달성하기 위한 구체적인 정책 프로그램을 동료 학자들과 고안하는 데 많은 시간을 할애하기도 했다. 하지만 승수 효과 등 개념에 기초해 총수요 관리와 재정정책만을 강조하며 완전고용 프로젝트에 주력하던 기계적 · 정태적 케인스주의로부터 벗어나 불확실성과 금융을 중시하고 현실을 제대로 반영하는 연구에 주력하기 위해, 1965년 세인트루이스의 워싱턴대학으로 자리를 옮기게 된다. 그곳에서 지역 소재 마크트웨인은행의 자문역 및 이사 등을 역임하면서, 미국의 금융업이 어떻게 진화했는지, 주기적 금융위기의 양상이 어떠했는지, 금융혁신이 금융의 방식을 어떻게 바꾸었는지를 생생하게 관찰하고 이해할 수 있었다.[4] 1969

4 민스키가 금융권과의 교류에 열중했던 이유는 기존의 경제이론들의 한계를 극복하는 새로운 이론을 제출하기 위함이었다. 그에 의하면, 기존 경제이론들은 기본적인 거래가 화폐의 매개 없이 물물교환으로 이루어지는 마을시장(village market) 패러다임에 머물러 있는 반면, 자본주의 경제에서는 은행가와 사업가들 사이에 금융투자 및 자

년 영국 케임브리지대학에서 안식년을 보내면서 주류 케인시언의 견해는 협소할 뿐 아니라 오류이기도 하다는 생각을 굳혔고, 본격적으로 비주류 · 이단적 · 급진적 케인스주의의 대안을 모색했다. 이 과정에서 두 권의 대표 저작이 나왔는데, 1975년 출간된 *John Maynard Keynes*와 1986년 출간된 *Stabilizing an Unstable Economy*가 그것들이다. 1990년 워싱턴대학에서 은퇴한 후에는 뉴욕 바드칼리지의 레비연구소에 합류해, 일찍이 그가 '자산관리자 자본주의'라고 지칭했던 새로운 형태의 자본주의가 어떻게 작동하는지를 연구했다.

2) 이론적 영향을 받은 학자들

민스키의 전반적인 이론에 가장 큰 영향을 미친 것은 슘페터와 케인스였다. 민스키 자신의 회고에 따르면, 슘페터와 케인스는 자본주의를 기업가에 의해 주도되며 진화하는 화폐적 생산경제(monetary production economies)로 이해하는 비전(vision)[5]을 공유했다. 슘페터 경제이론의 핵심은 혁신적 기업가에 주도되는 경제적 진화라는 비전으로 요약될 수 있다. 이윤을 추구하는 기업가들의 활동이 새로운 결합(new combination), 곧 혁신과 그에 기초한 발전을 주도하는데, 이때 기업가는 생산 영역의 사업가와 금융 영역의 은행가(또는 금융가)로 구성된다. 이들 기업가는 시장지배력을 획득할 때 막대한 이윤을 획득할 수 있으며, 성공적인 혁신이 시장지배력을 높인다는 것을 아는 사람들이다. 이때 새로운

본자산의 포지션에 관한 협상과 거래가 결정적으로 중요하기 때문에, 이러한 측면을 제대로 담아낼 수 있는 경제이론이 요구되는 것이다(Minsky, 1992).

5 슘페터에 따르면, 비전이란 게임의 본질, 경제학과 사회과학의 다양한 부분들이 서로 연결되어 있는 방식, 유토피아에 관한 자신만의 지도에 대한 감각을 의미한다. 이 비전은 과학 이전에 있어야 하는 것으로, 이론을 통제하고 구체적 세부사항을 결정한다. 우리가 이론을 만들고 데이터를 분석하고 역사를 해석하고 대화와 소통을 하는 것도 모두 비전의 지배 아래 이루어지는 활동이다(Mehring, 1999).

결합은 사업가와 금융가에 의해 행해지는 정보 및 견해의 교환에 기초한 교섭의 결과물로서, 생산물 및 생산 과정의 혁신은 물론 새로운 금융관계와 새로운 금융제도를 낳는 가운데 경제의 진화를 이끈다. 민스키에 의하면, 슘페터의 경우 이러한 비전 위에 세워진 정교한 이론 모델을 만들지는 못했다. 그럼에도 생산 · 실물 부문에서의 기업가적 활동과 화폐 · 금융 부문에서의 기업가적 활동 사이의 상호관계를 상정한 이러한 비전이 자본주의 경제발전의 분석을 위한 기초임은 분명하다. 이러한 슘페터의 비전에서, 경제발전은 기술진보나 자본축적으로 축소될 수 없는 것으로, 일련의 사회적 과정으로 상정된다(Minsky, 1988; Minsky, 1992).

민스키는 케인스의 《일반이론》 또한 자본주의 경제를 하나의 통합된 화폐생산 시스템으로 이해한다는 인식을 공유하고 있다며, 슘페터보다는 케인스가 더 분석적이었다고 주장한다. 케인스의 경우에는 이 비전을 수동적 소비와 능동적 투자로 분해되는 총수요를 통해 정식화할 수 있었기 때문이라는 것이다. 소비는 과거 및 현재의 시스템에 의해 결정되는 것인 반면, 투자는 미래의 결과에 관한 현재의 견해를 반영한다는 점에서 능동적인 추동력인데, 케인스의 이러한 구분은 자본주의의 순환 및 진화와 관련해 투자에 대한 분석이 결정적으로 중요하다는 인식으로 이어진다. 케인스는 또한 자본자산(capital assets)의 가격수준에 대한 분석을 강조함으로써, 사업과 금융의 동태적 상호작용의 중요성에 주목했던 슘페터의 비전을 구체화할 분석적 수단을 제공한다. 민스키는 슘페터와 케인스의 작업에 대한 연구 속에서 자본주의의 핵심 결함인 불안정성은 실물 · 생산과 금융 · 화폐라는 두 영역의 혁신 과정이 기본적으로 불안정하고, 이들 두 영역의 간헐적인 부조응이 자본주의 발전의 일반적 속성이라는 인식을 발전시키게 된다.

민스키의 이론에 커다란 영향을 미쳤던 또 다른 학자와 학파로는 칼레츠키와 제도주의 경제학을 들 수 있다. 민스키는 하버드 시절 자본주의 경제의 경기변동이 투자와 밀접한 관련이 있고 이 투자는 금융조건에 크게 좌우된다는 점에 인식을 가지게 되었다. 이 과정에서 금융에 대한 관심을 키웠고 미하우 칼레츠키(Michał Kalecki)의 투자이론에도 주목을 하게 되었다. 칼레츠키의 핵심 주장은 채무계약을 이행하고 자본자산 가격을 지탱해 주는 게 이윤인데, 이 이윤을 낳는 것이 바로 투자라는 것이었다. 민스키는 이러한 견해를 토대로, 금융에서 투자로의 인과에 더해 투자에서 금융으로의 인과를 더함으로써, 경기변동을 일으키는 재무적 · 금융적 진화의 동태적 과정을 설명하게 된다(Mehring, 1999). 한편, 민스키는 자신이 웨슬리 미첼(Wesley Mitchell) 등의 전통에 있던 제도주의 경제학자라고 여겼다. 경제적 세상의 구조가 기술, 부존자원, 선호가 아니라 일련의 경제적 제도들에 의해 형성된다고 믿었기 때문이다. 그는 또한 제도들을 개인들의 최적화 행위로 인해 발생한 사후적 성취가 아니라 사람들의 행동을 사전적으로 규정하는 사회적 제약으로 이해하면서, 고용과 삶 전반의 안정성을 늘릴 수 있는 제도설계를 중시했다.

민스키는 금융시장에 대한 참여 관찰을 통해 확보한 생생한 현장 지식들에 케인스, 피셔, 칼레츠키, 랑게, 사이먼스, 슘페터, 한센 등의 스승들로부터 배운 경제학적 지식을 결합하고 여기에 오랜 기간 숙성된 자신만의 생각을 추가해 많은 글들을 썼다. 그들 중 대표적으로는 1975년 출간된 *John Maynard Keynes*와 1986년 출간된 *Stabilizing an Unstable Economy*를 들 수 있다. 이 책들은 슘페터와 케인스의 비전을 구체화할 체계적인 이론을 제시하고 분석적 틀과 정책적 대안도 함께 제공한다는 평생의 학문적 사명을 구현한 결과물이기도 하다. 앞의 책에는 《일반이론》에 대한 대단히 독창적인 재해석과 금융–투자–이윤–

분배의 상호연계에 기초한 대안적 거시경제 분석 틀이 제시되어 있다. 한편, 뒤의 책은 크루그먼으로부터 장황한 부분도 적지 않지만 심오한 통찰을 담고 있으며 자신을 점점 케인스-피셔-민스키의 거시경제관으로 이끌고 있는 책이라는 찬사를 받기도 했는데, 경제학적 개념보다도 전문적인 금융 용어가 더 많이 눈에 띄는 이 책은 경탄과 혐오의 복잡한 마음으로 은행과 금융시장을 주시해왔던 노학자가 평생의 동반자에게 서로만이 알 수 있는 암호로 보내는 마지막 소통의 표현처럼 보인다.

3. 금융불안정성의 경제학[6)]

1) 투자, 불확실성, 재무구조

민스키가 가장 중시한 경제적 대상은 투자였다. 그는 학창시절 자본주의 경제가 밟는 동태적 움직임의 중심에는 투자가 있다는 인식을 배양했으며, 투자를 제대로 이해하려면 기업의 재무적 의사결정 그리고 이들과 은행 사이에 전개되는 금융적 상호관계를 명시적으로 고려해야 한다는 통찰을 키웠다. 민스키는 투자를 기업가가 미래의 보다 많은 현금흐름을 기대하면서 현재 자본자산(capital assets)을 구매하는 행위로 정의한다. 기업가(entrepreneurs)는 이렇게 구입한 자본자산과 노동을 결합하여 물건을 만들고 판매를 하게 된다. 케인스는 투자와 관련해 불확실성 및 기대의 중요성을 강조한다. 즉, 기업가는 진정한 지

6 H. Minsky(1975), H. Minsky(1986).

식과 정보를 결여한 불확실성의 상태에서 미래의 현금흐름에 대한 주관적인 추측에 의존하여 투자를 할 수밖에 없으며, 이것이 거시경제의 순환적 변동을 낳는 주요한 원인이 된다.

한편, 민스키는 투자 의사결정이 금융적 · 재무적 의사결정을 수반한다는 점에 주목한다. 투자재 시장에서 자본자산을 구매하려면 자금 조달이 필수적이며, 전체 필요 투자자금 중 얼마만큼을 내부금융으로 조달할 것인지, 외부금융의 경우에는 자기자본과 타인자본의 비율을 어떻게 나눌 것인지, 차입의 경우에는 어떠한 형태의 금융자산을 발행하여 자금을 조달할 것인지를 결정해야 한다. 여기에 더해 그는 투자에 따른 현금흐름의 불확실성 및 이로부터 파생되는 기업가의 재무구조에 특별히 주목한다. 투자, 곧 미래의 현금유입을 기대하며 수행되는 자본자산의 구매는 미래의 현금지불을 약속하는 금융채무를 수반하는데, 미래의 예상 현금유입액은 그 기대의 객관적 기초가 존재하지 않기 때문에 예상과 다를 가능성이 대단히 높은 반면, 미래에 갚아야 할 금융채무는 그 금액이 미리 정해져 있다. 이로 인해 미래의 예상 현금유입액과 예상 현금유출액 사이에는 현저한 비대칭성이 존재한다.

이때 유입되는 현금흐름이 커질수록 경제 주체의 재무구조는 튼튼하고, 반대로 유출되는 현금흐름이 늘어날수록 재무구조는 취약하다고 할 수 있다. '헤지 단위', '투기적 단위', '폰지 단위'라는 민스키의 잘 알려진 분류도 재무구조의 속성과 관련된 개념이다. '헤지 단위'(hedge units)란 미래의 모든 시점에서 예상 현금수입이 예상 현금지불 의무를 항상 초과하는 경제 주체인데, 이들은 현금수입 흐름을 낳는 생산물시장이 크게 교란되지 않는 한 문제가 없는 사람들이다. 한편, 미래의 일정 시점에서 현금채무가 현금수입 흐름을 능가하는 경제 주체는 '투기적 단위'(speculative units)로 불리는데, 이들은 그 차액만큼을 새롭게 차입해야 하므로, 그 생존이 생산물시장은 물론 금융시장의 정상적인 작동에도 크게 신경을 써야 하는 사람들이다. 마지막으로 특정 시점이 아닌 대부분의 시점에서 갚아야 할 채무액 현금유입액을 초과하는 경제 주체는 '폰지 단위'(ponzi units)라고 불린다. 정상적인 경제 활동에 따른 현금수입으로는 이자도 갚을 수 없기 때문에, 파산을 막기 위해서는 채무의 재조정이나 신규 금융자산의 발행에 의존할 수밖에 없다는 점에서, 금융시장에 대한 의존도는 한층 커진다.

2) 2가격 모형과 투자의 결정 요인

민스키는 투자의 결정 요인 및 구체적인 투자 수준의 결정 그리고 재무적 · 금융적 요인들이 투자 의사결정에 미치는 메커니즘을 수요 · 공급의 분석틀에 의해 설명하기 위해 빅셀 전통 및 케인스의 《일반이론》 11장에 의거, 2가격 모형(two-price model)을 발전시킨다.[7] 이때 2가격이란 경상산출물(current output)의 가격과 자본자산(capital asset)의 가격을 지칭하는데, 민스키는 《일반이론》 11장의 경상산출물 가격을 투자재의 공급가격으로, 자본자산의 가격을 투자재의 수요가격으로서 재해석한다.[8]

우선 자본자산의 가격, 곧 기업가들의 투자재에 대한 수요가격은 이들 자

7 2가격 모델은 민스키의 가장 독창적인 부분이자 가장 난해한 부분으로, 금융불안정성 이론에 호의적인 주류 경제학들로부터는 철저하게 외면을 받았다. 크루그먼의 경우, 2008년 미국발 금융위기 이후 거시경제에 관한 자신의 관점이 케인스-피셔-민스키의 거시경제관으로 변화해 가고 있다고 술회하면서도, 2가격 모델의 기초를 이루는 칼레츠키의 이론에는 전혀 동의할 수 없다고 진술한 바 있다(Krugman, 2009).

8 가령, 붕어빵 기계라는 내구성 투자재는, 그 공급자(=붕어빵 기계의 생산자)에게는 당기의 비용지출을 통해 생산된 '경상산출물'로, 그 수요자(=붕어빵의 생산자)에게는 향후 여러 기간에 걸쳐 현금흐름을 제공해 줄 자본자산으로서 존재한다.

산이 제공해 줄 것으로 기대되는 순현금흐름에 의해 결정된다. 즉, 기업가가 자본자산에 대해 지불하고자 하는 최대한의 가격을 의미하는 자본자산 가격은, 이들 자본자산으로부터 미래의 불확실한 세계에서 발생할 장래의 순현금흐름을 자본화한 것이다. 민스키는 이들 순현금흐름을 《일반이론》 17장에 나오는 기대수익 q와 예상보유비용 c, 유동성 프리미엄 l과 연결한다(1975, 4장). 자본자산의 보유로부터 기대되는 수익이 높을수록, 금융비용 등 예상보유비용이 낮을수록, 유동성선호가 낮을수록 투자로부터 기대되는 순현금흐름이 커지고 자본자산에 대한 수요도 커진다.

케인스에 의하면, 경상산출물 가격, 곧 투자재 공급가격은 투자재 1단위를 더 생산하도록 유도할 수 있는 가격으로, 대체비용을 의미한다. 민스키는 여기에 칼레츠키의 마크업 가격이론을 추가하여 경상산출물의 가격이론을 제시한다. 자본자산 가격이 기업가의 미래 전망을 반영하는 것이라면, 경상산출물 가격은 투자재 생산의 배후에 존재하는 각종 경제 주체들의 상호의존 관계를 반영한다. 이들 상호의존 관계는 투자재의 공급가격에서 노동비용, 원료비용, 내구성 투자재 비용, 금융비용, 이윤 등이 차지하는 상대적 비중으로 표현된다. 비용은 다시 가변비용인 노동비용, 원료비용, 채무원금 등 직접비와 고정비용인 판매관리비, 금융비용 등 간접비로 나뉜다. 기업은 주로 마크업에 기초해 간접비 용도의 현금 및 이윤을 얻게 된다. 경상산출물 가격에서 이러한 간접비 비중이 클수록 수요의 변동에 대응하여 신축적으로 조정 가능한 부분은 줄어들게 되며, 해당 기업이 금융핍박(financial distress)에 직면할 가능성은 높아지게 된다.

경상산출물에 대한 수요가 감소해, 수입으로 비용을 청산하지 못하게 되면, 기업은 우선 산출량을 줄이는 방식으로 대응한다. 이 경우 기술적으로 결정된 직접비용은 줄어들지만 경직성이 강한 간접비는 그대로 유지된다. 산출량을 줄이는 방식으로도 대응이 어렵게 되면, 기업은 가격을 내려야만 하는데, 이처럼 기업이 가격을 유지할 수 없게 되면, 신규 투자재의 산출에 참여한 각종 경제 주체들 사이의 관계도 유지될 수 없게 되며, 사회적 · 경제적 통합이 급속도로 악화된다.

이제 투자재에 대한 수요가격들을 반영하는 투자재 수요곡선과 공급가격들을 반영하는 투자재 공급곡선이 교차하는 지점에서 투자의 규모가 결정된다. 민스키의 체계에서 투자재의 공급곡선은 소비함수와 함께 안정적인 함수이다. 투자재에 대한 수요를 결정하는 요인들의 경우에는 불확실한 미래에 대한 기대를 반영한 결과 변동성이 높은 반면, 투자재의 공급을 결정하는 요인들은 기존의 생산 및 비용 조건을 승인해야 하므로 변동성이 낮다. 변동성이 낮은 이유는 결국 평균비용에 대한 마크업 가격 결정에서 찾아야 한다.[9]

미래에 대한 기업가들의 기대가 급격하게 악화되어 투자재에 대한 수요가 크게 줄어들고 자본자산의 가격이 급락하는 상황에서, 투자재의 공급가격이 신속하게 하락하지 못하면, 투자재 부문의 거래 및 고용은 크게 감소할 수밖에 없다. 이는 불확실성과 금융에 영향을 받으면서 변동성이 높은 투자재에 대한 수요와 움직임이 둔한 투자재의 공급 사이의 조응 및 비조응 속에서 거시경제의 순환적 변동 및 불안정성이 발생한다는 것을 의미한다. 민스키는 이러한 분석 틀에 기초해 투자의 금융적 성격 및 불안정성으로 인해 기업의 재무구조가 필연적으로 취약하게 되고(financial fragility), 이로 인해 경제 전체적 차원에서 내재적 불안정성(intrinsic instability)이 심화될 수밖에 없다는 금융불안정성 이론(theory of financial instability)을 제출한다.

9 이는 민스키의 미시적 가격결정이론이 주류 미시경제학의 한계비용 가격결정이론과 상이한 패러다임에 기초하고 있음을 의미한다.

3) 금융불안정성과 거시경제의 순환적 변동

금융불안정성 이론은 기업의 재무구조와 금융 시스템이 강건한 상태와 취약한 상태를 왕복운동하며 이 왕복운동이 경기변동을 낳는다는 경기변동이론의 성격도 지닌다. 호황이 일정 기간 이상 지속되면 실현된 이윤이 기대치를 초과함에 따라 기업가들의 기대가 상향조정되고, 투자수요도 늘어난다. 시간이 흐름에 따라 기업가들의 낙관적인 장기 기대를 은행가나 금융시장의 투기자들도 공유하게 되고, 금융채무가 누적되는 가운데 이에 따라 자본자산의 현금흐름에 대한 기대, 곧 자본자산의 예상 수익을 훨씬 능가하는 부채구조가 형성된다. 예상 수익의 경우 기술적 요인 및 임금 상승의 압박 등으로 인해 그 성장의 정도가 제약되는 반면, 부채의 경우 발달된 금융 시스템의 도움을 받아 실물적 제약에 구애됨이 없이 크게 늘어나기 때문이다. 경제 전반의 산출이 늘어남에 따라 현금수입은 줄어들고 부채의 증가에 따라 현금지출은 늘어나게 되는데, 이 과정에서 '헤지 단위'는 '투기적 단위'로, 투기적 단위는 '폰지 단위'로 옮겨가고 채무 이행을 위해 많은 기업들이 한꺼번에 보유자산을 처분하는 방식으로 유동성을 확보하려 한다면 자산가격이 폭락하고 금융위기가 출현하게 된다. 금융 시스템이 붕괴하게 되면 우량 자산을 보유한 건실한 기업들까지도 연쇄도산의 물결로 떠밀리며 깊은 불황이 닥쳐오게 된다.

금융불안정성 이론의 핵심은 호황 속에 경기의 급격한 후퇴로 이어질 씨앗이 배태되어 있다는 것이다. 케인스가 불안정한 금융시장에 대해 이야기를 했다면, 민스키는 여기에 칼레츠키의 소득분배 및 마크업 이론, 어빙 피셔(Irvign Fisher)의 부채 디플레이션 이론을 첨가하고 자신의 아이디어를 더함으로써, 이 불안정성이 어떻게 발전하며 경제와 어떻게 상호작용하는지를 설득력 있게 보여 주었던 것이다.

물론, 화폐와 금융이 경기변동의 원인이라는 인식은 민스키만의 전유물은 아니다. 가령, 루드비히 폰 미제스(Ludwig von Mises)와 프리드리히 하이에크(Friedrich Hayek)로 대표되는 오스트리아학파의 경우에도 주류 경제학이 금융을 경시한다며 유사한 주장을 펼친 바 있다. 이들은 이용 가능한 신용 및 이자율의 변화가 현재의 재화와 미래의 재화 사이의 상대가격에 영향을 미치고 이를 통해 소비재와 생산재 사이의 자원배분에 영향을 미친다고 이해하면서, 중앙은행에 의한 신용의 주입이 생산재 생산과 소비재 생산 사이의 조정을 지체시킴으로써 호황과 불황의 경기변동을 일으킨다고 주장한다(Garrison & Kirzner, 1987). 이처럼 중앙은행의 개입을 경기변동의 주요한 원인으로 이해하는 오스트리아학파는 금본위제로의 회귀를 통해 중앙은행이 자의적으로 개입할 여지를 없앨 것을 처방으로 제시한다.

민스키의 입장에서 보자면, 문제의 주범은 중앙은행이 아니라 기업가의 비합리적 기대와 이를 키우고 부채질하는 금융기관 등이 복잡하게 얽혀 있는 금융 시스템 그 자체이며, 중앙은행은 기업의 재무구조 및 전체 금융 시스템의 취약화로 표출되는 질환을 예방하고 치유하는 주체로 그 위상을 세워야 한다. 이와 관련해, 민스키의 금융불안정성 이론을 자본주의 경제가 비합리적 기대에 의해 금융광증(financial manias)을 낳고 그로 인해 금융위기와 불황이 발생한다는 주장으로 요약하는 것은 그의 이론을 지나치게 축소하는 것이라는 점이 분명히 될 필요가 있다. 그는 금융동학이 반복적으로 엄청난 금융상의 붕괴를 낳는다고 보지도 않았으며, 오히려 제2차 세계대전 이후 금융의 불안정성이 누적되었음에도 금융상의 붕괴나 불황이 격심한 형태로 발생하지 않았던 데 관심을 가지고 그 이유를 해명하려 했다. 민스키는 현대 자본주의 경제의 취약성이 커졌지만, 그럼에도 불구하고, 1930년대와 달리 '큰 정부'와 '큰 은행'이 존재하기 때문에 '그것', 곧 '대공황'이 일어나지 않을 것이라고 전망한 바 있다. 즉, 최종대부자로서의 중앙은행이 제공하는 구제금융, 연방정부의 대규모 적자재정이 이를 막을 수 있다는 것이다(Minsky, 1982).

4) 2008년 미국발 금융위기에 관한 해석

민스키가 만년에 합류했던 레비연구소의 얀 크레겔(Jan Kregel)과 랜덜 레이(L. Randall Wray)와 같은 포스트케인시언들은 2008년도에 일어난 미국발 경제위기가 고전적인 민스키 위기에 부합한다고 주장했다. 이번 위기야말로 순수한 금융위기인데, 그 원인과 메커니즘 등이 민스키의 금융불안정성 이론에 의해 완벽하게 설명될 수 있다는 것이다(Kregel, 2007; Wray, 2009; Wray, 2011). 한편, 전통적 마르크스주의, 사회적 축적구조(Social Structure of Accumulation)학파 등에서는 미국발 금융위기의 뿌리를 실물경제 내부의 요인에서 찾으려 한다는 점에서 포스트케인시언들과 차별화되었다(Foster and McChesney, 2009; Kotz, 2009).

이러한 상황에서 자신을 구조적 케인시언(Structural Keynesian)으로 규정한 토머스 팰리(Thomas Palley)는 양 진영의 통합을 시도한다. 그는 마르크스주의나 SSA로 대표되는 미국 급진파와 마찬가지로 이번 위기의 뿌리를 1970년대 말을 기점으로 황금시대의 노동-자본 타협에 기반한 포드주의 모델을 버리고 채택했던 신자유주의 성장 모델에서 찾아야 한다고 주장한다. 임금소득이 정체되고 소득 불평등이 확대됨에 따라 침식된 유효수요의 공백을 차입과 자산가격 인플레이션을 통해 메꾸려 했던 것이 신자유주의 성장 모델의 핵심이었다. 그에 의하면, 민스키의 금융불안정성 이론은 금융시장이 이 공백을 어떻게 메웠는지, 그리고 이 모델이 일반적으로 예상되었던 것에 비해 훨씬 오랫동안 어떻게 지속될 수 있었는지를 설명해 준다. 정책담당자들이 금융혁신, 금융규제 완화, 금융자유화 등을 주도하고 이 과정에서 사람들이 리스크를 한층 선호하도록 유도함으로써 신자유주의 모델의 수명을 크게 연장시킬 수 있었지만, 대신 금융 부문의 권력과 금융시장의 거품을 한껏 키웠다며, 이를 '금융화'(financialization)로 명명한다. 이때 금융화는 민스키의 금융불안정성 이론과 임금 및 소득 불평등을 초래한 신자유주의 경제정책으로 인해 수요 부족 및 불황이 발생했다는 마르크스주의 및 SSA의 문제의식을 결합한 핵심 개념이라고 할 수 있다(Palley, 2010).

4. 완전고용의 경제학

민스키는 자본주의 경제가 금융불안정성을 향한 내재적 경향이 있다는 점을 강조하며 금융불안정성의 문제를 해명하는 데 평생을 바친 경제학자였다. 미국발 금융위기를 기점으로 많은 이들의 관심이 민스키에게 집중되었던 것도 이러한 이유에서였다. 그런데 그는 금융불안정성 문제 못지않게 빈곤과 완전고용의 문제에 대해서도 천착을 했다는 점은 상대적으로 간과되고 있다. 민스키는 자본주의에는 두 가지 근본적 결함이 있다고 인식했다. 금융 시스템의 취약성으로 인해 부채 디플레이션 및 극심한 불황이 발생할 위험을 안고 있으며, 경제성장의 열매가 자본 소유자에게 귀속된다는 속성으로 인해 불평등이 심화되고 완전고용을 달성하기 어려운 한계가 있다는 것이다. 그는 또한 금융불안정성과 불완전고용 그리고 빈곤이 긴밀하게 연결되어 있다고 보았으며, 이들 문제는 큰 정부에 의한 완전고용정책을 통해 해결될 수 있다고 믿었다.

1) 뉴딜 이후의 '케인스주의' 경제정책

민스키에 의하면, 미국 경제는 대공황을 계기로 루스벨트 대통령의 뉴딜 정책을 통해 자유방임 자본주의에서 개입주의적 자본주의로 변모했다. 이때의 핵심은 금융 시스템 재편, 정부 규모 확대, 노동시장 및 생산물시장의 규제 강화로 요약될 수 있다. 금융 시스템 재편의 목적은 투기의 억제 및 금융의 실물부문 지원 능력 강화에 있었으며, 은행업과 증권업의 분리 및 투명성 강화가 금융개혁의 핵심 원리였다. 금융기관의 채무에 제약을 가하고, 공개기업의 경우 실물경제 활동은 물론 재무구조도 공개하도록 의무화했다. 정부 규모 확대의 목적은 정부지출을 늘림으로써 대량실업자들의 고용을 늘리고 유휴자원의 가동률을 높이는 데 있었다. 이러한 목적을 달성하기 위해 정부는 프로젝트 중심의 일자리 창출 프로그램을 직접 운영하고 민간과의 협력 속에서 대규모 공공사업을 확대했다. 노동시장 및 생산물시장의 규제 강화는 소득분배 개선 및 독점력의 제한을 위한 것이었다(Minsky, 1994).

이후 미국 경제는 큰 정부와 유연한 중앙은행, 적극적인 케인스주의 재정정책을 중심으로 심각한 불황을 예방하고 국민소득을 계속 증가시키는 데 성공했다. 그러나 도시의 슬럼가에서 범죄와 폭력은 늘어났으며, 농촌은 쇠락했고, 병원이나 유틸리티와 같은 공공 서비스 그리고 환경은 악화되었다. 국민소득이 늘어났음에도 빈곤은 만연했고, 삶의 질도 국민소득에 비례해 개선되지는 못했다. 이러한 가운데 미국 자본주의는 효율적이지만 공정하지는 않다는 인식도 확산되었다. 민스키는 이러한 문제점을 '속류' 케인스주의의 한계에서 찾는다. 당시 아이젠하워 · 케인스 · 존슨 행정부의 경제정책은 감세 및 국방비 지출 증대 등을 통해 기업우호적인 환경을 조성함으로써 민간의 투자지출을 늘리고 이를 통해 완전고용을 달성하려는 전략에 기반했다. 자원에 대한 지배권을 사적 영역으로 넘기는 민간 기업 중심의 지출 확대 전략은, 전후의 호황을 창출하고 실업률을 낮추는 데는 성공했지만, 서민 및 저소득 노동자의 조건을 획기적으로 개선하는 데 실패했을 뿐 아니라 차입금융에 기반한 투자붐을 조장함으로써 금융 시스템의 안정성도 크게 훼손시켰다(Minsky, 1972).

민스키에 따르면, 제임스 토빈(James Tobin)으로 대표되는 케네디 정부의 케인시언들이 재무구조의 복잡성이나 금융 부문 및 실물 부문 사이의 미묘한 상호작용을 포착하지 못하는 등 진화하는 금융환경이 경제 시스템의 상태를 결정한다는 점을 무시한 채 승수 효과를 통해 소비와 투자를 늘리는 데만 집착했던 것이다. 전후의 케인시언들은 승수 효과 모델 및 확장적인 총수요정책을 통해 경제를 호황으로 이끄는 데는 성공했지만, 이 과정에서 과도한 기대가 형성되고 투기적 행동이 확산되었다. 결국 성공이 불안정을 만들어 냈던 것인데, 큰 정부와 유연한 중앙은행으로 인해 금융불안정은 대공황으로 이어지는 대신 스태그플레이션으로 현실화되었다. 민스키는 이러한 실패를 불황기에 유효한 정책과 호황기에 유효한 정책이 달라야 한다는 인식의 부재에서도 찾는다. 즉, 경제를 부진한 상태에서 완전고용 상태로 이행시키는 데 충분한 정책적 무기가 완전고용을 지속시키는 데 충분한 정책적 무기는 될 수 없다는 점을 인식하는 데 실패했다는 것이다(Minsky, 1972).

2) 소득분배와 완전고용정책

민스키는 정부의 정책 목표가 일차적으로 기업의 사적 투자 장려에 맞추어지는 한 금융불안정성 및 불평등 심화의 문제는 해결될 수 없다며, 정부의 일차적 정책 목표를 소득분배의 개선과 완전고용에 둘 것을 제안했다. 그는 빈곤층의 상태를 항구적으로 개선하려면, 소득분배의 개선이 결정적으로 중요하다고 인식했다. 그는 전통적 케인스주의의 경우, 소득분배의 문제를 무시한 것은 아니지만, 기업의 투자를 통해 경제성장이 되면 소득분배는 자연스럽게 해결된다며 소득분배를 기술적인 문제로 이해했고, 저축 및 투자가 분배에 미치는 효과도 간과했다고 비판한다. 그는 소득분배를 개선하고 성장의 열매를 고르게 나누기 위해서는, 부자 증세가 반드시 필요하고, 사적 투자를 줄임으로써 자본소득의 비중을 낮추어야 한다고 주장했다. 그의 입장에서 보자면, 소득분배와 국민경제의 우선순위는 기업의 투자 결정에 맡기는 대신 사회적으로 결정되어야 한다(Minsky, 1972; Minsky, 1975).

민스키는 소득분배를 개선하고 빈곤의 문제를 해결하기 위한 가장 효과적인 수단은 정부가 저소득층의 일자리를 창출함으로써 고용 가능성을 높이고 완전고용을 지속시키는 것이라고 주장했다. 그가 존슨 행정부 때 대대적으로 펼쳐졌던 '빈곤과의 전쟁' 정책에 대해 비판적이었던 것도 이러한 맥락과 관련이 깊다. 존슨 행정부의 '빈곤과의 전쟁' 정책은 장애인, 아동, 노인, 실업자 등에게는 현물 및 현금보조를 늘려 최소한도의 삶을 보장하고, 근로빈곤층에게는 직업훈련 및 교육을 제공하고 근로의욕을 고취하는 데 초점을 맞추었다. 민스키는 실업 문제가 노동자 개인의 단점 때문이 아니라 경제 시스템의 결함 때문에 발생하는 현상이므로, 그 처방 또한 사람들을 바꾸려 하기보다는 경제 시스템 자체를 바꾸는 데 맞추어져야 한다고 보았다.

민스키는 근로계층의 빈곤을 일자리 부족, 불충분한 노동시간, 낮은 임금 등이 결합해 발생한 복합적 현상으로 이해해야 한다며, 견고한 완전고용을 정책 목표로 세우고, 정부가 '최종고용자'(employer of last resort)가 되어 뉴딜의 공공사업진흥국과 같은 일자리 보장 프로그램을 운영해야 한다고 주장한다. 정부는 필요한 자금을 확보해서 일하고자 원하는 사람들이라면 누구에게나 최저한도 이상의 임금으로 일자리를 제공하고, 구직자들은 각 지역의 노동사무소에 등록해 자신에게 맞는 일을 선택하는 방식이다. 연방정부와 지방정부 등 다양한 정부 부처에서 목적에 부합하는 다양한 일자리 사업을 입안하고, 각 지역의 시민들도 참여하는 타당성평가위원회에서 가장 필요하다고 판단하는 프로젝트들을 선택해 실행해 옮기며, 임금은 중위임금의 60% 내외로 설정하는 그림이 제시된다. 이때 민스키는 일자리 보장 프로그램의 목표가 완전고용의 달성 및 저임금 부문의 임금에 있는 것이며, 고임금 부문의 임금 상승까지 의도하는 것은 아니라는 점도 강조한다.

한편, 노동시장이 완전고용 상태에 도달하면, 노동자의 교섭력이 커지며 저임금 부문과 고임금 부문 사이의 임금격차도 줄어듦으로써 소득 불평등도 완화된다. 또한 이 프로그램이 일반화되면 원하는 사람들은 누구나 '최종고용자'가 제공하는 임금 수준에서 고용될 수 있으므로, 시장임금도 자연스럽게 이 수준으로 수렴하게 된다. 그리고 이 과정에서 중앙은행의 저금리정책 등으로 총수요가 늘어남으로써 저임금 산업에서 고임금 산업으로 노동자가 이동할 경우, 산업 및 직업의 상대적 구성도 변화하고 빈곤은 더 빠르게 완화될 것이다. 민스키는 진정한 완전고용 프로그램이 정착되면, 노동자들을 업그레이드시키는 프로그램이 그 다음 단계로 진행되어야 하는데, 이때 첫 번째와 두 번째의 순서를 뒤집지 않는 것이 중요하다. 즉, 정부의 일자리 프로그램이 본격화되고 노동의 과도한 초과공급이 사라지게 되면, 노동을 보다 동질적으로 만들고 직무훈련이나 노동재배치 등을 통해 실업자 및 저임금 노동자에 대한 수요를 늘리는 적극적 노동시장정책의 중요성이 커진다는 것이다. 이때의 핵심은 복잡한 직무를 단순한 직무들로 분할하는 것이다. 사회적 필요가 큰 복잡한 업무들을 분석해 직무를 재설계하고 단순화한 후, 손쉬운 단순한 직무들은 일정한 교육 · 훈련을 받은 실업자들에게 맡기거나, 저임금 부문의 노동자가 고임금 부문으로 옮겨갈 수 있도록 할 수 있다(Minsky, 1965).

3) 투자의 사회화

민스키는 슘페터의 제자답게 자본주의가 장점이 많은 경제 체제라고 보면서도, 자본주의 발전의 동학이 이윤동기에 기반한 기업가에 의해 사적 투자라는 형태로 주도됨에 따라 금융불안정성과 불평등이라는 두 가지 문제점이 심화된다고 보았다. 제2차 세계대전 이후 미국에서 케인시언들에 의해 주도되었던 고이윤–고투자–고이윤–고성장–양호한 소득분배의 경제성장 모델 또한 자본주의 발전의 이러한 동학을 인식하지 못한 결과로 비판되었다. 그는 거대기업은 정부가 관리하는 게 바람직하며, 대규모로 축적된 부도 공공을 위한 신탁자에 의해 소유 · 관리되는 게 바람직하며, 집합적 자본의 시민적 관리 및 사회적 사용이 개혁의 핵심 과제가 되어야 한다는 점에서 급진적인 경제학자였다(Minsky, 1972).

민스키의 이러한 급진적 문제의식은 '투자의 사회화'(socialization of investment)라는 개념으로 구체화된다. 투자의 사회화는 케인스에서 비롯된 개념이다. 케인스는 사적 투자만으로는 완전고용을 달성할 수 없으며, 정부 등에 의해 사회적 차원에서 수행되는 투자, 곧 투자의 사회화를 병행할 경우 보다 낮은 투자의 한계효율에 의해서도 투자가 이루어지고, 그 결과 완전고용이 가능하다고 인식했다(Keynes, 1936, 24장). 민스키는 투자의 사회화에 완전고용과 더불어 거시경제의 안정화 및 사회적 필요의 충족과 같은 목표를 달성하는 수단의 지위를 부여한다(Minsky, 1975, 9장). 이때 투자의 사회화 중 많은 부분은 사회적 필요를 충족시키거나 공공재의 품질을 개선하기 위한 자원의 사용과 관련이 깊다.

민스키는 알프레드 마셜(Alfred Marshall)을 인용하며, 인간의 다양한 욕구들 중 시장이나 사적 기업에 의해 효과적으로 충족되지 못하는 부분이 적지 않은데, 이러한 사회적 필요와 욕구가 다양한 공공적 수단들에 의해 충족되도록 함으로써 삶의 질을 제고하고 시민사회를 건강하게 만들어야 할 필요성을 개진했다. 그는 또한 오늘날의 주요한 경제적 필요는 '더 많은'이 아니라 '더 좋은'을 목표로 해야 하며, "우리의 경제적 역량을 무엇을 위해, 누구를 위해, 어떻게 사용할 것인가"라는 물음에 충실해야 하고, 사적인 부를 늘리기보다는 사회적 목표를 달성하고 인간적인 사회를 만드는 것이 더 중요한 과제라는 주장도 덧붙였다(Minsky, 1972). 1975년 *John Maynard Keynes*에서 주목했던 투자의 사회화는 바로 이러한 인식에 기반한 것으로 보인다.

민스키는 자신의 정책대안이 자유시장을 추구하는 '보수주의'나 경제성장에 집착하는 '자유주의'는 물론, 국가경제 차원의 계획과 산업정책을 제안하는 '사이비 급진파'(pseudo-radicals)의 정책과 근본적으로 다르다는 점을 강조한다(Minsky, 1986, 12장). 민스키가 지향하는 경제에서는 두 가지의 상이한 원리에 의해 고용 및 생산이 이루어진다. 하나는 사적인 이윤동기에 의해 복잡한 금융 수단을 충분히 이용하면서 투자와 고용을 행하는 기업가들로 구성된 사적 경제,

사적 투자의 영역이다. 다른 하나는 사회적 필요라는 기준에 근거하여 다수의 사람들이나 저소득층이 소비할 수 있는 생산물이나 서비스를 생산하고, 원하는 사람들에게는 모두 다 일자리를 제공하는 공공적 경제, 사회적 투자의 영역이다.[10] 이들 두 부문은 서로 역할을 분담하는 보완적 관계를 이룬다.

이때 투자의 사회화를 담당하는 주체가 반드시 정부일 필요는 없을 것이다. 불확실성과 이윤동기로부터 자유로울 수 있다면, 협동조합이나 사회적 기업과 같은 여러 유형의 혼성적 경제 주체들도 이러한 역할을 담당할 것이다. 이 정책대안은 절대다수의 소비 및 생활 수준을 높이는 데 그 목표가 맞추어져 있다는 점에서 전후 전통적 케인시언에 의해 시도된 고투자-고이윤 전략과는 대조적이다. 투자의 사회화 전략은 소수의 소득과 소비 수준을 늘리는 대신, 최소 소비 수준을 높이는 것에 의해 모든 사람들의 절대적 필요를 우선적으로 충족시킬 수 있도록 하는 정책이라는 점에서 평등을 제고하고 동시에 총수요 부족의 문제를 소비의 증대를 통해 해결하려는 방안이라고 할 수 있다. 결국 투자의 사회화는 불안정한 경제를 안정화시키고 완전고용을 달성하며 자원배분의 우선순위를 바꿈으로써 사회적 필요를 충족시키고 삶의 질을 높이는 결정적인 수단이 된다(Minsky, 1975, 9장).

민스키는 이처럼 최종고용자 역할을 담당하고 사회적 투자를 관리하는 '큰 정부'(Big Government)가 효과적으로 작동하려면, 조세 체계 및 재정지출의

10 투자재를 투입하여 생산한 재화의 수익성이 사적 투자 단위의 기준이었다면, 해당 사업에 대한 사회적 필요 및 노동흡수 능력 등이 사회적 투자 단위의 기준이 될 수 있다. 또 무엇을 기준으로 설정할 것인가 하는 것은 시장에서 평가되는 대신 토론과 투표 등의 비시장적 과정을 통해 결정될 것이다. 이처럼 시장 논리가 아닌 사회적 필요와 같은 다른 기준에 근거할 경우, 투자 대상의 종류 및 크기도 달라지게 된다. 가령, 사적 단위의 기준에서는 무기 생산에 필요한 자본자산을 구입하는 것이 올바른 선택이지만, 사회적 단위의 기준에서는 도서관에 필요한 책을 구입하는 것이 올바른 선택이 될 수도 있다. 또 전자의 기준에서는 자본집약적인 방식의 생산기술을 택하는 것이 합리적 선택이지만, 후자의 기준에서는 노동집약적인 기술을 채택하는 것이 합리적 선택이 될 것이다.

대대적인 개혁이 필요하다고 주장한다. 군비 지출 및 사회보장 지출을 줄이고 고용 프로그램 및 공공 부문의 사회간접자본 투자 등을 늘림으로써, 경제에 만연된 인플레이션 편향을 줄일 뿐 아니라 사람들의 사회적 필요를 충족시키고 경제 전체의 생산 능력도 함께 늘리는 다각도의 효과를 기대할 수 있다. 이때 투자의 사회화와 완전고용을 달성하는 데 필요한 일차적 재원은 조세를 통해 조달되어야 한다. 민스키는 이와 관련하여 가격으로 비용이 직접 전가되고 기업의 행동을 왜곡시키는 사회보장세와 법인소득세보다는 부가가치세 등을 부과하자고 제안한다(Minsky, 1986, 13장).

5. 맺음말

민스키에 의하면, '불안정성'과 '불평등' 그리고 '실업'은 동일한 문제의 발현이다. 이들 사회적 질환을 낳는 근본적인 동인은 사회적 필요와는 괴리된 채 '고투자-고성장-불안정-경기후퇴'의 연쇄를 낳는 사적 기업가의 끊임없는 가치증식의 논리와 이를 가능케 하는 발달된 금융 시스템이다. 따라서 민스키의 제안은, 자본축적과 성장지상주의의 가치를 포기하고 대신 평등과 안정화를 사회적 가치로 선택하자는 것으로 요약될 수 있다. 민스키에 의하면, 평등은 거시경제의 안정성과 그에 따른 사회적 효율성을 확보하기 위해서도 반드시 필요한 가치이다. 평등한 사회란 인간으로서의 존엄성을 유지할 수 있는 수준의 소비를 모두가 행하고, 대기업의 영향력과 빈부격차가 크지 않은 곳이다.

민스키의 논의는 제도와 정책의 개입을 통해 안정과 형평 그리고 사회적 효율을 동시에 개선하는 청사진이 경제적으로 실현 가능하다는 것을 입증하는 데 맞추어져 있다. 경제의 성장 대신 평등과 안정을 강조한다고 해서 내핍과 인내에 기초한 경제적 삶을 제안하는 것은 아니다. 안정과 고용을 동시에 제고할 수 있는 구체적인 정책대안으로 제시하고 있는 '최종고용자'로서의 정부에 의한 완전고용정책은 사적 부문의 활동을 구축하기보다는 오히려 생산성 향상과 비용 절감을 통해 경제 전체의 공급 능력을 높이게 되므로, 효율의 측면에서도 열등하지 않기 때문이다. 이 점에서 민스키의 논의는 기존의 케인스 경제학에서 사실상 공백으로 놓여 있었던 생산의 영역과 총공급의 문제를 정면에서 다루고 있는 것으로 평가할 수 있다. 사적 투자를 사회적 투자와 소비로 전환하자는 주장은 자본주의의 물신적 성격 및 가치증식의 논리를 제어 · 완화하자는 입장과 다르지 않다.

참고문헌

박종현, 〈내재적 금융불안정성과 투자의 사회화: 하이만 민스키의 논의를 중심으로〉, 《사회경제평론》, 14, 한국사회경제학회, 2000.

______, 〈민스키가 보내는 암호〉, 《이코노미 인사이트》, 11. 한겨레신문사, 2011.

Foster, J. B. and R. W. McChesney, "Monopoly–Finance Capital and the Paradox of Accumulation," *Monthly Review*, 61(5), 2009, pp. 1–20.

Keynes, J. M., *The General Theory of Employment, Interest and Money*, Macmillan, 1936.

Kotz, D., "The Financial and Economic Crisis of 2008," *Review of Radical Political Economics*, 41(3), 2009.

Kregel, J., "Minsky's Two Price Theory of Financial Instability and Monetary Policy: Discount versus Open Market Intervention," Steven Fazzari and Dimitri B. Papadimitriou, eds., *Financial Conditions and Macroeconomic Performance*, Armonk, New York: M. E. Sharpe Inc., 1992.

______, "The Natural Instability of Financial Markets," Levy Economics Institute Working Papers Series, 2007.

Krugman, P., "Actually existing Minsky," *The New York Times*, The Conscience of Liberal, 2009.

Mehring, F., "The Vision of Hyman P. Minksy," *Journal of Economic Behavior & Organization*, 39, 1999, pp. 129–158.

Minsky, H., "The Role Employment Policy," 1965, H. Minsky, *Ending Poverty: Jobs, Not Welfare*, Levy Economics Institute of Bard College, 2013.

______, "Where the American Economy– and Economists– Went Wrong," 1972, H. Minsky, *Ending Poverty: Jobs, Not Welfare*, Levy Economics Institute of Bard College, 2013.

______, *John Maynard Keynes*, New York: Columbia Univ. Press, 1975.

______, *Can it happen again?*, ME Sharpe, 1982.

______, *Stabilizing an Unstable Economy*, Yale University Press, 1986.

______, "Schumpeter: Finance and Evolution," Hyman P. Minsky Archive, Paper 314,

1988.
______, "Schumpeter and Finance," Salvatore Biasco, Alessandro Roncaglia, and Michele Salvati, eds., *Market and Institutions in Economic Development: Essays in Honour of Paulo Sylos Labini*, MacMillan, 1992.
______, "Full Employment and Economic Growth as an Objective of Economic Policy: Some Thoughts on the Limits of Capitalism," 1994, H. Minsky, *Ending Poverty: Jobs, Not Welfare*, Levy Economics Institute of Bard College, 2013.
Palley, T., "The Limits of Minsky's Financial Instability Hypothesis as an Explanation of the Crisis," *Monthly Review*, 61(11), 2010.
Papadimitriou, D. and L. Randall Wray, "The Economic Contributions of Hyman Minsky: Varieties of Capitalism and Institutional Reform," *Review of Political Economy*, 10(2), 1998, pp. 199–225.
The Economist, "Economics' most influential people: A survey of economists on economists," Feb 1st, 2011.
______, "Minsky's moment," Jul 30, 2016.
Toporowski, J., "Simons and the other Minsky Moment," *Studi e Note di Economia*, XV(3), 2010, pp. 363–368.
Wray, L. R., "The rise and fall of money manager capitalism: a Minskian approach," *Cambridge Journal of Economics*, 33(4), 2009, pp. 807–828.
______, "Minsky Crisis," Levy Economics Institute Working Papers Series, 2011.

제8장

4차 산업혁명과 가치론의 재고: 권력자본론의 관점에서

박형준

1. 머리말

지구촌 전체가 아직 2008년 미국발 세계금융공황의 여파로 인한 불황에서 벗어나지 못하고 있는 가운데, 이른바 '4차 산업혁명'이라는 거대한 물결에 휩싸이고 있다. 양적 완화, 소득 정체, 소비 침체, 고용 부진, 저성장 등 불황을 표현하는 지표들이 여전히 경제 뉴스의 주류를 이루고 있지만, 다른 한편에서는 인공지능, 빅데이터, 사물 인터넷 3D 프린터, 자율주행 자동차, 드론 등 미래 산업 패러다임을 특징짓는 새로운 테크놀로지에 관한 이야기들이 연일 쏟아지고 있다. 머지않아 운전대가 없는 자율주행 전기자동차가 신호등이 없는 도로를 달리고, 3D 프린터로 제작된 인공장기가 사람에게 이식되며, 1조 개의 센서가 부착된 사물이 인터넷으로 연결되고, 사람들은 인체 내에 삽입된 모바일 폰을 통해 언제 어디서나 원하는 정보를 얻고 다양한 기기들을 원격통제하며, 인공지능 로봇이 약사, 변호사, 의사의 역할을 수행하고 기업의 이사와 감사의 역할까지 대행하며, 더 나아가 원하는 유전자를 선택하여 편집한 맞춤형 아기가 만들어지고, 인간과 인공지능 로봇을 융합한 사이보그가 탄생하는 등 공상과학 영화 속에서나 보던 모습들이 현실화될 것이라고 한다.[1]

이러한 다양한 기술혁신을 가능케 하고 있는 만화 같은 현실은 우리에게 경이로움을 넘어 두려움까지 안겨 주고 있다. 다시 말해, 테크놀로지가 인간을 전지전능한 신처럼 만들어 줄 수 있다는 기술 유토피아적 희망과 더불어 인간

1 클라우스 슈밥(송경진 옮김)(2016), pp. 172-250에 제시된 미래 기술 참조. 여기에 세계경제포럼 산하 글로벌어젠다카운슬에서 '소프트웨어 사회의 미래'(The Future of Software and Society)라는 주제 하에 800명이 넘는 경영진들을 대상으로, 세계의 흐름을 바꾸는 기술이 공공 영역에 깊숙이 침투한다면 그 시점은 언제일 것으로 예상하는지, 그리고 이런 변화가 개인, 기관, 정부와 사회에 미칠 영향을 충분히 이해하고 있는지에 대해 설문조사를 실시한 내용이 실려 있다.

보다 뛰어난 존재의 출현으로 인해 인류의 존재적 의미와 지위를 잃을 수 있다는 디스토피아적 불안감이 동시에 생기기 때문이다. 2016년 세계경제포럼(WEF)에서 기조 보고서를 발표하며 세계적으로 이 담론을 유행시켰던 클라우스 슈밥(Klaus Schwab)도 4차 산업혁명에 대해 장밋빛 전망만을 제시하지는 않았다. 4차 산업혁명이 "글로벌 소득 수준을 높이고 세계 인구 전체의 삶의 질을 향상시킬 잠재력을 가지고" 있으며, 생산 · 유통 · 교역의 비용 절감과 글로벌 공급체인 효율성 제고를 통해 "새로운 시장을 창출하고 경제성장을 추동할" 것으로 예측하지만, 불균등한 혁신 혜택의 분배가 "불평등 심화를 초래할 수" 있으며 노동자들이 기계로 대체되면서 "노동시장에 혼란이 야기될 수" 있다는 경고도 잊지 않았다(Schwab, 2016).

다보스포럼의 창립자 중 한 사람인 슈밥의 이러한 '우려 섞인 희망'은 지난 30년간 신자유주의가 야기한 노동과 소득의 불안정성과 사회적 불평등 심화가 그들의 세계관 속에서는 필연이었다고 고백하는 것이나 다름없다. 기술 진보와 그를 통한 노동비용 절감 노력은 피할 수 없는 자연의 법칙으로 취급한다. 그동안은 신흥시장의 값싼 노동력이 그 기반이었다면, 앞으로는 사물 인터넷에 기초한 완전 자동화가 그 자리를 대신한다는 차이만 있을 뿐이다. 다만 그 사회적 '부작용'이 감당하기 힘든 수준으로 심각할 수 있기에 대책이 필요하다는 것이다. 실제로, 세계경제포럼의 한 보고서에서는 4차 산업혁명의 영향으로 2015-2020년 동안 200만 개의 새로운 일자리가 생기지만 710만 개의 일자리가 사라져, 약 500만 개의 일자리 순감소가 예상된다고 밝힌다(WEF, 2016. 1). 또한 옥스퍼드대학의 프레이(Carl B. Frey)와 오스본(Michael A. Osborne)은 향후 10-20년 사이에 미국의 직업 약 47%가 자동화로 대체될 위험에 처해 있다고 주장한다(Frey & Osborne, 2013. 7). 이러한 미래 전망은 자동화가 생산 과정 속에서 인간 노동의 자리를 아예 없애 버릴 수도 있다는 위협마저 느끼게 만들고 있다.

이러한 '노동의 종말' 전망과 함께 그에 대한 대책으로서 기본소득을 도입하자는 논의도 최근 급부상하고 있다. 물론 기본소득제도의 도입 주장은 이미 오래전부터 존재해 왔다. 일반적으로 그 기원을 1792년 토머스 페인(Thomas Paine)의 《인권》(*Rights of Man*)이나, 더 거슬러 올라가 토머스 모어(Thomas More)의 《유토피아》(*Utopia*)에서 찾는다. 20세기에 들어서 케인스(J. M. Keynes), 콜(G. D. H. Cole), 미드(James Meade), 프리드먼(Milton Friedman) 등 약간의 내용적 차이는 있지만 진보와 보수 양쪽 모두에서 기본소득 도입 주장이 나왔다(박홍규, 2008). 2016년 6월 스위스에서는 매월 조건 없이 성인에게 300만 원, 어린이와 청소년에게 약 78만 원의 기본소득을 지급하는 방안을 놓고 국민투표가 실시되기도 했다(내일신문, 2017. 2. 22).[2] 비록 부결되었지만, 핀란드에서는 국가 차원으로, 캐나다에서는 온타리오주 정부 차원으로 계획되어 있는 기본소득 실험과 더불어 대중적인 인식 제고의 계기를 제공하였다. 게다가 최근에는 일부 ICT 분야의 명사들을 중심으로 펼쳐지고 있는 이른바 '실리콘밸리 기본소득'이 대중적 관심을 끌고 있다. 그 중에서 엑셀러레이터 기업인 Y-Combinator의 CEO 샘 앨트만(Sam Altman)은 캘리포니아주 오클랜드에서 100가구를 선정해 6개월에서 1년 동안 매달 1,000-2,000달러를 기본소득으로 지급하는 실험을 실시하겠다고 밝혀 특히 주목 받았다(조선비즈, 2016. 9. 25). 최근에 활발해진 기본소득운동 모두가 꼭 4차 산업혁명과 관련되어 있는 것은 아니지만, 이 제도에 대해 새로운 시각과 추동력을 제공한 것은 틀림없다.

2 1980년에 제이 해먼드(Jay Hammond) 알래스카주 지사가 알래스카의 석유자원을 기반으로 매년 1인당 2,000달러 정도의 기본소득을 지급하는 제도를 시작해 지금까지 이어지고 있다. 이와 관련해서는 강남훈(2016), pp. 44-55 참조.

관점에 따라 완전 자동화 전망의 타당성 여부, 기본소득의 필요성, 그리고 기본소득의 실현 가능성에 대한 다양한 의견이 존재하겠지만, 관련해서 보다 근본적인 질문 하나가 잘 다루어지고 있지 않은 것으로 보인다. 바로 마르크스의 고전적 테제 중 하나인 '생산력과 생산관계의 모순' 문제이다. 좌우, 보수와 진보를 막론하고 지금까지 우리는 일종의 '노동의 신성함'이란 전제를 바탕으로 소득에 접근해 왔다. 그런 믿음에는 새로운 부가가치를 창출하는 데 기여한 노동만이 소득을 얻을 정당성을 갖는다는 윤리의 문제가 들어 있지만, 더 근본적으로는 가치의 원천이 노동이라는 존재론적 문제의식이 깔려 있다. 이러한 '노동가치론'의 입장에서 보면, 완전 자동화라는 모델 속에서는 '소득'으로 나누어 줄 '가치' 자체가 애초에 창출될 수 없다. 주류 경제학의 효용가치론에서는 노동이 자본으로 대체될 수는 있지만, 그것이 상품생산 모델을 전제로 하고 있다는 사실을 잊으면 안 된다. 완전 자동화가 되면 자본가들을 제외하고는 생산된 것을 사줄 주체가 사라지기 때문에 모델이 성립하지 않는 것은 마찬가지이다. 그래서 기본소득이 필요하다는 주장이 나오는 것인데, 자본가가 자기 물건을 사라고 돈을 대고 다시 돈을 회수하는 일을 반복할 '효용'이 있을까? 불가능하지는 않겠지만 그럴 경우 더 이상 자본주의는 아닐 것이다.

완전 자동화와 그로 인해 인간의 일자리가 사라지는 것이 정말 가능할 것인가란 질문은 부차적일 뿐이다. 이미 20세기 어느 순간부터 경제 문제의 대부분은 생산력의 부족 때문이 아니라 넘쳐서 생긴 것이었으며, 극심한 빈곤과 기아 문제조차도 희소성의 문제가 아니라 분배의 문제였다. 이른바 자발적 실업이란 이름으로 많은 사람들이 임노동의 영역에서 '추방'되어 있으며 생산 수단들도 많은 부분 가동되지 않고 잠자고 있다. 4차 산업혁명과 결부된 '노동의 종말' 전망은 자본주의적 상품관계의 모순을 극명하게 드러내 주는 계기를 제공할 뿐이다. 다시 말해, 4차 산업혁명이 제시하는 완전 자동화 모델은 그 담론을 주창한 다보스포럼의 의도와는 무관하게, 자본의 이윤이 사회적 비효율성을 기반으로 하고 있다는 사실을 드러내 주고 있으며, 나아가 자본주의적 메커니즘이 미래 사회의 기본 체계로 적합하지 않다는 점을 스스로 밝히고 있다. 4차 산업혁명은 새로운 사회적 관계를 요구한다.

4차 산업혁명 담론이 허구냐 아니냐는 공전을 면하기 힘든 논쟁으로, 그리 중요한 것은 아니다. 그보다는 새로운 물질적 조건이 가능하게 해주는 미래 사회상을 구상하고 어떻게 실현할 것인가의 문제로 관심의 초점을 옮겨야 한다. 이 글에서는 그러한 노력의 첫걸음으로서 자본주의에 내재되어 있는 '생산력과 생산관계'의 본질적 모순을 밝히려고 시도되었던 선구적 이론들을 비판적으로 종합해 보려고 한다. 자본주의의 이러한 근원적 모순이 위기로서 드러나지만 여기에서는 위기이론보다는 그 기저에 깔린 가치론에 초점을 맞춘다. 이는 자본주의적 '가치'의 본성을 제대로 파악해야만 완전 자동화라는 비전을 제시하고 있는 4차 산업혁명 시대에 조응하는 사회적 관계와 가치 체계를 새롭게 구상할 수 있다는 의미에서다. 이 글에서는 기본소득제도를, 특히 그 도입의 찬반 여부를 논하지 않는다. 다만 완전 자동화는 아닐지라도 사회 성원들 상당수가 기본소득제도에 의존하고 살아야 하는 세계라면, 그것의 의미는 그저 현재의 복지제도를 보충하는 수준은 아닐 것이며, 새로운 가치론의 기반 위에서 설계된 분배제도로서만 작동할 수 있다는 주장을 이 글의 결론으로서 말하고자 한다.

2. 생산의 기계화와 노동, 그리고 상품의 화폐적 가치

기술의 혁신을 통한 생산효율성 향상과 생산력 증대가 노동시간의 감소, 여가시간 확대, 그리고 생활 수준 향상을 통해 행복의 증진으로 이어져야 '정상'이지만, 역사적으로 보면, 급격한 기술발전이 이루어지는 국면마다 이러한 낙관적 전망은 항상 미래에 대한 불안감과 비관주의를 동반했다. 여러 이유가 있겠지만, 그 중 가장 큰 요소는 케인스가 《우리 손자 세대의 경제적 가능성》에서 '기술적 실업'(technological unemployment)이라 칭한 문제일 것이다(Keynes, 1930).[3] 그의 표현을 빌리자면, 이것은 "노동의 사용을 절약하는 수단의 발명 속도가 노동의 새로운 사용 방식을 찾는 속도를 앞질러 나가기 때문에 생기는 실업"이다. 이로 인한 미래 삶에 대한 불안감은 때로 러다이트(Luddite)로 대변되는 기술혁신에 대한 저항으로 이어지기도 한다. 케인스는 대공황의 충격파가 세상을 뒤덮고 있는 상황에서 쓴 이 글에서 실업과 불황은 "한 경제적 시기에서 다른 시기로 이행하는 조정의 고통, 즉 너무 빠른 변화로 인해 발생한 성장통"이라고 말하며, 100년 후 손자들의 시대에는 생산력의 향상으로 인류의 생활 수준이 케인스의 시대보다 4-8배 더 높아지면서, "하루에 3시간 혹은 1주일에 15시간만" 일해도 충분할 것이라 낙관적인 예언을 던졌다.

노동시간이 줄어들지 않은 것은 아니지만, 케인스의 낙관론에는 미치지 못했다.[4] 역사의 간교라고나 할까, 그가 기준으로 삼았던 100년 후가 다가오고 있는 가운데, 우리는 지금 4차 산업혁명의 완전 자동화 전망을 마주하고 있다.

3 John Maynard Keynes(1930).

4 다음 참고문헌에 따르면, 1913년 미국의 주당 평균노동시간은 53.8시간이었다고 한다(M. Huberman, 2002). OECD 통계에 따르면, 2015년 미국 주요 직종의 주당 평균노동시간은 38.6시간이었다. 정확한 계산은 아닐지라도 주당 약 15시간 정도 노동시간이 줄었다는 사실을 알 수 있다.

하지만 완전 자동화의 가능성은 그가 말한 1주일에 15시간만 일하고 나머지는 여가시간으로 보낼 수 있는 시대의 도래를 기대하게 만들기는커녕 가뜩이나 불안정한 일자리와 소득에 대한 우려를 더욱 심화시키고 있다. 1930-2010년 사이에 미국의 1인당 실질GDP가 약 5배 상승한 것을 보면 케인스의 계산 자체가 틀린 것은 아닌 것 같다.[5] 그보다는 생산력이 향상되면, 인류가 점진적으로 "경제적 필요의 터널"에서 빠져나와 "사이비 도덕 원칙"으로 자리 잡고 있는 "돈에 대한 욕망"을 벗어던지고 진정한 삶의 즐거움을 추구할 것이라는 그의 기대 속에서 화폐의 힘을 과소평가한 우를 범한 것 같다.

케인스의 고민 속에 담겨 있는 이러한 물질적 생산력과 화폐적 가치의 긴밀하면서도 모순적인 관계는, 마르크스가 지적했듯이, 계급 간 상이한 세계관의 충돌을 의미하는 사회적 관계의 반영으로서 자본주의 초기부터 정치경제학의 가장 중요한 주제였다. 이와 관련된 이론적 관심은 초기에 둘 중 어떤 것이 '진정한 부'인가란 질문의 형태로 표출되었다. 애덤 스미스(잉햄, 2013, p. 22)가 《국부론》에서 생산요소(즉, 노동과 생산재)의 투입을 통한 상품의 생산, 시장을 통한 교환, 그리고 소비로 이어지는 일련의 순환 과정이 진정한 부이고 화폐는 그것을 매개하는 '거대한 유통의 바퀴'에 불과하다고 정리한 이후에는 투입된 생산요소의 수량과 상품가치 사이의 조응관계, 그리고 요소별 생산적 기여도와 분배되는 소득의 정당성을 체계적으로 설명하는 문제로 관심의 형태가 전환되었다.

중상주의에 깔려 있던 배금주의적 태도를 비판하며 부상한 이러한 '실물경제' 중심적 관점은 초기 중농주의를 거쳐 스미스, 리카도, 마르크스로 이어지

5 Maddison Project Database, 1990년 International Geary-Khamis dollar 기준.

며 산업자본주의를 설명하는 체계적인 노동가치론으로 확립되었다. 즉, 금전적 부는 상품에 투여된 노동이 화폐적 가치로 표현된 것에 불과하다는 생각이 정치경제학 이론의 기본 틀로 자리 잡았다. 하지만 직관적으로 당연해 보이는 이 명제를 증명하는 일은 보기만큼 쉽지 않았으며, 파고들수록 더 큰 이론적 문제가 존재함을 발견한다. 사실, 지금까지 그 누구도 이러한 관계를 입증하지 못했다.

문제의 핵심은 이미 애덤 스미스가 발견했다. 그는 "노동만이 가치 또는 부를 창조"한다고 생각했지만, "노동이 교환가치의 결정요소"라는 것을 예시하는 모델은 직접 생산자들끼리 시장에서 교환하는 "자본주의 이전의 초기 경제에서"만 적용 가능하고, "생산 수단의 통제권을 자본가가 장악하고 토지 및 천연자원을 지주가 독점"하고 있는 사회에 적용될 수 없음을 알게 된다. 그럼에도 불구하고 스미스는 "다른 생산 분야에 걸쳐 노동자 1인이 사용하는 자본의 가치가 똑같은 경우에 한해서 상품의 가격은 그 상품에 체현된 노동의 양과 계속해서 비례관계를" 갖는다고 믿고, 이를 증명해 보려고 했지만, 훗날 마르크스가 유기적 구성도라고 부른 노동자 1인당 자본의 가치가 생산 분야별로 다르다는 사실을 파악하고 이러한 시도도 포기했다. 결국 스미스는 상품의 가치가 "임금에다 이윤과 지대"를 합한 것이란 결론에 이르렀는데, 이 세 가지 모두 가격이기 때문에 이러한 그의 합산식 가격이론은 "무수한 상품의 무수한 가격이라는 무한한 연쇄관계에" 빠져들어 가격을 결정하는 궁극적 요소가 무엇인지 제시하지 못했다(헌트와 라우첸하이저, 2015, pp. 137-151).[6]

스미스가 포기한 이 문제는 이후 리카도와 마르크스가 오랜 세월을 바쳐

6 스미스는 시장의 수요와 공급에 의해 결정되는 시장가격과 상품 고유의 자연가격을 구분했다. 여기서의 가격이론은 자연가격에 관한 것이다.

매달릴 정도로 정치경제학적인 중요성을 지니고 있었다. 이들의 가치론에는 상품이 지닌 화폐적 가치의 원천이 노동이라는 사실을 과학적으로 증명함으로써 상품생산의 주체인 특정 사회계급에게 정치적 · 윤리적 정당성을 제공하려는 목적이 들어 있었는데, 앞의 이론적 임무에 성공하지 못하면, 뒤의 이데올로기적 목적은 사상누각에 불과하다. 따라서 리카도와 마르크스 모두 어떤 형태든 투여된 노동과 상품가격 간 선형적 함수관계가 존재함을 입증해야 했다. 두 사람 모두 이론적 체계화를 통해, 리카도는 지주 세력을, 마르크스는 지주와 자본가 계급 모두를 '기생 계급'으로 규정하며 각각 자본가 계급과 노동자 계급의 이념적 기반을 강화하는 데 큰 역할을 했지만, 이들도 이른바 전형 문제(transformation problem)라고 불린 스미스가 부딪힌 이론적 장벽을 넘지는 못했다.

전형 문제가 안고 있는 근본 한계는 케임브리지 논쟁(Cambridge Controversy)에서[7] 드러난, 신고전파 소득분배 모델의 자본수량 측정 문제와 본질적으로 유사하다. 둘 모두 상품의 화폐가치를 물질적 투입요소의 생산함수에서 도출하려 시도한다는 점에서 그렇다. 신고전파 자본이론의 기본 틀은 노동가치론을 버리고 스미스의 보이지 않는 손과 벤덤의 공리주의를 결합한 한계주의 완전균형시장 모델이라 할 수 있는데, 스라파(Sraffa, 1960)의 비판적 연구와[8] 뒤이은 케임브리지 논쟁에서 이 모델의 자본 측정 문제와 이에 대한 해결책에 순환논리

7 케임브리지 논쟁은 1960년대 영국의 케임브리지대학과 미국 케임브리지에 있는 MIT대학의 경제학자들 사이에서 자본재의 본성에 관한 문제를 놓고 펼쳐진 이론 논쟁을 가리킨다. 영국 쪽에서는 스라파의 관점을 대변하는 로빈슨(Joan Robinson), 가레냐니(Pierangelo Garegnani), 파지네티(Luigi Pasinetti)가 나섰고, 미국 쪽에서는 한계주의를 대변하는 새뮤얼슨(Paul Samuelson), 솔로우(Robert Solow), 모딜리아니(Franco Modigliani)가 대응했다.

8 Piero Sraffa(1960). 이 책에서 스라파는 이윤율의 변화에 따라 자본집약적 생산과 노동집약적 생산 간 자본의 가치가 바뀌는 자본역전(capital reversal)이 발생할 수 있고, 이에 따라 자본집약적 생산기술과 노동집약적 생산기술 간의 대체가 다시 바뀌는 기술재전환(re-switching of techniques)이 일어날 수 있다고 증명했다. 이는 "자본의 한계생산물로 이윤을 설명하려는 한계주의 경제학의 시도는 이론적 근거가 없음"을 확인한 것이다(박만섭, 2010, pp. 54-55; 헌트와 라우첸하이저, 2015, pp. 886-904).

가 있다는 점이 증명됨으로써 이론적 기반이 붕괴되었다. 한계생산성 이론에서는 각 요소가 획득하는 소득이 각각의 한계생산과 일치한다고 보는데, 이에 따르면, 자본가의 '정당한' 소득은 이윤율에 자본의 양을 곱함으로써 구할 수 있다. 그러나 이를 구하기 위해서는 먼저 자본의 수량을 측정해야 하는데, 자본재는, 가령 나사못, 망치, 드라이버부터 시작해, 공작기계, 로봇, 컴퓨터, 플랜트 등 매우 정교하고 거대한 생산 시스템까지 매우 다양하고 이질적인 요소들로 구성되어 있어 단일한 총량을 구하는 것이 간단한 문제가 아니었다. 생산함수에 넣을 투입요소의 수량을 구하지 못하면 주류 경제학 시스템 전체가 무의미하게 되는데, 첫 단계부터 막혀버렸다.

자본재가 균일하지 않다는 성격 때문에 물질적 단위로 자본의 수량을 측정할 수 없다는 사실을 인정한 신고전파는 해결책으로 다양한 자본재의 금전적 가치 총량을 구하는 방법을 제시한다. 그러나 이 해결책은 오히려 효용가치론에 치명적이었다. 왜냐하면 그들이 전제로 삼은 이윤과 자본 수량의 관계를 뒤집어 놓기 때문이었다. 한계효용이론에 따르면, "자본의 가격은 자본의 수익성으로 결정되며, 자본의 수익성은 다시 자본의 생산성에 좌우"된다(헌트와 라우첸하이저, 2015, p. 877). 이 논리에 따르면 자본의 가격은 자본소득을 자본화한 가치로 정의되며, "자본이 미래에 가져다줄 전체 기대이윤을 [정상이윤율로 나누어] 현재 가치로 할인"하는 방식으로 계산할 수 있다. 하지만, 효용이론의 애초 전제는 자본의 수익성이 사용된 자본재의 양에 의존하게 되어 있다. 즉, 자본의 양이 늘어나면, 한계효용법칙이 작동해 수익성이 점점 떨어진다는 것이 근본 주장이다. 그러므로 자본의 수량 측정 문제를 가격이라는 보편적 척도로 통일해 풀어 보려던 신고전파의 해결책은 효용이론의 주요 전제를 위배하면서 순환논법에 빠져버렸다.

마르크스주의 노동가치론은[9] 자본재를 과거 노동의 축적물로서 새로운 상품에 단순 이전된다고 간주하기 때문에 자본재와 직접적으로 관련된 문제는 피할 수 있지만, 이와 유사한 문제점을 안고 있다. 우선 기술 수준이 각기 다른 다양한 종류의 구체적 노동을 단순한 추상적 노동으로 전환해야만 한다. 이것이 가능하다 치더라도, 또 다른 문제에 봉착한다. 바로 스미스가 발견했던 여러 산업 간에 상이하고 다양한 유기적 구성, 즉 자본과 노동의 비율이다. 말하자면, 자동화기기를 사용하는 공장에서 일하는 노동자와 수공업 제품을 만드는 공장 노동자가 공히 8시간 노동으로 생산한 두 가지 상품이 있다고 할 때, 서로의 가치를 투여된 시간을 기준으로 동일하다고 말하기 어렵다. 더 나아가 지식노동의 가치는 어떻게 계산하겠는가? 이 문제를 해결하지 못하면, 투여된 노동시간과 상품의 가치가 비례하고, 이 가치에 따라 상품의 상대적 가격이 결정된다는 노동가치론의 명제를 입증할 길이 애초부터 막혀버린다. 마르크스 자신도 《자본론》 3권에서 전형 문제를 다루며 분명히 했듯이, 유기적 구성도가 다양할 경우 이윤율이 같다면 이른바 추상적인 사회적 필요노동시간으로 규정되는 상품의 가치와 생산가격은 차이가 날 수밖에 없다.[10]

따라서 노동가치론은 상품의 가격이론이 될 수 없다. 이론의 목표는 단지 부문 간 이윤율이 동일할 때, 잉여가치의 총량과 이윤 총량이 동일하고, 전형된 가격의 총합이 전형되지 않은 가치의 총합과 같다는 점을 증명하는 일이었다. 이것마저도 유기적 구성도가 사회적 평균 수준인 산업에서 생산된 상품으로

9 리카도가 마르크스 이전에 이미 노동가치론을 집대성했지만 여기서 그의 이론을 따로 살펴볼 필요는 없다. 마르크스가 리카도의 문제점을 제대로 짚었으면서도 남은 문제점은 고스란히 떠안았기 때문이다. 여기서는 자본의 수량적 측면만을 이야기하고, 아래에서 마르크스의 독특한 존재론에 기초한 자본 개념을 설명한다. 수량적 측면의 분석에서 마르크스와 리카도의 차이는 거의 없다.

10 마르크스의 전형 문제와 관련해서는 헌트와 라우첸하이저(2015, pp. 470-483) 참조.

정의되는 불변의 가치척도(numeraire)를 찾을 때만 의미가 있다.[11] 산업마다 유기적 구성도가 다르기 때문에, 예를 들어 총노동시간의 변화가 없는 상황에서 평균임금이 올라가면, 노동집약적 산업의 상대적 생산가격은 올라가고, 자본집약적 산업의 상대적 가격은 반대로 내려갈 것이다. 총노동시간에는 변화가 없기 때문에 창출된 총가치도 변화하지 않아야 한다. 따라서 유기적 구성도의 전체 평균값을 기준으로 그보다 높은 분야에서 생산된 상품들과 그보다 낮은 분야에서 생산된 상품의 가격 등락이 상쇄되어야 한다. 이를 보여 주기 위해서는 유기적 구성도가 사회적 평균 수준인 상품을 찾아, 상대적 가격이 변화하지 않는다는 사실을 입증해야 한다. 하지만 마르크스를 비롯해 그 누구도 이것을 찾아내지 못했다. 찾았다고 해봐야 또 다른 문제에 봉착할 수밖에 없다. 가치에서 생산가격으로의 전형을 입증한다고 해도, 생산가격이 시장가격으로 전형되는 것을 설명해야 하는 문제는 여전히 남는다. 이 문제는 스라파가 《상품에 의한 상품생산》에서 밝혔듯이, 노동가치론에서는 자본을 과거부터 투하된 노동량을 합한 "순전히 물질적인 양"으로 분석하는 반면, "이윤은 기본적으로 '화폐'로 평가된 양에 대해 계산"되기 때문에 "불변자본에 근거한 이윤 계산은 출발점부터 잘못된 것"이란 결론과 맞닿아 있다(박만섭, 2010, p. 45).[12]

11 헌트와 라우첸하이저(2015, pp. 482, 1040). 이를 위해 그는 완전경쟁, 자본과 노동의 자유로운 이동, 그에 의한 "균형이윤율과 균형생산가격" 등 주류 경제학의 기본 전제와 같은 비현실적 가정을 전제한다(Howard & King, 1992, p. 278). 그러나 이상적인 모델 하에서도 그나마 둘 중 하나만 성립했다. 둘 다 만족시키려면 부문 간 이윤율이 달라져야 한다. 알프레도 메디오(Alfredo Medio)는 "노동가치론 분석의 의도는 이윤의 본성과 이윤이 잉여가치에 있음을 보여 주는 것 이상이 아니라고" 한정하면서, 불변의 가치척도를 찾을 수 없다고 해도, 스라파의 표준산업 개념만 성립하면 노동가치론의 유의미성은 확인된다고 주장했다(헌트와 라우첸하이저, 2015, p. 1040).

12 스라파는 그나마 시장가격이 아닌 생산가격을 염두에 두었다. 생산가격은 자유경쟁 하에서 "만일 시장에 의해 채택된다면 생산물의 원래 분포를 복원시키고 생산 과정이 반복될 수 있도록 만들" 상품들 간의 교환 비율이다(Sraffa, 1960, p. 3; 박만섭, 2010, p. 33에서 재인용). 스티드먼(Steedman, 1975)이 예시했듯이, 결합생산 모델에서 "노동가치에 따라 결정되는 착취율(잉여율)과 가격에 따라 결정되는 이윤율이 동일한 부호를 갖지 않는 경

결과적으로, 마르크스주의와 신고전파 두 진영 모두 자신들이 표방하는 이념적 목적을 이론적으로 정당화하는 작업에 성공하지 못했다. 이러한 실패는 가격이라는 사회적 개념을 노동 혹은 자본재라는 물질적 개념에 기초해 설명하려고 한 시도 자체에 기인했다. 둘 사이에는 사회적 필요노동시간 혹은 효용이라는 추상적인 개념을 통해 넘을 수 없는 본성적인 차이가 존재한다.

아이러니하게도 산업혁명이 전개되어 인간의 노동력이 기계적 생산 과정에 종속되기 시작한 바로 그 시점에 노동가치론이 체계화되었다. 이러한 접점은 시장 메커니즘과 결부되어 진행된 산업혁명으로 진정한 부의 원천이 귀금속의 물신성이 아니라 생산 활동을 통해 창출되는 새로운 부가가치에 있다는 사실이 가시화되었기 때문에 생긴 것이었다. 하지만 그와 동시에 노동가치론을 입증하는 일을 불가능하게 혹은 무의미하게 만든 원천이기도 했다. 흥미로운 점은 마르크스 자신도 이를 알고 있었다는 사실이다. 그는 다음과 같이 말했다(비클러와 닛잔, 2003, pp. 84-85).

> 대규모 산업이 발전함에 따라 실물적인 부를 창출하는 것은 점점 노동시간 및 투하노동량이 아니라 노동시간 중에 작동되는 여러 도구들의 힘에 점점 더 의존하게 된다. … 인간은 생산 과정의 가장 주요한 행위자가 아니라 생산 과정의 외부에 서게 되는 것이다. … 직접적인 형태의 인간 노동이 더 이상 부의 원천이 아니게 되는 순간 필연적으로 노동시간도 더 이상 부를 측량하는 척도가 될 수 없게 되며, 또한 필연적으로

우가 발생한다"(박만섭, 2010, p. 45 각주 19). 가령 착취율이 음의 부호를 가지는 경우도 생긴다. 이상적인 모델 하에서의 생산가격에서도 이러한 문제가 존재하는데, 하물며 현실에서의 실제 상품가격인 시장가격을 노동가치와 연결한다는 것은 애초부터 의미 없는 시도이다.

교환가치도 더 이상 사용가치의 척도가 될 수 없게 될 것이다. … 교환가치에 의존하는 생산 양식은 이에 무너지게 된다.(Grundrisse der Kritik der politischen Oekonomie: 592f, Marcuse, 1964, pp. 35-36에서 재인용)

1-2차 산업혁명의 물결 속에서 나온 마르크스의 이러한 생각은 완전 자동화 모델을 제시하고 있는 현 4차 산업혁명과 관련해 우리가 고민해야 되는 근본적 문제가 무엇인가를 가르쳐 주고 있다. 어쩌면 수량적 측면의 노동가치론은 마르크스가 프롤레타리아트 혁명의 정당성을 '과학적'으로 증명해야 한다는 정치적 집착으로 인해 자신의 기본 개념 틀로부터 벗어난 것이라 보아야 할지도 모른다.

3. 사회적 관계로서의 자본에서 다시 출발

마르크스의 가치론의 진정한 의미는 자본론의 부제목인 '정치경제학 비판'의 핵심 요지에 담겨져 있다. 그는 이전 정치경제학자들의 가장 큰 결점이 역사적 관점의 결여에 있다고 보았다. 그 결과, 역사적으로 등장했던 "모든 생산 양식에 공통적으로 나타나는 생산의 특징과 자본주의에 고유하게 나타나는 특징을 구별하지" 못하고, "자본이 모든 생산 과정에 보편적으로 나타나는 요소라는 착각"과 "모든 경제 활동은 일련의 교환관계의 연쇄로 환원할 수 있다는 착각"을 낳았다고 주장했다(헌트와 라우첸하이저, 2015, p. 436). 이러한 비판은 마르크스의 역사적 유물론이란 독특한 사회적 존재론에 기초한 것으로, 그는 대안적으로 자본을 단지 물질적 도구로서의 생산 수단이 아니라 사회관계의 물화로서 정의한다. 부연하면, 재물과 생산 수단 등 여러 형태로 행해지는 부의 축적 그 자체는 자본이 아니며, 오로지 생산 수단의 소유자와 노동의 판매자라는 "두 가지 다른 형태의 상품 소유자들이 대면하고 만나는" 특정한 환경에서만 부가 자본으로 전환한다(Marx, 1887, p. 448). 또한 교환관계를 초역사적으로 보편적인 현상인 것처럼 간주하는 착각도 "생산자 일반이 서로의 생산물을 상품과 가치라는 관점에서 다루는 사회관계에 편입됨으로써 각자의 개별 노동을 균질한 인간 노동의 표준으로 환원"하는 사고 체계가 확립되면서 발생했다고 마르크스는 보았다. 이러한 생각에 따르면, "부르주아 경제학의 제 범주들은 역사적으로 제한된 특정한 생산 양식, 즉 상품생산관계와 관련한 조건들이 유지될 때만 사회적으로 유효한 생각의 형태들"이기 때문에, "노동의 산물을 둘러싼 온갖 마술과 주술 같은 불가사의는", 즉 상품이 화폐가치를 갖고 상대적 가격 체계를 형성하는 현상은 "우리가 다른 생산 형태로 전환하는 순간 사라진다"(Marx, 1887, pp. 32-33).

마르크스는 이러한 주장 속에서 상품의 가치 체계라는 사회적 관념의 물질적 기반을 파악함으로써, 가치법칙의 역사적 범위와 한계를 설정함과 동시에 자본주의적 생산관계 내에서 노동가치론의 유효성을 확인하고 있다. 하지만 안타깝게도, 마르크스는 이러한 결론 속에 들어 있는 자신의 사회적 존재론과 '물리법칙' 같은 노동가치론 사이의 모순관계를 깨닫지 못했다.

역사적 유물론의 시각에서, 상품의 가치 체계는 특정한 생산 양식과 결부되어 있는 사회적 의식의 보편화를 의미한다. 《공산당 선언》에 나와 있는 "부르주아들은 자신의 이미지를 따라 세계를 창조한다"는 말에 이미 담겨 있듯이, 상품의 가치 체계는 시장 메커니즘을 통해 사회관계를 맺는 부르주아가 자신들의 사회 존재론적 위치에서 세계상을 물신화한 것이다. 가령 중상주의 독점

상업 세력이 귀금속을 물신화했다면, 산업 부르주아들은 노동의 산물에 덮어씌운 화폐적 가치를 의미하는 상품의 물신성에 사로잡혀 있다는 말이다. 이러한 마르크스 관점은 그야말로 알튀세르(Althusser, 1969)의 표현처럼 '인식론적 단절'이라 불릴 만한 것이었다. 그러나 그는 가치론의 수량적 분석에서는 이전의 스미스나 리카도와 결별하지 못했다. 마르크스가 자신의 관점에 철저했다면 사회적 관계를 지배하는 부르주아의 세계관에 기초해 가치론을 체계화했었어야 했지만, 앞에서 인용한 "생산자 일반이 서로의 생산물을 상품과 가치라는 관점에서 다루는 사회관계에 편입됨으로써 각자의 개별 노동을 균질한 인간 노동의 표준으로 환원"하는 자영 부르주아 모델에다가 노동계급에 대한 착취 문제를 혼합한 모호한 '사회적 관계'를 기초로 노동가치론을 전개한다. 이 모델의 문제점은 한 마디로 이렇다. 왜 노동하지 않는 지배계급이 노동을 기준으로 상품에 가치를 부여하고, 그에 기초해 상대적 교환가치의 체계를 만들까?

자본을 사회적 관계로 정의한다는 것은 생산 수단을 장악한 지배계급이 사회적 가치를 주도적으로 규정함을 인식한다는 말이다. 그렇다면 부르주아가 자신들의 세계상에 맞게 사회를 통제하고 재조직하면서 피지배계급조차 그에 동의하게 만드는 힘이 화폐적 가치로 표현된 것으로 상품의 가치 체계를 설명했어야 했다. 그런데 마르크스는 본원적 축적을 설명할 때는 이러한 자본의 권력적 기원을 강조하지만, 실제 상품의 가치 체계를 분석하는 틀을 발전시킬 때는 상품의 가치와 이윤이 물질적 단위로 측정할 수 있는 추상적 노동시간의 전형이라고 믿는다.[13] 그의 사회적 존재론으로부터의 이러한 '탈선'은 현상과 본

13 상품에 공통적인 두 가지 성격은 사용가치를 가진다는 점과 인간 노동에 의해 생산된다는 점인데, 사용가치는 상품 간 차이를 만들어 내는 것이기에 교환가치의 기초가 될 수 없다고 마르크스는 생각했다. 그러면 공통의 비교 요소는 노동이다. 하지만 구체적인 노동도 다 다르기 때문에 마르크스는 구체성을 추상한 인간의 노동이 가치의 근원이라고 결론 내린다(헌트와 라우첸하이저, 2015, pp. 442-443).

질이라는 형이상학적 이분법을 뉴턴의 기계적인 세계관에 결합한 것이었다(Nitzan & Bichler, 2004, p. 14). 그 결과, M → C → P → C′ → M′(또는 M + ΔM)로 간략히 표현되는 무한순환의 자본축적 과정에서 새롭게 창출된 ΔM은 새롭게 투입된 '불변의 실체'인 인간 노동의 표현일 수밖에 없으며, 원래의 가치 창조자인 노동자에게 지급되지 않은 잉여가치의 화폐적 표현이라는 결론에 이른다.[14)]

마르크스는 이를 통해 '자유로운' 구매자와 판매자 사이의 '평등한' 상품관계라는 허울 속에 감춰진 자본가의 착취를 드러내고자 했다. 이는 노예주/노예, 봉건영주/농노, 지주/소작인의 착취관계를 자본가와 노동자 관계에 그대로 적용한 것인데, 종종 좌파 운동진영에서 오남용하는 것과는 달리 이러한 계급사회의 공통점을 강조하는 것이 노동가치론의 핵심 '임무'는 아니다. 오히려 그 임무는 이전의 지배계급과는 달리 전유한 상품의 사용가치에는 별 관심이 없는 부르주아의 독특한 가치관을 체계적으로 설명하는 일이다. 다시 말해, 자본주의 고유의 특성인 상품의 화폐적 가치 체계의 작동이 자본가 지배계급의 권력 체계를 유지 · 확대하는 핵심 메커니즘임을 보여 주는 것이다. 위에서 언급한 것처럼 자본을 사회적 관계로 접근한 마르크스의 원래 지향은 그랬다고 생각한다. 하지만 자본의 수량적 분석에서 생산 영역 이외의 권력 과정은 모두 배제하면서, 자본주의 가치 체계에는 오로지 추상적 노동의 사회적 필요노동시간만 남고 법적 · 제도적 · 이념적 요소, 즉 그가 말한 상부구조는 그 바깥에 위치하게 된다. 의도하지는 않았겠지만, 이는 마르크스가 취하려 했던 총체성

14 마르크스 스스로가 ΔM을 (추상) 노동의 가치와 노동력 가치 사이의 차이라고 정의한다. 자본가 계급은 노동의 결과물, 즉 노동의 가치를 모두 전유하고, 노동자에게는 "노동자들의 생계유지에 필요한 기본적 수준의 돈"이라는 의미의 노동력의 가치만을 지불한다(Marx, 1887, p. 108).

(totality)을 파악하는 접근 방식과 어긋나 버렸다.

그 결과, 100년 넘게 불변의 가치척도라는 불가사의한 수수께끼의 해를 찾아 헤매는 시간 낭비만 벌어졌다. 해법은 마르크스의 출발점으로 돌아가서 자본을 사회적 관계로 이해하는 접근 방식을 일관되게 발전시키는 것이다. 이제 그 길을 찾아보자.

4. 가치 체계는 권력의 상징 체계

앞에서 언급했듯이, 마르크스가 자본을 사회적 관계로 보아야 한다고 말한 원래의 의미는 그것을 둘러싼 가치 체계를 자본가 지배계급의 세계관이 작동하는 상징 체계로 이해한다는 것이었다. 이렇게 본다면, 가치 체계와 자본을 이른바 '죽은 노동'이라고 표현되는 물질적 실체의 유량과 스톡(즉, 기계나 생산설비)이 아니라 권력의 언어로 접근했어야 했다. 닛잔과 비클러(Nitzan & Bichler, 2009, pp. 17, 148-149)는 이러한 관점에서 자본은 지배계급이 다른 사회집단의 "저항을 뚫고서" 사회를 구성하고, 통제하며, 끊임없이 자신들의 지향에 맞게 전환해 나가는 핵심 기제 혹은 제도적 복합체로서 이해해야 하며, 상품의 가치 체계와 자본축적의 수량적 분석을 "역사적으로 형성된 사회의 광범위한 법적·제도적 장치들"의 총체성을 의미하는 "문화적 규범"(nomos)에서 찾아야 한다고 주장한다. 두 사람의 관점에서 보면, 자본이라는 권력제도의 기본 조직 단위는 기업이며, 가치 체계는 사회적 과정 전체에 대한 자본가들의 장악력을 화폐가치로 상징화한 것이다. 다시 말해, 노동을 포함한 상품의 가격, 이윤, 자본의 가치 등 자본주의 가치 체계를 투입요소의 생산적 기여에서 직접 도출하려는 시도를 기각하고, 권력의 함수로 파악하자고 제안한다.

이른바 권력자본론이라 불리는 닛잔과 비클러의 이론은 베블런(Veblen, 1904; 1908; 1923)의 '산업'(industry)과 '영리 활동'(business)의 본성적 구분에서 생산의 영역에 갇힌 마르크스 자본론의 출구를 찾는다. 베블런은 자본주의적 생산과 재생산 과정을 산업과 비즈니스라는 본성적으로 다른 두 가지 인간 활동의 모순적 결합으로 구분하면서, 산업 활동은 인간의 삶을 영위하는 데 필요한 물품을 공동으로 생산하는 창의적이고 기술적인 과정으로 규정하고, 비즈니스는 그 과정을 사적으로 장악하고, 그 통제력을 금전적 가치로 전환하여 전유하는 과정이라고 정의한다. 이는 베버가 가정경제와 공동체 경제의 "정서적 유대, 가족적인 의무, 전통적 사회규범"과 철저하게 분리되어 순전히 자본회계의 합리성에 따라 움직이는 영리기업이 현대 자본주의의 핵심적인 특성이라고 말한 것과 일맥상통한다(잉햄, 2013, pp. 44-45).

모든 사회적 형태 속에서 산업 활동은 항상 공동체의 역사적 유산인 지식을 바탕으로 이루어지기 때문에 독립된 개인의 노동 활동으로 환원될 수 없다. 특히, 산업혁명으로 기계화 시대가 열리면서, 산업은 국가적 · 국제적 차원의 사회적 생산으로서만 정의할 수 있게 되었다. 수학, 물리학, 화학, 공학, 예술, 심리학, 다양한 인문사회과학 등 산업 과정에는 인류 공동의 지식과 창의성이 복합적으로 결합되어 있을 뿐만 아니라, 투입되는 수많은 재료들과 부품들을 고려할 때 공동체 차원의 생산이라는 방식으로만 개념 지을 수 있다. 그래서 모든 생산물은 "마치 홀로그램처럼 인류 지식의 전 역사를 담고 있기 때문에 생산과 생산성은 본성적으로 사회적이다"(Nitzan & Bichler, 2002, p. 34).

비즈니스는 공동체적 협력이라는 산업의 성격과는 정반대로 배타적 사유화의 원리에 기초한다. 비즈니스의 목적은 영리 활동 혹은 이윤의 추구이며, 이는 다른 사람들이 자신의 영역에 들어올 수 없게 만드는 권리를 바탕으로 사용료를 지불하게 만드는 힘을 발휘함으로써 실현된다. 마르크스도 주목했듯이, 이러한 영리 활동의 본성은 이른바 '울타리치기'(enclosure)로 상징화되었다. 닛잔과 비클러(2004, p. 19)는 "사유재산제도는 전적으로 그리고 오로지 배제(exclusion)의 법령이며 권력의 문제"라고 강조하며, 인클로저가 자본의 본원적 축적기에만 존재한 것이 아니라 자본주의를 관통하는 핵심 기제라고 주장한다. 그리고 사회적 생산 과정에서 타인을 배제할 수 있는 배타적 권리를 상품화하여 화폐적 가치로 전환하는 게 자본주의적 권력의 독특한 특성이다(Nitzan & Bichler, 2009, p. 325). 따라서 자본주의를 분석하는 가치론은 이러한 본성을 기초로 삼아야 한다. 이러한 관점에서, 권력자본론은 베블런이 말한 전략적 사보타주(strategic sabotage), 즉 사회적 생산과 재생산 과정을 방해할 수 있는 자본가들의 역량이 상징적으로 표현된 것이 가치 체계의 본성이라고 규정한다.

베블런(Veblen, 1921, p. 8)은 전략적 사보타주를 자본가들이 의도적으로 펼치는 "효율성의 신중한 철회"(conscientious withdrawal of efficiency)라고 냉소적으로 표현한다. 즉, 자본가들은 일부러 공동체의 생산 능력을 낮잡 재우며 사회적 생산을 일정 수준 이하로 제한한다는 말이다. 풍년의 역설이 말해 주듯이, 거시적 차원에서 '과도한' 생산이 이루어지면 자본가들의 통제력이 줄어들 위험이 있고, 가격 하락 압력이 동반되기 때문이다. 그래서 생산가동률은 언제나 일정한 수준 이하로 이루어지며 '치킨 게임'을 통해 동종 업종의 수를 줄이기도 한다.[15] 그리고 이른바 자연실업률이라는 이름 아래 비경제활동인구와 실업자도 일정 수준 유지한다. 또한 특허권이나 지적소유권을 가지고 생산을 제약한다.

15 베블런의 생산가동률은 통상적인 의미보다 훨씬 넓은 개념이다. 기업 혹은 시장에 편입되지 않은 사회 전반의 생산 활동을 포함하는 개념이다. 관련한 내용은 Nitzan & Bichler(2009), pp. 235-236 참조. 특히, 각주 11 참조.

그림 8-1 전략적 사보타주와 이윤의 관계

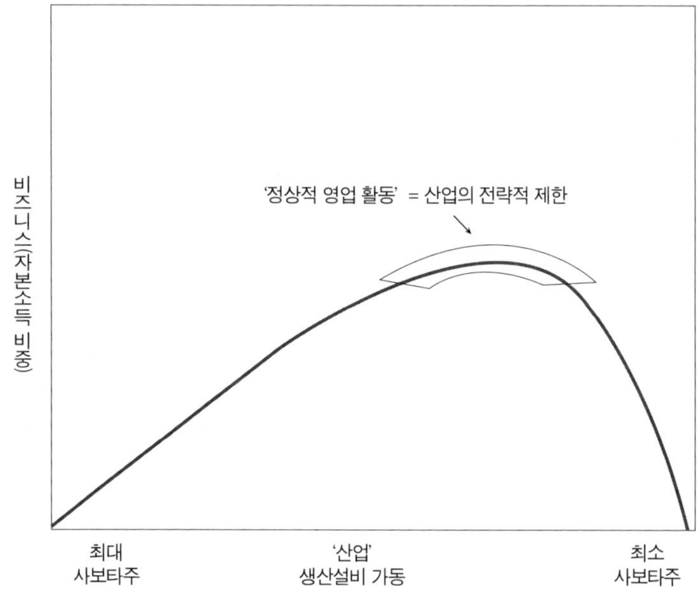

자료: Nitzan & Bichler(2009), p. 237, Figure 12.1 인용.

만약 국내외에서 이를 강제할 수 없다면, 지식경제로 불리는 산업은 이윤을 거의 내지 못할 것이다. 복제품이 넘쳐나, 사지 않고 이용할 가능성이 커지기 때문이다. [그림 8-1]은 권력자본론의 이러한 접근 방식을 도해로 예시한 것이다.

총자본 입장에서 이상적인 조건인([그림 8-1]의 정점) 이른바 골디락스를 형성하기 위해 요구되는 거시적 차원의 생산력 제약은 미시적인 차원에서 기업들 간의 경쟁과 협력을 통해 이루어진다. 한편으로 다양한 방식을 통해 사회적 권력을 행사함으로써 다른 자본가들이 자신의 사업 영역에 들어오지 못하도록 제약하고 노동자들을 생산 과정에서 배제시켜 일하지 못하게 만들기도 한다.

다른 한편으로 생산 카르텔, 가격 담합, 트러스트 등 협력을 통한 수익 증대도 꾀하는데, 이 또한 외부 경쟁세력, 특히 약한 대상들에 대한 배타적인 배척행위란 점은 마찬가지다. 이런 식으로 사회적 생산 과정의 길목을 막고 받는 '통행세'가 이윤이다. 실제로 현대 자본주의에서 자본가들은 이윤을 위해 "약탈적 가격 책정, 공식적·비공식적 공모, 광고, 배타적 계약 체결 등의 직접 제한과 함께, 특허권·저작권법, 정부의 편파적인 산업정책, 차별적인 조세 감면, 합법적 독점체, [반노동적] 노동 입법, 교역 및 투자 협정 혹은 장벽 등의 더 포괄적인 '정치적 수단(물론 폭력·군사력을 포함해) 등 개인 차원부터 전 지구적 차원에 이르기까지 다양한 방식들을 총동원해" 사보타주를 행사하고 있다(Nitzan & Bichler, 2009, p. 247). 가령 한국에서 재벌 대기업들이 하청 중소기업, 자영업, 정규직 노동자, 비정규직 노동자와 맺고 있는 이른바 '갑을관계'도 이러한 사보타주의 하나로 이해될 수 있다. 이는 노동력의 가격을 포함하고 있는 상품의 가격, 기업의 이윤, 그리고 자본의 가치를 배타적 권력싸움의 상징적 표현으로 이해해야 함을 말해 주고 있는 것이다. 다시 말해, 자본주의적 가치 체계는 자본가들이 사회에 대해 행사하는 상대적 권력을 화폐적 가치로 상징화한 것이다.

베블런(Veblen, 1923, pp. 65-66)은 자본가들의 사보타주가, 첫째 산업 생산이 기계에 의존하게 되면서 사회 전체가 하나의 거대한 기계적 과정처럼 유기적으로 통합되었고, 어느 한 부분에서의 생산 중지가 사회 전체에 파급 효과를 낳을 수 있는 물질적 기초에 근거하고, 둘째 산업시설과 자연자원에 대한 사적 소유권의 보장을 통해 소유자들에게 합법적으로 부여된 공동체의 생산 활동을 중지할 수 있는 권리에 근거한다고 말한다. 여기에는 노동자들에게 일하지 못하게 할 권리도 포함된다. 이는 화폐의 투입–산출 비율로 측정되는 자본가의 이윤 효율성이 사회적 비효율성에 기초하고 있음을 말해 주고 있는데, 이것이

시장 메커니즘 하에서 펼쳐지는 산업혁명의 핵심적인 본성이라고 생각한다.

5. 기술혁신, 생산성 패러독스, 그리고 차등적 축적

권력자본론의 이러한 접근 방식은 현재 전개되고 있는 4차 산업혁명 담론의 모순적인 특성, 즉 그것이 약속하고 있는 효율성과 생산성의 획기적인 향상이 인간 삶의 불안정화로 이어지는 현상의 본질을 파악할 수 있게 해준다. 기술혁신이 생산성 향상을 가져오고, 생산성 향상은 국민소득의 증가로 이어져 결국 사회적 후생의 증진을 낳는다는 주류 경제학의 논리가 그동안 기술혁신에 대한 우리의 상식이었다. 이러한 견해는 일반적으로 $Q=Af(K, L)$로[16] 표현하는 국민소득의 생산함수에 잘 반영되어 있다. 여기서 Q는 산출, A는 총요소 생산성(또는 기술 수준), K는 자본, L은 노동을 뜻하는데, 국민소득이 노동, 자본, 테크놀로지 세 가지 투입요소의 생산적 기여에 의해 결정된다는 주장을 함수로 나타낸 것이다. 생산함수는 무슨 자연법칙이나 되는 것처럼 사용되지만, 이론적으로 이미 '파산한' 지 오래며, 후생을 증진한다는 결론은 최근 토마 피케티 등 불평등을 연구해 온 여러 연구자들에 의해 실증적으로도 기각된 것이나 마찬가지이다.

논리적인 문제는 앞에서 살펴본 것처럼 1960년대 케임브리지 자본 논쟁에서 이미 제기되었으며, 미국 케임브리지 '대표선수'였던 새뮤얼슨과 솔로우 등이 결국 논쟁에서의 패배를 인정했다. 하지만 주류 경제학은 마치 아무 일도 없

16 시간을 의미하는 첨자 t 생략.

었던 것처럼 그 후로도 기술혁신-생산성 향상-후생의 증진의 논리를 표현하는 생산함수를 과학적 근거가 있는 양 사용해 왔다. 생산함수에 들어갈 자본수량 문제도 해결하지 못하면서, 그보다 더 측정이 더 모호할 수밖에 없는 기술요소를 어떻게 넣을 수 있겠는가? 주류 경제학에서는 이른바 솔로우의 잔차(Solow's Residual)라고 불리는 총요소 생산성으로 기술혁신의 생산성을 측정해 왔는데, 이는 측정이 안 되니까 다른 요소 생산성을 구한 다음 나머지는 다 테크놀로지 변화의 결과라고 강변하는 것뿐이다(Solow, 1957). 하지만 이것도 그나마 자본의 수량을 측정한 다음에나 논할 수 있는 문제이다.[17] ICT 분야에 대한 엄청난 투자와 관련 기술의 파급이 산업 전반에서 이전 시기보다 생산성 증가율이 높아지는 효과를 낳지 못했다는 문제를 놓고 펼쳐진 이른바 솔로우의 생산성 패러독스 논의(Solow, 1987)[18]는 이론적 타당성을 입증하지 못한 채로 생산함수를 마구 사용해 온 당연한 귀결이다. 케임브리지 논쟁의 핵심 당사자 중 한 사람이었던 솔로우가 주류 경제학의 생산성 관련 주요 논의의 '알파에서 오메가'를 차지하고 있다는 사실은 주류 경제학이 진짜로 새뮤얼슨(Samuelson, 1962)이 생산함수를 방어한답시고 말한 '우화'에 불과하다는 것을 확인시켜 주고 있다.

권력자본론의 시각에서 보면, 생산에서 기술은 필수적인 요소이지만 자본

17 노동의 경우 노동시간이나 노동자 수로 투입요소의 측정이 가능하지만, 엄밀히 말하면 앞에서 자본의 유기적 구성도와 관련된 전형 문제를 살펴보았듯이, 현실에서는 다른 두 요소와 얽혀 있어 노동에 기인한 생산성 향상도 따로 분류해 낼 수 없다. 가령 새로운 기술과 기계의 도입으로 생산 공정이 변하면 노동의 질적인 성격도 변하게 되는데, 다른 두 요소를 특정하지 못한 채 총체적 결과로 나타난 생산의 증가 중 얼마만큼이 노동생산성 증가에 기인했다고 분리해 낼 수 있을까? 자본의 수량과 산출이 화폐가치로 표현된다는 점을 고려하면 더욱더 의미가 없으며, 권력 · 제도 · 문화 등 세 가지 요소 이외의 '외부' 요소가 필연적일 수밖에 없음을 감안하면 생산함수 자체가 애초부터 말이 안 된다.

18 솔로우가 이 서평에서 "컴퓨터 시대가 왔음을 도처에서 확인할 수 있지만 생산성 통계에서는 전혀 보이지 않는다"고 말하면서 관련 ICT 투자의 생산성 향상 효과에 관한 논의와 연구가 촉발되었다.

주의에서의 관심사는 물질적 단위로 측정되는 산출이 아니라 사회적 관념인 가격으로 측정되는 산출이기 때문에 생산함수의 우변에 들어가는 물질적 요소인 노동, 자본재, 그리고 (지식을 포함한) 기술로 좌변을 구성하는 상품의 가격, 부가가치, 이윤, 그리고 국민소득을 바로 구할 수 없다. 현실에서 그 사이에는 '권력함수'가 들어간다. 다시 말해, 생산성 그 자체보다는 생산을 제한할 수 있는 사회적 힘이 상대적 가치 체계로 표현된다. 임금이 노동과 자본 사이의 싸움과 타협에서 결정되어 국민소득의 분배가 이루어지듯이 상품의 가격, 기업의 이윤, 자본의 가치도 생산적 요소뿐만 아니라 베블런이 말한 전략적 사보타주가 작동하는 정치 · 사회 · 문화적인 요소에 의해서도 영향을 받는다.[19] 예를 들어, 비아그라를 생산하는 화이자(Pfizer)나 신종플루 백신 타미플루를 개발한 길리어드 사이언스(Gilead Science)와 제조사 로체(Roche)가 엄청난 수익을 낼 수 있었던 것은 생산 자체보다는 다른 제약회사들이 같은 제품을 생산하지 못하게 만드는 특허권의 행사에 있다. 기술적으로 한 제약회사가 만든 제품을 다른 제약회사가 복제하는 것은 그리 어려운 일이 아니다. 관련된 과학 지식을 공유하고 있어 여러 제약회사들이 비슷한 실험을 병행하고 있기 때문이다. 그래서 제약회사의 이윤은 누가 먼저 잠재적 '신약'을 특허 등록 하느냐에 의존하며, 특허권을 세계 전체에 강제할 수 있는 정치력에 좌우된다.

삼성과 애플의 특허소송 전쟁에서 보았듯이, 우리 시대의 주류 산업인 ICT 업종의 이윤도 마찬가지다. 그리고 1990년대 ICT 버블이 폭삭 무너진 것도 같은 맥락에서 이해할 수 있다. 버블이 붕괴한 주요한 원인은 넓은 의미로 '한계비용 제로'라고 불리는 현상으로 인해 ICT 부문, 특히 사이버 공간과 관련된 산업

19 박만섭(2010, p. 40)에 따르면, 스라파의 모델에서도 "임금률과 이윤율 중의 하나는 순전히 경제적인 과정 바깥에 존재하는" 정치 · 사회 · 문화적 과정에서 결정된다고 본다.

이 애초 기대와는 달리 수익창출 능력이 제한적이라는 것이 밝혀졌기 때문이다. 수익을 내기 위해서는, 첫째 다른 개발자가 비슷한 프로그램을 만들지 못하게 해야 하는데, 진입장벽이 낮은 기술적 특성으로 인해 이를 제약하기 힘들었고, 둘째 사용자들에게 사용료를 받아야 하는데, 인터넷 기반 사업들은 유료로 전환하는 순간 무수히 많은 무료 대체물로 인해 유료 사용자를 확보하는 것이 쉽지 않았으며, 셋째 ICT의 본질적 특성상 '불법' 복제와 유통을 통제하기가 어려웠기 때문이다(박형준, 2013, pp. 144-145). "내구재를 생산하는 제조업과 컴퓨터 산업 그 자체를 제외하고는 구조적인 생산성 향상이 발견되지" 않는다는(Isbell, 2001, p. 257) 솔로우의 생산성 패러독스의 본질은, 기술적인 생산성 향상이 없었던 것이 아니라 그것을 전략적으로 사보타주함으로써 이윤으로 전환해 내기가 쉽지 않았던 것이다.

현실과 관련해 더 중요한 문제는 기술발전이 후생의 증진으로 이어진다는 이념적 결론의 허구성이다. 많은 선행 연구가 있었지만, 피케티(2014)의 《21세기 자본》이 출판되면서 투자와 기술혁신-생산성 향상-후생 증진의 주류 경제학 담론을 대변하는 쿠즈네츠 곡선은 실증적으로 기각되었다. 피케티는 독특한 방식으로 소득과 자산에 관한 200년 이상의 장기 시계열 데이터를 구해 분석함으로써, 이른바 전후 황금기의 불평등 완화는 일시적인 현상에 불과했고 소득과 부의 불평등 심화 경향이 자본주의 발전에 '내재'해 있다는 사실을 잘 예증하였다.[20] 세계적 차원에서 집단지성의 공유와 생산의 사회화는 급속도로 진

20 피케티의 연구가 어마어마한 사회적 파장을 일으켰지만, 그는 자신의 실증적 발견을 법칙화하는 과정에서 유효하지도 않은 주류 경제학의 생산함수에 통계 데이터를 넣어 자본주의의 동학을 정식화하는 우를 범했다. 피케티는 $\alpha = r \times \beta$와 $\beta = s / g$ 라는 두 등식을 이용해(결국, $\alpha = r \times s / g$) β값이 증가할 수밖에 없고, 따라서 α값도 증가할 수밖에 없으므로 '세습자본'과 '임노동' 사이의 불평등이 증가할 수밖에 없다는 결론을 이론적으로 정식화하려고 했다(여기서 α: 자본소득분배율, β: 자본/소득 비율, r: 자본수익률, s: 저축성향, g: 소득증가율). 21세기 불평등 심화를 확정적으로 추론한 그의 결론은 정치적으로 강력한 호소력을 가졌지만, 주류 경제학의 추상적

전되어 왔지만 그 결실은 소수 상위 계층이 독점하다시피 한 것이다. 4차 산업혁명의 주창자마저도 현재 펼쳐지고 있는 기술혁신이 이러한 추세를 더 심화시킬 수 있다고 심각하게 우려하고 있다(슈밥, 2016, p. 148).

기술혁신이 생산성 향상과 후생 증진이 아니라 불평등의 심화로 이어지는 것은 권력의 차등화란 맥락에서 보면 '당연한' 결과이다. 자본은 사회적 권력의 한 형태이며, 모든 권력 형태가 그렇듯이 자본의 본성은 남들보다 권력을 더 많이 갖기 위해 투쟁하는 것이다. 역사적으로 자본주의는 원심력 운동을 통해 점점 더 상품화된 사회적 관계를 확장하면서, 이전에 존재했던 권력의 형태를 자본주의 시장적 위계질서 속으로 흡수해 왔고, 동시에 전략적 사보타주를 통한 구심력 운동으로 사회적 생산과 재생산 과정에 대한 적절한 통제와 함께 자본권력의 집중과 집적을 강화해 왔다. 이 과정의 핵심 동학인 경쟁은 자본가들이 권력을 놓고 벌이는 각축전이다. 이러한 권력의 운동은 '인력과 척력' 모두를 발생시켜, 자본가들 사이에서 '분배 연합'(distributional coalition)의 쉼 없는 형성과 재형성을 촉발해 냈다. 이러한 권력의 역동성은 "사회적 과정의 핵심을 장악해" 가장 강력하고 이윤을 많이 가져가는 "주도적인 기업-정부 연합"인 지배적 자본(dominant capital)을 형성시켰다(Nitzan & Bichler, 2009, p. 40). 세계 자본주의의 발전은 공유지식에 기초한 공동체의 생산적 활동을 콘체른, 게이레츠, 재벌, 콘글로머레이트, 금융지주회사 등 다양한 형태의 지배적 자본이 차등적 축적

인 수학적 모델에 의존한 그의 이론적 정식화는 모래성에 지나지 않았다. 접근 방식 차원에서 보자면, 피케티 자신이 강조한 정치적 · 사회적 · 문화적 맥락을 생략하는 오류를 범했으며, 분석 방식에서는 회계적 항등식과 자본주의 동학의 함수를 혼동하는 실수를 저질렀으며, 총량적(in aggregation) 분석으로 인해 '불평등의 증가가 성장률 하락' 때문이란 엉뚱한 결론을 제시하고 말았다. 불평등의 심화는 소득과 자산 관계의 총량적 혹은 평균값 비율 변화에서 기인하는 것이 아니라 개별적 수익률들 간의 격차와 소득의 분화에서 비롯된다. 총량적 접근 방식은 자본주의의 기본 원리인 경쟁과 알력을 분석 틀 속에 포괄하지 못하고, 분석을 통해 드러내야 할 권력의 본성인 차등적 위계화를 간과하거나 오히려 감춰버리는 결과를 낳기 십상이다. 이와 관련한 자세한 내용은 권력자본론 입장에서 피케티를 비판한 박형준(2015, pp. 380-418) 참조.

으로 사유화하는 과정과 궤를 같이했으며, 기득권 세력은 지배적 자본에 대한 소유권과 이윤청구권을 통해 사회적 생산의 결실을 독식해 왔다(박형준, 2015, pp. 400-401).

피케티가 확인한 부와 소득이 최상위층으로(10%로 잡든, 1% 혹은 0.1%로 잡든) 집중되는 현상은 지배적 자본의 차등적 축적이 강화된 결과로 이해되어야 한다. 불평등은 가계 또는 개인 간 차등적 소득과 부의 차이가 벌어지는 현상으로 포착되어야 하지만, 그 동학은 사회적 과정을 통제하고 운영해 나가는 지배적 자본의 축적 변화에서 찾아야 한다는 말이다. 실제로 이건희, 정몽구, 신동빈 같은 세습 부자들이건 빌 게이츠, 워렌 버핏, 마크 주커버그 같은 자수성가형 부자이든 상관없이, 소득과 부의 피라미드 꼭대기를 차지하고 있는 개인들은 모두 지배적 자본을 움직이는 사람들이다. 평균 100억 원 이상의 '연봉'을 받아가는 미국의 500대 기업 전문경영자들은 말할 것도 없고,[21] 노동 내부에서의 소득분화도 마찬가지로 지배적 자본의 형성과 긴밀하게 연계되어 있다. 자본의 배타적 운동이 '거대 사업체와 조직화된 노동'을 한편으로 하고, '소규모 사업 집단과 조직화되지 않은 노동'을 다른 한편으로 하는 이중정치경제(dual political economy) 구조를 확립하면서, 그들 간에 체계적인 소득격차가 심화되어 온 것이다(Nitzan & Bichler, 2002, pp. 117-122).

[그림 8-2]는 피케티가 강조한 미국의 상위 10%로의 소득집중과 차등적 자본축적이 실제로 긴밀한 상관관계를 가지고 있음을 보여 주고 있다. 그림의 점선은 미국 상위 10%가 차지하는 소득 비중의 변화를 나타낸 것이고, 실선은 포

21 Forbes에 따르면, 2014년 기준 미국 500대 기업이 CEO 연봉으로 총 52억 달러(약 6조 원), 평균 1,050만 달러(약 120억 원)를 지급했다고 한다. 이 가운데 상위 열 명의 CEO 1년 보수는 평균 6,000만 달러가 넘었다(http://www.forbes.com/pictures/eggh45jef/highest-paid-bosses/#gallerycontent 참조).

그림 8-2 차등적 축적과 불평등의 심화

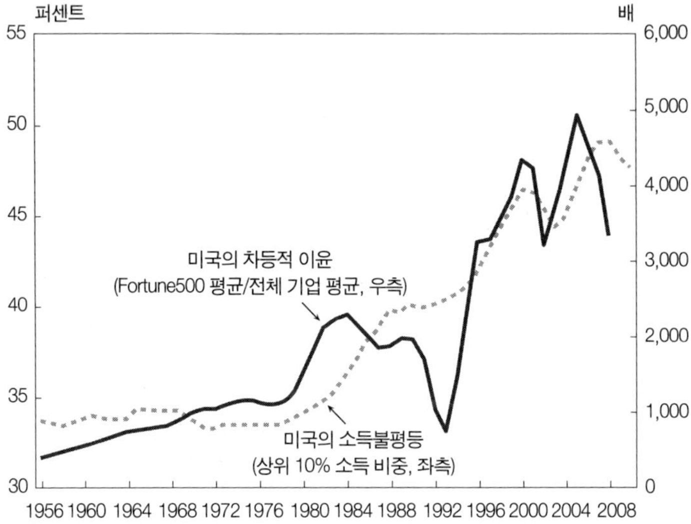

주: 모든 데이터는 3년 이동평균값.
자료: 포춘500(Fortune 500); 미국 국세청(US Internal Revenue Service); 미 상무부 경제분석국(Bureau of Economic Analysis); 피케티 21세기 자본 웹사이트.

춘지 선정 500대 기업의 평균이윤과 미국 기업 전체 평균이윤의 비율을 표시한 것이다. 1956-2006년 사이에 미국 지배적 자본의 차등적 이윤은 약 12배(즉, 평균 대비 384배에서 4,477배로 증가) 강화되었다. 같은 기간, 상위 10%의 소득 비중은 34%에서 48%로 14% 포인트 높아졌다. 두 그래프는 피어슨 상관계수 0.899 수준으로 매우 높은 수준의 '커플링'을 보이고 있다. 배당금, 이자, 연봉 등 형태에는 차이가 있겠지만, 상위 10%의 소득이 어떤 식으로든 지배적 자본과의 관련을 맺고 있을 수밖에 없는 현실을 볼 때, 이런 상관관계는 당연한 결과이다(박형준, 2015, pp. 407-408).

6. 맺음말: 4차 산업혁명, 글로벌 인클로저 대 글로벌 커먼즈

현재 유행하고 있는 다보스포럼 주도의 4차 산업혁명 담론은 2008년 세계 금융공황 이후 지금까지 지속되고 있는 장기불황으로부터 탈출구를 찾고자 하는 글로벌 지배자본의 전략적 시도이다. 항상 그랬듯이, 생산함수에 들어가는 핵심 요소인 기술과 자본은 '대체재' 관계에 있다고 전제하고 있는 노동요소를 대체하는 것이 그 핵심 전략 중 하나이다. 이른바 효율성과 생산성의 향상이란 명분 아래 자본의 수익성 향상을 모색하며 노동비용을 줄이려 하는 것이다. 자본주의의 시작부터 가장 중요한 본성으로 작동해 온 '인클로저'가 또 한 번, 그리고 전례 없는 수준으로 펼쳐질 것이란 전망이 쏟아지고 있다.

물론 1차 산업혁명 이후 지금까지 급진적인 기술혁신의 국면마다 반복적으로 나타난 이러한 '노동의 종말' 우려는 최소한 지금까지는 기우로 판명되었다는 사실을 먼저 인식할 필요가 있다. 한 분야에서의 기계화에 의한 일자리 감소는 새로 등장한 분야의 급속한 일자리 증가로 단순한 상쇄 이상의 결과를 낳으면서 사회 전체적으로 임노동 일자리는 꾸준히 증가해 왔다. 글로벌 컨설팅 회사인 딜로이트(Delloitte, 2015. 8)의 경제연구소가 1871년부터 지금까지 150년 동안 행해진 영국의 센서스 조사와 경제활동인구조사(Labor Force Survey)를 분석해 발표한 보고서를 보면, 농업 종사자와 세탁일 종사자 등 20세기 초까지 많은 비중을 차지하던 단순노동 일자리는 거의 사라진 반면, 최근 ICT 분야의 일자리 증가를 비롯해 지식기반 경제 분야는 급속히 증가했다. 가령, 회계사는 1871년에 9,832명에서 현재 215,678명으로 20배 이상 일자리가 증가했다. 보고서는 앞에서 본 케인스의 주장처럼 기술의 발전이 일시적으로 '기술실업'을 야기하지만 새로운 분야의 일자리 창출과 더불어 "소비자의 구매력 증대를 가져와 새로운 수요와 일자리를 창출하고 … 이전에 필수적이지 않았던 것들에 대한 소비 증가를 가능케" 함으로써 전반적으로 일자리를 증가시켜 왔다고 말하고 있다.[22)]

이른바 "이번에는 다르다"(This time is different)라는 4차 산업혁명과 관련된 유행어에 담겨 있듯이, 급부상하고 있는 완전 자동화 전망은 이러한 역사적 추세가 더 이상 반복되지 않을 것이라 주장하고 있다. 현재 이와 관련한 논의가 뜨겁게 진행되고 있지만, 완전 자동화의 실현 여부 그 자체는 사회적으로 그리 중요한 문제가 아닐 수도 있다. 순수 생산함수 차원에서 보면 노동요소를 기술과 기계가 대체하는 것이 나쁜 것은 아니다. 특히, 단순반복 노동을 로봇이 대신해 준다면, 세탁기가 고된 빨래 노동에서 여성들을 '해방'시켰듯이 사람들은 더 자유로워질 수도 있다. 또한 인공지능이 병의 진단과 처방을 의사보다 더 잘 한다면 사람들이 더 좋은 보건의료 서비스를 받을 수도 있지 않은가. 이론적으로 자동화는 케인스의 전망처럼 인류가 1주일에 15시간만 일하고 더 많은 여가와 창의적인 활동을 즐길 수 있는 조건을 제공할 수도 있다.

문제의 핵심은 완전 자동화로 인한 일자리 감소가 아니라, 그것이 자본주의의 기본 원리와 모순된다는 점에 있다. 자본주의는 사회적 생산과 재생산 과정을 상품화하고 그에 대한 자본가들의 배타적인 통제권을 시장의 가격 메커니즘을 통해 상대적으로 평가해 위계질서를 정하는 역동적인 권력 체제이다. 비록 자본가의 골치를 아프게 하는 '파트너'이자 줄이고 싶은 비용이기도 하지만, 임노동은 이러한 자본주의 질서 속에 없어서는 안 되는 핵심 요소이다. 자동화 생산 체제에서 부자들이 쓸 사치재만 생산할 것이 아니라면, 로봇이 생산

---

22 예를 들어, 1992년과 2014년의 일자리를 비교한 표를 보면(Deloitte, 2015. 8, p. 4, Table 1), 전체적으로 23%의 일자리가 증가했다. 농업과 제조업에 종사하는 노동자는 50% 이상 감소한 반면, 돌봄, 창조 분야, 하이테크, 사업 서비스 분야의 일자리는 세 배 이상 규모가 커졌다.

한 상품을 사줄 수요자인 임노동자들이 없다면 체제 자체가 존립할 수 없다. 그래서 앞에서 인용했듯이, 마르크스는 "교환가치에 의존하는 생산 양식은 이에 [자동화에] 무너지게 된다"고 말한 것이다.

완전 자동화의 전망은 4차 산업혁명 담론의 주창자들의 의도와는 무관하게 마르크스가 강조한 자본주의의 '생산력과 생산관계의 모순'을 전면에 드러낼 뿐이다. 실리콘밸리의 혁신적 기업가들도 이러한 모순을 어렴풋이 이해하기에 기본소득을 주장하고 나선 것이다. 하지만 그들의 시도가 부분적인 임시방편은 될 수 있을지언정 4차 산업혁명 전망이 제시하는 물질적 조건 하에서 자본주의적 사회질서를 유지할 수 있는 온전한 해결책은 될 수 없다. 서두에서 이야기했듯이 기업들이 돈을 나누어 주고 자기들의 상품을 구매하라고 해야 하는데, 불가능하지는 않지만, 이는 더 이상 자본주의가 아니다.

현재 제기되고 있는 기본소득제도는 정도의 차이는 있지만 20세기 복지국가제도의 사회수당과 큰 차이가 없다. 바로 그렇기 때문에 제도의 도입과 확대가 유용할 수 있지만, 동시에 20세기 복지제도가 가진 한계를 고스란히 안고 있다. 선별적 복지든 보편적 복지든 20세기 복지제도는 완전고용의 이상과 짝을 이룬다. 다시 말해, 대부분의 가계의 생활은 노동시장을 통한 임금으로 해결하고 그 안에 편입하지 못하거나 지나치게 임금이 낮아 형편이 여의치 않은 사람들에 대해서는 국가가 조세-재정 정책으로 생활을 영위케 하는 제도이다. 4차 산업혁명은 이러한 기본 틀 자체가 깨진다는 전망을 제시하고 있는 것이다. 기존 체계에서처럼 정부가 시장에서 창출한 부가가치에 대한 세금을 거둬 기본소득을 주는 경제순환 과정 자체가 성립하지 않는다는 뜻이다.

문제의 근원은 마르크스가 말한 (권력자본론에서는 자본가 권력의 한 측면이라고 보는) 자본주의적 생산관계에 있다. 그렇기에 해결책은 대안적 생산관계에서 찾아야 한다. 그것은 새로운 가치 체계를 사회적으로 만드는 일과 궤를 같이한다. 자본주의에서 가치는 자본가들의 권력적 간-주관성(inter-subjectivity)에 의해서 상대적 가격 체계로 결정된다. 다시 말해, 사회를 움직이는 힘들이 그 상대적 세기에 따라 시장에서 차등적으로 가격이 매겨지는 체제이다. 그래서 자본주의에서 권력의 집중과 그 결과로서 나타나는 불평등의 심화는 필연적이다. 시장 메커니즘을 통한 이러한 권력 위계의 결정은 일반적으로 가격결정자(pricie-maker)와 가격수용자(price-taker)의 관계로 이루어진다. 한국 사회의 가장 심각한 문제로 부각된 이른바 '갑을관계'는 이것의 노골적인 표현이다. 자본과 노동 간, 대기업과 중소기업 간, 정규직 노동자와 비정규 노동자 간에 힘의 격차가 그들이 가진 자산과 상품의 가격 차이로 나타나고, 그 간극의 확대가 곧바로 '파이 분배'의 불공정성 심화로 나타나는 것이다. 4차 산업혁명이 창출하는 물질적 조건을 인류의 행복 증진으로 연결하려면 생산관계의 변화와 사회적으로 가치를 규정하는 새로운 체계가 필수적으로 요구된다.

마르크스가 주장한 프롤레타리아트 혁명을 통해 이러한 새로운 체제가 탄생할 가능성은 희박해 보이지만, 사물 인터넷과 인공지능 로봇 기반 완전 자동화로 대표되는 4차 산업혁명의 또 다른 주요 특성인 초연결성(hyper-connectivity)과 '한계비용 제로'의 경제가 새로운 대안적 생산관계의 잠재적 가능성을 제시하고 있다. 예를 들어, 제레미 리프킨(2012; 2014)은 산업혁명의 3가지 기본 요소가 에너지원, 소통 수단, 수송 수단이라고 말하면서, "1차 및 2차 산업혁명의 커뮤니케이션 · 에너지 · 운송 모체는 거대 금융자본의 유입을 필요로 했고, 규모의 경제를 이루기 위해 수직적으로 통합된 기업과 중앙집권적인 명령 및 통제 메커니즘에 의존"해야 했기에 경제가 "정부의 지원을 받는" 자본의 손에 넘어갔지만, "3차 산업혁명의 커뮤니케이션 · 에너지 · 운송 모체는(즉, 사물 인터넷은) 시장 자본보다는 사회적 자본으로 더 촉진되며, 수평적으로 규모를 확대하고, 분산적이고 협력적인 방식으로 조직되며, 정부가 참여하는 공유사회 관리로 보다 나은 거버넌스 모델을" 창출할 것이라고 주장한다.[23] 부연하면, 신재생 에너지에 기초해 분권적으로 에너지를 생산·관리하고 – 즉, 필요한 에너지를 각자의 집이나 마을 공동체에서 생산하고 스마트 그리드를 통해 효율적으로 공유하고 – 이른바 한계비용 제로인 인터넷 기반 지식·정보 경제와 그에 기초한 자급적 DIY 생산을[24] 통한 사회적 생산과 재생산 과정의 탈상품화를 확대하며, 사물 인터넷 기반 스마트 물류 시스템의 보편화로 친환경적 수송 체계를 확립하면, 현재 전개되고 있는 기술혁신이 자본주의의 종말은 아닐지라도 '지구 생물권'에 친화적이면서 상당 수준 탈상품화된 글로벌 공유경제 체제의 토대를 제공할 것이라고 리프킨은 낙관적인 전망을 제시한다(리프킨, 2014, pp. 251-361).

지나친 낙관일 수도 있지만, 이러한 신 커먼즈(Commons) 운동이 가지고 있는 사회적 본성이 자본주의의 핵심 조직원리인 인클로저와 정면으로 충돌한다는 점에 주목할 필요가 있다. 바로 이 점이 4차 산업혁명이 야기할 수도 있는 '4차 인클로저'에[25] 대한 대안 또는 대항 운동으로서 커먼즈를 살펴보아야 할 이유이기도 하다. 마르크스가 자본주의의 시원이라고 했던 인클로저가 목초지에 대한 커먼즈 운동을 불러일으켰듯이 4차 산업혁명도 대대적인 커먼즈 운동에 부딪힐 수밖에 없을 것이라 예상된다. 그리고 이미 여러 방면에서 그러한 대안

---

23 제러미 리프킨(2014), p. 310. 이 내용은 하버드대학 법학 교수인 요차이 벵클러(Yochai Benkler)의 주장을 인용한 것이라고 함.

24 이는 미국, 유럽 일부 국가, 중국 등지에서 Fablab, Makerspace, Techshop 등 첨단 디지털 제조공구를 공동 이용해 자신들에게 필요한 물건을 스스로 만드는 메이커 운동을 가리킨다. 우리나라의 창조경제센터도 이를 도입한 것인데, DIY 문화가 오랫동안 정착되어 온 미국과는 달리 선풍을 일으키지 못하고 있다.

25 4차는 대구일 뿐 특별한 역사적 의미를 가지고 있지 않음.

운동은 펼쳐지고 있다. 3차 산업혁명의 핵심인 정보화 혁명과 4차 산업혁명의 핵심인 사물 인터넷을 가능케 한 결정적 계기가 된 월드와이드웹(WWW) 그 자체가 커먼즈 운동의 한 부분이었다. 유럽원자핵공동연구소(CERN)에서 일하면서 월드와이드웹의 개념을 창시한 물리학자 팀 버나스-리(Tim Bernars-Lee)는 상업화하라는 주위의 권고를 거절하고 인터넷을 누구나 자유롭게 이용할 수 있는 '공유지'로 만들었다. 그리고 세계 3대 OS이자 이른바 오픈 소스 개발 운동의 선구자 역할을 한 리눅스, 집단 지성의 결정체인 위키피디아 등 다양한 자유소프트웨어(Free Software) 운동이 신 커먼즈 운동의 장을 성공적으로 열었다. 이제 이 운동은 사이버 공간을 넘어서 제조업 분야로 확장되고 있다. 미국, 독일, 중국을 중심으로 세계 곳곳에서 팹랩(Fablab), 메이커스페이스(Makerspace), 해커스페이스(Hackerspace), 테크숍(Techshop) 등 다양한 이름으로 가상공간상에서 공유하는 지식 · 정보 · 디자인에 기초해 첨단 디지털 제조공구를 공동으로 이용하며 DIY 방식으로 제품을 생산해 내고 있다.

이러한 커먼즈 운동이 창출한 새로운 공유지대는 월드와이드웹 컨소시엄(W3C), GNU/리눅스, Creative Commons 등의 기구를 통해 관리되고 있는데, 엘리너 오스트롬(Elinor Ostrom)이 《공유지의 비극을 넘어서》(*Governing the Commons*)에서 확인한 다음과 같은 전통적인 공유지의 기본 특성을 거의 그대로 갖추고 있다.[26] 즉, 명확하게 정의된 경계, 사용 및 제공 규칙의 현지 조건과의 부합성, 집합적 선택장치, 감시 활동, 점증적 제재 조치, 갈등 해결 장치, 최소한의 자치조직권 보장, 중층의 정합적 사업 단위 등 8가지 기본 조건이다. 아직은 틈새에 지나지 않지만, 새로운 공유지대의 창출과 더불어 등장하고 있는 이러한 초국적

26 엘리너 오스트롬(윤홍근 · 안도경 옮김)(2010), p. 175, 표 3-1.

공유 관리 체계는 "국가와 시장이 양분하고 있는 거버넌스 권한을 공유[재]와 함께 나누는, 시장/국가/공유[재]의 삼두 체제로 다시 상상할 것을 제안하고 있다."[27] 공유지대의 확장이 시장과 자본에 포획된 국가 부문을 '본연의 임무'인 사회를 위한 공공재 관리를 충실히 하도록 견인할 수 있을 것이라는 기대가 포함된 말이다.

만약 이러한 흐름이 보편적으로 확산된다면 4차 산업혁명의 미래는 달라질 수 있다. 그것이 '멸종'시킬지도 모른다는 노동은 자본의 이윤 창출에 복무하는 임노동이다. 앞에서 언급했듯이 순수 생산 차원에서 본다면 기계가 인간의 노동을 대체하는 것 그 자체는 문제가 아니다. 자동화는 인간의 여가와 창의적 활동의 증가로 이어질 수 있다. 문제는 사회적 생산과 재생산 과정을 자본의 사적 소유가 지배하고 있다는 사실이다. 만약 커먼즈 체제가 보편화됨과 동시에 국가가 자본의 손아귀에서 벗어나 사회 전체의 이익을 위해 공공재를 유지하고 확대한다면, 4차 산업혁명은 자본주의에서 '부가가치' 창출을 독점해 온 시장 메커니즘의 지배적 지위를 침식시키는 계기가 될 수도 있다. 그리고 기본소득도 다른 개념을 가지게 될 것이다. 가령 공공 그리고 공유로 관리되는 사회적 생산에서 나오는 시민배당의 의미로 설계될 수 있다.

아직 구체적인 모델을 생각하기에는 시기상조이지만, 4차 산업혁명이 형성하고 있는 새로운 물질적 조건을 거부하기보다는 그것을 생산이 사회적으로 조직되고 그 결실 또한 공평하게 공유되는 새로운 사회의 태동을 위한 기초로 삼으려고 노력해야 한다. 그러한 노력 속에는 시장 메커니즘을 대신해 사회적으로 가치를 결정하는 새로운 체계의 고안이 필수적일 것이다.

---

27 데이비드 볼리어(배수현 옮김)(2015), p. 212. P2P Foundation의 설립자인 미셸 바우엔스(Michel Bauwens)의 주장을 인용한 것이라고 함.

참고문헌

강남훈, 〈왜 기본소득인가〉, 《기독교사상》, 2016, pp. 44-55.

내일신문, 〈기본소득제 논의에서 '노동의 가치'는 사라졌다〉, 2017. 2. 22.

리프킨, 제러미(안진환 옮김), 《3차 산업혁명: 수평적 권력은 에너지, 경제, 그리고 세계를 어떻게 바꾸는가》, 민음사, 2012.

______, 《한계비용 제로 사회: 사물인터넷과 공유경제의 부상》, 민음사, 2014.

박만섭, 〈피에로 스라파의 《상품에 의한 상품생산》〉, 《사회경제평론》, 35, 2010 하반기.

박형준, 《재벌, 한국을 지배하는 초국적 자본》, 책세상, 2013.

______, 〈권력자본론의 관점에서 피케티 급진화하기〉, 《기억과 전망》, 겨울호(통권 33호), 2015.

박홍규, 〈기본소득(Basic Income) 연구〉, 《민주법학》, 36, 2008.

볼리어, 데이비드(배수현 옮김), 《공유인으로 사고하라》, 갈무리, 2015.

비클러, 심숀과 조나단 닛잔(홍기빈 옮김), 《권력자본론》, 삼인, 2003.

슈밥, 클라우스(송경진 옮김), 《제4차산업혁명》, 새로운 현재, 2016.

오스트롬, 엘리너(윤홍근 · 안도경 옮김), 《공유의 비극을 넘어》, 알에이치코리아, 2010.

잉햄, 제프리(홍기빈 옮김), 《자본주의 특강》, 삼천리, 2013.

조선비즈, 〈모든 시민에게 매달 220만원 주는 미국 오클랜드 시의 파격 실험〉, 2016. 9. 25 (http://biz.chosun.com/site/data/html_dir/2016/09/24/2016092401393.html).

피케티, 토마(장경덕 옮김), 《21세기 자본(2013)》, 글항아리, 2014.

헌트, E. K.와 마크 라우첸하이저(홍기빈 옮김), 《E. K. 헌트의 경제사상사》, 시대의창, 2015.

Althusser, Louis, *For Max*, The Penguin Press, 1969.

Deloitte, "Technology and People: The great job-creating machine," 2015. 8.

Frey, Carl Benedikt and Michael A. Osborne, "The Future of Employment: How Susceptible Are Jobs to Computerisation?," 2013. 7(http://www.oxfordmartin.ox.ac.uk/downloads/academic/The_Future_of_Employment.pdf).

Howard, Michael Charles and J. E. King, *A History of Marxian Economics*, vol. II, *1929–1990*, Princeton, N.J.: Princeton University Press, 1992.

Huberman, M., "Working Hours of the World Unite? New international evidence of worktime, 1870–2000," CIRANO Scientific Series 2002s-77, Montreal:

CIRANO, 2002.
Isbell, Steven B., "The 'New Economy', Solow's Paradox, and Economic History," *The Journal of the Economic & Business History Society*, 17, 2001.
Keynes, John Maynard, "Economic Possibilities for our Grandchildren," 1930 (http://www.econ.yale.edu/smith/econ116a/keynes1.pdf, 2016. 12. 20).
Marx, Karl, *Capital: A Critique of Political Economy*, vol. I, Moscow: Progress Publishers, 1887(on-line version: www.marxists.org).
Nitzan, Jonathan and Shimshon Bichler, *The Global Political Economy of Israel*, London, Sterling, Virginia: Pluto Press, 2002.
______, "New Imperialism or New Capitalism?," 2004(www.bnarchives.net).
______, *Capital as Power: A Study of Order and Creorder*, NY: Routledge, 2009.
Samuelson, Paul, "Parable and Realism in Capital Theory: The Surrogate Production Function," *Review of Economic Studies*, 29(3), 1962, pp. 193-206.
Shcwab, Klaus, "The Fourth Industrial Revolution: what it means, how to respond," World Economic Forum, 2016. 1. 14(https://www.weforum.org/agenda/2016/01/the-fourth-industrial-revolution-what-it-means-and-how-to-respond. 같은 글이 다보스 포럼에 앞서 *Foreign Affairs*(2015. 12. 1)에도 발표되었다(https://www.foreignaffairs.com/articles/2015-12-12/fourth-industrial-revolution)).
Solow, Robert M., "We'd better watch out," *New York Times Book Review*, July 27, 1987.
______, "Technical Change and the Aggregate Production Function," *Review of Economics and Statistics*, 39(3), August 1957, pp. 312-320.
Sraffa, Piero, "Positive Profits with Negative Surplus Value," *The Economic Journal*, 85(337), 1975, pp. 114-123.
Steedman, Ian, *Marx after Sraffa*, London: New Left Books, 1975.
Veblen, Thorstein, *The Theory of Business Enterprise*, New Brunswick/London: Transaction Publishers, 1904.
______, "On the Nature of Capital," *The Quarterly Journal of Economics*, 22, Issue 4, 1908, pp. 517-542.
______, *The Engineers and the Price System*, New York: Harbinger, 1921(1963년

판).
______, *Absentee Ownership: Business Enterprise in Recent Times*, New Brunswick: Transaction Publishers, 1923(1997년판).
WEF, "The Future of Jobs: Employment, Skills and Workforce Strategy for the Fourth Industrial Revolution," Global Challenge Insight Report, 2016. 1(http://www3.weforum.org/docs/WEF_Future_of_Jobs.pdf).

제9장

'소유와 지배의 분리' 개념의 복원

박경로

1. 머리말

Berle & Means(1932) – 이하 'BM'으로 표현함 – 의 《현대 주식회사와 사유재산》 이래로 '소유와 지배의 분리'(separation of ownership and/from control)는 주식회사의 특징을 나타내는 핵심적인 개념이다. 오늘날 이 개념은 전문경영인 체제의 확립이나 주주와 경영자 사이의 이해상충을 지칭하기 위해 흔히 사용된다. 그렇다면 '소유'와 '지배'는 '주주'와 '경영자'의 수사적 표현이란 말인가? '소유와 지배의 분리'에 관한 BM의 개념을 복원하는 것이 이 글의 목적이다.

BM의 '소유와 지배의 분리' 개념에 대한 올바른 이해는 기업지배구조에 대한 논의의 진전과 기업이론의 발전, 자본주의 체제의 역사적 변화 과정에 대한 이해의 진척을 위해 중요하다. 지난 수십 년간 활발하게 진행된 기업지배구조 논의는 '소유와 지배의 분리'가 주주와 경영자 사이의 대리인비용을 의미한다고 인식하는 데에서 출발하였다. 이러한 논의에 힘입어 주주우선주의(shareholder primacy)의 승리에 따른 '역사의 종말'이 선언되기도 했지만(Hansmann and Kraakman, 2001), 21세기 벽두부터 회계부정 스캔들과 글로벌 금융위기, 양극화 심화로 인해 그러한 선언이 섣부른 것이었음이 분명해졌다. 미국에서는 포퓰리즘이 득세하고 법인의 정치적 표현의 자유가 허용됨에 따라 사회적으로 정해진 게임의 룰 하에서 이윤극대화라는 주주우선주의의 전제마저 위협 받는 가운데(예를 들면, Healy et al., 2015), 기업지배구조에 대한 논의가 다시 민주주의에 대한 고민과 연결되는 국면을 맞고 있다(예를 들면, Zingales, 2017). 회사혁명으로 초래된 새로운 체제가 지속적으로 발전하기 위한 사회질서[1]를 고민하기 위해

1 BM는 봉건 체제에 대비되는 '회사 체제'(corporate system)를 논의하거나 소유와 지배가 분리된 현대 주식회사가 '경제/사회 조직'(organization)의 의미뿐만 아니라 '현대 세계의 제도(institution)'라는 의미를 갖는다고 설명하

제시되었던 소유와 지배의 분리 개념에 대한 이해가 중요한 이유이다. 필자는 미국과 영국에서 소유와 지배의 분리 과정에 대한 검토를 통해, 소유 분산이 지배 분산을 수반한다는 전제에 입각한 대리인이론의 패러다임이 주식회사제도의 역사적 변천 과정을 이해하는 데 걸림돌이 된다고 지적한 바 있다(김정욱 · 박경로, 2015; 2016). 소유 분산은 전체 소유자가 아닌 누군가의 수중으로 지배가 집중됨을 초래하는 것이 역사적 사실이며 BM의 '소유와 지배의 분리' 개념이 내포하고 있는 논리이기도 하다. 또한 기업이론의 발전을 위한 다양한 노력에도 불구하고 주주와 경영자 사이의 대리인비용을 강조하는 이론 이외에는 소유와 지배의 분리를 반영한 기업이론의 발전에 이르지 못하고 있다. 현대 주식회사가 사기업과 본질적으로 다른 조직이라고 생각한 BM의 '소유와 지배의 분리' 개념에 기초하여 기업이론의 발전을 모색하는 노력이 필요하다고 생각하는 이유이다.

BM가 '소유와 지배의 분리'라는 개념을 통해 무엇을 말하고자 했는지를 논의하는 작업은 '회사의 목적' 문제와 밀접히 연관되어 있다. "누구의 이익을 위해 회사가 운영되어야 하는가?"라는 질문을 둘러싸고 주주우선주의와 이해관계자 우선주의가 각축하는 과정에서 Berle-Dodd 논쟁이 자주 인용된다. 이와 관련하여 Adolf A. Berle, Jr.의 생각, 특히 BM의 해석을 둘러싼 논의가 분분하다. BM의 '소유와 지배의 분리' 개념은 이 논의의 핵심이라 할 수 있다. 그러나 논의가 방대해지는 것을 피하기 위해 이 문제에 대한 본격적인 논의는 별도의 기회에 다루기로 하고, 이 글은 '소유와 지배의 분리' 개념을 '주주와 경영자 사이

면서, '조직'보다 더 넓은 차원으로서 '제도' 혹은 '체제'라는 개념을 사용했다. 이 글에서는 BM의 '체제'라는 표현에 해당하는 더욱 잘 정의된 개념이라고 생각하여 North et al.(2009)의 '사회질서'(social order)라는 개념을 사용하기로 한다.

의 이해상충'으로 이해해서는 안 되는 근거를 소개하고 경영자 지배유형의 중요성을 어떻게 이해해야 할 것인지를 논의하는 데 초점을 맞추고자 한다.

고전의 의미를 재해석하는 작업은 텍스트적(textual) 접근뿐만 아니라 흔히 맥락적(contextual) 접근이나 관련 문헌을 통한(bibliographical) 접근에 의해서도 이루어진다. 최근에 늘어나고 있는, 대리인이론에 입각한 BM 해석을 비판하는 연구들은 맥락적 접근이나 관련 문헌을 통한 접근에 의존하는 경우가 많다.[2] 그러나 맥락적 접근이나 관련 문헌을 통한 접근은 텍스트를 더욱 풍부하게 이해하는 데 보탬이 되지만, 텍스트의 주관적 해석을 위한 근거로 활용되는 경우도 있다. 이 글은 기본적으로 텍스트적 접근에 충실한 방법을 통해 BM의 '소유와 지배의 분리' 개념을 복원하고자 한다.

2절에서는 《현대 주식회사와 사유재산》의 저술 목적과 관련하여 BM의 '소유와 지배의 분리'의 의미를 살펴봄으로써 이 개념이 회사혁명으로 인한 재산(권)의 변화를 논의하기 위한 것임을 확인한다. 3절에서는 '소유', '지배', '경영'에 대한 BM의 생각을 살펴봄으로써 '지배'는 '경영'의 수사적 표현이 아님을 확인한다. 4절에서는 '소유와 지배의 분리' 유형과 관련하여 BM의 생각을 살펴봄으로써 '경영자 지배'의 중요성과 관련된 논의를 다각도로 검토한다.

2. 회사혁명과 회사 체제

《현대 주식회사와 사유재산》의 1932년판 서문에서 BM는 이 책이 '회사혁

2 *Seattle University Law Review*에 매년 게재되고 있는 Adolf A. Berle, Jr. Center on Corporations의 심포지엄 논문들이 대표적이다.

명'(corporate revolution)이라는 "사회 조직의 조류에 있어서 거대한 변화"를 다룬다고 밝힌다. 19세기의 '산업혁명'처럼 20세기의 '회사혁명'도 상당히 진전되기 전까지는 인식되지 못하고 조용히 진행되고 있는데, 그 결과로 나타난 '소유와 지배의 분리'는 재산 소유자, 노동자, 재산의 보유 방식 등을 송두리째 바꾸어 놓는 새로운 형태의 '사회의 경제조직'을 수반한다고 지적한다. 회사혁명에 대응하는 사회질서를 고민하기 위해서는 거대 주식회사제도가 초래할 재산과 노동자, 소비자에 대한 영향을 고려해야 하는데, 이러한 작업의 시작으로서 주로 주식회사가 재산에 대해 갖는 관계에 대해 살펴보려는 것이 이 책의 목적이라고 밝힌다.[3)]

BM는 1권 1장에서 봉건 체제(feudal system)에 대비되는 개념으로 회사 체제(corporate system)라는 개념과 그 대강의 윤곽을 제시한다.[4)] 19세기에 전형적인 사업 단위는 개인이나 소그룹에 의해 소유되고, 그들이나 그들이 임명한 사람들에 의해 경영되며, 지배하는 개인들의 개인적 부에 의해 그 규모가 제한되는 데 비해, 20세기의 회사 체제에서는 "통합된 지배와 경영 하의 단일한 생산조직"을 이루는 AT&T처럼 거대한 100여 개의 현대 준공공회사(modern quasi-public corporation)가 미국의 전체 부를 지배한다고 대비한다(p. 4).[5)] 경제 활동의 조직이

3 그리고 "이러한 주제들을 생각할 때, 궁극적으로 회사가 국가에 대해 갖는 관계라는 문제가 여전히 계속될 것"이라고 덧붙임으로써, 정치경제학적인 문제의식에서 회사혁명을 다룰 것임을 밝히고 있다. "사회의 정치조직과 사회의 경제조직 사이에 어느 것이 지배적인 형태가 될 것인가? 이것은 앞으로 오랫동안 답이 내려지지 않을 것이 확실한 질문이다"(p. liv)라는 서술은 이 책 전체에서, 특히 4권의 네 챕터에서 회사혁명에 대응한 새로운 사회질서를 추측하는 과정에서 견지하는 문제의식을 보여 준다.

4 비교적 앞부분에서 재산에 대한 영향을 살펴보는 작업에서부터 회사 체제에 대한 탐구를 시작하는 이유를 밝힌다. "재산이라는 [사회]조직은 어느 시기에나 생활을 형성하는 파워의 균형에서 항구적인 역할을 담당해 왔다"(p. 3)고 지적하고, 주식회사제도에 대해 금권정치의 도래를 경고한 Veblen(1923)과 Rathenau(1918)의 냉소적인 평가나 궁극적으로는 사회주의나 공산주의로 가는 이행 단계라는 평가 가운데 어느 것을 받아들일지는 아직 말할 수 없지만, 이 모든 평가들이 회사 체제가 재산 이익의 동원을 통해 경제조직의 주요한 요인이 되었음을 나타내고 있음에 주목함으로써 회사 체제에 대한 논의를 시작한다(pp. 3-4).

이렇게 변화한 것은 두 가지 발전에 기인한다. 첫째는 산업혁명으로 인해 공장 체제(factory system)가 "점점 더 많은 노동자들을 직접적으로 단일한 경영 하에 놓이게" 만든 발전이다. "공장 체제에 들어온 독립적인 노동자는 자신의 노동에 대한 지휘(direction)를 산업적 주인에게 양도함으로써 임금노동자가 되었다." 둘째는 회사혁명으로 인해 현대 주식회사(modern corporation)가 "수많은 개인들의 부를 집중된 동일한 지배 하에 놓이게" 만든 발전이다. "현대 주식회사에 투자한 재산 소유자는 자신의 부를 회사를 지배하는 자들에게 양도함으로써 독립적인 소유자의 위치를 자본에 대한 임금(wages of capital) 수령자에 불과한 위치와 맞바꾸게 되었다"(p. 5).[6]

그런데 이러한 회사 체제는 주식회사라는 장치 자체가 필연적으로 수반하는 결과물이 아니라 소유와 지배의 분리에 의해 초래된 결과물이다. 왜냐하면 주식회사라는 장치 자체는 여전히 개인의 투자와 활동, 거래를 주식회사라는 법적인 외피를 통해 수행하는 흥미로운 관습일 뿐이며 재산 보유나 경제 활동의 조직에 있어서 어떤 근본적인 변화도 수반하지 않으므로 봉건 체제에 비견될 만한 어떤 '체제'도 출범시키지 않기 때문이다. 이러한 사적인 주식회사 혹은 비공개회사[7]가 소유자의 다수화(multiplication)를 통해 소유와 지배가 분리된

5 이 글에서 별도의 설명 없이 인용 페이지를 표현할 때에는 《현대 주식회사와 사유재산》 1991년판의 페이지를 가리키기로 한다.

6 Gardiner C. Means는 1968년판 서문에서 "생산의 지배적 형태로서 공장을 확립하고 생산 수단에 대한 지배로부터 노동자를 분리시켰던 산업혁명과 마찬가지로, 생산 수단에 대한 지배로부터 소유를 분리시키는 회사혁명이 우리 앞에 점진적으로 나타났다"(p. xlii)고 서술하고 있다.

7 'close/closely held corporation'을 '폐쇄회사' 혹은 '과점회사'로 번역하는 경우가 많지만 여기서는 '비공개회사'로 표현하기로 한다. 한편, '공개회사'를 나타내는 표현으로서 오늘날에는 'publicly held corporation'과 함께 'public corporation'이 보편적으로 사용된다. 이는 BM가 '공중이 주식을 소유하는 회사'를 'quasi-public corporation' 혹은 'public corporation'이라고 표현한 덕분이다. 'public/publicly held corporation'은 '공개기업/공개법인'으로 번역하는 경우가 많지만, 여기서는 BM의 원래 의도를 살리기 위해 'public corporation'은 '공공회사'로, 그리고 'publicly held corporation'은 '공개회사'로 표현하기로 한다.

준공공회사라는 '본질적으로 다른' 형태에게 자리를 내줄 때에만 회사 체제가 출현한다(p. 5).

1권 2-4장에서는 기업 규모의 증대 및 거대 주식회사들에서 주식 소유 분산에 관한 통계들에 기초하여 미국 산업의 거의 절반에 대한 궁극적 지배가 200-300명의 수중에 집중되었음을 지적하고 있다. 이 대목이 주는 강한 인상 때문에 BM가 선언한 '소유와 지배의 분리'를 둘러싼 후세의 논의는 주로 대기업들의 주식 소유 분산에 초점이 맞추어졌다. 또한 뉴딜 개혁을 통해 미국의 대기업들 사이에 경영자 지배 유형의 비중이 커졌고, Gordon(1938; 1939; 1945) 등에 의해 '지배' 개념에 수정이 가해졌으며, Burnham(1941)의 '경영혁명' 개념이 확산되면서 제2차 세계대전 후에는 전문경영인 체제가 대기업의 모범으로 인식되었다.[8] 이에 따라 '소유와 지배의 분리'를, 주식 소유의 분산에 따른 창업자 가족의 지배력 약화와 전문경영인 체제의 확립으로 이해하거나(예를 들면, Chandler, 1977; 1990), 주주와 경영자 사이의 이해상충과 동일시하는 경향(Jensen & Meckling, 1976; Fama, 1980; Fama & Jensen, 1983; Jensen, 1986; Jensen, 1993)이 보편적으로 되었다.[9]

물론 BM의 '소유와 지배의 분리' 개념에서 주식 소유의 분산은 매우 중요하다. 하지만 이 개념이 소유 분산으로 지배가 분산됨에 따라 경영자들의 자율성이 커지는 것을 의미하는 것은 아니다. '소유와 지배의 분리'는 소유가 분산됨에 따라 누군가의 수중으로 지배가 집중됨을 의미하는 것이다. 따라서 소유 분산과 지배 분산을 동일시하는 오늘날의 보편적인 인식은 회사 체제와 사기업 체제의 차이를 무시하는 것이라 할 수 있다.

---

8 이 과정에 대해서는 김정욱 · 박경로(2015)에서 더욱 상세하게 설명한다.

9 대리인이론에 입각한 기업이론도 '소유와 지배의 분리'에 대한 해석과 관련하여 상당한 내적 변화를 겪으면서 발전했음에 주의할 필요가 있다.

> 과거에는 사업체의 소유가 최소한 이론적으로는 두 가지 속성과 항상 관련을 가졌다. 첫째는 이전에 모아진 부가 이윤 추구 사업에 위험을 부담하는 것(risking)이고, 둘째는 그 사업에 대한 궁극적인 경영과 책임이다. 그러나 현대 회사에서는 더 이상 소유의 이 두 가지 속성이 동일한 개인이나 그룹에게 배속되지 않는다. 주주는 자신의 부에 대한 지배를 포기하고 양도했다. '주주'는 자본의 공급자, 단순하고 순수한 위험부담자가 되었고 궁극적인 책임과 권위는 이사들과 '지배자'에 의해 행사된다. 소유의 전통적인 속성 가운데 하나는 주식 소유에 배속되고 다른 하나는 회사 지배에 배속된다.(p. 297)

이처럼 '소유와 지배의 분리' 혹은 '지배로부터 소유의 분리'는 생산적 부의 '위험부담'과 그에 대한 '경영과 책임'이 서로 다른 주체에게 배속되는 것을 의미한다. 산업혁명으로 등장했던 사기업 체제에서 소유는 지배와 통합되어 있었지만, 회사혁명으로 등장한 회사 체제에서 소유 혹은 재산권은 회사의 자산에 대한 지배(control)와 회사가 거둔 이윤의 일부에 대한 청구권만 갖는 수익적 소유(beneficial ownership)로 분열된다는 것이다(p. 8). 주주들은 '전통적인 재산의 논리'(The Traditional Logic of Property)(4권 1장)라는 법적 추론에 따를 경우에는 회사의 주인으로 간주되지만, 사실은 비활동적 재산(passive property)의 소유자로서 활동적 재산(active property)의 지배와 사용에서 배제된다는 것이다.

《현대 주식회사와 사유재산》은 이러한 소유와 지배의 분리에 관해 다각도로 설명하는 책이다. 소유와 지배가 분리된 회사 체제의 실태와 분리의 역사적 과정, 분리로 인한 법적 현실과 비활동적 재산이 거래되는 시장의 현실을 추적하고 이러한 체제의 정치경제학적 함의를 전망하는 책이다. 1권에서는 이러한 회사 체제가 도래했음을 소개한다. 2권에서는 법적 진화의 결과로 회사 체제에서 '소유'와 '경영', '지배'의 법적 위치가 어떤 상태에 처해 있는지를 살펴본다. 이를 통해 회사의 자산과 이윤 흐름에 대한 지배자들의 파워[10]가 커지고 활동적 재산에 대한 지배는 고사하고 비활동적 재산에 대한 주주들의 권리조차 약화되었음을 지적한다. 아울러 주주의 권리가 약화되지 않은 유일한 부분이라고 할 수 있는 경영자의 '신인의무'(fiduciary duties)에 대한 보통법의 원칙과 법적 현실 사이의 긴장에 주목한다. 3권에서는 비활동적 재산의 발행과 유통이 이루어지는 주식시장에서 주주와 지배자, 경영자들의 행동과 그 환경에 대해 논의한다. 이렇게 살펴본 회사 체제의 법적 · 경제적 현실에 기초하여, 4권의 네 챕터에서는 소유와 지배의 분리를 전제하지 않은 상태에서 발전된 경제적 개념들과 자유방임의 사회질서라는 관념에 대해 회사 체제가 갖는 함의를 탐색한다. 이 과정에서 전통적인 법학적 논리와 전통적인 경제학적 논리를 회사 체제에 적용했을 때 초래되는 모순을 제시함으로써 현대 주식회사에 대한 새로운 인식이 필요함을 주장한다.

요컨대, BM는 회사혁명에 의해 역사적으로 새롭게 출현한 회사 체제에 대한 법경제학[11]적 탐구를 통해 회사 체제가 지속 가능할 수 있는 새로운 사회질

---

10 'power'를 흔히 '권력'으로 번역하지만, 법학에서는 '권능'으로 번역한다는 점을 고려하여 이 글에서는 '파워'로 표현한다.

11 진보주의(progressivism)의 문제의식을 계승하여 1920-1930년대에 미국에서 발달한 법현실주의(legal realism) 법학과 제도주의 경제학(institutionalist economics) 사이에는 긴밀한 관계가 존재하며 '법경제학'(law and economics)이라고 부를 만한 방법론적 진전도 있었다고 주장하는 경제학설사 연구들도 있다. 이들은 1960년대 이후 새로 등장한 법경제학과 구분하여 제2차 세계대전 이전의 법경제학을 'old law and economics'라고 부르기도 한다. 연구비를 제공한 Laura Spelman Rockefeller Memorial 재단의 권고에 의해 이루어진 Berle와 Means의 공동 작업은 당시의 이러한 지적 풍토를 보여 주는 것이라 할 수 있다. 하지만 법학적 접근과 경제학적 접근을 동시에 시도한 BM는 당시의 법경제학 방법론으로서 강조되던 호펠드식(Hofeldian) 개념들을 명시적으로 사용하지는 않고 있다. 이들의 연구방법과 1920년대 법학과 경제학 사이의 관계에 대한 깊이 있는 연구가 나오기를 기대한다.

서를 모색한 책이다. 회사 체제에서 특히 생산적 재산, 즉 생산 수단의 소유가 어떻게 변화했는지에 초점을 맞추어 탐구한 《현대 주식회사와 사유재산》은 20세기의 《자본론》이라고 할 수 있다.[12] 이러한 맥락에서 '소유와 지배의 분리'는, 재산(권)과 관련하여 '회사혁명'과 '회사 체제'의 본질적 측면을 표현하기 위한 개념으로 이해되어야 한다.

3. 소유, 지배, 경영

'소유와 지배의 분리'를 '전문경영인 체제의 확립'이나 '주주와 경영자 사이의 대리인비용'으로 이해하는 오늘날의 보편적인 논의는 결국 '지배'를 '경영'의 수사적 표현으로 이해하는 것이거나 혹은 '소유'를 '주주' 또는 대주주 - 소수지분 블록홀더까지 포함하여 - 로, 그리고 '지배'를 '경영자'로 이해하는 것이다.[13] 그러나 BM에게 있어서 '지배'와 '경영'은 뚜렷하게 구분되는 개념이다. BM는 "[소유와 지배의 분리라는] 이와 같은 기능의 분리는 '지배'를 소유와도 다른 것이고 경영과도 다른 것으로 인식하도록 만든다"(p. 66)라고 분명히 밝히고 있다. 또한 BM에게 있어서 '소유', '지배', '경영'은 기능을 지칭하는 개념이지 그 기능의 담당 주체를 지칭하는 것은 아니다.

12 1930년대에 Berle는 아내에게 '미국의 칼 마르크스'(American Karl Marx)가 되는 것이 인생의 진정한 야망이라고 말했다고 한다(Schwarz, 1987, p. 62). Schwarz(1987)는 중산층 계급의 사회 예언자를 꿈꿨던 Berle가 정부에 의해 관리되는 '노동자들의 자본주의'를 지향했고 '뉴딜 혁명의 마르크스'가 되었다고 평가한다. 1933년 봄에 *Time*지는 《현대 주식회사와 사유재산》을 "루스벨트 행정부의 경제적 성경"이라고 표현했다(Schwarz, 1987, p. 61에서 재인용).

13 Murray L. Weidenbaum과 Mark Jensen이 쓴 《현대 주식회사와 사유재산》의 1991년판 서론조차 이러한 경향을 보여 준다.

BM는 1권 6장에서, 사업체(enterprise)[14]의 문제를 논의할 때 다음과 같은 세 가지 기능을 구분해야 한다고 지적하고 산업혁명과 회사혁명이 이 기능들 사이의 분리를 초래했다고 설명한다.

① 사업(체)에 대한 이익을 갖는 것(having interests in an enterprise)
② 사업(체)에 대한 파워를 갖는 것(having power over an enterprise)
③ 사업(체)에 관한 행위를 하는 것(acting with respect to an enterprise)

BM에 따르면, 오늘날 대부분의 농부들처럼 산업혁명 이전에는 이 세 가지 기능이 통합된 경우가 대부분이었다. 그런데 산업혁명 후 19세기에는 산업생산의 많은 부분을 담당한 사업체들에서 소유자가 ①과 ②의 기능을 수행하고 고용된 경영자들이 ③의 기능을 대부분 수행하는 방식으로 분리가 일어났다. "이 생산 체제에서 소유자들은 기본적으로 사업체를 직접 경영하거나 경영을 위임하고, 발생하는 모든 이윤이나 이익을 수취하는 위치에 있다는 사실 때문에 소유자로 구분"된다. 따라서 "소유자가 사업에 대해 전적으로 침묵하더라도 여전히 소유자로 남는다." 그러나 "경영자들은 기본적으로 소유자들의 이익을 위해 사업을 운영한다는 사실 때문에 경영자로 구분"된다. 따라서 "전적으로 침묵한 개인에게 경영자라는 이름을 붙이는 것은 생각하기는 어렵다." 다시 말해, 소유와 경영 사이의 차이는 부분적으로는 '위치와 행동' 사이의 차이였다(p. 112).

14 경제학의 'firm'에 해당하는 용어로서 '기업'으로 번역할 수도 있다. 그러나 Berle가 법적 개념인 'corporation'과 구별되는 사실적 개념으로서 'enterprise'라는 용어를 사용했음에 주목하여 '사업(체)'으로 번역하기로 한다. 이러한 Berle의 개념 구분은 '실체'(entity) 논쟁과 관련하여 매우 중요한 것이라 할 수 있으므로, 이에 관한 논의는 추후 별도의 연구에서 하기로 하고, 이 글에서는 생략한다.

회사혁명 후에 20세기 회사 체제에서는 ②의 기능이 ①의 기능에서 분리되었는데, 이것이 BM의 '소유와 지배의 분리'가 의미하는 바이다. 물론 사업체에 대한 이익을 갖는 모든 사람이 소유자는 아니다. 주식이나 채권의 소유자뿐만 아니라 종업원도 일시적으로는 사업체에 대한 이익을 가지며, 노동자나 소비자도 사업체에 대한 일정한 이해관계를 갖는다. 그러나 이해관계를 갖는 모든 개인들 가운데 오로지 주요 이해관계를 갖고 법적 권리(legal title)를 가진 자들만이 소유자로 불린다. 마찬가지로 다수의 개인들이 사업체의 행동에 대해 일정 정도의 파워를 행사하지만, 실용적인 목적에서 지배자는 파워의 주요한 요소들을 보유한 자들로 국한되어야 한다(p. 113). BM의 4권의 개념을 빌리자면, '소유'는 '주식 소유' 즉 비활동적 재산(passive property)의 점유(possession)이고, '지배'는 '회사 지배' 즉 활동적 재산(active property)의 점유이다.

> 비활동적 재산은, 주식이나 채권의 지분과 같이, 그것을 점유한 사람들에게 한 사업체의 이익을 제공하지만 실제로 그에 대한 지배권을 전혀 제공하지 않고 어떤 책임도 수반하지 않는다. 활동적 재산은, 실제 사업체를 구성하는 공장이나 영업권, 조직 등과 같이, 거의 예외 없이 사업체의 이익에 대한 부차적인 소유권만 갖는 개인들에 의해 지배된다. … 활동적 재산과 비활동적 재산의 관계들이 동일한 개인이나 그룹에 배속된 것이 옛날 경제학자들이 생각하는 사유재산이다. 이것들이 서로 다른 개인들에게 배속되면 생산도구들에서 사유재산은 사라진다. 주식의 경우에는 소유자가 그 지분을 점유하고 그것을 처분할 파워를 가지므로 주식 지분에서 사유재산은 여전히 계속된다. 그러나 그의 주식 지분은 단지 잘 보호되지 않는 권리들과 기대들의 묶음을 나타내는 징표

에 불과하다. 이전될 수 있는 것은 이 징표의 점유권이며, 이러한 이전은 생산도구에 거의 아무런 영향을 끼치지 않는다. 활동적 재산 – 소유와 구분되는 사업체에 대한 지배의 파워 – 의 점유가 그 점유자에게 귀속되고 그에 의해 처분될 수 있는 사유재산으로서 간주될 것인지는 미래의 문제이고, 그와 관련하여 어떤 예측도 불가능하다.(pp. 304-305)

오늘날의 기업이론 개념으로 표현하자면, BM의 '소유와 지배의 분리'는 잔여 청구권(residual claim right)과 잔여 지배권(residual control right) 사이의 분리라 할 수 있다.[15)] 따라서 현대 주식회사라는 생산도구는 더 이상 전통적인 논리에서의 사유재산이 아니며 새로운 관념에 입각한 새로운 접근을 필요로 한다.[16)] 준공공회사가 생산의 대부분을 담당하게 된 회사 체제에 적합한 새로운 사회질서를 모색해야 한다는 BM의 주장은 이처럼 '소유와 지배의 분리' 개념에 입각한 것이다.

BM에게 있어서 '경영'은 고위 임원과 이사들이 담당하는 기능으로서, 신인의무(fiduciary duty)라는 법적 장치를 통해 경영자로 하여금 특정한 행동 기준을 준수하도록 요구함으로써 소유와 경영이 법적으로 연결될 수 있다. 신인의무가 회사 전체에 대한 의무인지 다른 주주들에 대한 의무인지를 둘러싼 논란

15 이런 의미에서 재산권을 '잔여 청구권'으로 파악한 구재산권학파와 '잔여 지배권'으로 파악한 신재산권학파는 모두 소유와 지배의 분리를 무시한 채 소유와 지배가 통합된 사기업 체제에서의 재산권을 상정한 채 한 측면만 강조하고 있다고 할 수 있다(Alchian & Demsetz, 1972; Grossman & Hart, 1986). 이들이 제시한 기업이론들이 현대 주식회사를 제대로 설명할 수 없는 한계를 보이는 이유가 바로 이 때문이라 할 수 있다. 이처럼 BM의 '소유와 지배의 분리' 개념을 올바로 이해할 때 오늘날의 기업이론의 발전에 대해서도 더욱 정확하게 평가할 수 있다고 생각한다.

16 재산권 관념의 진보주의적 전환 과정을 다루는 챕터에서 Horwitz(1992)는, 어떤 다른 발전보다도 BM의 소유와 지배의 분리 개념이 사유재산에 대한 법현실주의적 재개념화의 기폭제가 되었다고 결론을 내린다. 현대에도 계속해서 재산이 사회 선택의 창조물이 아니라 정치 이전의 권리(pre-political right), 즉 자연권을 표상할 수 있다는 관념에 도전할 수 있도록 만든 것이 이 개념이라는 것이다(Horwitz, 1992, p. 167).

이 해결되지 않고 있고 이 의무를 강제하는 데에는 사실상 어려움이 수반된다. 그럼에도 불구하고 경영자의 신인의무만이 회사의 증권이 가치를 가질 것이라는 기대를 주주들이 실현할 수 있는 유일한 장치이다.[17] 그런데 소유가 분산됨에 따라 정치권력처럼 지배가 자연스럽게 등장하면 경영자는 주주의 이익을 위해서가 아니라 지배그룹의 이익을 위해 경영 의사결정을 하게 된다(2권 5장).

소유와 분리된 지배는 1890년대에 의결권 신탁(voting trust)에서 시작하여 차등의결권, 상장 방식, 지주회사 등의 다양한 법적 장치를 이용하기도 하지만 대주주들 사이의 합의와 같은 비공식적 방식으로도 이루어진다. 또한 이사들은 합의에 의해서가 아니라 본성상 지배그룹의 꼭두각시가 된다. 따라서 정치적 연합처럼 지배는 파악하기도 어렵고 정치적 주권처럼 정의하기도 어렵다. BM는 '지배'를 이사를 선출할 수 있는 파워로 정의하는 실용적인 방법을 채택했다.[18] 주주들 사이의 합의나 그러한 합의에 기초하여 자신들의 이익을 위해 회사를 운영하도록 영향력을 행사하는 것이 불법은 아니기 때문에 "지배는 법으로 금지될 수 없다. 그리고 아마도 그렇게 하려고 시도하지 않는 것이 좋을 것이다. 법적으로 통제될 수 있는 것은 오로지 지배 행위의 결과이다"(p. 212). 따라서 BM는 사실상 경영의 파워를 행사하는 개인이나 그룹은, 비록 그들이 경영자의 직위를 맡지 않더라도, 공식적인 경영자에게 적용되는 것과 동일한 행동기준에 의해 통제되어야 한다고 본 Louis D. Brandeis의 판결(*Southern Pacific Railway*

17 BM가 소유와 지배의 분리로 인해 주주들이 회사의 주인이라는 전통적인 법적 논리의 기초가 허물어졌다고 보고 기업을 사유재산으로 파악하는 논리에 기초한 자유방임의 사회질서를 대체할 회사 체제에 적합한 사회질서의 형성이 필요함을 주장하면서도, 주주들에 대한 경영자의 신인의무라는 법적 원칙의 중요성을 강조한 것(Berle, 1931; 1932)은 바로 이러한 이유 때문이다.

18 "이사를 선출하는 힘으로 구성되어 있고 이사들에게 영향력을 행사하는 수단"이라는 지배의 정의를 재확인하면서 Berle(1958)는 '지배'가 "어떤 것(thing)이 아니라 기능(function)"이며 "본질적으로 정치적이며 상당한 공적 책임을 가진 사적인 것"으로 성격을 규정했다.

Co. v. Bogert, 250 U.S. 483)을 중시한다(2권 6장). 그리고 지배 행위가 회사의 이익을 위해 이루어졌음을 입증할 책임을 피고인 지배그룹에게 지운 1928년의 뉴저지주 법원의 판결이 갖는 의미가 크다고 인정한다. 그럼에도 불구하고 BM는 법적 현실에 비추어 볼 때 이러한 독트린의 적용이 어렵다는 사실[19] 또한 분명하게 인식하였고 회사 행위의 기술적 영역 밖에 놓인 '지배'에 의한 거래들은 정상적인 법의 관할 밖에 남을 가능성이 크다고 보았다[20](2권 6장). 따라서 지배에 대해 법적 통제를 가할 수 있는 유일하게 현실적인 방법은 지배 행위의 결과인 경영에 대해 보통법이 부과하는 신인의무의 원칙을 발전시키는 것이다. 회사를 지배하는 파워가 전체 주주들로부터 신탁된 파워임을 분명하게 하는 것, 즉 경영자들이 지배자들에 의해 선출되었다 하더라도 경영자들은 지배그룹이 아니라 전체 주주들의 이익을 위해 행동해야 한다는 원칙을 분명하게 하는 것이 중요하다고 BM가 강조한 것은 이 때문이다(2권 7장).

그러나 '신탁된 파워로서 회사 파워'(2권 7장)를 이해하는 이러한 관점은 '소유와 지배의 분리'에 따른 회사 체제에 대응하는 세 가지 가능한 관점 가운데 하나일 뿐이다. 이는 활동적 재산을 점유한 "지배에 의한 약탈로부터의 일시적인 보호"(p. 312)를 위해, 회사가 사유재산으로서의 의미를 잃어버렸다는 변화된 새로운 관계를 고려하지 않고 전통적인 법적 논리에 입각하여 회사 체

19 소송이 현실적으로 어렵고 소송에서 승리해도 상처뿐인 영광만 안게 될 가능성이 크며, 검증 대상이 되는 회사 바깥에서 발생하는 지배그룹의 이익을 어디에서 찾아야 할지 파악하기 어려우며, 어떤 행위도 정당화할 수 있는 명백한 사업상의 긴급함은 언제나 만들어질 수 있고 전통적으로 법원은 섬세한 사업관계나 경영 판단에 개입하는 것을 꺼리기 때문이다.

20 BM는 회사의 지배권을 매각하는 것과 같이 회사의 운명과 직결되지만 명목상으로는 회사와 아무런 관계가 없는 행위를 지배자들이 수행하는 데 대해서는 아직 법이 대처할 시도조차 하지 못하고 있고, 경영자들이 지배권을 행사하는 경우에 대해서는 대중들이 불평을 제기하지도 않고 있다고 지적하면서 이에 대한 논의는 다음 세대의 과제라고 밝히고 있다. BM가 '지배'의 규제가 법의 관할 밖에 남을 것이라고 본 더욱 중요한 이유는 '경영'과 달리 '지배'와 관련한 구제책에 대해서는 보통법(common law)에서 유추할 만한 논리를 찾을 수 없다고 보았기 때문이다.

제에 대응하는 '차악'(lesser of two evils)(p. 311)의 현실적인 대안일 뿐이다. '소유와 지배의 분리'에 따른 회사 체제에 적합한 최선의 사회질서는 "소유의 청구권도 지배의 청구권도 공동체의 이익이라는 최상의 이익을 거스를 수 없다"는 원칙에 충실해야 한다. 따라서 BM는 "설득력 있는 공동체 책임 시스템이 실행되고 전반적으로 받아들여질 때, 그때에는 오늘날의 비활동적 재산권은 더욱 폭넓은 사회의 이익에게 자리를 양보해야 한다"(p. 312)고 주장한다.

이처럼 사기업 체제에서 통합되어 있던 위험 부담 기능과 회사 지배 기능이 분리되어 비활동적 재산을 점유한 자와 활동적 재산을 점유한 자에게 각각 배치됨으로써 회사라는 생산도구가 전통적인 사유재산으로서의 의미를 잃게 된 회사 체제의 재산권 질서를 표현하기 위해 BM는 '소유와 지배의 분리'라는 개념을 제시했다. BM는 이러한 회사 체제에 대응하여 회사가 공동체의 이익을 위해 운영되는 사회질서가 발전해야 한다고 주장하면서도 이러한 사회질서가 확립되기 전까지, 혹은 이러한 사회질서를 앞당기기 위해서라도, 주주들을 회사의 주인으로 간주하는 전통적인 재산권의 논리에 입각한 법적 원칙을 중시하는 관점에서 현실적인 개혁 방안을 제시하고 있는 것이다. 그러나 '소유와 지배의 분리'를 사회질서의 차원에서 논의하는 경우이든 회사법의 차원에서 고민하는 경우이든, 어떤 경우라 하더라도 BM가 '지배'를 '경영(자)'의 수사적 표현으로 사용한 것이 아님은 분명하다.[21]

---

21 따라서 BM가 소유와 지배의 분리를 되돌려서 주주들에게 지배를 돌려주자고 주장했던 것으로 이해하는 오늘날의 지배적인 해석(예를 들면, Deakin & Singh, 2009, p. 191)은 《현대 주식회사와 사유재산》에 대한 심각한 오독이다. 한편, Dent(1989) 등은 '소유와 지배의 분리'에 따른 기업지배구조 문제를 해결하는 방법은 간단하게 '소유와 지배의 통합'이라고 주장하면서 의결권 위임제도를 폐지하고 최대주주들로 구성된 위원회에 이사 선출권을 부여하는 방안을 제안한다. 이 경우에는 '지배'가 이사를 선출하는 파워로 구성되고 '경영'의 수사적 표현이 아니라는 사실을 이해한다는 점에서는 보편적 인식보다 더욱 진전된 이해라고 할 수 있다. 그러나 이 경우도 '소유와 지배의 분리'를 '경영자 지배', 즉 자기영속적으로 된 경영자들에 의한 회사 독재의 문제로 한정하여

4. 소위 'Berle-Means corporation'

1) 잘못된 명명

기업지배구조에 관한 오늘날의 논의에서는, 소유 분산이 많이 이루어져 매우 적은 지분만 가진 경영자들 이외에는 회사의 운영에 지배적인 영향력을 행사하는 그룹이 존재하지 않는 영미형의 대기업들을 'Berle-Means corporation'이라고 부르는 관행이 BM에 대한 다양한 해석들 사이에 공통적으로 정착되어 있다(예를 들면, Cheffins, 2008; Armour & Gordon, 2009; Davis, 2011). 그러나 '소유와 지배의 분리'라는 개념을 통해 BM가 강조하고자 했던 것은 '법적 장치를 통한 소수지분 지배'이지 '경영자 지배'가 아니라는 주장도 제기되고 있다(예를 들면, Lipartito & Morii, 2010; 김정욱 · 박경로, 2015; 2016).

BM는 1권 1장에서 '소유와 지배의 분리' 정도는 다양하다고 설명한다. ① 의결권 주식의 과반이 궁극적으로 회사 운영을 책임지는 사람들에 의해 소유되고 나머지는 분산 소유된 '과반수 지배'(majority control)의 경우에는 나머지 소유자들에 대해서만 소유와 지배의 분리가 유효하다. ② 소수지분을 소유한 사람들이 회사를 지배하는 '소수지분 지배'(minority control)의 경우에는 훨씬 더 많은 소유자들이 사실상 지배권을 갖지 못한다. ③ 상당한 정도의 소수지분도 존재하지 않고 매우 적은 지분을 가진 경영자들이 자기영속적인 단체를 이루어 의결권 위임장치 등을 통해 회사를 지배할 수 있는 '경영자 지배'(management control)의 경우에는 대부분의 소유자가 지배로부터 분리된다. 세 유형(types) 모

이해한다는 점에서는 여전히 BM를 오독하고 있다. 이러한 방안은 소유와 지배의 분리 문제를 해결하는 것이 아니라 한 유형에서 다른 유형으로 이 문제의 형태가 이동하는 것을 초래할 뿐이다.

두에서, 사실상 사업체의 부에 대한 지배를 전혀 행사하지 않는 많은 증권 소유자들이 창출된다는 의미에서 소유와 지배의 분리가 유효해진다. 즉, 이들 모두가 사기업이 아니라 준공공회사의 성격을 갖게 된다는 것이다. 1권 5장 '지배의 진화'(The Evolution of Control)에서는 '소유와 지배의 분리' 유형을 다음과 같이 다섯 가지로 제시한다(pp. 67-111).

① '거의 완전한 소유를 통한 지배'로서 이는 "어떤 중요한 소유와 지배의 분리도 일어나지 않은 사기업 혹은 비공개회사"(p. 6)에서 발견되는 유형이다.
② '과반수 지배'이다.
③ '과반수 지배 없이 법적 장치를 통한 지배'로서, 지주회사 조직을 통한 피라미드 기업집단과 무의결권 주식을 비롯한 다양한 차등의결권 주식, 의결권 트러스트와 같은 다양한 법적 장치들을 이용하여 과반수의 의결권 주식을 소유하지 않으면서도 지배 레버리지를 높이는 다양한 유형이다.
④ '소수지분 지배'로서, 경영자의 저항에 직면할 수도 있다.
⑤ '경영자 지배'이다.

①, ②, ③의 유형은 법적 기초에 의존한 지배인 데 비해, ④와 ⑤의 유형은 법적 기초보다 사실적 기초에 더욱 의존한 법외(extra legal) 지배이다. 그런데 ①의 유형은 유효한 '소유와 지배의 분리'라고 볼 수 없으므로, 1권 1장에서 소개한 '과반수 지배', '소수지분 지배', '경영자 지배' 가운데 '소수지분 지배'를 '법적 장치를 통한 지배'와 '사실적 지배'라는 두 가지 유형으로 다시 나눈 네 가지 유형이 '소유와 지배의 분리' 유형이라 할 수 있다.

따라서 주인-대리인(P-A) 대리인 문제만 부각되는 소위 'Berle-Means corporation'은 BM의 '소유와 지배의 분리' 가운데 하나의 유형일 뿐이다. 1990년대에는 여러 나라 대기업들의 소유 및 지배구조에 대한 실증연구들을 통해 미국 이외의 대부분의 국가에서 원자화된 다수의 주주들 사이에 주식 지분이 분산된 소유구조나 지배주주에게 대부분의 주식 지분이 집중된 소유구조가 아닌 제3의 소유구조, 즉 적은 지분을 가진 일부 주주가 회사를 지배하는 구조가 일반적이라는 사실이 새삼스럽게 밝혀졌다(예를 들면, La Porta et al., 1999). Randall Morck(1996)는 이 구조를 '집중 소유'(concentrated ownership: CO)라고 지칭했다. 그런데 그가 편집한 '집중 소유'에 관한 논문집에 실린 글들은 예외 없이 BM의 '소유와 지배의 분리'가 소위 Berle-Means corporation에서 나타나는 주주와 경영자 사이의 이해상충이라는 보편적인 인식을 전제로 하고 있다(Morck, 2000; Daniels & Iacobucci, 2000; Brown et al., 2000). Bebchuk et al.(2000)은 '집중 소유'가 피라미드식 기업집단과 차등의결권 주식, 상호출자의 세 가지 방식으로 이루어진다고 보고 이를 '소수지분 지배구조'(controlling minority structure: CMS)라는 개념으로 표현한다. 그리고 이 경우의 대리인 문제를 '지배와 현금흐름권의 분리'(separation of control and cash flow rights)라는 개념으로 표현한다. 다시 말해, 오늘날 새롭게 발견된 것처럼 논의되는 '집중 소유'(CO)는 BM의 '소유와 지배의 분리' 유형 가운데 ③과 ④에 해당하는 것이고, '소수지분 지배구조'(CMS)는 ③에 해당되는 '법적 장치를 통한 소수지분 지배'라고 할 수 있으며, '지배와 현금흐름권의 분리'는 '활동적 재산 점유와 비활동적 재산 점유의 분리'와 상통하는 개념이라 할 수 있다. 그러나 Bebchuk et al.(2000)은 BM를 언급조차 하지 않고 있다.[22)]

---

22 Almeida & Wolfenzon(2006)은 피라미드 소유구조에 대한 논의가 BM에서 시작되었다고 밝히고 있지만 BM가 소수지분 지배를 가능케 하는 차등의결권 등과 같은 다른 법적 장치에 대해서도 고려하였음에 대해서는 언급하

2) 법적 장치를 통한 소수지분 지배의 중요성

이처럼 BM는 '소유와 지배의 분리'라는 개념을 통해 ②, ③, ④, ⑤ 유형을 모두 아울러 지칭하였으나 오늘날에는 ⑤유형만을 지칭한 것처럼 인식되고 있다. 그렇다면 BM가 강조하고자 했던 것은 ⑤유형이 아니라 ③유형이었다는 주장은 타당한가? 소유와 지배의 분리에 대한 법적 대응과 관련하여 BM가 2권과 3권에서 ③유형, 즉 법적 장치를 통한 소수지분 지배를 중시했던 것은 분명하다. Berle는 이 문제와 관련하여 당시 최고의 전문가였고 《현대 주식회사와 사유재산》을 저술하는 프로젝트를 맡게 된 것도 이 때문이다.[23]

BM는 2권과 3권에서 소유와 지배의 법적 위치와 주식시장의 현실을 검토하면서 주인-대리인(P-A) 대리인 문제뿐만 아니라 주인-주인(P-P) 대리인 문제에 대해서도 중요하게 논의한다.[24] 우선, 이전의 100년 동안 입법, 사법, 관행 등에 의해 '지배'의 법적 위치가 점차 강화되고 '소유'의 권리가 점차 약화되어 왔음을 보인다. 다음으로, 유일하게 약화되지 않은 부분이라 할 수 있는 주주에

지 않고 있다. 한편, 지주회사 조직을 이용한 회사 지배에 대해서는 Brandeis(1914)나 Veblen(1923) 등도 언급했지만 피라미드 지배에 대한 대중적인 논의가 본격화된 것은 Ripley(1927)부터라고 할 수 있다.

23 '이윤'의 원천을 둘러싼 방대한 논의를 정리한 Nerlove(1929)는 이러한 법적 장치들에 대한 가장 대표적인 연구자로 Berle를 소개한다. 1923년부터 1929년 사이에 Berle가 여러 법학 저널에 게재한 최소 9편의 논문들은 비누적적 우선주, 비액면가 주식, 무의결권 주식, 전환사채, 신주예약권(stock purchase warrants), 자회사, 은행가들과 프로모터들에 대한 보상 등 다양한 주제들을 다루고 있다. 또한 Berle는 1920년대 중반에 Harvard Business School에서 기업금융 강의를 담당했고 기업금융 교과서(Berle, 1928)와 기업금융법 판례집(Berle, 1930)을 발간했다. 1920년대에 빠르게 확산된 피라미드식 지배가 소유와 지배의 분리를 초래함으로써 회사민주주의(corporate democracy)를 위협하게 된 현실을 고발하고 회사민주주의의 시각에서 이러한 문제들을 직시할 것을 촉구한 Ripley(1927)의 유명한 책도 그 메커니즘에 대해서는 Berle(1925; 1926)의 연구를 자주 인용하고 있다. Ott(2012)가 주주민주주의(shareholder democracy) 이데올로기의 주창자로 강조하는 하버드의 경제학 교수 William Z. Ripley는 Laura Spelman Rockefeller Foundation이 Berle에게 주식회사제도의 발전에 대한 연구프로젝트를 발주하도록 주선하여 《현대 주식회사와 사유재산》이 탄생하는 계기를 제공했다.

24 P-A 대리인 문제는 주주와 경영자 사이의 이해상충을 의미하는 데 비해, P-P 대리인 문제는 블록홀더 - BM의 표현으로는 '과반수 지분 소유자'나 '소수 지분 소유자' - 와 소액주주들 사이의 이해상충과 블록홀더들 사이의 이해상충을 의미한다(Urban, 2015).

대한 경영자의 신인의무라는 보통법의 원칙을 실현하기 위한 소송의 현실적 어려움으로 인해 비활동적 재산에 대한 주주들의 권리마저 지배자들의 선의에 대한 기대밖에는 보호할 수단이 없는 당시의 상황[25]에 대해 상세하게 논의한다. 또한 회사의 지배자들이 자신들의 사적 이익을 위해 주주들의 이익에 반하여 이윤과 자산의 일부를 압수하고 주식의 유동성과 가치에도 영향을 줄 수 있는 파워를 갖게 되었음을 지적하고[26] 이러한 파워를 실행하는 다양한 법적 장치들과 시장의 관행들을 소개한다. 공시의무를 강조한 Brandeis(1914)와 함께 BM의 2권과 3권의 논의는, 1933년 증권법과 1934년 증권거래법, 1935년 공공 유틸리티 지주회사법 등 미국 증권법의 골간을 마련한 뉴딜 증권규제의 지적 기초를 제공했다.[27] Berle는 1947년 6월 27일자 일기에서 다음과 같이 회고했다.

> 이 책을 준비하는 동안 미국의 금융 상황은 빠르게 변화하고 있었다. 1927-1930년의 기간 동안 당시 월 스트리트의 금융방법들을 분석하면서 나는 그들에 대해 매우 비판적으로 되었다. 공중은 전혀 보호되지 않는 것으로 보였다. William Zebine Ripley가 *Main Street and Wall Street*라는 책에서 보여 준 생각들이 전적으로 옳다는 것이 증명되고 있었다. 생산이나 공중에 대한 어떤 고려도 없이 하고 싶은 대로 무엇이든 할 수 있

25 박경로(2009a)는 이를 '관계적 계약'(relational contract)이라는 개념으로 파악하고 주주와 채권자 - 은행의 경우에는 예금주 - 를 보호할 법과 규제를 마련한 뉴딜 금융개혁의 성격을 포착하기 위한 개념으로서 '계약의 사회화'(socializing contract)라는 표현을 제시했다.

26 "사업체의 경영은, 그 본성상 법원이 담당할 수 없는 과제이다. 그리고 경영자와 지배자가 이윤 흐름의 일부를 흡수하는 다양한 장치들은 한 사업체의 사업 활동과 너무나 긴밀하게 관련되어 있어서 법원들은 개입하기를 주저할 뿐만 아니라 확실히 두려워하는 것으로 보인다"(p. 296).

27 Williams(1999)는 증권규제의 근거로 '투자자 보호'뿐만 아니라 '공익'을 포함시킬 것인지를 둘러싼 논쟁에 주목하여 1933년 증권법과 1934년 증권거래법의 입법 과정을 세밀하게 추적함으로써, BM의 2권과 3권의 내용뿐만 아니라 4권의 내용도 뉴딜 입법에 중요한 영향을 주었음을 보여 준다.

었던 자유로운 주식회사가 나에게는 참을 수 없는 것으로 보였다. 이런 생각들과 가능한 법적 구제책들 가운데 많은 것들이 《현대 주식회사와 사유재산》에 표현되어 있다. 당시에 우리는 몰랐지만, 사실 우리는 증권과 거래 입법에 의해 오늘날 집행되고 있는 원칙들을 입안하고 있었던 것이다.(Berle & Jacobs, 1973, p. 21)

Ripley(1927)를 강조한 사실에 비추어 볼 때,[28] '소유와 지배의 분리'라는 개념을 통해 BM는 경영자 지배보다 법적 장치를 통한 소수지분 지배를 더욱 강조했다고 해석할 수 있다.[29] 그리고 이러한 해석은 공공 유틸리티 산업과 은행산업의 몰락이 대공황에서 수행한 역할을 상기할 때 더욱 힘을 얻는다.[30]

---

28 앞서 소개한 바와 같이 Ripley(1927)는 자회사 조직을 이용한 피라미드식 지배 방식을 가장 중요하게 다루고 있다. 또한 '회사 밖의 지배자들'에게 합당한 책임을 지우는 방식으로 법이 발전해야 한다는 Woodrow Wilson의 1910년 전미변호사협회 연설을 책의 맨 앞에 길게 인용하고 있다.

29 Lipartito & Morii(2010)는 다음과 같이 주장한다.

> Adolf Berle와 Gardiner Means는 《현대 주식회사와 사유재산》에서 소유자 기반의 자본주의가 재산 없는 경영자들의 소그룹에 의해 지배되는 거대 주식회사들의 자본주의에 의해 대체되는, 즉 그들이 위험한 추세로 파악한 것의 대표적인 사례로서 AT&T를 사용했을 것이다. 정말로 AT&T는 Berle와 Means가 가장 좋아한 사례이다. … 그러나 AT&T가 소유와 경영의 분리의 주도적인 사례였다는 주장은 불완전하다. 더욱 중요한 것은, Berle와 Means의 저작에 대한 통상적인 해석이 주주들의 숫자를 그릇되게 강조하고 주인(소유자들)과 대리인(경영자들) 사이의 갈등에 대한 오늘날의 우려를 과거에서 읽어낸 오독이라는 사실이다. 사실 AT&T는 주주의 숫자와 소유 집중의 결여라는 측면에서 매우 예외적이었다.(pp. 1026-1027)

최근에는 20세기 초에 미국은 주요 선진국들 가운데 대기업의 소유 분산이 가장 덜 진행된 국가였다는 주장도 제시되고 있다(예를 들면, Hannah, 2007).

30 박경로(1993; 2002; 2004a; 2004b; 2009b; 2012)는 대공황 시기 미국의 은행위기에서 피라미드식 소유 및 지배구조의 문제가 중요했다는 실증적 증거들을 제시한다. 공공 유틸리티 산업과 함께 피라미드식 지배가 집중되었던 은행산업의 문제에 대한 실증연구들에 기초하여 박경로(2009a)는 은행규제 및 증권규제로 대표되는 뉴딜 금융개혁의 핵심이 피라미드식 지배의 해체 및 규제였다고 주장한 바 있다. Hannah(2007)는 20세기 초에 미국에서 AT&T와 같은 경영자 지배 유형은 예외적이었고, 소유가 훨씬 더 분산되어 있었던 영국 등과 비교할 때 미국은 대기업들의 개인적 소유가 지배적이었던 나라로 보아야 한다고 주장하면서 Standard Oil을 대표적인 사례로 든다. BM는 Standard Oil을 소수지분 지배 유형의 대표적 사례로 들고, Van Sweringen 일가의 철도 지배 시스템을 법적 장치에 기초한 소수지분 지배 유형의 대표적인 사례로 든다. 최근에 Kandel et al.(2015)은 1920-1930년대에 미국 대기업들의 소유-지배구조에서 피라미드식 기업집단이 전형적이었고 뉴딜 개혁으로 약화되기 시작했으나 1950년대까지 존속했다는 증거를 제시했다.

Samuel Insull 그룹의 성장과 파산을 다룬 한 희귀본은 뉴딜 시기에 미국인들이 BM의 '소유와 지배의 분리'를 어떻게 이해하고 있었는지를 잘 보여 주는데, 그 내용을 요약하면 다음과 같다.

> Hatcher(1935)는 Samuel Insull이 '소유하는 것이 아니라 지배하는 것'이 중요함을 일찍부터 간파하여 피라미드 계열화를 통해 수백 개의 회사를 지배할 수 있었다고 지적했다. 예를 들어, Insull 가족은 8단계에 이르는 피라미드 소유구조를 이용하여 $66.68의 투자로 자본금 $100,000의 West Florida Power Co.를 지배할 수 있었다. Berle & Means(1932)가 '소유와 지배의 분리'라는 개념을 통해 표현하고자 했던 것은 바로 이런 것이다. 비록 Insull의 터널링 행위가 무죄 판결을 받기는 했지만 재판 과정을 통해 공공 유틸리티 산업에서 피라미드 기업지배가 갖는 폐해의 심각성이 언론을 통해 잘 드러났다.(김정욱 · 박경로, 2015, p. 176)

3) 경영자 지배의 중요성

'소유와 지배의 분리'에 대한 논의에서 오랫동안 무시되다가 최근에 주목받게 된 '소수지분 지배'가 대공황 당시에는 현실적으로 가장 중요한 문제였고[31] BM 역시 그렇게 생각했던 것은 분명하다. 그러나 BM는 《현대 주식회사와 사유재산》에서 기업금융이나 회사법과 관련하여 '지배의 약탈로부터' 주주들의 이익을 보호하기 위한 개선책을 제시하는 차원을 넘어 소유와 지배가 분리

31 판을 거듭하면서 지금도 발간되고 있는 증권 투자 분석의 고전인 Graham & Dodd(1934)는 피라미드 지배를 비롯하여 소수지분 지배를 실현하는 다양한 법적 장치에 대해 중요하게 다루고 있다.

된 회사 체제의 사회질서에 대한 전망을 제시하려는 포부를 가졌다. 또한 1권 5장에서 '경영자 지배' 유형을 '지배의 진화'의 종착점으로 상정한 것에서 볼 수 있듯이, 소유와 지배의 분리가 계속 진행되면 '경영자 지배'가 대기업들의 보편적인 유형이 될 것이라고 예측했다. 4권에서 소유와 지배가 거의 완전하게 분리된 '경영자 지배'를 염두에 둔 것처럼 보이는 서술이 더욱 빈번하게 등장하는 것은 이러한 이유 때문이라고 생각된다. 그러나 더욱 깊이 생각해 본다면 소유와 지배가 완전하게 분리된 비현실적 상황을 가정한 대목들은 회사 체제에서 변화된 재산(권)의 의미를 설명하기 위한 일종의 사고 실험이었을 뿐이지 회사 체제의 사회질서가 반드시 '경영자 지배'를 전제로 한다고 생각한 것은 아니라는 판단에 이르게 된다. '지배의 약탈'을 가능케 하는 법적 장치를 개혁하는 것이 새로운 사회질서를 만들어 가는 노력의 출발점이라고 생각했다고 해서 사실적 기초에 의존한 지배가 주주 이익의 보호를 위해 더욱 바람직하다거나 준공공회사의 공공성에 더욱 적합하다고 생각했던 것은 아니라고 판단된다.

BM는 1권 6장 '소유와 지배 사이의 이익의 불일치'(The Divergence of Interest between Ownership and Control)에서 주주의 이익과 반대되거나 같은 방향으로 행동하게 할 지배자의 금전적 동기와 다양한 비금전적 동기에 대해 논의한다. BM가 주주와 경영자 사이의 대리인 문제를 잘 알고 있었다고 Jensen & Meckling (1976) 등이 평가하는 이유는 이 대목이 경영자의 대리인비용, 즉 주인-대리인(P-A) 대리인 문제를 논의한 것이라고 보았기 때문일 것이다. 그러나 BM에게 문제는 '지배자'의 대리인비용이지 '경영자'의 대리인비용이 아니다. BM는 지배자의 이익을 정의하는 문제는 '지배'의 본성과 관련된 중요한 문제이지만 개인적인 동기에 따라 다르게 정의될 수 있다고 생각하여 지배자의 목적함수를 일률적으로 정의하지 않고 다양한 가능성을 짚어 보는 선에서 그친다. 금전적 동기, 즉 개인적인 이윤 동기는 지배자들이 주주의 이익에 반대되는 방향으로 행동하도록 할 것임을 분명하게 지적한다. 비금전적 동기의 경우에는 세 가지 사례를 들어 추론한다. 파워의 확장이 동기라면 지배자의 이익과 소유자의 이익은 반대 방향으로 움직일 것이다. 전문가적 자부심이나 열정의 충족을 주요한 동기로 갖는 지배자라면 노동자들의 근로조건이나 소비자들의 만족과 같은 이해관계자들의 이익을 중시하여 주주들의 이익과 반대되는 방향으로 경영을 이끌 가능성이 크다. 그러나 성공으로 인한 명성이 지배자의 동기이고, 성공의 척도가 회사의 이윤이라면 지배자의 이익과 소유자의 이익이 일치할 수도 있다고 추측한다(1권 6장).

Jensen & Meckling(1976)은 소유와 지배의 분리에 따른 대리인비용을 주로 경영자들의 비금전적 동기에서 찾는다. 그러나 BM가 지적한 대로, 이사들이 자신의 친구 회사에 이익을 주고 나중에 그 회사로부터 보답 받는 보편화된 관행처럼 회사 전체에 손실을 초래하는 터널링(2권 5장)이나, 내부자거래처럼 회사 전체에 손실을 초래하지는 않지만 개인적인 이윤 동기에서 다른 주주들에게 손실을 가져다주는 행위(3권 4장)는 전문경영인들에 의해서도 이루어질 수 있다. 또한 회사 파워는 회사 밖의 지배자나 소수지분을 가진 지배자뿐만 아니라 전문경영인에 의해서도 얼마든지 오남용될 수 있다.[32] BM에게 있어서 P-A 대리인 문제와 P-P 대리인 문제는 모두 전체 주주와 지배자 사이의 이해상충으로서 그 구분은 중요하지 않다고 할 수 있다.[33] 따라서 BM는 지배자가 소수지분

32 "[의결권 위임을 통한 경영자 지배의 경우에는] 거의 불가피하게 이익의 불일치가 존재한다. 법적으로 의결권 위임자는 주주들의 대리인이다. 하지만 사실상 그는 경영자들의 꼭두각시이다" (p. 217).

33 BM는 이사들이 본성상 지배그룹의 꼭두각시라고 이해했고 경영을 지배행위의 결과로 보았기 때문에 P-P 대리인 문제와 P-A 대리인 문제를 구분할 필요를 느끼지 못했다고 볼 수 있다.

소유자인지 아니면 지분을 거의 갖지 않은 전문경영인인지, 혹은 지배의 방식이 법적 장치에 의존하는지 사실적 기초에 의존하는지에 따라 지배의 이익이나 대리인비용의 내용이 달라진다는 추론을 제시하지 않는다. 그러므로 BM가 경영자 지배 유형에 더 우호적이었다고 볼 근거는 없다. 따라서 소유와 지배의 분리를 '경영혁명'으로 파악하고 창업자나 금융의 영향력으로부터 자유로운 전문경영인 체제의 확립을 예찬한 Chandler(1977; 1990)의 논의는 BM와 맥락을 달리하는 것으로 보아야 할 것이다. 제2차 세계대전 후에 Berle(1954)가 미국 대기업 경영자들에 의해 공산주의 혁명에 대비되는 자본주의 혁명이 수행되고 있다고 우호적으로 평가한 것은 대공황 당시와 달리 뉴딜 이후 회사 체제에 적합한 사회질서가 발전했다는 평가에 기초한 것으로 이해해야 한다. 이를 두고 Berle의 생각이 수정되었다고 해석하는 것은 옳지 않다(Bratton & Wachter, 2008). 다만 BM는, 법적 장치를 통한 소수지분 지배와 달리 경영자 지배와 같이 사실적 기초에 의존한 지배의 경우에는 대공황 당시에도 아직 대중적 불만이 고조되지 않았고 법적 소송이 빈번하지 않았기 때문에 이에 대한 법적 대응은 다음 세대의 학술적 논의의 대상이 될 것이라고 예상했다.

지배자의 목적함수는 그의 욕망이 무엇인지에 따라 달라진다고 본 BM의 생각을 확장한다면 회사 체제의 사회질서에 대한 BM의 견해를 이해하는 데에도 도움이 된다고 생각된다. BM는 마지막 장(4권 4장)에서 다음과 같이 주장한다.

> 거대 회사의 '지배자'가, 공동체의 다양한 그룹들의 다양한 요구들을 균형 잡고 사적인 욕망보다 공적인 정책에 기초하여 소득 흐름의 일부를 각각의 요구에 할당하는 순수하게 중립적인 테크노크라시로 발전

해야 한다고 생각할 수 있다 – 사실 회사 체제가 살아남으려면 이렇게 되는 것이 거의 불가결하다고 생각된다.(pp. 312-313)

Berle(1932)에서 알 수 있듯이, 이러한 발전 역시 전문경영인에게 고유한 전문가적 자부심이라는 동기에 의해 실현될 것이라고 BM가 생각했던 것은 아니다.[34] 《현대 주식회사와 사유재산》의 1968년판 서문에서 Berle는 이 책이 처음 출판되던 대공황 당시에는 이러한 발전이 하나의 가능성일 뿐이었지만 뉴딜 이후 현실로 실현되었다고 회고한다. Berle는 정치적 권리를 넘어 경제적 권리까지 포함하는 방향으로 개인의 권리를 확장한 헌법적 진화와 함께 노사관계 개혁, 사회복지 확충, 경제에 대한 국가 개입, 사회 여론 등에 의해 회사혁명에 대응한 사회질서가 올바른 방향으로 확립됨에 따라 이러한 발전이 가능했다고 보았다.[35] '길항 파워'(countervailing power) 개념[36]에 대한 Berle의 생각은 이를 더

34 지배자들에 의해 선출되었더라도 경영자들은 전체 주주들에 대해 신인의무를 갖는다는 원칙을 확립해야 한다고 주장한 Berle(1931)를 비판하면서 Dodd(1932)는 경영자의 신인의무 대상인 '회사 전체'에는 주주 이외에도 노동자와 소비자를 비롯한 다양한 이해관계자가 포함된다고 주장했다. 이에 대해 Berle는, General Electric의 Owen D. Young과 Gerard Swope처럼 예외적인 경영자를 상정하고 회사법을 논의해서는 안 된다고 답했다(Berle, 1932, p. 1372).

35 《현대 주식회사와 사유재산》이 처음 출판되기 직전인 1932년 8월에 Berle가 자신의 아내와 함께 작성한 것으로 알려진 Franklin D. Roosevelt(1932)의 샌프란시스코 커먼웰스 클럽 연설문에서 이미 이러한 생각이 잘 드러난다. 'New Individualism'이란 제목으로 알려진 이 연설은 이후 수십 년간 미국에서 지탱된 기업과 정부의 관계를 예고한 것으로 평가 받는다(O'Kelley, 2013). 국면의 변화와 함께 뉴딜 정책이 변화를 거듭한 것과 대조적으로 1944년까지 Roosevelt가 행한 일련의 연설들에서, 회사 체제의 역사적 의미에 비추어 헌법혁명이 불가피하다는 이 연설의 핵심적인 주장이 일관되게 견지된 것으로 보아 이 연설은 뉴딜 질서의 사상적 기초를 제공했다고 할 수 있다(박경로, 2016, 3장 3절).

36 Galbraith(1952)는 대기업 경영자들의 파워를 상쇄하는 파워들이 강해져서 집중된 경제적 파워를 제한하고 길들이는 기능을 수행할 것이라고 주장했다. 최근에 양극화 심화의 원인을 세계화나 기술혁신이 아니라 정치에서 찾는 경향이 강화되고 거대 기업, 거대 노조, 거대 정부 사이에 파워의 균형이 이루어지는 질서에 대한 향수가 고조되면서, 이 개념의 복권을 주장하는 목소리가 커지고 있다(예를 들면, North et al., 2009; Hacker & Pierson, 2010; Reich, 2015). Berle(1954)도 보통법과 형평법 사이의 평형과 같은 역사적 사례를 들면서 이 개념의 중요성에 공감하였지만 그 자생성에 대해서는 회의적이었다. Galbraith가 대기업 파워에 대한 길항 파워로서 노동조합뿐만 아니라 과점적인 경쟁회사나 소비자 단체 등도 중시했다는 사실에 기초하여 그가 길항 파워의 원천을 주로 시장관계에서 찾았다고 볼 수도 있다(Cioffi, 2011). 이처럼 대기업의 경제적 파워에 대한 시장의 자율규제 가

욱 분명하게 보여 준다. Galbraith와 달리 Berle(1959)는 길항 파워의 자생성에 대해 회의적이었고 길항 파워의 발전을 통해 사회적 '평형'(equipoise)을 이루기 위해서는 사회적 가치와 집단적 목표에 대한 공공의 합의가 필요하다고 생각했다. 이 때문에 Berle는 개인주의적 다원주의가 강조되던 전후 미국의 정치경제 질서에서도 공공 여론과 국가 개입의 중요성을 강조했던 것이다. 다시 말해, 제2차 세계대전 이후에 경제적 파워를 지배하게 된 '재산 없는 파워'(power without property)라는 지배 엘리트들의 욕망을 사회적으로 다스려야 할 필요성을 강조했던 것이다. BM의 텍스트에서 이러한 해석의 근거를 찾자면 다음과 같은 대목을 들 수 있을 것이다.

> 파워에 대한 지속적인 욕망이 존재하는 것과 마찬가지로 파워를 그 파워가 영향을 미치는 다수 개인들의 신하로 만들고자 하는 지속적인 욕망이 존재한다. … 경제조직이 강력하게 성장하고 그것의 파워가 소수의 수중으로 집중됨에 따라 그에 비례하여 파워의 점유자는 더욱 쉽게 찾아지고 책임 있는 파워에 대한 요구는 점점 더 노골적으로 된다(p. 310). … 현대 회사의 부상은 현대 국가와 대등한 조건에서 경쟁할 수 있는 경제 파워의 집중을 초래했다.(p. 313)

회사 체제의 사회질서에 대해 논의하는 4권에서 BM는 소유와 지배의 분리가 완전하게 되는 극단적인 상황을 예시로 든 적이 있다. 그러나 이것이 BM가

능성을 내포하는 것으로 이 개념을 해석한다면, 뉴딜 시기에 팽배했던 계획경제나 국가 개입에 대한 낙관적 기대가 약화되고 케인스주의 재정정책이나 개인주의적 다원주의 정치철학에 대한 관심이 고조되던 제2차 세계대전 후의 여론 풍토와 이 개념은 잘 부합했다고 할 수 있다. 이 개념의 복권을 요구하는 오늘날 문제의식과 비교하면 흥미롭다.

공동체의 이익을 위한 회사 운영의 전제로서 경영자 지배를 상정했다고 해석할 수 있는 근거가 될 수는 없다. 우선, '소유와 지배의 분리가 완전한' 상황은 설명의 편의를 위해 상정한 비현실적 상황일 뿐이다.[37] 다음으로, 주식회사가 공동체의 이익을 위해 운영되어야 한다는 사업체에 대한 새로운 관념을 소개한 4권 4장의 서두에서 새로운 관념이 이미 출현하고 있는 근거로서 '소유에 대한 청구권의 세분화', 즉 '소유의 비개인화'(depersonalized)로 인해 사업체가 공공기관의 성격을 갖게 되었음을 선언한 Walter Rathenau(1918, pp. 120-121)를 길게 인용하고 있다. 1910년대 독일의 거대 회사들을 소유가 원자화된 경영자 지배 유형으로 단정할 수는 없을 것이다. 따라서 BM가 경영자 지배를 이상적인 사회질서의 전제로 생각하지 않았음은 분명하다.

만약 BM의 '소유와 지배의 분리'에서 '경영자 지배' 유형이 특별한 의미를 갖는다면 그것은 이 유형을 '지배의 진화'의 종착점이라고 이해했기 때문일 것이다. BM는, 회사가 성숙하고 기술이 발전하면서 규모가 계속 커지고 인수합병으로 인해 회사의 범위도 계속 넓어질 것이기 때문에 장기적으로는 소유가 분산된 '경영자 지배' 유형의 거대 주식회사가 사회의 생산을 대부분 담당하게 될 것이라고 예측했다. 그리고 1954년에는 미국 거대기업 지배의 주소가 이사

37 "[전통적인 경제학이 가정하는 것처럼] 만약 이윤 동기가 기대되는 행동에 대한 강력한 인센티브라면, 그리고 만약 각 사업체가 최대이윤을 목표로 운영되는 것이 공동체에게도 최선이 된다면, … 투자자들이 만족할 만한 수익을 넘어서는 어떤 초과이윤도, 지배권을 양도한 '소유자들'에게 돌아갈 때보다 지배자에 의한 행동에 대한 인센티브로서 쓰일 때 더욱 잘 사용될 것이라는 결론에서 벗어날 수 없음은 분명하다"(p. 301)는 대목은 경제학의 전통적인 이윤 논리를 극단적으로 확장한 상황인데, 이는 지배자들이 주식을 전혀 갖지 않는 비현실적인 상황을 가정한 것이다. 또한 소유와 지배의 분리로 인해 생산도구에서 사유재산의 논리는 허물어졌다고 설명하는 대목에서도 비현실적 상황을 예로 든다. 주주들의 사유재산은 주식 지분에 국한되며 이러한 비활동적 재산의 이전은 생산도구에 거의 아무런 영향도 미치지 않는다. 그런데 반대의 경우로서 사업체를 지배하는 파워를 활동적 재산의 점유자들이 사유재산처럼 처분할 수 있는 상황으로까지 발전할 수 있을지는 예측할 수 없다고 설명하는데, "관습에 의해 이사의 위치가 세습되게 되고 이러한 관습이 법적인 인정을 받게 되는 경우가 이에 해당할 것"이라고 예를 들고 있다(p. 305).

들로 바뀌었다고 선언했다(Berle, 1954). 그러나 1958년부터 보험회사와 연금, 투자신탁과 같이 수혜의 소유자가 아니라 그 전달자들인 기관투자가들에게 지배가 옮겨 갈 것을 우려했고(Berle, 1958; 1959), 1968년에는 한 인터뷰에서 15-20개의 거대 은행들이 미국 대기업을 지배하게 되었다는 생각을 피력했다(Cheffins & Bank, 2009). 전 세계적으로 볼 때 미국과 영국을 제외하면 대기업들 사이에 소수 지분 지배 유형이 여전히 보편적이다. 더욱이 1980년대 이후에 정보통신기술 혁명으로 인해 기업 규모가 축소(down-sizing)되고 외주(outsourcing)가 늘어났으며 새로 창업한 기업들이 대기업으로 성장한 사례가 속출하였다. 스웨덴에서는 차등의결권 주식이 살아남았고, 한국에서는 상호출자가 여전히 생명을 유지하고 있으며, 지주회사를 통한 피라미드 기업집단도 많은 나라에서 번성하고 있다. 뉴딜로 인해 제2차 세계대전 이후에 경영자 지배가 보편적으로 되었던 미국에서도 소유가 다시 집중되고(Davis, 2008) 스스로 상장을 폐지하고 비공개회사로 전환하는 대기업들도 나타났으며 최근에 Google과 Facebook은 차등의결권 주식을 발행했다.

5. 맺음말

이 글은 《현대 주식회사와 사유재산》의 텍스트를 중심으로 BM의 '소유와 지배의 분리' 개념의 의미를 추적하였다. 첫째, BM의 '소유와 지배의 분리'는 소유자의 다수화 혹은 소유의 비개인화에 따라 '위험 부담'과 '회사 지배'라는 생산적 재산에 대한 소유의 두 가지 속성을 분리시킨, 다시 말해 '생산 수단에 대한 지배로부터 소유를 분리시킨' 회사혁명의 함의를 논의하기 위한 개념이다. 둘째, BM의 '소유와 지배의 분리'는 경영자의 대리인비용이 아니라 지배자의 대리인비용을 지적하는 개념이다. 따라서 소유와 지배의 분리는 소유 분산에 따른 지배 분산이 아니라 소유 분산에 따른 지배 집중을 의미하는 것이며, 소유가 어느 정도로 분산되고 지배가 누구의 수중에 어떤 방식으로 집중되는가에 따라 소유와 지배 분리는 여러 형태로 나타날 수 있는 것이다. 셋째, BM의 '소유와 지배의 분리'는 대공황 당시에 '지배의 약탈로부터' 전체 주주의 이익을 보호하기 위한 법적 변화를 촉구하는 개념이기도 하다. 넷째, BM의 '소유와 지배의 분리'는 생산적 재산과 관련하여 사유재산 원리의 수정을 초래함으로써 공동체의 이익을 위해 운영되는 회사라는 새로운 관념을 가능케 하기 때문에 회사혁명에 대응한 사회질서를 모색하기 위한 인식의 기초를 제공하는 개념이기도 하다. 요컨대 BM의 '소유와 지배의 분리'를 주주와 경영자 사이의 이해상충으로 오늘날 이해하게 된 것은 거대한 지적 스캔들이라고 할 수 있다. 많은 사람이 인용하지만 대부분의 사람이 읽지 않는 것이 고전의 운명이라고 하더라도, BM의 《현대 주식회사와 사유재산》만큼 잘못된 이해가 보편화된 책도 드물 것이다.[38)]

경영자 지배가 지배 진화의 종착점이라고 생각한 BM의 예측은 빗나갔으며 1960년대 말에 이미 Berle도 이를 인정했다. 소수지분 지배를 가능케 하는 법적 장치들은 사라지지 않거나 다시 살아나고 있고 기관투자가의 역할 증대로

38 Mizruchi & Hirschman(2010)은 BM에 대한 잘못된 이해가 보편화된 것이, 읽지 않고 인용하거나 읽고 싶은 내용만 읽는 고전의 운명을 보여 주는 것이라고 설명한다. 그러나 Mizruchi & Hirschman(2010)도 BM가 Brandeis(1914)를 계승한 측면만 강조하고 있다. BM는 1932년판 서문에서 "Brandeis가 1915년에 시계를 거꾸로 돌리려고 투쟁했다" 고 지적하고(p. liii), 소유와 지배의 분리라는 발전이 '진보적'(p. 9)이기도 하다고 평가한다. 이처럼 BM에 대한 오해를 바로잡으려는 연구들 가운데에도 BM의 한 측면만 강조하는 경우가 많다. BM가 가진 문제의식의 복잡함과 접근 방식의 다양함, 그리고 금융 자본주의와 대공황, 뉴딜, 제2차 세계대전과 전후 질서의 형성이라는 '급류를 항해' 하는 과정에서 Berle의 표현들에 나타날 수밖에 없었던 외양상의 변화 속에서 이들을 관통하는 일관된 생각을 읽어 내는 일이 쉬운 작업은 아니기 때문일 것이다.

인해 회사 밖 지배자가 다시 등장할 가능성도 커지고 있다. 일찍이 Berle(1959)가 염려한 대로, 이러한 변화는 공익중시의 제도와 관념이 경영자의 대리인비용을 키운다는 방향으로 공공 여론이 변모하고 경제에 대한 국가 개입이 축소되는 현상과 더불어 진행되었다. 대리인이론에 의해, 역설적이게도 BM의 '소유와 지배의 분리' 개념이 이러한 변화의 인지적 기초로 활용된 것이다.

대리인이론에 입각한 기업지배구조 개혁을 위한 노력에도 불구하고, 글로벌 금융위기와 양극화가 보여 주듯이 기업지배구조의 개선 방향에 대한 전망은 여전히 어둡다. 잔여 청구권이나 잔여 지배권을 강조하는 등 기업이론의 발전을 위한 다양한 노력에도 불구하고 주식회사에 대한 설명은 여전히 기업이론의 벅찬 과제로 남아 있다. BM의 '소유와 지배의 분리' 개념에 대한 올바른 이해에 기초하여 논의를 진전시키려는 노력이 시급하다.

참고문헌

김정욱 · 박경로, 〈미국에서 소유와 지배의 분리과정〉, 《경제발전연구》, 21(4), 2015, pp. 161-224.

______, 〈영국에서 소유와 지배의 분리과정〉, 《시장경제연구》, 45(3), 2016, pp. 35-89.

박경로, 〈1930년말 미국의 은행공황에 관한 연구: 20년대 은행제도의 변화와 관련하여〉, 《경제사학》, 17, 1993, pp. 153-192.

______, 〈1930년과 1931년 은행위기의 전염 가능성—시카고 은행들에 대한 자본시장의 반응을 증거로〉, 《경제논집》, 41(3), 2002, pp. 249-303.

______, 〈은행산업의 집중과 안정성—지점금지규제와 대공황 시기 시카고의 은행파산〉, 《경제발전연구》, 10(2), 2004a, pp. 179-221.

______, 〈이중책임제도하에서 은행의 계열화와 위험전가〉, 《경제사학》, 37, 2004b, pp. 119-169.

______, 〈계약의 사회화: 뉴딜의 재해석〉, 《역사비평》, 86, 2009a, pp. 446-493.

______, 〈1930년경 시카고 은행들의 체인-그룹 계열관계〉, 《산업혁신연구》, 25(1), 2009b, pp. 53-90.

______, 〈대공황 시기 미국 은행들의 내부자 대출〉, 《경제사학》, 53, 2012, pp. 37-77.

______, 《뉴딜의 체제 전환적 의미와 빅딜의 재평가》, 서울대학교 시장과정부연구센터 보고서, 2016.

Alchian, Armen A. and Harold Demsetz, "Production, Information Costs, and Economic Organization," *American Economic Review*, 62(5), 1972, pp. 777-795.

Almeida, Heitor V. and Daniel Wolfenzon, "A Theory of Pyramidal Ownership and Family Business Groups," *Journal of Finance*, 41(6), 2006, pp. 2637-2680.

Armour, John and Jeffrey N. Gordon, "The Berle-Means Corporation in the 21st Century," Lecture at Yale Law School Center for the Study of Corporate Law, 2009.

Bebchuk, Lucian Aye, Reinier Kraakman, and George Triantis, "Stock Pyramids, Cross-Ownership and Dual Class Equity: The Mechanisms and Agency Costs of Separating Control From Cash-Flow Rights," in Randall Morck, ed., *Concentrated Corporate Ownership*, Chicago, IL: University of Chicago Press, 2000, Ch. 10.

Berle, Adolf A., Jr., "Problems of Non-Par Stocks," *Columbia Law Review*, 25(1), 1925, pp. 43-63.

______, "Non-Voting Stock and Bankers Control," *Harvard Law Review*, 39(6), 1926, pp. 673-693.

______, *Studies in the Law of Corporation Finance*, Chicago, IL: Callaghan & Co., 1928.

______, *Cases and Materials in the Law of Corporation Finance*, St. Paul, MN: West Pub. Co., 1930.

______, "Corporate Powers as Powers in Trust," *Harvard Law Review*, 44, 1931, pp. 1049-1074.

______, "For Whom Are Corporate Managers Trustees: A Note," *Harvard Law Review*, 45, 1932, pp. 1365-1372.

______, *The 20th Century Capitalist Revolution*, New York, NY: Harcourt, Brace & Co., 1954.

______, "'Control' in Corporate Law," *Columbia Law Review*, 58, 1958, pp. 1212-1225.

______, *Power without Property: A New Development in American Political Economy*, New York, NY: Harcourt, Brace & Co., 1959.

Berle, Adolf A., Jr. and Gardiner C. Means, *The Modern Corporation and Private Property*, New York, NY: Macmillan, 1932.

Berle, Beatrice Bishop and Travis Beal Jacobs, eds., *Navigating the Rapids 1918-1971: From the Papers of Adolf A. Berle*, New York, NY: Harcourt Brace Jovanovich, 1973.

Brandeis, Louis D., *Other People's Money and How the Bankers Use It*, New York, NY: Frederick A. Stokes Co., 1914.

Bratton, William W. and Michael L. Wachter, "Shareholder Primacy's Corporatist Origins: Adolf Berle and the Modern Corporation," *Journal of Corporation Law*, 34(1), 2008, pp. 99-152.

Brown, Robert D., Jack M. Mintz, and Thomas A. Wilson, "Corporations and

Taxation: A Largely Private Matter?," Randall Morck, ed., *Concentrated Corporate Ownership*, Chicago, IL: University of Chicago Press, 2000, Ch. 4.

Burnham, James, *The Managerial Revolution: What is Happening in the World*, New York, NY: John Day Co., 1941.

Chandler, Alfred D., Jr., *The Visible Hand: The Managerial Revolution in American Business*, Cambridge, MA: Harvard Belknap Press, 1977.

______, *Scale and Scope: The Dynamics of Industrial Capitalism, Cambridge*, MA: Harvard Belknap Press, 1990.

Cheffins, Brian R., *Corporate Ownership and Control: British Business Transformed*, New York, NY: Oxford University Press, 2008.

Cheffins, Brian R. and Steven Bank, "Is Berle and Means Really a Myth?," *Business History Review*, 83(3), 2009, pp. 443–474.

Cioffi, John W., "Fiduciaries, Federalization, and Finance Capitalism: Berle's Ambiguous Legacy and the Collapse of Countervailing Power," *Seattle University Law Review*, 34, 2011, pp. 1081–1120.

Daniels, Ronald J. and Edward M. Iacobucci, "Some of the Causes and Consequences of Corporate Ownership Concentration in Canada," Randall Morck, ed., *Concentrated Corporate Ownership*, Chicago, IL: University of Chicago Press, 2000, Ch. 3.

Davis, Gerald F., "A New Finance Capitalism? Mutual Funds and Ownership Re-Concentration in the United States," *European Management Review*, 5(1), 2008, pp. 11–21.

______, "The Twilight of the Berle and Means Corporation," *Seattle University Law Review*, 34, 2011, pp. 1121–1138.

Deakin, Simon and Ajit Singh, "The stock market, the market for corporate control, and the theory of the firm: legal and economic perspectives and implications for public policy," Per-Olof Bjuggren and Dennis C. Mueller, eds., *The Modern Firm, Corporate Governance and Investment*, London: Edward Elgar, 2009, Ch. 9: pp. 185–223.

Dent, George W., "Toward Unifying Ownership and Control in the Public Corporation," *Wisconsin Law Review*, 65, 1989, pp. 881–924.

Dodd, E. Merrick, Jr., "For Whom Are Corporate Managers Trustees?," *Harvard Law Review*, 45, 1932, pp. 1145–1163.

Fama, Eugene F., "Agency Problems and the Theory of the Firm," *Journal of Political Economy*, 88(2), pp. 288–307.

Fama, Eugene F. and Michael C. Jensen, "Separation of Ownership and Control," *Journal of Law and Economics*, 26(2), 1983, pp. 301–325.

Galbraith, John K., *American Capitalism: The Concept of Countervailing Power*, Boston, MA: Houghton Mifflin, 1952.

Gordon, Robert A., "Ownership by Management and Control Groups in the Large Corporation," *Quarterly Journal of Economics*, 52(3), 1938, pp. 367–400.

______, "Financial Control of Large-Scale Enterprise," *American Economic Review*, 29(1), 1939, pp. 85–99.

______, *Business Leadership in the Large Corporation*, Washington, D.C.: Brookings Institution, 1945.

Graham, Benjamin and David L. Dodd, *Security Analysis: The Classic 1934 Edition*, New York, NY: McGraw-Hill Education, 1934[1996].

Grossman, Sanford J. and Oliver D. Hart, "The costs and benefits of ownership: A theory of vertical and lateral integration," *Journal of Political Economy*, 94(4), 1986, pp. 691–719.

Hacker, Jacob S. and Paul Pierson, *Winner-Take-All Politics: How Washington Made the Rich Richer and Turned Its Back on the Middle Class*, New York, NY: Simon & Schuster, 2010.

Hannah, Leslie, "The 'Divorce' of Ownership from Control from 1900 Onwards: Re-calibrating Imagined Global Trends," *Business History*, 49(4), 2007, pp. 404–438.

Hansmann, Henry and Reinier Kraakman, "The End of History for Corporate Law," *Georgetown Law Journal*, 89, 2001, pp. 439–468.

Hatcher, Harold O., *Within the Law: The Story of the Insull Empire*, Boston, MA: Pilgrim Press, 1935.

Healy, Paul, Rebecca Henderson, David Moss, and Karthik Ramanna, "A Crisis in the Theory of the Firm," Harvard Business School Working Paper, 2015.

Horwitz, Morton J., *The Transformation of American Law, 1870–1960: The Crisis of Legal Orthodoxy*, New York, NY: Oxford University Press, 1992.

Jensen, Michael C., "Agency costs of free cash flows, corporate finances, and takeovers," *American Economic Review*, 26, 1986, pp. 323–329.

______, "The Modern Industrial Revolution, Exit, and the Failure of Internal Control Systems," *Journal of Finance* 48(3), 1993, pp. 831–880.

Jensen, Michael C. and W. H. Meckling, "Theory of the Firm: Managerial Behavior, Agency Costs, and Ownership Structure," *Journal of Financial Economics*, 3(4), 1976, pp. 305–360.

Kandel, Eugene, Konstantin Kosenko, Randall Morck, and Yishay Yafeh, "The Great Pyramids of America: A Revised History of US Business Groups, Corporate Ownership and Regulation, 1930–1950," unpublished working paper, 2015.

La Porta, Rafael, Florencio Lopez-de-Silanes, and Andrei Shleifer, "Corporate Ownership around the World," *Journal of Finance*, 54(2), 1999, pp. 471–517.

Lipartito, Kenneth and Yumiko Morii, "Rethinking the Separation of Ownership from Management in American History," *Seattle University Law Review*, 33, 2010, pp. 1025–1063.

Mizruchi, Mark S. and Daniel Hirschman, "The Modern Corporation as Social Construction," *Seattle University Law Review*, 33(4), 2010, pp. 1065–1108.

Morck, Randall, "On the Economics of Concentrated Ownership," *Canadian Business Law Journal*, 26, 1996, pp. 63–75.

______, "Introduction," Randall Morck, ed., *Concentrated Corporate Ownership*, Chicago, IL: University of Chicago Press, 2000, Ch. 1.

Nerlove, S. H., "Recent Writings on Profits," *Journal of Business of the University of Chicago*, 2(4), 1929, pp. 361–383.

North, Douglass C., John Joseph Wallis, and Barry R. Weingast, *Violence and Social Order: A Conceptual Framework for Interpreting Recorded Human History*, New York, NY: Cambridge University Press, 2009.

O'Kelley, Charles R. T., "The Evolution of the Modern Corporation: Corporate

Governance Reform in Context," *University of Illinois Law Review*, 2013(3), 2013, pp. 1001–1049.

Ott, Julia C., *When Wall Street Met Main Street: The Quest for an Investors' Democracy*, Cambridge, MA: Harvard University Press, 2011.

Rathenau, Walther, *Von Kommenden Dingen*, Berlin: Verlag, 1918[Translated by Eden Paul and Cedar Paul, *In Days to Come*, New York, NY: Alfred A. Knopf, 1921].

Reich, Robert B., *Saving Capitalism: For Many, Not the Few*, New York, NY: Alfred A. Knopf, 2015.

Ripley, William Z., *Main street and Wall street*, Boston, MA: Little, Brown & Co., 1927.

Roosevelt, Franklin D., Address Before the Commonwealth Club, Sept. 23, 1932 [http://www.americanrhetoric.com/speeches/fdrcommonwealth.htm].

Schwarz, Jordan A., *Liberal: Adolf A. Berle and the Vision of an American Era*, New York, NY: Free Press, 1987.

Urban, Markus P., *The Influence of Blockholders on Agency Costs and Firm Value: An Empirical Examination of Blockholder Characteristics and Interrelationships for German Listed Firms*, Berlin: Springer Gabler, 2015.

Veblen, Thorstein, *Absentee Ownership and Business Enterprise in Recent Times: The Case of America*, New York, NY: B. W. Huebsch, 1923.

Williams, Cynthia A., "The Securities and Exchange Commission and Corporate Social Transparency," *Harvard Law Review*, 112, 1999, pp. 1197–1311.

Zingales, Luigi, "Towards a Political Theory of the Firm," Stigler Center for the Study of the Economy and the State, University of Chicago Booth School of Business, New Working Paper No. 10, 2017.

제10장

인지자본주의와 기본소득

안현효

이 글은 〈인지자본주의와 기본소득〉, 《마르크스주의 연구》, 9(1), 2012, pp. 124-143의 내용을 기반으로 수정한 것이다.

프리터는 현대 사회에서 독특한 삶에 대한 욕구가
표현되는 삶의 한 형태로 출현했다. 정규노동을 회피하면서
혹은 정규고용으로부터 배제되면서 '욕망하는 삶'을 살아보고자 하는
프리터들은 삶의 다른 형식을 실험하곤 했다. 프리터의 확산은
오늘날 새로운 삶의 잠재력이 무르익었음을 보여 주는
하나의 징후임이 분명하다.
조정환(2010), p. 338

1. 머리말

소득과 고용의 조건을 묻지 않고 개인에게 지불하는 무조건적 기본소득(unconditional basic income: UBI)에 관한 기존의 논의는 ① 기본소득의 철학적 정당성 및 근거와 ② 기본소득 재원의 분석 및 경제적 효과에 관한 연구로 나누어진다. 전자에 관해서는 상대적으로 많은 연구가 진행되었지만 후자에 대해서는 연구가 부족한 편이다. 후자의 연구로서 대표적으로 들 수 있는 것은 우리나라의 기본소득 모형을 제시하고 그 재원 확보 방안을 연구한 강남훈(2010)의 연구가 있다. 그러나 기본소득의 유지 가능성 면에서 중요한 것은 일회적인 재원의 확보 방안뿐 아니라 그 재원이 재생산 가능한가라는 문제일 것이다. 안현효(2010)는 이런 관점에서 기본소득이 현대 자본주의 하에서 생산을 촉진할 것인가, 아니면 생산을 저해할 것인가의 문제를 제기하고 고진로 경제(high road economy)의 맥락에서 기본소득이 고임금과 고생산성을 가능하게 하며, 이는 다시 기본소득의 재원이 될 경제성장을 결과할 것이라고 보았다. 그러나 기본소득이 노동공급을 늘릴 것인가 줄일 것인가에 대해서는 약간의 논란이 있다. 예

를 들어, 조경엽(2017)은 기본소득을 통한 소득 증대가 소득 효과에 의해 여가를 늘리고 노동공급을 줄이는 효과가 있을 것이라고 전제한다. 만약 기본소득이 노동공급을 줄이게 되면 경제성장을 둔화시킬 것이고 따라서 추가적 세수 원천이 줄어들게 되어 기본소득정책의 장기 지속성이 의문시될 것이다.

이러한 접근과 쟁점 그 자체가 의미가 없는 것은 아니다. 하지만 소득 증가 또는 임금 증가가 노동공급을 줄일 것인가, 늘릴 것인가는 다소간 실증적 문제여서 이론적으로 미리 단정지을 수 없다. 하지만 기본소득은 저소득층에 대한 사회보장정책보다는 노동공급에 더 유리하다고 말할 수는 있다. 왜냐하면 저소득층의 사회보장정책은 저소득층의 소득이 일정 수준 이상이 되면 사회보장정책의 대상에서 제외되는 '실업의 함정'이 발생하기 때문이다.

그러나 이 쟁점은 여기서 연구 대상이 아니다. 이 글의 문제의식은 소득 증가와 노동공급 증가 · 감소 여부, 또 이로 인한 경제성장의 촉진 · 쇠퇴가 문제되는 상황이 아닌 조건에 관한 것이다. 즉, 경제의 발전에 직접적 생산 과정이 미치는 영향이 계속 감소하는 사회경제적 조건의 출현, 또는 사회적 생산 자체가 경제에 미치는 영향이 더욱 증가하는 사회경제적 조건의 문제이다.

우리는 이 문제의식을 인지자본주의론(cognitive capitalism)에서 발견한다. 따라서 본문의 제2절에서는 오늘날의 자본주의에서 기본소득이 더욱 현실성을 갖는 이유를 인지자본주의론에 입각하여 서술한다. 제3절에서는 인지자본주의론에서 포착한 오늘날 자본주의의 특성으로 인해 기본소득이 생산을 더욱 촉진하게 하는(그리하여 기본소득의 재원이 계속 충원됨으로써 기본소득이 유지 가능하게 되는) 메커니즘을 다루어 본다. 제4절에서는 인지자본주의론이 경제학 이론과 진보이론 내에서 야기한 논란을 살펴보고 이에 대해 검토할 것이다.

2. 인지자본주의의 시대?

왜 많은 복지학 전공자들과 진보적 경제학자들이 기본소득에 이끌리는가? 기본소득에 관한 철학적 논의를 검토하면, 기본소득론이 좌우를 막론하고 지지자 및 비판자들도 있다.[1] 이는 기본소득론이 기존의 철학적 문법과 잘 맞지 않음을 암시한다. 기본소득은 매우 직관적인 논의이기 때문에 기본소득에 대한 찬성과 반대 역시 직관적인 경우가 많다. 그러나 그러한 찬성과 반대를 넘어서면 기본소득에 대한 관심의 증가는 일정한 현실로서 인정해야 할 것인데, 이는 현대 자본주의 경제에서 빈곤과 실업(또는 불완전 고용)의 증대와 일정한 연관이 있다(Standing, 2011).

그러나 최근 20여 년 동안 Philippe Van Parijs(1992; 1996; 2000; 2002) 등의 연구 결과 기본소득이론은 상당한 연구 성과가 누적되었다. 이는 BIEN(Basic Income European Network), USBIG(United States Basic Income Guarantee) 등으로 운동화되었으며, 브라질에서는 실제로 법안이 통과되고, 이란 등에서는 실제 정책으로 실시되기도 했다. 이러한 유행은 어떻게 이해할 수 있겠는가? 왜냐하면 이론적으로는 매우 오래된 기원을 가지고 있었고 다양한 분기로 발전하였지만 기본소득이 진지한 정책의 주제가 된 것은 최근 20년의 일이기 때문이다.

이에 대해 최근 20여 년의 자본주의는 통상 신자유주의로 규정되고 있는 것에 주목할 필요가 있다. 이른바 신자유주의 시대의 특성을 ① 케인시언적 의

1 통화주의자인 밀턴 프리드먼은 시장의 지배를 강조하지만 동시에 Negative Income Tax를 통해 소득 불평등을 완화하는 정책을 제안했는데 이 정책이 소득 수준에 따른 차등지급이라는 점과 근로에 대한 보조라는 점에서 기본소득과 구분되지만, 광의의 기본소득론의 맥락에 있다고 볼 수 있다. 또한 독일의 자본가 베르너도 기본소득을 지지한다. 하지만 일부의 마르크스주의자들 중에는 소유관계를 무시한다는 점에서 기본소득론을 비판한다(곽노완, 2010b).

미에서의 거시적 불안정성, ② 마르크스주의적 의미에서의 양극화로 특징지울 수 있다면, 그 결과 나타난 구조적 특징은 전통적 노동자 계급이 ㉠ 전통적 산업노동자, ㉡ 불완전 고용노동자, ㉢ 실업자라는 세 가지 그룹으로 구조화되어 나누어진다는 점이다. 광범위한 불완전 고용노동자의 존재로 인해, 노동계급의 통일성은 훼손되고 전통적 노동운동의 진보적 대표성에 의문이 제기될 수 있다. 또한 비정규노동자의 광범위한 존재로부터 우리는 자본주의 발전의 미성숙의 결과가 아니라 오히려 자본주의 발전의 특징이 아닌가라는 의문을 제기할 수 있다. 그렇다면 전통적 산업노동자의 확산을 전제로 한 사회발전이론은 심각한 의문에 처해지게 된다. 또한 자본주의에서 발견되는 빈곤과 양극화는 단순히 생산 수단의 소유관계의 변혁을 통해 달성될 수 있는 것이 아니라 강력한 재분배정책을 필수적으로 요구하게 되는 것이다.

혹시 이러한 현상은 단순히 신자유주의 정책과 신보수주의 이데올로기의 결과가 아니라 자본주의의 구조 변화의 결과가 아닐까? 이른바 자본주의 황금기(1945-1960)의 종결과 1970년대 위기 이후 등장한 자본주의의 생산 과정상의 변화에 주목한 논의로서는 포스트포드주의, 후기산업주의, 지식 기반 사회, 네트워크 사회 등의 논의가 있고, 정치경제학적 차원에 주목한 논의로서는 신자유주의, 글로벌라이제이션, 금융화 체제 등의 논의가 있다. 각 논의들은 국가 개입, 즉 국가와 시장의 혼합을 전제로 한 전후 자본주의[2]가 위기에 빠진 이후 등장한 새로운 현상들을 일정한 수준에서 반영하고 있다. 기존의 신자유주의론은 반국가주의, 반노동주의적 정책에 주목한다. 즉, 시장근본주의로 인해 케인스주의적 규제가 붕괴하여 자본주의 축적의 불안정성이 심화되었으며, 노동–

2 전후 자본주의는 거시경제에 대한 국가 개입(재정 · 통화 정책), 노동-자본의 타협, 복지제도 등의 제도적 장치로서 높은 생산성과 높은 총수요를 동시에 달성해 왔지만 1970년대 이래 위기에 빠지게 되었다.

자본 타협의 붕괴로 인해 노조 붕괴와 불완전 고용이 광범위하게 진행되었다는 것이다(안현효, 2010b). 그러나 이러한 논리의 문제점은 케인스주의적 합의에 기초했던 현대 자본주의가 왜 위기에 처하게 되었는가에 대한 설명이 없다는 점이다. 현대 자본주의를 신자유주의 정책의 결과로 설명하는 이론의 최대 맹점은 반신자유주의 정책(케인스주의적 개입주의 및 복지정책)의 도입으로 신자유주의 문제를 해결할 수 있다고 본다는 점이다. 즉, 자본주의의 발전은 비가역적으로 진화하는데도, 진보주의적 정책은 (케인스주의라는) 복고주의를 외치고 있다.

그러므로 만약 전후 자본주의의 체제위기가 오늘날의 자본주의를 낳았다면 오늘날의 자본주의가 가진 비가역적 특성이 무엇인가라는 점에 대해 질문할 필요가 있다. 주류 경제이론에서도 자본주의 질서의 비가역적 진화적 특성에 대해 많은 연구를 진행하였는데, 이는 바로 경제학의 전통적 가정이었던 한계생산체감 또는 규모수확체감 현상의 포기이다. 또한 광범위하게 발견되는 시장실패 현상에 대한 연구이기도 하다. 시장실패 현상의 주된 원인이 다양하게 언급되고 있지만 시장실패라는 용어 그 자체에서 나오는 원인, 즉 시장의 외부성이라는 현상이야말로 기존의 경제학조차 위기에 처하게 했고 경제학의 혁신을 요구했던 것이다. 바로 이러한 부분을 고려한 논의가 이른바 지식기반경제론(knowledge-based economy: KEB)이다(Harris, 2001; 강남훈, 2011).

지식기반경제론에 대한 좌파적 대응이 인지자본주의론이라고 할 수 있다. 인지자본주의론은 지식의 외부성에 주목한다는 점에서는 지식기반경제론과 유사하다. 그러나 인지자본주의론은 지식기반경제론이 자본과 노동의 적대에 대한 인식이 없는 점과 지식과 권력의 갈등에 대한 고려가 없는 점을 비판한다(Vercellone, 2005). 지식은 알려져 있듯이 비용 없이 재생 가능하고(replicability) 또 지식의 결과를 전유할 수 있다(appropriability). 따라서 이러한 지식은 마치 규모의

표 10-1 경제 체제의 역사적 진화

전자본주의 단계	중상주의	화폐의 의한 상품 생산	C-M-C	형식적 포섭
자본주의 단계	산업자본주의: 전포드주의 또는 포드주의	상품에 의한 화폐 생산	M-C-M	실질적 포섭
	후기포드주의 또는 인지자본주의	지식에 의한 화폐 생산	M-C(K)-M	집단지성

자료: Fumagalli & Lucarelli(2006), p. 3.

경제와 같은 현상을 낳는다. 즉, 규모수확체증(increasing returns to scale: IRS)이 발생하여 초과이윤이 나타나는 것이다. 그러나 자본은 이러한 초과이윤을 효과적으로 전유하기 위해서 지적재산권(intellectual property rights: IPRs)이라는 제도적 장치를 강화하였다. 그러므로 초과이윤으로 인한 자본의 이득은 기존의 적대를 해소한 것이 아니라, 적대의 형태를 변화시킨 것에 불과하다.

〈표 10-1〉은 인지자본주의론에서 설명하는 자본주의 경제 체제의 역사적 진화에 대한 설명이다. 이에 의하면 마르크스가 주목했던 시기인 산업자본주의는 자본이 화폐경제를 통해 노동력을 상품화하면서 동시에 생산 과정에서 노동의 탈숙련화를 통해 실질적 지배를 구현한다. 그러나 인지자본주의 하에서는 직접적 생산 과정에서의 가치 생산에서 탈피하여 직접적 생산 과정에 포함되지 않은 사회구성원들이 가치 생산에 참여하게 된다. 이것이 지식의 개입하는 방식인데 이러한 과정을 집단지성(collective intelligence)의 참여로 볼 수 있다.

흥미롭게도 이 개념은 마르크스의 《정치경제학비판요강(Grundrisse)》(Marx, 1974)에서도 발견된다. 마르크스는 집단지성을 general intellect라고 부르면서 다음과 같이 말한다.

고정자본이 발전함에 따라, 일반적 사회적 지식이 직접적 생산력이 되고, 따라서 사회적 삶 그 자체의 과정의 조건이 일반지성의 통제 하에 놓이게 되며, 일반지성과 일치하게끔 변환된다.(Marx, 1974, p. 706)

비르노(Virno, 2007)는 마르크스의 이 서술이 포스트포드주의 시대에 현실화되었다고 말하고 있다.[3)]

포스트포드주의에서는 고정자본(지식이 물질화된 기계장치류 – 인용자)으로 환원될 수 없는 개념과 논리적 체계가 결정적 역할을 한다. 왜냐하면 이것들은 살아 있는 다수의 경제 주체들의 상호관계와 분리할 수 없기 때문이다. '일반지성'은 형식적 · 비형식적 지식, 상상력, 윤리적 차원, 감성, 언어 게임을 통합한다. 오늘날의 노동 과정에서는 사고와 담화가 그 자체로 생산적 기계가 되며, 이것이 기계 형태로 체화될 필요가 없기 때문이다.(Virno, 2007, p. 5)

인지자본주의론은 이러한 포스트포드주의 담론을 거시경제학적으로 체계화시킨다. 따라서 인지자본주의론은 기존의 좌파적 자본주의 이론에 대해서도 비판적이다. 즉, 인지자본주의론은 현대 자본주의가 자본주의이면서도 이전의 산업자본주의와 질적으로 다르다고 본다.

산업자본주의는 대공장과 대량생산에 기초하고 있고, 구상과 실행의 분리를 기초로 노동의 양극화가 초래되며, 실행은 산노동에, 구상은 기계 등 고정자

3 원래 이 글은 이탈리아어로 1962년에 발간된 것이며 2007년에 영어로 번역되었다.

본으로 구체화한다. 또한 가치는 투입된 노동시간(물론 사회적으로 승인되는 과정을 거치게 된다)에 의해 측정되며, 생산성은 이 노동시간을 둘러싼 경쟁의 결과로 나타난다. 그리하여 산업자본주의 시대에는 생산과 소비, 교육과 생산적 활동, 근로시기와 은퇴시기의 구분과 대립이 선명해지는 것이다.

하지만 오늘날의 자본주의에서는 이러한 대립이 불명확하게 된다. 그 이유는 지식의 새로운 기능 때문이다. 지식의 등장으로 인해 자본의 노동에 대한 실질적 포섭이 위기에 처한다. 대신에 집단지성이 등장하게 된다. 노동에 체화된 살아 있는 지식이 기계에 체화된 죽은 지식과 대립하는 것이다. 그리하여 지식노동자의 자율성은 증대하고, 지식은 보다 쉽게 확산되며, 사회적 임금(연금, 실업수당)과 복지 서비스의 확대 및 집단적 생산 과정(교육, 의료, 대학연구)의 확대로 인해 집단지성의 생산적 효과가 극대화한다.

인지자본주의론에 의하면 이 경우에 착취되고 있는 것은 집단지성이다. 왜냐하면 인지자본주의에서 생산성은 지식에서 유래하며 지식은 노동과 구분되지 않고 집단적으로만 측정할 수 있기 때문이다. 요컨대, 인지자본주의론에 의하면 지식이 생산 과정을 변화시키나, 자본주의적 속성으로 인해 노동과 자본의 적대가 여전히 유지되며 변용된다.

그리하여 인지자본주의에서도 모순은 계속된다. 특히, 그 모순은 시장의 확대와 더불어 인지적 노동을 상품화하려는 시도, 즉 지식의 확산성을 차단하는 과정에서 인지노동의 초과이윤을 지대화하려는 시도가 나타난다. 다른 한편으로는 임노동의 불안정성이 심화된다. 결국 노동력의 착취는 사회 전체의 착취로 확대된다는 것이 인지자본주의론의 주장이다.

3. 기본소득은 생산성을 향상시키는가

인지자본주의가 만들어 내는 가치가 사회 전체, 즉 집단지성에 의한 것이라면 사회구성원 모두는 어떤 의미에서든지 가치 생산에 일조를 하고 있는 것이다. 따라서 사회구성원은 일정한 사회적 소득에 대한 권리를 갖게 된다. 이것이 기본소득론의 이론적 기초가 될 수 있다. 즉, 인지자본주의론자들은 기본소득에 대해 이론적으로 우호적일 수밖에 없다.

안현효(2010a)는 기본소득의 경제적 효과를 분석하면서 기본소득이 ① 임금을 상승시키는가, ② 노동생산성을 향상시키는가라는 질문을 제기한 바 있다. 이 문제가 중요한 이유는 만약 기본소득이 근로의욕을 감소시키거나 노동생산성을 하락시키게 된다면 자본주의 체제 내에서 자연스럽게 기본소득이 형성되고 확산되는 메커니즘이 어렵게 되기 때문이다. 특히, 한국형 기본소득 모델(강남훈, 2010)에서 전체 총생산의 25%를 점하는 기본소득 총액을 감당하기 위해서는 상당한 규모의 증세와 재원이 필요하게 되는데 이러한 재정지출의 결과가 생산에 이득으로 작용한다면 기본소득의 유지 가능성(sustainability)이 높아지게 된다.

안현효(2010a)는 이러한 문제의식에서 기본소득의 경제적 효과를 고진로 경제의 문제의식 속에서 접근하여 기본소득은 노동공급을 전체적으로 줄여 고임금을 낳고, 고임금 경제는 고생산성을 유발하여 경제성장을 촉진한다는 결론을 내린 바 있다. 그러나 이 논의는 다소간 사변적으로 진행되었고, 고진로 경제의 개념이 생산 과정에서 자본주의의 새로운 특징을 분명히 하지 못하는 한계가 있었다.

첫 번째 문제, 즉 기본소득이 노동시장에 미치는 영향에 대해서는 상반된

연구 결과들이 존재한다. 우선 Bowles(1992)는 정보비대칭성 하에서 기본소득의 도입은 고용을 증대하고 노동시장의 효율성을 촉진할 것이라고 보았다. 즉, 실업보장을 대체하는 수준의 기본소득은 노동자의 유보임금 수준을 낮추게 된다는 것이다(여기서는 기본소득이 빈곤선 이하로 유지되어야 한다는 결론이 나온다). 반대로 기본소득 수준이 실업수당을 초과하는 수준으로 지나치게 높아지면 임금효과로 인해서 노동공급이 줄어든다고 보는 연구도 많다. 이러한 결과는 가정과 전제가 다른 데서 기인하는 것이다. 기본소득이 실업수당을 대체하는 한에서는 노동공급에 미치는 영향이 중립적일 것이다. 그러나 기본소득의 지불 재원을 동원하는 과정에서의 재정압박은 증가할 것이다. 이렇게 되면 고용 수준은 증가하지 않게 되어 성장이 지체되고 재원의 확보가 어려워지며 기본소득은 장기적으로 유지 가능하기가 어렵게 된다. 따라서 기본소득의 수준은 일정한 수준(즉, 실업급여를 대체하는 수준) 이상으로 증가하기 어렵게 된다.

그러나 이 논의는 규모수확체감(decreasing returns to scale: DRS)을 전제하고 있다는 문제가 있다. 오늘날의 자본주의가 산업자본주의 시기의 생산 과정과 다른 지식 기반의 네트워크 외부성이 존재하는 (포스트포디즘의 생산 과정에 기초한) 인지자본주의라면 규모수확체증이 일반적으로 나타날 수 있다. 지식을 통한 규모의 경제는 두 가지 경로로 발현된다. 하나는 동태적인 학습의 규모의 경제(dynamic learning economies such as learning by doing or learning by using)이고, 또 하나는 동태적인 네트워크 규모의 경제(dynamic network economies)이다. 이로 인해 인지자본주의 생산 과정의 확대는 물질적 투자 및 이로 인한 고용의 증대와 유의미하게 연결되지 않는다.

인지자본주의론자들은 기본소득으로 인한 소득 상승이 생산성 증가로 이어질 것이라고 관측한다. 그 이유는 오늘날의 자본주의가 산업자본주의의 시기의 생산 과정과 다른 지식 기반의 네트워크 외부성이 존재하는 인지자본주의이기 때문이다. 인지자본주의 생산 과정은 규모의 경제를 가지게 되어 고용 수준에 성장이 영향을 받지 않게 되고, 오히려 생산과 성장은 집단지성에 영향을 받으므로 소득의 상승과 여가의 확대는 집단지성의 생산성을 촉진하는 경향을 가진다. 하지만 인지자본주의 단계 하에서는 직접적 노동과 생산성의 연계가 약화되어 자본-노동의 타협이 붕괴되어 양극화가 심화되면 구조적 불안정성이 심화된다.

조절이론의 영향 하에서 인지자본주의 이론은 전후 자본주의 황금기의 중요한 구성요소로서 자본-노동의 타협을 든다. 자본-노동의 타협으로 한편에서는 케인스적 국가 개입을 통해서 거시경제의 안정성을 도모할 뿐 아니라 경제 전체적으로는 충분한 수준의 총수요를 유지하게 보장해 주었던 것이다. 그리하여 대량생산-대량소비의 포드주의 시대가 도래하여 일종의 임금-생산성의 호순환이 가능해졌다. 임금은 이윤을 감소시키지만 총수요의 구성요소가 되므로 양면성을 가진다. 따라서 적절한 수준의 임금이 적절한 수준의 생산성 향상과 결합될 필요가 있다. 노동-자본의 타협 체제는 이를 가능하게 했다. 또한 고임금은 총수요를 유지시켜 기업의 이윤을 적정한 수준으로 유지할 수 있게 하였다.

그러나 인지자본주의 하에서는 생산성이 노동 과정의 통제 및 재조직화를 통해 증가하는 것보다 새로운 차원, 즉 지식의 조직화에 기인하는 요인이 확산한다. 그러므로 자본은 노동과의 타협에 의존할 필요가 없고 지식의 생산과 지식의 확산에 의존한다. 이는 일반지성을 수탈할 수 있는 새로운 생산 과정들이 만들어지면서 직접적 생산 과정의 중요성이 떨어졌기 때문에 가능하다. 자본이 고용한 직접적 노동자의 중요성이 떨어지면서 자본은 노동유연성을 도입하

그림 10-1 인지자본주의에서 소득과 생산의 상호관계

전기의 소득 → 금기의 투자 → 지식 생산(Y, E) → 생산성 → 소득 → 지식 확산(P^e, IRP)

여 이윤을 극대화하려고 하게 된다. 하지만 이 과정은 자본순환의 전체 흐름 속에서는 총수요의 축소로 인한 거시적 불안정성을 낳게 된다.

고용불안과 비정규직 증대로 인한 소득 양극화는 총수요를 축소시켜 거시적 불안정성을 낳게 되는데, 이에 대한 인지자본주의의 대응이 금융화이며 세계화이다. 즉, 금융시장 활황으로 인한 가공의 사회적 수요를 창출하여 호황을 유발하고, 세계화를 통해 위축된 국내수요의 한계를 돌파하려 하였던 것이다.

그러나 인지자본주의가 집단지성이 가치 생산을 결정한다는 동일한 사실로부터 사회적 임금이 생산성에 기여하는 경로를 만들어 낸다. 인지자본주의의 재생산 메커니즘을 인과적으로 살펴보면 [그림 10-1]과 같다(Fumagalli & Lucarelli, 2006, p. 14). 여기서는 규모수확체증의 존재로 인해 지식 생산과 지식 확산이 생산성을 증대시키는 모델이다.

여기서 지식 생산에 영향을 주는 요소는 소득 수준(Y)과 각종의 외부효과(E)이다. 여기서 외부효과란 인지자본주의의 중요한 특징으로서 교육 수준, 정치경제적 안정성, 평등한 부의 분배, 양질의 하부구조 등 다양한 요인들로 구성되며 양(+)의 외부성을 낳는다. 반대로 지식의 확산은 이윤기대(P^e)가 높을수록 증가할 것이지만, 지적재산권(IRP)을 통한 통제가 강화될수록 낮아질 것이다.

이와 같은 모델 하에서 기본소득은 소득을 증대시켜 지식 생산 수준을 높일 수 있다. 즉, 생산성에 기여하게 된다. 또한 소비를 통해 기업의 기대이윤을 높이므로 지식 확산에도 기여한다. 기본소득의 생산성 기여는 이와 같은 방식으로 가능하게 될 것이다. 반면 기본소득은 세금 증대로 인해 소득을 감소시키는 효과가 있을 것이며 이는 반작용하는 요소가 될 것이다. 전자의 효과가 클 때 기본소득은 유지 가능하게 된다. 인지자본주의는 그 효과가 지식의 외부성으로 인해 더욱 클 것이라고 보고 있다.

4. 인지자본주의론의 쟁점

이와 같이 인지자본주의론은 오늘날의 자본주의에서 발견되는 양극화라는 현상과 거시경제의 불안정성이라는 현상이 단순히 신자유주의 정책에 의한 것이 아니라 자본주의 가치 생산 과정의 변화에 기인하였다는 점을 지적하고, 그러한 가치 생산 과정은 기존의 공장과 기업에 국한된 것이 아니라 사회 전체로 확산되었다는 특성을 지닌다고 보았다. 이 절에서는 인지자본주의론이 제기하는 두 가지의 쟁점을 살펴보자.

첫째는 기본소득이 자본주의적 생산에 미치는 효과의 문제이다. [그림 10-2]는 기본소득이 경제에 미치는 영향에 관한 경제학파의 관점을 비교하고 있다.

전통적으로는 기본소득의 지급을 위해서는 증세를 해야 할 것이고, 이는 실질임금을 낮추어 노동공급을 줄이므로 생산을 위축시키는 결과를 초래한다고 주장한다. 또한 소득 상승이 노동공급곡선의 소득 효과를 초래하여 노동공급을 감소시켜 생산을 위축시킨다고 주장한다. 반대로 효율임금론자들은 기본소득이 실업수당을 대체하는 한에서는 유보임금 수준을 낮추어 생산성을 향상시키게 된다고 생각한다. 동일한 정책이 정반대의 결과를 낳는 셈이다.

그림 10-2 기본소득이 생산에 미치는 영향에 관한 여러 학파의 관점

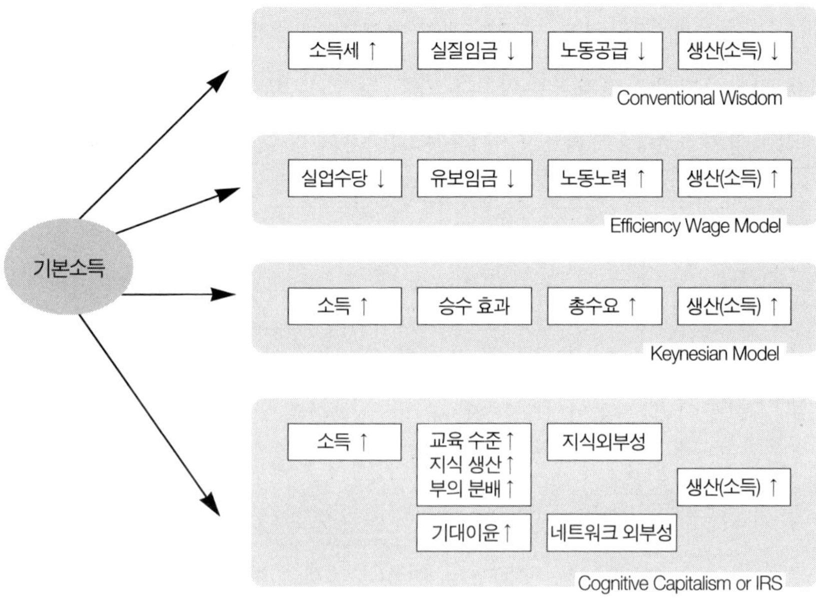

다른 한편 전통적인 케인시언 모델은 수요 창출에 초점을 둔다. 즉, 기본소득이 소비 증가를 통해 총수요를 증가시키고 이것이 다시 투자 증대를 통한 생산 증가 효과를 낳는다는 것이다. 전통적인 확대재정지출을 할 경우 나타나는 승수 효과가 나타나게 된다. 물론 총수요 측면을 본 것이므로 경제구조가 공급 중심의 구조(이윤 주도 성장 체제)인지, 수요 중심의 구조(임금 주도 성장 체제)인지에 따라 효과의 상대적 차이는 달라질 수 있다.

하지만 인지자본주의론의 생각은 총공급과 총수요를 고려하는 전통적인 경제학 모델에서 벗어나 있다. 인지 또는 지식의 외부성으로 인해 기본소득이 지식 생산과 지식 확산에 기여할 수 있기 때문에 생산성에도 (+)의 효과를 가진다고 보았고, 이 점에서 기본소득은 인지자본주의 체제에서 유지 가능하다고 보았다. 외부성에 주목하는 견해는 전통적인 경제학적 관점에서는 수용하기 어려운 시각이다.[4] 인지자본주의론은 가치 생산의 범위가 사회 전체로 확산되어 사회구성원 모두가 가치 생산에 참여하는 것이며, 이 점으로 인해 사회적 소득, 즉 기본소득을 가치이론으로 정당화하였다.

그리하여 인지자본주의론은 왜 현대 자본주의에서 자본주의 초기에서 보이는 양극화가 다시 확대되고 있는가에 대한 하나의 추가적 설명 논리를 제공하는 것으로 보인다. 즉, 양극화는 단순히 신자유주의 정책의 효과가 아니며, 구조화된 현상이라는 것이다(또는 신자유주의 정책이 득세하게 된 사회경제의 구조적 원인에 대한 하나의 대답일 수도 있다). 이런 관점에서 본다면 인지자본주의론은 최근 논란이 되는 소득 주도 성장론의 하나의 버전으로 이해할 수도 있다.[5]

그런데 인지자본주의는 자본주의 발전의 단계를 이해하는 새로운 쟁점을 유발한다. 인지자본주의론자는 인지자본주의를 자본주의 발전 단계의 세 번째로 인식하기 때문이다. 초기 자본주의에서의 자본이 노동을 형식적으로 포섭하는 단계에서, 산업자본주의 또는 포드주의 시대에서의 자본의 노동에 대한

4 현대 사회를 지식 투입에 대해 규모의 경제가 있다고 가정할 수 있느냐는 것은 쟁점이 될 것이다. 그런데 전통적인 경제학의 극대화 이론모형에서 가정하는 한계생산체감 가정, 특히 규모의 불경제 가정에 대해서는 많은 논란이 제기된 바 있다. 이미 주류적 성장론인 내생적 성장모형은 규모수확불변을 전제하고, Arthur(1990)의 논문 이래 사회 전체 차원에서의 규모수확체증 현상은 이미 '지식기반경제'의 맥락에서 경제학에서 논의되고 있다. 이러한 규모수확체증의 원인과 결과를 둘러싼 논의는 논란의 여지가 있을 것이나, 인지자본주의는 경제학에서 논의되는 이러한 관점에 대한 하나의 해석으로서 의미를 가진다. "지식기반경제의 부분은 … 대체로 수확체증이 적용된다. 컴퓨터, 약학, 미사일, 항공기, 자동차, 소프트웨어, 통신 장비, 광케이블 등은 … 대규모의 연구개발, 설비투자를 수반하지만 일단 판매가 시작되면 추가 생산의 비용은 상대적으로 작다"(Arthur, 1990).

5 물론 지금 논의되는 소득 주도 성장론은 포스트케인시언의 틀 내에서 논의되는 것이다. 따라서 소득 증가의 경로는 임금이 그 원천이다. 이 글의 관점에서 본다면 소득 증가의 경로를 굳이 임금으로 한정할 필요가 없다. 심지어는 임금으로 한정하면 문제가 될 수도 있다. 기본소득과 같이 보편적 지급을 통한 소득 증가가 외부 효과의 존재를 전제하는 인지자본주의의 생산성 향상 경로와 잘 합치한다. 여기서는 고용정책이 상대적으로 강조되지 않는다.

실질적 포섭의 단계로 심화되는데, 인지자본주의 하에서는 집단지성(general intellect)이 생산에 참여하게 됨으로써 사회 전체가 자본에 포섭되는 단계에 접어든다고 본다. 그런데 자율주의(Autonomia)의 영향 하에서, 인지노동은 측정 불가능하며 비물질적 생산의 우위를 보여 주기 때문에 전통적인 노동가치이론과 생산 중심의 관점이 폐기된다.

> 오늘날의 재생산 순환에서 나타나는 잉여가치 수취 형태의 변화 가운데서 특히 주목할 만한 것은 이윤과 이자가 (그리고 심지어 임금조차도) 지대의 성격을 띠어 간다는 것이다.(조정환, 2011, p. 137)

이윤과 이자 역시 생산된 가치에서 분배된 것이다. 하지만 이윤과 이자는 이윤율 균등화 과정에 참여하는 자본에 대해 지불하는 것인 반면, 지대는 이윤율 균등화 과정에 참여하지 않는 토지소유자에게 지불된다. 왜냐하면 토지는 희소한 자원이어서 토지에 대한 소유자(지주)는 가치화 과정에 참여하지 않고 일정한 소득을 요구하기 때문이다.

여기서 지대라는 것은 생산된 가치를 분배하는 것이 아니라, 초과이윤에 기초하여 가치를 재분배한 결과이다. 마치 구조화된 초과이윤을 가능하게 하는 토지처럼 자본가들은 인지토지의 소유자로서 특별한 초과이윤, 즉 지대를 향유한다고 보았다. 자본가들은 이 지대를 구조적으로 유지하기 위해 지적재산권을 통한 지식 독점에 나선다. 하지만 경우에 따라서는 지적재산권을 넘어선 초과이윤도 있다. 그것은 네트워크 외부성, 생산-소비자(prosumer)의 구성을 통해서이다. 구글의 경우 무료로 제공되는 gmail을 통해 사용자가 스스로 자신의 특성을 드러내고 이 선호를 바탕으로 타깃 광고를 수행하는 알고리듬을 통해 수익을 창출한다. 여기에 구글 노동자가 하는 것은 프로그램을 짜는 것 외에 없다. 나머지 모든 가치생성 과정은 사용자들이 (무의식 중에) 하는 것이다. 이것이 인지적 착취의 내용이다. 지적재산권을 통한 초과이윤 및 네트워크 외부성을 통한 초과이윤을 모두 지대로 인식하면 기존의 노동가치론의 지반을 무너뜨리게 된다(조정환, 2011, p. 140).

하지만 노동가치론이 인지적 과정에서 발생하는 가치를 설명할 수 없는 것은 아니다. 즉, 인지노동에 의한 생산성 향상은 단순노동의 심화 또는 배수화 등으로 설명할 수 있다. 독점자본의 독점적 초과이윤과 마찬가지로 네트워크 외부성 또한 생산 과정에서 생산된 가치가 결국 재배분된 것으로 설명할 수 있다. 이른바 특수한 토지의 독점적 소유에 기초한 지대이론으로 환원할 필요가 없는 것이다(안현효, 2013).

인지자본주의론의 가치론 폐기는 두 가지 결과를 초래할 수 있다. 하나는 가치론이 전통적으로 정의의 문제를 다루는 것이라는 점을 고려할 때 보다 나은 사회, 즉 보다 정의로운 사회에 대한 준거가 없어질 수 있다는 것이다. 둘째는 생산 개념의 확대를 통해 자본주의의 진화를 이해하는 것이 아니라, 인지자본주의가 자본주의적 생산과 무관한 완전히 새로운 사회 체제로 이행했다고 사고함으로써 자본주의의 대안을 자본주의 외부에서 찾게 될 수 있다. 이 경우는 자본주의의 해부학, 즉 자본주의 비판을 구성함으로써 자본주의로부터 해방하고자 했던 마르크스의 원래 의도를 벗어나게 될 것이다.

5. 결론

이 글에서 우리는 기본소득이 임금과 생산성에 미치는 긍정적 영향을 인지자본주의론의 논리 체계 속에서 재해석해 보았다. 주요한 결론은 아래의 두 가지이다.

첫째, 인지자본주의론은 집단지성을 생산 과정의 주요한 요소로 간주함으로써 단순히 기업과 공장이 아니라 사회 전체가 가치 생산에 참여하게 되는 점과 그럼에도 불구하고 자본-노동관계 속에서 이렇게 생산된 가치가 공정하게 분배되지 않게 되는 메커니즘으로서 지식의 독점과 생산의 외부성(네트워크 효과)을 강조한다. 이 체제 하에서는 양극화가 구조화되어 자본주의의 재생산이 불안정해지고 위기에 처해지게 되는데 이는 신자유주의의 양극화로 표현되어 있다. 기본소득은 이 조건 하에서 더 현실성을 띠게 되며, 생산성을 증대하고 재생산을 확산함으로써 직접적 노동의 대가가 아니라 일반지성의 대가로서 기본소득은 유지 가능하고 확대될 조건을 내장하고 있다고 볼 수 있다.

둘째, 반면 인지자본주의론은 노동가치론을 확대하는 것이 아니라 부정하는 논리를 제공하기도 한다. 그러나 가치론을 부정하는 것은 자칫하면 자본주의의 비판이라는 원래의 목적을 벗어나게 하여 기본소득의 불가피성과 유지 가능성 자체도 설명하기 어렵게 될 수 있다. 그러므로 인지자본주의론에서 가치 창출의 기제로서 집단지성의 의미와 역할에 대한 이론적 · 실증적인 연구가 추가로 필요하다.

참고문헌

강남훈, 〈지식기반경제론에 대한 정치경제학적 비판〉, 《교육비평》, 6, 2001, pp. 122-136.

______, 〈기본소득의 도입과 경제적 효과〉, 《진보평론》, 45, 2010.

곽노완, 〈착취 및 수탈의 시공간과 기본소득〉, 《시대와 철학》, 21(3), 2010a.

______, 〈여러 가지 기본소득과 21세기 변혁의 주체〉, 《진보평론》, 45, 2010b.

안현효, 〈기본소득과 고진로산업정책: 신자유주의시대의 지속가능한 복지, 민주노총편, 1등만 기억하는 더러운 세상을 뒤집어라〉, 매일노동뉴스, 2010a.

______, 〈신자유주의〉, 이건범 외 편, 《좌우파사전》, 위즈덤하우스, 2010b.

______, 〈정보지대와 노동가치론〉, 《마르크스주의 연구》, 10(4), 2013, pp. 168-190.

전희상, 〈정보재 가치논쟁의 노동의 배수화 접근에 대한 두 가지 쟁점〉, 《마르크스주의 연구》, 10(2), 2013, pp. 218-233.

조경엽, 《기본소득제가 소득재분배와 노동공급에 미치는 영향》, KERI 연구보고서, 2017.

조정환, 《인지자본주의》, 갈무리, 2011.

Arthur, W. B., "Positive feedbacks in the economy," *Scientific American*, 262(92-99), 1990.

Bowles, S., "Is Income Security Possible in a Capitalist Society? An Agency-Theoretic Analysis of an Unconditional Income Grant," *European Journal of Political Economy*, 8, 1992.

Fumagalli, A. and S. Lucarelli, "Basic Income Sustainability and Productivity Growth in Cognitive Capitalism: A First Theoretic Framework," 2006.

Harris, R. G., "The knowledge based economy: Intellectual origins and new economic perspectives," *International Journal of Management Reviews*, 3(1), 2001, pp. 21-40.

Marx, K., *Grundrisse*, Penguin Books, 1974.

Standing, Guy, *The Precariat*, London: Bloomsbury Academic, 2011.

Vercellone, C., "The Hypothesis of Cognitive Capitalism," presented at historical materialism annual confernece, 2005.

______, "From Formal Subsumption to General Intellect: Elements for a Marxist Reading of the Thesis of Cognitive Capitalism," *Historical Materialism*, 15(3),

2007, pp. 13–36.

Virno, P., "General intellect," *Historical Materialism-Research in Critical Marxist Theory*, 15(3), 2007, pp. 3–8.

제 11 장

세계화, 불평등, 그리고 트럼프 현상

이강국

1. 머리말: 반세계화와 포퓰리즘의 대두

먼 훗날 역사를 돌이켜 보면 2016년은 세계화의 종말이 시작되는 연도로 기록될지도 모른다. 2016년 6월 영국 국민들은 국민투표를 통해 EU 탈퇴를 결정하여 유럽과 전 세계에 충격을 주었다. 소위 브렉시트라 불리는 이 결과는 이민 유입을 반대하는 선진국의 극우파 포퓰리즘 정치의 커다란 영향력을 잘 보여 주었다. 브렉시트가 영국 경제와 노동자들에게 악영향을 미칠 것이라는 정부와 학자들의 경고에도 불구하고 포퓰리스트 정치인들의 주장이 영국인들의 지지를 받았던 것이다. 그리고 11월 대서양 건너 미국에서는 브렉시트보다 더욱 충격적인 사건이 일어났다. 공화당 후보로 선출된 도널드 트럼프가 미국 대통령선거에서 민주당의 힐러리 클린턴을 꺾고 대통령에 당선된 것이다. 수많은 지식인과 언론은 세계화를 반대하고 외국과 이민노동자들을 공격하는 트럼프의 주장이 합리적이지 않다고 비판했지만 미국 국민들은 트럼프에게 승리를 가져다주었다. 예상치 못한 이 결과는 다시금 전 세계에 큰 충격을 주었고 이제 세계인들은 보호무역을 포함하여 트럼프 정부의 정책 변화에 대해 예의 주시하고 있다.

이 글은 브렉시트와 트럼프의 당선으로 대표되는, 선진국의 포퓰리즘 대두의 중요한 요인인 세계화와 불평등 그리고 세계화의 미래에 대해 논의한다. 트럼프와 같은 정치인들은 선진국에서 노동자들의 삶이 어려워진 이유로 국제무역 확대와 이민노동자 유입 등을 강조했고 이러한 주장은 중하위층 노동자들에게 호소력을 가졌다. 따라서 이 글은 먼저 제2절에서 미국을 중심으로 선진국의 불평등 심화와 중하위층 노동자들의 소득정체에 관해 살펴보고 세계화가 이러한 변화에 어떤 영향을 미쳤는지 분석한다. 특히, 미국 대선에서 세계화의 패자들의 지지가 어떻게 트럼프의 당선으로 이어졌는지 구체적으로 살펴볼 것이다. 제3절에서는 트럼프 대통령의 경제정책인 트럼포노믹스의 내용에 관해 간략히 살펴보고 트럼프 정부의 보호무역주의 추진에 관해 논의한다. 이와 함께 글로벌 금융위기 이후 정체되고 있는 세계화의 현재 상태와 그 미래에 관해 간략히 전망해 볼 것이다.

트럼프의 당선 이후 세계경제 질서가 불확실해지고 있는 현실에서 이 글은 선진국에서 세계화에 반대하는 포퓰리즘 정치의 대두와 세계화의 향후 전망을 이해하는 데 도움이 될 것이다. 또한 이 글은 세계경제의 안정적 성장을 위해 어떤 세계화를 추진해야 할 것인지에 관한 논의의 출발점이 될 수 있을 것이다. 미국 등의 선진국들에서는 이제 세계화의 진전과 부작용이 자본주의 황금기를 가져다주었던 계급 타협에 기초한 정치경제 체제를 약화시키고 있으며 포퓰리즘의 대두가 세계화 자체를 위협하고 있다. 이러한 현실은 각국에게 세계화의 이득이 모두에게 돌아가는 포용적인 세계화의 추진과 그것의 실현을 위한 정치적인 노력을 촉구하고 있다.

2. 세계화와 불평등, 그리고 포퓰리즘의 대두

1) 미국의 불평등 심화

2016년 트럼프의 대통령 당선은 1980년대 이후 계속 심화되어 온 불평등에 대한 미국인들의 분노와 관련이 깊다. 낙수 효과를 강조하고 사회복지를 축소하는 트럼프와 공화당의 보수적인 정책이 불평등을 개선하지 못할 것이라는 점은 명백하다. 그러나 그는 클린턴을 포함한 기성 정치권이 미국의 보통 노동자들의 삶을 악화시켰다고 주장했다. 실제로 불평등의 심화와 글로벌 금융위기 이후 경제회복의 한계를 배경으로 미국인들은 트럼프를 대통령으로 선택했다.

수많은 연구들이 미국의 불평등 악화에 대해 보고하고 있다. 미국 정부의 센서스 뷰로(Census Bureau)에 따르면 미국 가구의 지니계수는 1973년 0.400에서 1980년대 이후 지속적으로 높아져서 1990년 0.428, 2000년 0.462, 2015년 0.479를 기록했다. 또한 소득세 자료에 기초한 피케티 등의 최근 연구는 상위 1% 그리고 10%의 소득 비중이 최근 크게 높아진 반면 하위 50%의 소득 비중은 크게 낮아졌음을 보여 준다(Piketty et al., 2016).

오바마 정부의 경제자문회의 의장은 경기회복 그리고 최저임금 인상과 복지 확대로 2015년에는 빈곤율이 2014년 14.8%에 비해 13.5%로 크게 하락하고 미국 가구의 실질중위소득이 2007년 이후 처음으로 5.2%나 증가했다고 보고했다(Furman, 2017). 그러나 이러한 결과는 주로 가솔린 가격 하락 등과 관련이 크며 2016년에는 가구의 실질중위소득 상승률도 전년보다 낮아졌다. 특히, 상위 1% 집단의 소득이 전체보다 더 빨리 증가하여 이들의 소득 비중은 2014년 20.4%에서 2015년 22%로 더욱 높아졌다. Saez(2016)는 글로벌 금융위기 이후 회복기인 2009년에서 2015년 사이 평균 실질소득증가율은 13%였는데 상위 1%의 소득증가율은 37.4%로 전체 증가의 약 52%를 차지하며, 이는 1993년 이후의 추세와 동일하다고 보고한다.

문제는 이러한 불평등의 심화로 인해 부자가 아니라도 열심히 일하면 성공하고 자식은 자신보다 부자로 살 것이라는 아메리칸 드림이 깨졌다는 것이다. 소위 '위대한 개츠비 곡선(Gatsby curve)'이 보여 주듯 국제적으로 미국은 소

그림 11-1 상위 1%와 하위 50%의 소득 비중(세전 기준)

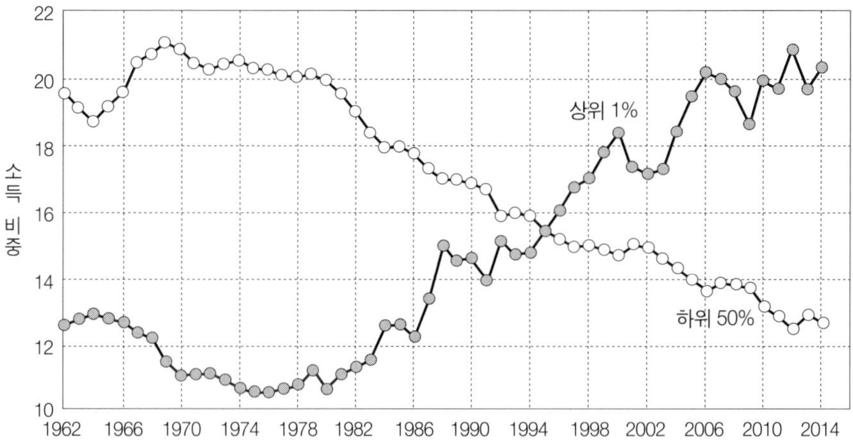

자료: Piketty et al.(2016).

득 불평등이 높고 사회적 이동성이 낮은 나라여서 아메리칸 드림은 이름뿐이라는 사실이 잘 알려져 있다(Corak, 2013). 특히, 방대한 미시 자료를 분석한 체티 등의 최근 연구는 부모보다 자식의 절대적 소득이 더욱 높은 비중이 이제 절반에 불과하여 미국에서 아메리칸 드림은 없다고 보고하여 충격을 던져주었다(Chetty et al., 2016). 그에 따르면 소득이 부모보다 높은 이들이 1940년생의 경우 약 90%에서 1980년대생의 경우 약 50%로 크게 낮아졌는데, 성장의 정체보다 불평등의 심화가 더욱 큰 원인이었다. 이렇게 지난 40년 동안 진행된 미국의 불평등 심화는 아메리칸 드림을 깨뜨리고 미국인들에게 절망을 가져다주었던 것이다.

그렇다면 이렇게 미국의 불평등이 심화된 원인은 무엇이었을까. 많은 경제학자들은 급속한 기술혁신을 중요한 이유로 지적한다. 과거의 연구는 소위 '숙련편향적 기술 변화'(skill-biased technological change)라 불리는 기술혁신으로 인해 교육 프리미엄이 증가했고 기술 변화를 교육의 확대가 쫓아가지 못해서 불평등이 심화되었다고 보고했다(Goldin & Katz, 2010). 그러나 기술 변화와 일자리의 변화 그리고 불평등의 심화 양상은 보다 복잡해서 최근의 연구는 1990년대 이후 숙련도나 임금 수준과 일자리 증가 그리고 임금 변화 사이에 U-자형의 관계가 나타난다고 보고했다(Acemoglu & Autor, 2011). 직무(task)에 기초한 이러한 접근은 정보기술의 발전으로 인해 일자리와 임금의 양극화가 나타났다고 주장한다.[1)]

그러나 기술 변화가 노동시장의 불평등에 미치는 영향에 관해서는 논란이 존재한다. Mishel et al.(2013)은 자세한 미시 자료에 기초하여 이렇게 기술과 직무에 기초한 설명이 들어맞지 않는다는 반론을 제기한다. 예를 들어, 오터 등이 보고한 U-자 곡선은 1990년대는 뚜렷하지만 2000년대에는 크게 약화되었고, 직업에 기초한 고용 변화가 임금의 변화를 잘 설명하지 못한다는 것이다. 실제로 비슷한 기술 변화에도 불구하고 유럽 등 다른 국가들보다 미국이나 영국이 불평등이 더욱 심화된 것을 고려하면 노동조합의 약화 등 협상력 변화 그리고 감세 등 신자유주의로 대표되는 정책의 변화에 주목해야 할 것이다. 여러 연구들은 이러한 정치와 제도 그리고 정책적인 요인들이 불평등에 커다란 영향을 미친다고 보고하고 있다(Jaumotte, 2015; Atkinson, 2015).

마지막으로 세계화의 영향을 빼놓을 수 없다. 임금이 낮은 개도국으로부

1 이는 정보기술 등 기술혁신으로 인해 단순반복적인 루틴 작업을 수행하는 사무직 등의 중간 정도 숙련의 일자리는 기계로 쉽게 대체되는 반면 고숙련을 요구하는 일자리와 육체노동이 필요한 저숙련 일자리는 대체되기가 어렵기 때문이다.

터의 수입과 국제경쟁의 심화 그리고 해외직접투자를 통한 생산시설의 해외이전 등은 선진국의 저숙련 노동자들의 처지를 악화시키고 불평등을 심화시킬 가능성이 크다. 특히, 세계화의 진전은 노동자의 협상력을 약화시키고 노동소득분배율을 하락시킬 수 있다. 게다가 외국으로부터의 이민 유입은 단기적으로는 이들과 경쟁에 직면한 교육 수준이 낮은 선진국 노동자들에게 부정적인 영향을 미칠 수 있다. 나아가 세계화의 진전은 금융이나 정보통신산업 등 선진국에서 경쟁력이 있는 산업과 기업의 성장을 촉진하고 몇몇 슈퍼스타 기업의 시장지배력을 강화시킬 수 있다. 그렇다면 세계화는 산업 간 그리고 기업 간의 격차 그리고 노동자들 사이의 불평등을 심화시키는 중요한 요인이 될 수 있다. 실제로 기술이 불평등에 큰 영향을 미쳤다고 주장해 온 기존의 연구들과는 달리, 보다 최근의 연구들은 세계화의 부정적 효과를 더욱 강조하고 있어서 주목할 만하다.

2) 세계화와 불평등

세계화 과정에서 패자가 된 중하위층 노동자들이 포퓰리스트를 지지한다는 점을 고려할 때, 세계화가 불평등을 심화시키는 효과에 대해 상세한 분석이 필요할 것이다. 최근의 여러 연구들은 산업별 · 지역별 그리고 노동시장의 미시 데이터 등을 사용하여 중국으로부터의 수입과 같은 세계화의 충격에 관한 분석을 발전시키고 있다.[2)]

2 중국의 제조업 수출이 전 세계에서 차지하는 비중은 1999년 초 약 5%에서 2001년 WTO 가입 이후 급등하여 2013년 약 13%로 급등했다. 미국의 제조업 고용은 2000년대 이후 급락하여 1999년 초 약 1,740만에서 2013년 초 약 1,200만으로 줄어들었고, 제조업 고용이 전체 비농업 고용인구에서 차지하는 비중도 약 13.6%에서 8.9%로 감소했다.

Pierce & Schotter(2016)는 2001년 효력이 시작된 미국 정부의 중국에 대한 PNTR(Permanent Normal Trade Relations) 부여가 미국의 제조업 고용을 축소시켰다고 보고한다.[3] 그들은 비NTR의 높은 관세와 PNTR의 낮은 관세의 차이를 의미하는 NTR 갭이 높은 제조업 부문에서 PNTR 부여 이후 고용이 뚜렷하게 낮아졌음을 보여 주었다. 이들은 그 효과가 미국의 수입개방 때문이며 기술 변화나 중국의 정책 변화로부터 무관하다고 보고한다. PNTR이 미국의 제조업 고용을 감소시킨 경로로서는 중국으로부터 미국 기업들의 부품과 완제품 수입 증가, 미국에 대한 중국 기업의 진출 확대, 가치사슬에서 미국 기업들의 오프쇼어링 확대 등을 들 수 있다. 또한 이러한 변화와 함께 미국 제조업체들은 노동절약적 생산기술에 투자하거나 더 숙련집약적 혹은 자본집약적인 제품의 생산도 증가시켰다.

한편, 오터 등의 선구적 연구(Autor et al., 2013)는 1990년에서 2007년 사이의 통근지역(commuting zone)에 기초한 미국의 지역 노동시장의 데이터를 사용하여 중국으로부터의 수입경쟁이 노동시장에 어떤 영향을 미쳤는지 실증분석한다. 그들은 중국 수입에 대한 노출 정도가 높을수록 지역의 제조업 고용이 감소했다고 보고한다. 그들에 따르면 중국으로부터의 수입충격이 1990년에서 2007년 사이의 미국 전체의 제조업 고용 감소의 약 44%를 설명했다. 한편, 이 연구는 중국으로부터의 수입 증가가 직접 영향을 미치는 제조업을 넘어 다른 산업에까지 미치는 파급 효과도 지적한다. 결국 중국으로부터의 수입 증가는 비제조업 고용을 포함하여 전체적 고용은 줄이고 실업은 늘리고 임금은 하락시켰으며

3 PNTR은 최혜국대우를 의미하는데 1980년대 이후 중국 수입품에 대한 관세는 높지 않았지만 중국은 비시장경제국이었으므로 스무트-홀리 법에 기초하여 비NTR 국가였고 관세를 매년 갱신을 해야 했기 때문에 PNTR은 이러한 불확실성을 줄이고 중국으로부터의 수입을 크게 증가시키는 효과가 있었다.

노동시장참가율도 하락시켜, 노동시장에 악영향을 미쳤다는 것이다(Autor et al., 2016a).

산업별과 지역노동시장 데이터를 모두 사용한 Acemoglu et al.(2016)은 1991년에서 2011년까지 중국과의 수입경쟁에 직면한 제조업 일자리가 84만 개 줄었고, 1999년 이후에는 더욱 심화되어 약 56만 개의 제조업 일자리가 감소했다고 보고한다. 그러나 전후방 산업과의 연관을 고려한 간접적인 수치를 모두 포함하면 1999년에서 2011년 사이 제조업에서만 약 98만 5천 개, 전 산업에서 198만 개의 일자리가 감소했다고 보고한다. 이들은 또한 지역노동시장의 데이터를 사용하여 일반균형모델에 기초하여 수입경쟁이 지역노동시장에 미치는 효과도 분석한다. 이러한 분석은 수입경쟁에 직면한 산업이 축소되고 다른 산업으로 노동이 이동하는 재배치 효과(reallocation effect)와 수입경쟁으로 인한 소득 감소와 수요 위축의 승수 효과를 고려한 총수요 효과(aggregate demand effect)를 함께 고려하는 것이다. 이들에 따르면 재배치 효과는 미약했고 총수요 위축 효과가 훨씬 커서 1999년에서 2011년까지 모든 산업에서 총 240만 개의 일자리가 감소했다.

한편, 노동자 개인의 수준에서도 수입경쟁에 크게 직면한 산업의 노동자들의 소득은 1992년에서 2007년 사이에 다른 산업의 비슷한 노동자들에 비해 크게 감소했음을 알 수 있다(Autor et al., 2014). 노동자들이 특정 산업에 특수한 숙련을 가지고 있고 새로운 산업의 숙련을 빨리 배우기는 어렵기 때문에 국제무역은 고용의 변동을 높이지만 노동자의 처지는 악화시켰다는 것이다. 이는 완전히 자유로운 노동시장의 변동은 비현실적이며 노동자들의 전직을 위해 적극적 노동시장정책과 같은 정부의 노력이 필요함을 보여 준다.

그밖에도 Ebenstein et al.(2014)은 무역과 오프쇼어링에 관한 산업별 데이터와 Current Population Survey의 직업 데이터를 결합하여 1984년에서 2002년 사이 세계화가 노동자들의 임금에 미치는 부정적인 영향을 보고한다. 특히, 블루칼라 생산직과 같이 단순반복 직업을 가진 노동자들이 세계화로부터 가장 큰 악영향을 받았고 세계화의 효과는 시간이 갈수록 더욱 커졌다. 또한 세계화는 미국 내 제조업의 일자리를 줄이고 서비스업에서 노동공급을 확대하여 임금 상승을 억압하는 효과가 있으며, 세계화로 인해 직업을 제조업에서 다른 산업으로 바꾼 노동자의 임금은 크게 낮아졌다. 또한 다른 연구는 노동소득분배율로 측정되는 자본과 노동 사이의 소득 불평등도 세계화와 함께 악화되고 있음을 보고한다(Elsby et al., 2013). 이렇게 보다 최근의 새로운 데이터를 사용한 실증연구들은 미국에서 세계화와 국제무역이 불평등에 미치는 효과가 결코 작지 않음을 시사한다.

게다가 세계화가 기술혁신과 정치적 협상력에 미치는 간접적인 효과를 고려하면 세계화의 불평등 효과는 실제로는 더욱 클 것이다. 기술혁신 자체도 세계화에 영향을 받는 내생적인 특징이 있는데, 이는 세계화로 저임금 국가들과 국제경쟁이 심해지면 소위 방어적 혁신이라 불리는 기술혁신 압력이 더욱 높아지기 때문이다. 또한 기술혁신의 효과가 현실화되려면 수익성이 있어야 하는데 이 과정에도 세계화가 중요한 영향을 미친다. 세계화와 함께 중국과 같은 국가에서 낮은 비용으로 컴퓨터를 생산하는 것이 현실에서 정보기술의 생산과정에서 도입되고 확산되는 데 중요한 조건이기 때문이다. 이렇게 각 요인들이 상호작용하고 연관되어 있다면 세계화와 기술 그리고 정치적 요인 등 불평등에 영향을 미치는 요인들을 분리하여 각각의 효과를 실증적으로 분석하는 것은 한계가 클 것이다(Milanovic, 2016). 현실에서는 세계화와 기술 변화가 노동자의 협상력에 영향을 미치고 기술이 또한 세계화를 진전시키기 때문이다. 이러한 점들을 고려할 때 과거의 연구들은 기술의 효과를 과대평가하고 세계화나 무역의 효과를 과소평가했다고도 볼 수 있다(Rodrik, 2017).[4)]

3) 세계화의 패자와 트럼프의 당선

트럼프의 미국 대통령 당선은 불평등 심화로 타격을 입은 세계화의 패자들의 불만을 조장하고 활용한 덕분이었다. 그는 선거 캠페인 기간 동안 미국 노동자들의 어려움이 세계화와 개방의 문제 때문이라고 강변했다. 지식인들과 언론은 트럼프의 주장이 근거가 없다고 반박했지만, 이러한 주장은 분노한 미국의 중하위층 백인 노동자들에게는 상당한 호소력을 가졌다. 실제로 세계화의 충격이 이들에게 집중되었는데, 특히 교육 수준이 낮은 비히스패닉 백인 노동자들의 처지가 악화되었다는 데 주목해야 한다. 예를 들어, 케이스와 디턴이 보고하듯 1999년 이후 비히스패닉 백인 중년 노동자들의 사망률이 크게 높아졌다(Case & Deaton, 2017). 특히, 교육 수준이 낮은 백인 계층의 자살, 알코올중독, 그리고 마약중독으로 소위 '절망의 죽음'이 2000년대 이후 급등했다. 게다가 기존 언론이 아니라 사회적 미디어를 통한 페이크 뉴스와 같은 잘못된 사실이 퍼져 나갔고(Alcott & Gentzcow, 2017), 이는 트럼프의 당선에도 영향을 미쳤을 것으로 보인다.

몇몇 연구들은 세계화가 미국의 정치에 미친 영향에 관해 분석한다. Autor

4 국제무역이나 오프쇼어링을 통한 세계화뿐 아니라 자본자유화나 금융개방 그리고 해외직접투자 등 금융세계화가 불평등에 미치는 부정적인 효과도 지적되고 있다. 여러 실증연구들은 금융세계화가 노동소득분배율을 떨어뜨리고 상위소득집중도 등 소득 불평등을 심화시킨다고 보고한다(Furceri & Loungani, 2015; Jaumotte et al., 2013). 해외직접투자와 생산시설 이전의 위협 효과는 노동자의 협상력을 떨어뜨리고 금융개방은 경제의 불안정성을 심화시켜 불평등을 심화시킬 수 있다. 나아가 금융세계화는 이동이 어려운 노동자들에게 경제적 충격의 부담을 높이고 세금경쟁을 배경으로 자본에 대한 세금 부담을 낮추어 불평등을 더욱 심화시킨다.

et al.(2016b)에 따르면 중국으로부터의 수입경쟁이 미국 의회선거에서 정치적 양극화 심화와 관련이 있다. 이들은 중국으로부터 수입에 더욱 많이 노출된 선거구는 초기 조건에 따라 정치적 스펙트럼에서 좌 혹은 우로 더욱 극단적이 됨을 보였다. 한편, Jensen et al.(2016)은 6번의 대통령선거 데이터를 사용하여 상품과 서비스의 수입 증가가 양극화 심화와 관련이 있고 수출 증가는 여당 지지의 강화와 관련이 있다고 보고했다. 트럼프의 대통령선거 승리에는 세계화와 관련이 있는 제조업 고용 비중이나 그 변화와 함께 교육이나 인종 문제가 더욱 중요했다는 지적도 제기된다(Freund & Sidhu, 2017). 제조업 고용 비중 변수는 백인이 지배적인 카운티에서만 이전 선거에 비해 트럼프의 지지를 높였다는 것이다. 결국 세계화의 압력으로 인한 제조업 쇠퇴로 백인 노동자들이 피해를 입은 지역에서 트럼프의 지지가 높아졌다고 할 수 있다.

미국의 독특한 대통령선거제도는 이러한 경향을 더욱 심화시켰다. 미국의 선거제도는 각 주의 선거인단을 승자가 독식하는 제도인데, 전통적으로 동북부와 서부는 민주당의 우세 그리고 남부는 공화당의 우세로 승부를 뒤집기가 어려운 지역이다. 그러나 소위 스윙 스테이트(swing states)라 불리는 몇몇 주들은 역사적으로 두 당이 경합을 벌여 온 곳이었으며 이들의 선택이 대선의 결과에 중요한 영향을 미쳤다. 그런데 과거 자동차산업의 중심지였지만 쇠락한 러스트벨트 주들을 주로 포함한 이들 지역이 이번 대통령선거에서 대부분 트럼프를 지지했다. 주목할 만한 점은 이 지역들이 불평등이 심화되고 보통 노동자들의 소득 성장이 정체되었던 곳이라는 점이다. 동시에 스윙 스테이트들은 인종 구성 측면에서 볼 때도 백인이 지배적이어서 인종 요인과 세계화 요인의 영향이 동시에 작용하여 2012년 대선에 비해 트럼프의 지지가 더욱 높아졌다고 할 수 있다. 이들 지역은 소위 플라이오버(flyover) 주로도 불리는데, 특히 러스트벨트 지역을 중심으로 2000년대 이후 가구소득이 정체했음을 알 수 있다. 실제로 2000년에서 2015년 사이에 미국 전체 가구의 실질중위소득 증가율은 약 -2%였는데 미시간주는 약 -13.5%, 위스콘신주는 약 -10.7%, 오하이오주는 약 -9.9%였다. 또한 이번 선거에서 치열한 접전을 보였던 플로리다주도 -8.7%였다.[5] 이 주들은 모두 2012년 대선에서는 오바마를 지지했지만 2016년 대선에서는 트럼프를 지지하여 당락에 결정적인 영향을 미쳤다.

Hendrix(2016)는 2016년 대선에서 보호무역주의가 어떤 역할을 했는지 상세하게 분석한다. 그에 따르면 여론조사는 최근에는 국제무역을 지지하는 여론이 높아졌고 무역협정에 대한 반대도 크지 않았음을 보여 준다. 그러나 최근 중국과의 무역의 충격이 커졌는데, 이전 선거에서는 금융위기와 경제회복이 더욱 중요한 이슈였고, 2016년이 되어 보호무역이 이슈가 되었다는 것이다. 무엇보다도 대선의 경합주들에서 무역협정에 비판적인 여론이 상대적으로 높았다. [그림 11-2]는 대선 결과에 결정적인 역할을 했던 미시간주, 오하이오주 등 11개의 경합주들 중 콜로라도주를 빼고는 여론이 세계화에 더욱 비판적이었음을 보여 준다.[6]

나아가 이러한 보호무역주의의 대두는 미국에서 국제무역의 비중이 증가했음에도 불구하고 복지지출은 증가하지 않았다는 현실과도 관련이 있다. 여러 연구들은 국제무역에 더 많이 노출된 선진국에서 패자를 지원하기 위해 정부지출 비중이 커지며 미국에 비해 유럽이 그렇다고 보고한다. 하지만 미국에서도 1960년대에서 2010년 이후 국제무역이 GDP에서 차지하는 비중은 216% 증

5 http://www.zerohedge.com/news/2016-11-13/why-some-flyover-states-switched-trump.

6 이들 11개 경합주들 중, 아이오와, 미시간, 노스캐롤라이나, 오하이오, 펜실베이니아, 위스콘신, 플로리다 등 주로 러스트벨트 지역에서 공화당이 승리를 거두었다.

그림 11-2 자유무역협정이 좋다고 응답한 비율과 대선득표율 격차의 관계

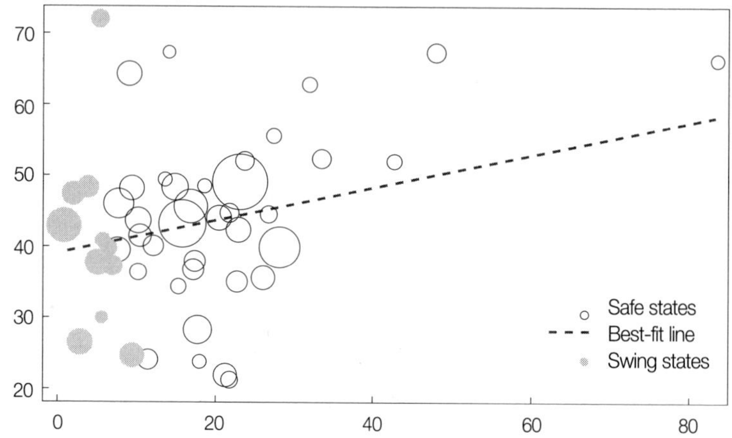

자료: Hendrix(2016).

가했지만 정부지출 비중은 오히려 6% 줄어들었다.[7] 세계화의 충격은 커졌지만 보수적인 정치와 이데올로기를 배경으로 정부지출이 늘어나지 못해서 미국인들은 세계화 자체에 대한 반감이 높아졌던 것이다.

한편, 2016년 6월 브렉시트 투표 결과도 세계화와 중국으로부터의 수입경쟁과 관련이 있었다. Colantone & Staning(2016)은 영국의 지역들 중 중국으로부터의 제조업 제품 수입과의 경쟁에 크게 직면한 지역들에서 브렉시트를 지지하는 투표가 더 많이 나왔다고 보고한다. 이들은 또한 설문조사에 기초하여 직업과 노동시장에서의 지위와 관계없이 개인들의 대답도 이와 같은 결과를 대

7 다른 OECD 국가의 평균치는 같은 시기 동안 미국과 달리 국제무역의 비중은 134% 증가했고 정부지출 비중도 26% 증가했다.

답한다고 보고한다. 다른 연구들도 제조업의 고용 비중이 하락하고 실질임금 상승이 정체되고 불평등이 심화된 지역들이 브렉시트에 찬성하는 투표를 했다고 보고한다(Becker et al., 2016).[8] 한편, Guiso et al.(2017)은 유럽 전체에서 수입경쟁과 이민 등으로 경제적 불안정성이 높아진 이들이 포퓰리스트 정당을 지지할 뿐 아니라 투표에 참여하지 않는다고 보고한다.

미국과 영국의 이러한 변화는 역시 세계화의 충격이 포퓰리즘의 발흥을 낳고 있다는 것을 의미한다. 로드릭은 세계적으로 좌우 양측 모두에서 2000년대 이후 세계화에 대한 반동으로서 포퓰리즘이 심화되고 있다고 보고한다(Rodrik, 2017). 그에 따르면 기술 변화에 비해 세계화로 인한 불평등은 국내적 규칙을 위반하는 것으로 생각될 수 있기에 더욱 불공평하다는 인상이 크다. 따라서 정치인들이 시민들을 쉽게 선동할 수 있고, 세계화에 대한 반대가 포퓰리즘으로 이어지기 쉽다. 역사를 돌아보면, 선진국의 경제 체제는 국내적으로 케인스주의 복지국가 그리고 대외적으로 국제무역은 촉진하고 금융세계화는 통제하는 소위 브레튼우즈 타협 혹은 배태된 자유주의(embedded liberalism)를 확립하여 황금기의 성공을 거두었다. 그러나 1970년대 이후 위기에 대응하는 과정에서 나타난 신자유주의와 세계화의 진전, 그리고 중국의 부상 등의 충격이 이러한 타협을 약화시켰고, 이제 포퓰리즘이 대두하고 있다. 결국 포퓰리즘의 대두는 시장의 힘에 의해 뒤처진 자들을 보호한다는 전후 선진국의 자유주의적 민주주의의 사회적 계약의 붕괴를 반영하는 것이다(Colgan & Keohane, 2017). 이제 선

8 그럼에도 유럽에서는 세계화에 대한 반대는 미국과 같이 무역협정이나 중국으로부터의 수입에 대한 반대가 아니라 주로 자국 국내정책의 자율성을 침해하는 EU 체제에 대한 비판 등으로 나타났다. 브렉시트 지지자들은 오히려 자유무역을 지지하기도 했는데 그들은 이민에 대한 규제 말고도 EU를 떠나는 이득 중의 하나가 보다 자유로운 무역이라고 주장했다. 이는 미국에 비해 유럽이 경제개방도가 높고 동시에 높은 사회적 보호 수준과 더욱 발전된 복지국가를 지녔다는 사실과 관련이 있다(Rodrik, 2017).

진국 정부는 어떻게 세계화로 인한 정치적 반발을 관리하고 포퓰리즘을 억누르며 개방적인 세계경제를 유지할 수 있을 것인가라는 커다란 도전에 직면해 있다고 할 수 있다.

3. 트럼프와 세계화의 미래

1) 트럼포노믹스와 보호무역주의의 대두

트럼포노믹스의 핵심적 정책은 재정지출 확대, 법인세 등의 대폭적인 감세와 규제 완화, 그리고 대외적으로 그가 '공정한 무역'이라 표현하는 강력한 미국중심주의와 보호주의 등을 들 수 있다. 트럼프 정부는 정부의 재정 지원에 의한 1조 달러 규모의 인프라스트럭처 투자를 추진하고 소득세 구간을 단순화하고 최고세율을 인하하며 35%에서 15%로 법인세를 대폭 인하하는 정책들을 추진하고 있다. 또한 키스톤XL 송유관 건설 재추진과 파리기후변화협정 탈퇴 등 환경 분야의 규제 완화와 도드-프랭크법의 재검토 등 금융 부문의 규제 완화도 발표했다. 이는 낙수 효과를 기대하는 보수적인 경제정책에 재정 확장과 보호무역주의가 혼합되어 있는 경제전략이라 할 수 있다. 특히, 공급측 경제학을 표방했던 1980년대 레이건의 경제정책과 유사하여, 무역보호에도 불구하고 쌍둥이적자가 나타나고 제조업 일자리가 감소한 실패를 반복할 것이라는 비판이 제기되고 있다(Krugman, 2017). 경기회복을 위한 재정 확장의 필요성을 고려하면 트럼프 정부의 재정정책은 긍정적이지만, 인프라스트럭처 투자는 정부가 직접 재정을 지출하는 대신 민간기업들의 투자를 유도하고 전체 투자액의 82%

를 세금 감면해 주겠다는 계획이라 제대로 된 재정지출이 아니라는 비판을 받고 있다. 이러한 트럼프의 정책은 재정적자와 국가부채 문제를 악화시키고, 의료보험 악화나 역진적 조세정책으로 인해 불평등을 심화시킬 전망이다. 트럼프 정부의 출범과 함께 경기부양 기대를 배경으로 2017년 초에는 인플레이션도 높아졌고 주식시장은 활황이지만 트럼프의 경제정책은 실패할 가능성이 높다(Roberts, 2016).

대외적으로 트럼프는 후보 시절 중국으로부터 수입품에 대해 관세를 40% 매기겠다고 공언하는 등 강력한 보호무역주의를 공언해 왔다.[9] 대통령 취임 이전인 2016년 10월 22일 발표된 트럼프 정부의 '출범 100일 계획'은 TPP(Trans-Pacifid Partnership)의 철회, 미국이 불이익을 받았다면 NAFTA 등 자유무역협정의 재협상 혹은 철회, 중국 등의 국가에 대한 환율조작국 지정, 불공정한 무역관행 조사 등의 조치들을 포함했다. 그리고 법인세를 미국 내의 수익에만 부과하고 수출에는 비과세하며 수입에 대한 비용공제는 불인정하는 국경조정세의 도입을 발표했다. 또한 트럼프 정부는 무역적자를 줄이기 위해 무역관행을 전면 재검토하고 무역제재를 강화할 계획이다.[10] 취임 후 90일 동안 무역상대국의 관세와 비관세, 덤핑, 보조금 그리고 무역 관련 법규 등 무역적자 구조를 조사하고, 3월 1일 2017년 무역정책 어젠다와 2016년 연례보고서에서 WTO가 아니라 미국 법의 우선 적용 등 미국 우선주의를 따르는 통상정책의 원칙을 제시했다. 또한 3월 31일 무역대표부의 2017 무역장벽보고서는 철강 등에서 중국의 금융

9 트럼프의 상대였던 민주당의 힐러리 클린턴의 무역정책은 현상유지에 가까웠지만, 그도 세계화의 충격과 불평등의 심화와 함께 커진 노동자들의 반대를 배경으로 TPP 등의 무역협정에는 반대하는 입장이었다. 민주당과 공화당의 대선기간 무역정책에 대한 분석은 Noland et al.(2016)을 참조.

10 트럼프 행정부의 보호무역주의 기조는 상무부 장관 윌버 로스, 무역대표부 대표 로버트 라이시저, 국가무역위원회 위원장 피터 나바로 등 보호무역주의자들을 무역과 통상의 주요 직책에 임명한 데서도 잘 드러난다.

지원, 일본 농산물시장의 무역장벽 등을 지적하는 등 미국 기업들이 제기하는 문제들을 정리하여 발표했다. 그리고 4월 14일 미 재무부가 발간한 반기 환율 보고서는 한국, 중국, 일본 등 6개국을 지속적으로 관찰대상국에 포함시켰다.[11] 이러한 조치를 배경으로 중국 등 대미 무역 흑자국에게 관세와 비관세 등의 무역제재 조치를 도입할 가능성도 제기되고 있다. 나아가 트럼프는 무역협정들에 대한 비판을 넘어 최혜국대우에 기초한 WTO 체제 자체가 공정하지 않다고 주장하고 있다. 트럼프 정부는 이 정책들 중 1월 23일 대통령 각서 형태로 TPP 철회를 시행했고 불공정 무역관행 조사는 3월 31일 대통령 행정명령 형태로 시행하였다(한국은행, 2017). 그러나 다른 조치들은 아직 실행되지 않았으며, 트럼프 정부 하에서 보호무역조치가 얼마나 도입될지는 불확실한 상황이다. 의회에서의 양당 사이의 타협이 어렵고 언론과의 관계도 나쁜 상황에서 통상과 외교 등에서 트럼프 정부가 밀어붙이고 있는 무리한 정책들이 그대로 시행되기는 쉽지 않은 현실이다.

문제는 많은 이들이 지적하듯 트럼프 정부의 핵심적인 경제정책들이 일관되지 않고 그들 사이에 모순이 존재하며, 미국 이익을 우선시하는 정책이 미국의 이익을 해칠 가능성도 크다는 점이다. 우선 무역적자의 감소를 위한 보호무역, 감세와 규제 완화를 통한 투자와 성장의 촉진 사이에 근본적인 갈등이 존재한다(*Economist*, 2017. 5. 13). 미국은 막대한 경상수지 적자를 외국으로부터의 투자로 메꾸어 왔는데, 이는 국내적으로 정부의 재정적자와 민간 부문의 투자에 비해 과소한 저축을 반영하는 것이었다. 이러한 상황에서 정부가 감세와 재정 확장을 시도하면 재정적자가 심화되어 이로 인한 금리 상승과 달러화 가치 상승

11 이 보고서는 대미 흑자 200억 달러 초과, 경상수지 흑자/GDP의 3% 초과 그리고 외환순매입액/GDP의 2% 초과 등 세 가지 조건을 '지속적인 일방향 시장개입국' 요건으로 명시하고 있다.

이 경상수지 적자를 심화시킬 가능성이 높다. 또한 민간의 투자가 실제로 촉진된다면 민간수지를 감소시켜 그것도 적자를 늘릴 가능성이 크다. 결국 트럼프의 경제정책이 실현된다면, 보호무역을 통해 경상수지 적자를 줄이겠다는 주장과는 반대로 경상수지 적자를 더욱 확대시킬 것으로 보인다.

한편, 트럼프가 보호무역을 강력하게 추진하고 그것이 세계적 무역분쟁으로 확대되어 무역비용이 높아진다면 중국이나 유럽에 비해 오히려 미국의 수출과 GDP가 가장 크게 감소하여 미국인들이 피해를 입을 것으로 전망된다(한국은행, 2017). 또한 국경조정세를 도입한다면 수출기업의 이익은 증가하지만 수입기업의 이윤은 더욱 많이 감소할 것으로 추정되고 있다. 따라서 이제 백악관 내부에서도 보호무역을 둘러싸고 서로 다른 입장을 가진 그룹들 사이에 갈등이 나타나고 있고 국경조정세는 의회의 반대에 직면하고 있다.[12] 트럼프의 보호무역주의는 다른 국가들의 비판에도 직면하고 있다. G20 국가들은 2016년 9월 자유무역 기조에 합의했으며 EU는 미국의 국경조정세 도입에 WTO의 수출보조금 금지 규정을 위반할 수 있으므로 WTO에 제소할 것이라 발표하기도 했다. 미국의 압력을 배경으로 2017년 3월 G20 재무장관 회담에서는 회원국들이 보호무역을 배격하겠다는 선언을 포기하기도 했다(*Financial Times*, 2017. 3. 21). 하지만 6월의 함부르크 G20 정상회담에서는 트럼프의 주장과 반대로 자유무역과 파리기후협정을 추진하겠다는 공동성명이 발표되었고, 철강 수입에 대한 미국의 관세 부과 가능성에 대해 EU의 미국 버번 위스키 수입에 대한 관세 부

12 예를 들어, 국가무역위원회 위원장 피터 나바로와 트럼프의 오랜 자문인 스티브 배넌은 강경한 보호무역주의 입장인 반면, 백악관 국가경제자문회의 의장 개리 콘은 상대적으로 보호무역에 비판적이며, 무역위원회 대표 로버트 라이시저는 온건한 보호주의적인 면모를 보이고 있어서 백악관 내부에서도 보호무역주의를 둘러싸고 심각한 갈등이 전개되고 있다고 보도된다(*Financial Times*, 2017. 3. 11). 특히, 최근에는 백악관 내부에서도 보호무역에는 반대하고 현상유지를 원하는 월가의 영향력이 커지고 있다는 관측이 제시된다.

과 등의 보복조치 가능성이 이야기되는 등 갈등이 다시 불거지고 있다(*New York Times*, 2017. 7. 7). 결국 트럼프의 보호무역주의 추진에는 국내적인 반대와 국제적인 반발 가능성을 배경으로 상당한 불확실성이 존재한다고 할 수 있다.

2) 최근 세계화의 전개와 미래의 전망

트럼프의 대통령 당선과 함께 세계화의 미래에 관한 우려가 높아지고 있지만 국제무역과 국제적 자본흐름으로 대표되는 세계화의 발전을 가로막은 것은 글로벌 금융위기였다. 전 세계적 규모의 금융위기는 심각한 경제불황과 무역의 정체를 가져다주었고 국제적 투자의 흐름도 가로막았다. [그림 11-3]은 국제무역이 전 세계의 GDP에서 차지하는 비중이 글로벌 금융위기 이후 급락했

그림 11-3 전 세계 GDP에서 차지하는 국제무역의 비중

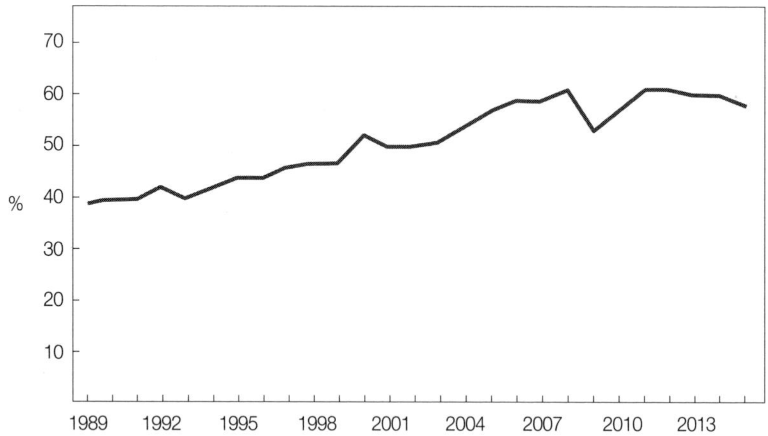

자료: 세계은행.

그림 11-4 전 세계의 GDP에서 차지하는 국제적 자본 유입의 비중

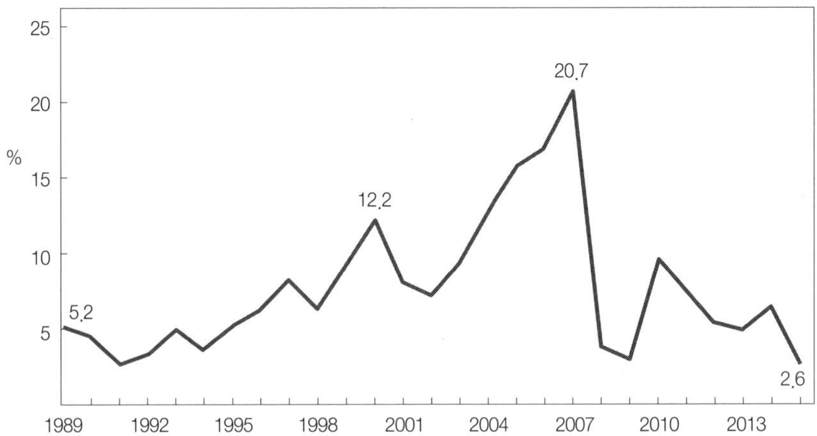

자료: Mallaby(2016).

고 그 이후 느리게 회복되고 있음을 보여 준다. WTO에 따르면 2017년 들어서는 전 세계적인 경기회복을 배경으로 국제무역이 증가하고 있으며 2018년에도 성장세가 이어질 것으로 보인다(WTO, 2017).[13]

한편, 해외직접투자, 포트폴리오 투자 그리고 은행대출 등 국제적 자본이동으로 측정될 수 있는 금융세계화도 글로벌 금융위기로 인해 심각하게 정체되었다. [그림 11-4]는 전 세계의 GDP와 비교한 국경 간 자본이동 금액을 보여 주는데, 1990년대 이후 크게 늘어나 2007년 약 21%를 기록했지만 글로벌 금융위

13 2016년 전 세계의 실질GDP 성장률은 2.3%를 기록했고 2017년에는 2.7%, 2018년에는 2.8%로 전망된다. 한편, 2016년 전 세계의 무역량은 1.3% 증가하여 미약했지만 2017년에는 약 2.4% 그리고 2018년에는 그보다 더 높을 것으로 전망되고 있다. 그러나 정책의 불확실성이 높아져 2017년 예상되는 무역증가율의 범위는 1.8-3.6%이고 2018년에는 2.1-4%이다(WTO, 2017).

기 이후 급락하여 2015년에는 2.6%에 그쳤다. 특히, 금융시장의 붕괴를 배경으로 국경 간의 은행대출이 가장 크게 감소했는데 그 금액은 2007년 5.7조 달러에서 2015년 -0.7조 달러가 되었다. 한편, 유량(flow)이 아니라 기존 투자액의 저량(stock), 즉 GDP와 비교한 대외자산과 대외부채의 합으로 측정되는 세계적 금융통합(global financial integration)지표를 살펴보면 글로벌 금융위기의 영향이 덜하지만, 역시 전 세계의 금융통합 수준이 정체되고 있다(Lane & Millessi-Ferreti, 2017). 특히, 글로벌 금융위기로 은행대출과 관련된 금융자산이 크게 줄어들었고 금융통합 정도가 낮은 개도국과 신흥국이 전 세계의 GDP에서 차지하는 비중이 늘어 전 세계의 금융통합 수준이 낮아졌다는 것이 특징적이다.

한편, 글로벌 금융위기 이후에는 해외직접투자가 은행대출의 감소와 포트폴리오 투자의 정체를 상쇄했는데, 이는 주로 소위 금융센터 국가들의 역할이 커진 것과 관련이 크다. 먼저 생산과 관계없는 특수목적기관(Special Purpose Entities)이 금융센터에 설립되었고, 초국적기업들이 본사를 아일랜드와 같이 세금이 낮은 국가로 이전하여 그 국가들로부터 생산시설이 있는 국가로의 해외직접투자가 급격히 증가했다.[14] 결국 실제 해외 생산이나 경영과 관련된 것이 아니라 주로 세금이나 규제를 피하기 위한 초국적기업들의 노력이 해외직접투자 증가라는 통계로 이어지고 있는 것이다. 아무튼 2012년부터는 세계적 금융통합 지표도 꾸준히 상승하여 2015년에는 그 수준이 2007년의 고점에는 미치지 못하지만 2006년보다 높아졌다. 또한 정보의 세계화 지표가 최근 급속히 상승

14 특수목적기관이 차지하는 비중이 네덜란드는 약 4분의 3, 룩셈부르크는 90%가 넘는데, 2007년에서 2014년 사이 이 두 국가의 특수목적기관의 해외직접투자액이 무려 3.5조 달러로 전체 해외직접투자 스톡 증가의 약 4분의 1에 달했다. 또한 미국에 생산시설을 지닌 미국의 제약회사가 본사를 아일랜드로 이전함에 따라 2007년에서 2014년 사이 아일랜드의 대미 해외직접투자가 6억 달러나 증가했다. 이 경우 반대로 미국에서 아일랜드로의 포트폴리오 투자가 증가하게 된다.

하여 새로운 형태의 세계화가 발전되고 있음을 알 수 있다(McKensie Global Institute, 2016).

결국 글로벌 금융위기로 심각하게 정체되었던 세계화의 흐름은 2010년 이후 점차 회복되고 있으며 아직까지는 노동자들의 반발이나 트럼프와 같은 극우파의 대두로 인해 세계화의 발전이 멈춰지는 현상은 찾아보기 어렵다. 이는 물론 현재 모든 국가들이 개방과 세계경제의 통합을 추구하고 있고 세계화가 경제성장에 주는 이득이 더욱 크기 때문일 것이다. 이는 또한 전 세계를 대상으로 생산을 조정하고 투자와 무역을 수행하며 이윤을 만들어 내는 자본과 시장의 논리가 지배적인 현실을 반영한다. 그러나 트럼프와 같은 포퓰리스트들의 보호무역주의가 선진국들에서 확산된다면 국제적인 무역갈등과 시장보호의 심화가 세계화의 발전을 가로막을 가능성이 여전히 없지는 않다. 지난 5월 프랑스 대통령선거에서 르펜이 낙선하여 프렉시트와 유럽연합의 붕괴 가능성은 약해졌지만 포퓰리즘 정치는 2000년대 이후 세계적으로 확산일로에 있다. 따라서 단기적으로는 미국의 트럼프 정부가 흑자국인 중국이나 독일에 대해 어떠한 조치를 추진하는가가 세계화가 현재의 발전경로에서 이탈할 것인지에 중요한 요인이 될 것이다. 그러나 근본적이고 중장기적으로는 미국이나 유럽 선진국들의 노동자들이 현재의 세계화를 수용할 것인지 그리고 세계화와 관련하여 어떤 정치세력을 지지할 것인지가 세계화의 미래를 결정할 것이다. 앞서 보았듯이 세계화와 개방의 이득으로부터 소외된 이들이 세계화를 반대한다면 현재의 세계화 흐름은 유지되기 어려울 수 있다. 특히, 트럼프와 같은 포퓰리스트들의 경제정책은 정부의 사회복지와 재분배 기능을 약화시켜 이러한 위험을 오히려 높이고 있다는 데 주의해야 할 것이다.

따라서 이제 많은 학자들과 정책결정자들 그리고 국제기구 등은 세계화의 성격 자체를 변화시켜야 한다고 입을 모은다. 예를 들어, 국제통화기금은 세계화의 효과가 모든 사람들에게 널리 퍼질 수 있는 '포용적 세계화'를 제언한다(Lagarde, 2016). 여전히 경제학자들은 세계화의 이득을 강조하지만,[15] 이제 국제통화기금도 세계화가 미국 등 선진국에서 제조업 고용을 감소시켰고 금융세계화의 진전도 금융위기 등 세계경제의 불안을 심화시킨 부작용을 낳았음을 인정한다. 따라서 이들은 기존의 시장근본주의 혹은 신자유주의의 교리와는 달리, 세계화의 위험에 대처하고 이득을 유지하기 위해 정부의 적극적인 역할이 핵심적이라고 강조한다. 저성장을 극복하기 위해 재정을 확장하고 경제구조를 개혁하는 노력과 함께 불평등을 억제하고 공평함을 촉진하기 위한 정부의 노력들이 요구되고 있다는 것이다. 국제통화기금에 따르면, 예를 들어 세계화의 충격으로 일자리를 잃은 노동자들을 지원하기 위한 직업훈련과 새 직업의 매칭을 포함한 적극적 노동시장정책이 필요하다. 또한 근로장려세제 등 저소득층을 위한 복지지출 증대, 최저임금의 인상 그리고 북유럽과 같은 너그러운 실업보험 등 사회적 안전망을 강화할 필요가 있다(IMF, 2013). 이를 위해서는 고소득층에 대한 증세를 포함한 소득 재분배의 노력이 필수적일 것이다. 또한 여러 산업에서 독점의 규제와 조세회피처 등 탈세의 규제 등이 요구되며, 동시에 교육과 의료에 대한 기회를 확대하고 사회적 이동성을 높이기 위한 노력도 필요하다. 포용적 성장을 위한 이러한 노력들은 불평등을 억제하고 세계화와 개방에 대한 지지를 높이는 데 도움이 될 것이다.

이러한 국내적인 노력과 함께 세계화의 규칙을 포용적으로 써야 한다는 목소리도 높다. 스티글리츠는 세계화의 문제점이 이제 선진국에서도 불거지고

15 한 연구는 세계화는 개도국과 신흥국의 빈곤 탈출을 촉진하고 특히 선진국의 가난한 소비자들에게 값싼 소비재를 공급하여 그들의 실질소득을 약 2배로 증가시켰다고 보고한다(Fajgelbaum & Khandelwal, 2016).

있다고 지적하며, 세계화 자체는 문제가 아니지만 그 규칙을 보다 민주적이고 투명하게 만들어야 한다고 주장한다. 그에 따르면 TPP와 TTIP(Transatalantic Trade and Investment Partnership) 등 미국의 무역협정은 문제가 많다(Stiglitz & Hersh, 2015). 다자 간 무역협정의 실패 이후 미국 정부는 양자 간 무역협정을 추진했지만 그 일부인 투자협정은 기업의 이해를 대변하고 환경, 건강, 안전 규제 등을 약화시켜 공공의 이해를 침해할 가능성이 높다는 것이다.[16] 예를 들어, 외국인 투자자가 정부의 규제가 협정의 조건을 위배하고 기대수익성에 악영향을 미친다고 판단한다면 국제사법재판소에 제소할 수 있도록 했고, 미국 담배회사의 예와 같이 비차별적이고 시민을 보호하는 정부의 규제도 약화시킬 수 있다. 또한 투자협정에서 최혜국대우 조항은 바닥으로의 경주를 심화시킬 수 있고, 지적재산권의 보호도 제약산업의 경우처럼 경쟁을 가로막고 기업들의 독점적 기득권을 강화시킨다(Stiglitz, 2016a). 이를 고려하면 공공의 이해를 대변하는 보다 민주적이고 투명한 무역협정을 추진해야 하며 세계화의 과정에서 노동자의 권리를 보호하고 복지를 확충하는 노력이 필수적이다. 그는 포용적 세계화를 위한 교훈은 세계화와 기술 변화에 보다 개방적이고 동시에 사회복지 수준이 높아서 경제적 성과도 우월했던 북유럽 국가들이 잘 보여 준다고 지적한다(Stiglitz, 2016b). 결국 세계경제의 개방과 통합에 기초한 공동의 번영을 위해 포용적 세계화를 위한 여러 노력들이 요구되고 있다.

16 다자 간 무역협정을 지향했던 도하라운드의 실패 자체도 겉으로 자유무역을 외쳤지만 실은 면화산업과 농업에 대한 보조금을 축소하지 않으려 했던 미국 등 선진국의 책임이 컸다.

4. 맺음말: 포용적 세계화를 위하여

브렉시트와 트럼프의 대통령 당선은 세계의 많은 이들에게 놀라움을 던져 준 사건이었다. 세계화를 반대하는 포퓰리즘 정치의 득세는 개방과 세계화를 지지하던 주류 경제학자들과 그에 기초하여 세계화를 추진해 온 정책결정자들에게 특히 큰 충격을 주었다. 이러한 현실은 무엇보다도 세계화 과정에서 소외되고 혜택을 받지 못한 세계화의 패자들의 불만과 분노를 반영한 것이었다. 세계화를 배경으로 전개된 불평등의 심화가 선진국 시민들로 하여금 이에 제대로 대응하지 못한 기존 정치세력들에 등을 돌리도록 만들었던 것이다. 선진국의 엘리트들은 포퓰리즘의 대두로 이어진 이러한 불만을 제대로 이해하지 못했다고 할 수 있다. 결국 현재의 서구 선진국에서는 시장경제와 세계화의 발전 과정에서 나타나는 문제를 사회복지와 같은 정부 개입으로 보완하는 '배태된 자유주의'라 불리는 정치경제 체제가 위험에 처해 있는 것으로 보인다. 이제 트럼프 행정부의 보호무역주의 가능성 앞에서 세계화의 미래도 불확실해지고 있다. 고삐 풀린 세계화의 악영향이 세계화 자체의 발전을 위협하고 있는 것이다.

이러한 현실을 고려할 때 미국 등 선진국에서 세계화가 어떻게 불평등을 심화시켰고 또 그것이 어떻게 트럼프와 같은 포퓰리즘의 등장으로 이어졌는지, 그리고 앞으로 세계화의 미래는 어떨지 살펴보는 것은 큰 의의가 있을 것이다. 이 글은 미국을 중심으로 세계화, 불평등 그리고 포퓰리즘 정치의 대두 사이의 관계를 살펴보았다. 또한 트럼프 정부의 경제정책을 비판적으로 분석하고 보호무역주의의 가능성과 한계도 지적했으며, 글로벌 금융위기 이후 세계화의 전개와 앞으로의 전망에 관해 검토했다. 기존의 주류 경제학 연구들은 세계화가 선진국 노동자들과 불평등에 미치는 영향을 과소평가해 왔다. 그러나 보다 최근의 실증연구들은 2000년대 이후 중국으로부터의 수입 증가 등의 충격이 미국 제조업 노동자들의 고용과 임금에 악영향을 미쳤다고 보고한다. 이렇게 세계화의 패자가 된 하층 백인 노동자들이 트럼프를 지지했고, 미국 대통령선거제도의 특수성을 배경으로 트럼프가 대통령에 당선되었다. 이제 트럼프 정부는 보호무역주의와 함께 감세와 규제 완화 그리고 재정 확장 등 모순적인 경제정책들을 추진하고 있다. 한편, 국제무역과 금융세계화 등 세계화의 흐름은 글로벌 금융위기로 정체되었다가 서서히 회복되고 있다. 그러나 세계화의 앞날에는 여전히 불확실성이 존재한다. 먼저 트럼프 정부의 보호무역주의와 국제적 무역갈등 가능성에 주시해야 할 것이고, 기존의 세계화에 대한 선진국 노동자들의 반발 가능성도 여전히 존재한다. 세계화의 이득이 노동자들에게 널리 퍼지지 않는다면 세계화에 대한 정치적 기반이 더욱 약해질 수도 있을 것이다.

따라서 이제 여러 학자들과 국제기구들은 각국이 기업과 부자만이 아니라 모두를 위한 포용적 세계화를 추진해야 한다고 강조하고 있다. 포용적 세계화를 위해서는 세계화의 패자를 보호하기 위한 사회복지나 적극적 노동시장정책 등 정부 역할의 강화와 함께 세계화의 규칙을 새로 쓰기 위한 노력이 요구되고 있다. 물론 현실은 이러한 변화를 위해 선진국의 국내정치에서 약자들의 요구를 더욱 잘 반영하는 진보세력의 정치적인 강화라는 쉽지 않은 과제를 제기하고 있다. 그러한 정치적 노력의 성공 여부가 21세기 포용적 세계화의 미래를 결정할 것이다.

참고문헌

한국은행, 〈트럼프 행정부 출범 100일〉, 《국제경제리뷰》, 제2017-16호, 2017.

Acemoglu, D. and D. Autor, "Skill, Tasks and Technologies: Implications for Employment Earnings," in O. Ashenfelter and D. Card, eds., *The Handbook of Labor Economics*, vol. 4b, Amsterdam: Elsevier, 2011.

Acemoglu D., D. Autor, D. Dorn, G. H. Hanson, and B. Price, "Import competition and the Great U.S. Employment Sag of the 2000s," *Journal of Labor Economics*, 34(S1), 2016, S141–198.

Alcott, H. and G. Gentzkow, "Social Media and Fake News in the 2016 Election," *Journal of Economic Perspectives*, 31(2), 2017.

Atkinson, A. B., *Inequality: What Can Be Done?*, Harvard University Press, 2015(장경덕 역, 《불평등을 넘어: 정의를 넘어 무엇을 할 것인가》, 글항아리, 2015).

Autor, D., D. Dorn, and G. H. Hanson, "The China syndrome: Local labor market effects of import competition in the United States," *American Economic Review*, 103(6), 2013.

______, "The China Shock: Learning from Labor Market Adjustment to Large Changes in Trade," *Annual Review of Economics*, 8, 2016a.

Autor, D., D. Dorn, G. Hanson, and K. Majlesi, "Importing Political Polarization? The Electoral Consequences of Rising Trade Exposure," NBER Working Paper No. 22637, 2016b.

Autor D., D, Dorn, G. Hanson, and J. Song, "Trade adjustment: worker level evidence," *Quarterly Journal of Economics*, 129(4), 2014.

Becker, S. O., F. Fetzer, and D. Novy, "Who voted for Brexit? A comprehensive district-level analysis," CAGE Working Paper 305, October 2016.

Case, A. and A. Deaton, "Mortality and Morbidity in the 21st Century," BPEA Conference, 2017. 3. 2.

Chetty, R., D. Grusky, M. Hell, N. Hendren, R. Manduca, and J. Narang, "The Fading American Dream: Trends in Absolute Income Mobility Since 1940," NBER Working Paper 22910, 2016.

Colantone, I. and P. Stanig, "Global competition and Brexit," BAFFI CAREFIN Centre Research Paper 2016–44, November 2016.

Colgan, J. and R. Keohane, "The Liberal Order is Rigged: Fix It Now or Watch It Wither," *Foreign Affairs*, May/June 2017.

Corak, M., "Inequality from Generation to Generation: The United Sates in Comparison," in R. Rycroft, ed., *The Economics of Inequality, Poverty and Discrimination in the 21st Century*, ABC–CLIO, 2013.

Ebenstein, A., A. Harrison, M. McMillan, and S. Phillips, "Estimating the impact of trade and offshoring on workers using the current population survey," *The Review of Economics and Statistics*, XCVI(4), 2014.

Ebenstein, A., A. Harrison, and M. McMillan, "Why Americans Getting Poorer? China, Trade and Offshoring," NBER Working Paper, No. 21027, 2015.

Economist, "The Contradiction at the Heart of Trumponomics," 2017. 5. 13.

Elsby, M., B. Hobijn, and A. Sahin, "The Decline of the U.S. Labor Share," *Brookings Papers on Economic Activity*, Fall 2013, pp. 1–63.

Fajgelbaum, P. and A. Khandelwal, "Measuring the Unequal Gains from Trade," *Quarterly Journal of Economics*, 131(3), 2016.

Freund, C. and D. Sidhu, "Manufacturing and the 2016 Election: An Analysis of US Presidential Election Data," PIIE Working Paper No. 17–7, 2017.

Furceri, D. and P. Loungani, "Capital Account Liberalization and Inequality," IMF Working Papers no. 243, November 2015.

Furman, J., "Reducing Poverty: The Progress We Have Made and the Path Forward," Center on Budget and Policy Priorities, 2017. 1. 17.

Goldin, C. and L. Katz, *The Race between Education and Technology*, Harvard University Press, 2010.

Graceffo, A., "Trump's New Protectionism: Economic and Strategic Impact," *Foreign Policy Journal*, 2017. 2. 1.

Guiso, L., H. Herrera, M. Morelli, and T. Sonno, "Demand and Supply of Populism," CEPR Discussion Paper DP11871, February 2017.

Hendrix, C. S., "Protectionism in the 2016 Election: Causes and Consequences, Truths and Fictions," Policy Brief 16–20, Peterson Institute for International

Economics, 2016.

IMF, "Jobs and Growth: Analytical and Operational Considerations for the Fund," IMF Policy Paper, 2013.

Jaumotte, P. and C. O. Buitron, "Inequality and Labor Market Institutions," IMF Staff Discussion Note. SDN/15/14, 2015.

Jensen, J. B., D. Quinn, and S. Weymouth, "Winners and Losers in International Trade: The Effects on US Presidential Voting," NBER Working Paper No. 21899, 2016.

Krugman, P., "Trump, Trade and Workers," *New York Times*, 2016. 7. 4.

______, "Regan, Trump, and Manufacturing," *New York Times*, 2017. 1. 25.

Lagarde, C., "Making Globalization Work for All," IMF Sylvia Ostry Lecture, Tornonto, Canada, September 13, 2016.

Lane, P. R. and G. Milesi-Ferretti, "Global Financial Integration in the Aftermath of the Global Financial Crisis," IMF Working Paper WP/17/115, 2017.

Mallaby, S., "Globalization Resets," *Finance and Development*, 53, 2016.

Milanovic, B., *Global Inequality: A New Approach for the Age of Globalization*, Harvard University Press, 2016(서정아 역, 《왜 우리는 불평등해졌는가》, 21세기북스).

Mishel, L., H. Shierholz, and J. Shmitt, "Don't Blame the Robots: Assessing the Job Polarization Explanation of Growing Wage Inequality," EPI-CEPR Working Paper, 2013. 11. 19.

Noland, M., G. C. Hufbauer, S. Robinson, and T. Moran, "Assessing Trade Agendas in the US Presidential Campaign," Peterson Institute for International Economics, PIIE Briefing 16-6, 2016.

Nye, J. S., Jr., "Will the Libeal Order Survive? The History of and Idea," *Foreign Affairs*, January/February 2017.

Pierce, J. R. and P. K. Schott, "The Surprisingly swift decline of US manufacturing employment," *American Economic Review*, 106(7), 2016.

Piketty, T., E. Saez, and G. Zucman, "Distributional National Accounts: Methods and Estimates for the United States," NBER Working Paper 22945, 2016.

Roberts, M., "Testing Trumponomics," 2016. 11. 18(https://thenextrecession.

wordpress.com/2016/11/18/testing–trumponomics/).
Rodrik, D., "Populism and the economics of globalization," NBER Working Paper No. 23559, 2017.
Stiglitz, J., "The secret corporate takeover of trade agreements," *Guardian*, 2015. 5. 13.
______, "Globalization and its new distcontents," Project Syndicate, 2016a.
______, "In 2016, let's hope for better trade agreements–and the death of TPP," 2016b. 1. 10.
Stiglitz, J. and A. Hersh, "The Trans–Pacific Free–Trade Charade," Project Syndicate, 2015.
World Trade Organization, "Trade Recovery Expected in 2017 and 2018, amid Policy Uncertainty," Press/793, Trade Statistics and Outlook, 2017.

이병천 연보

1952 경남 마산생.

1976 서울대학교 경제학 석사(논문: 〈저개발국 경제개발과 국가자본주의-인도경제를 중심으로〉).

1981 〈구한말 호남철도부설운동에 대하여(1904~1908)〉, 《경제사학》, 5.

1983 〈조선후기 상품유통과 여객주인〉, 《경제사학》, 6.

1984
- 石井寬治, 《日本經濟史》(공역), 동녘.
- 〈거류지무역기구와 개항장객주〉, 《경제사학》, 7.
- 〈개항과 불평등조약체제의 확립〉, 《경제사학》, 8.

1985
- 서울대학교 경제학 박사(논문: 〈개항기 외국상인의 침입과 한국상인의 대응〉).
- 長岡新吉 · 石坂昭雄 編, 《一般經濟史》(번역), 동녘.
- 〈개항기 외국상인의 내지상권 침입〉, 《경제사학》, 9(1).

1987
- 〈전후 한국자본주의 발전의 기초과정〉, 《지역사회와 민족운동》, 지방사회연구회 창간호, 한길사(대구 지방사회연구회 창립 1주년 기념 심포지엄 발표. 이후 박현채 · 조희연 편, 《한국사회구성체 논쟁 1》, 죽산, 1989 및 김진균 · 조희연 편, 《한국사회론》, 1990, 한울에 재수록).
- 〈식민지반봉건사회구성체론의 이론적 제문제〉, 《산업사회연구》, 2.
- 한국사회경제학회 창립 주도적 참여.

1988
- 〈전후 한국 경제학연구의 동향과 과제-정치경제학의 관점에서〉(공저), 학술단체연합심포지움 준비위원회, 《80년대 한국인문사회과학의 현단계와 전망》, 역사비평사.
- 〈식민지혁명에서의 민족부르조아지의 지위론〉, 《사회경제평론》, 창간호.
- 〈북한학계의 한국근대사회성격과 시대구분 논쟁〉, 《창작과 비평》, 16(4).
- 〈한국근대현대사 연구의 몇가지 문제-민중시대 선언하는 《한국민중사》〉(서평), 《실천문학》, 9.

1989
- 《북한학계의 한국근대사 논쟁》(편저), 창작과 비평사.
- 에티엔 발리바르, 《역사유물론 연구》(번역, 익명), 푸른산.
- 〈한국사회 성격론 및 변혁론 연구의 새로운 전진을 위하여〉, 박현채 · 조희연 편,

《한국사회구성체 논쟁 1》, 죽산.

• 〈소련의 한국사회 연구동향과 남한경제론〉, 《사상문예운동》, 1.

• 〈북한은 남한자본주의를 어떻게 보는가〉, 《사상문예운동》, 2.

• 〈제5공화국 시기의 한국자본주의〉, 한국사회경제학회 제5회 월례발표회.

1990 • 《페레스트로이카 100문 100답》 해설, 일빛.

• 〈오늘의 사회주의와 맑스주의의 위기〉(좌담), 《창작과 비평》, 여름.

1991 • 《한국근현대사회과학 주요논문대계》(공편, 전40권), 전태일노동자료연구실.

• 〈맑스 역사관의 재검토〉, 《사회경제평론》, 4.

1992 • 《마르크스주의의 위기와 포스트 마르크스주의》, 1, 2권(공편역), 의암.

• 〈포스트맑스주의와 한국사회〉, 《사회평론》, 92(9).

• 〈민주주의론의 새로운 발전을 위하여 – 프롤레타리아독재론을 비판한다〉, 《창작과 비평》, 75, 봄.

• 〈한국사회와 맑스주의〉(좌담), 《동향과 전망》, 17, 가을.

1993 • 《마르크스주의의 위기와 포스트 마르크스주의》, 제3권(공편역), 의암.

• 《사회민주주의의 새로운 모색 – 스웨덴의 경우》(공편역), 백산서당.

• 〈세계사적 근대와 한국의 근대〉, 《세계의 문학》, 69(김성기 편, 《모더니티란 무엇인가》, 민음사, 재수록).

• 〈한국 사회과학의 진단과 반성〉, 《사회철학》, 창간호.

• 〈오늘 우리에게 마르크스주의는 무엇인가〉, 《이론》, 7.

• 〈21세기 희망의 기획 신진보주의〉(대담), 《사회평론 길》, 9(9).

1994 • 〈그람시, 맑스주의, 포스트맑스주의〉, 《사회경제평론》, 7.

• 〈탈냉전시대 경제지상주의와 인간화의 새 방향〉, 《기독교사상》, 431.

• 〈21세기 한국의 전망과 선택〉, 강원대 《산업과 경제》, 4.

• 제도경제연구회 시작.

1995 • 〈맑스주의, 자유주의, 생태주의 – 쟈크 비데 근대성이론에 대한 연구노트〉, 《동향과 전망》, 27.

• 〈자본주의의 두가지 모순 – 노동정치와 생활정치〉(번역), 《동향과 전망》, 28.

• 〈한국자본주의 문답〉, 《동향과 전망》, 27.

• "Critique of Jacques Bidet's theory of modernity," 1th Congrès Marx International, Paris 발표.

1996 • 제도경제연구회 기획, 《자유주의 비판》(공저), 풀빛. 〈진화론적 자유주의와 자생

적 시장사회의 유토피아 – 하이에크 근대성론의 비판적 검토〉 기고.
• 〈조절이론의 전환〉, 서울대 《경제논집》, 35(2–3).
• 〈냉전분단체제와 권위주의적 산업화〉, 《사회경제평론》, 9.
• 〈세계화, 근대화, 민주화〉(좌담), 《동향과 전망》, 29.
• 강원사회연구회 창립 주도적 참여.

1997 • 〈한국경제발전의 세계시장적 조건: 미국의 자유보호주의와 한미 섬유류 교역의 정치경제(1961–66)〉, 《경제발전연구》, 3.
• 〈한국의 경제발전과 발전국가론〉, 《산업과 경제》, 7(2), 강원대 산업경제연구소.
• 〈연접된 자율성과 한국의 경제발전〉(피터 에번스와 좌담), 《동향과 전망》, 36.
• 〈권위주의 발전국가와 강원지역의 저발전〉, 강원사회연구회 기획, 《강원사회의 이해》, 한울.

1998 • 제도경제연구회 기획, 《위기 그리고 대전환》(공편), 당대.
• 《한국사회에 주는 충고 – 당대비평 특별호》(공편역), 삼인.
• 〈박정희 정권과 발전국가 모형의 형성〉, 《경제발전연구》, 5(2).
• 〈디제이노믹스는 우리의 희망인가〉, 《당대비평》, 5.
• 〈한국의 발전국가 자본주의와 발전딜레마〉, 《창작과 비평》, 101.
• 〈신자유주의와 한국자본주의〉, 강원대 《산업과 경제》, 8(1)
• 〈IMF 관리체제와 김대중 정부의 경제정책〉(공저). 한겨레신문, 참여연대 공동기획 토론회 "김대중 정부 100일을 진단한다" 발표.
• 〈한국경제 패러다임의 성찰과 전망〉, 서울사회경제연구소, 워킹페이퍼 86.
• "The Korean developmental state model reconsidered– Industrial policy and state–Jaebol coalition 1961–72," Institute of East Asian Studies Colloquium, UC Berkeley 발표.

1999 • 〈한국의 경제위기와 IMF 체제 – 종속적 신자유주의의 모험〉, 《사회경제평론》, 13.
• 〈역사적 관점에서 본 한국경제의 위기 해석〉, 《경제학연구》, 47(4).
• 〈위기와 대전환 – 신자유주의 보수 혁명과 한국 민주주의의 전망〉, 《당대비평》, 7.
• 〈20세기 자본주의와 제3의 길의 전망〉(공저), 《문화과학》, 18.
• 〈한국경제 패러다임의 반성과 전환〉, 서울사회경제연구소 기획, 《한국 경제 반세기의 회고와 반성》, 새날.
• 〈분단체제와 남북한 사회의 자기반성–극단의 시대를 넘어서〉(공저), 강원사회연구회 편, 《분단강원의 이해》, 한울.

• 〈글로벌 신자유주의에 맞선 대구라운드〉, 《창작과 비평》, 106.

2000 • 〈발전국가체제와 발전딜레마〉, 《경제사학》, 28.

• 〈세계자본주의 패권모델로서의 미국경제〉, 《사회경제평론》, 15.

• 〈부마항쟁, 발전안보국가, 민주주의〉, 부마항쟁기념사업회 기획, 《한국 민주주의의 회고와 전망》, 한가람.

2001 • 제도경제연구회, 참여사회연구소 공동기획, 《한국경제 재생의 길은 있는가》(공편), 당대(문광부 우수학술도서).

• 참여사회연구회 기획, 《20세기 한국의 야만: 평화와 인권의 21세기를 위하여》, 1, 2권(공편), 일빛.

• 〈다시 민족경제론을 생각한다〉, 《동향과 전망》, 48.

• 신자유주의 극복을 위한 대안연대회의 창립 주도적 참여.

2002 • 《스티글리츠의 경제학》(공역), 한울.

• 《스티글리츠의 미시경제학》(공역), 한울.

• 강원사회연구회 기획, 《강원경제의 이해》(공저), 한울. 〈강원경제 반세기: 주변을 통해서 본 현대 한국경제〉 기고.

• 〈민주주의 이행과 시장의 시대〉, 《시민과 세계》, 2.

• 반년간 잡지 《시민과 세계》 창간(참여사회연구소 발간) 주도적 참여, 공동편집인.

2003 • 제도경제연구회 기획, 《자본주의 대 자본주의: 연금개혁의 비교자본주의론》(공편저),

• 《개발독재와 박정희 시대》(편저), 창비사(2005년 프랑크푸르트 국제도서전 '한국의 책 100선'에 선정).

• 〈개발국가론 딛고 넘어서기〉, 《경제와 사회》, 57.

• 〈전환시대의 경제개혁과 한국의 새 발전모델〉, 《시민과 세계》, 3.

• 〈참여정책의 경제정책〉, 《시민과 세계》, 4

• 〈시장경제로 가는 한국적 길 – 김대중모델의 빛과 그림자〉, 상해재경대학 주최 국제심포지엄.

• 〈개발주의 경쟁과 글로벌 스탠더드〉, 제10회 지중해연구소 학술대회 발표문.

• 〈스티글리츠의 제도경제학과 포스트워싱턴 컨센서스〉(서평), 《경제와 사회》, 58.

• 〈일본의 시민사회파와 정치경제(학) 비판: 平田淸明의 유산과 현재성〉(서평), 《사회경제평론》, 21.

• 샹탈 무페, 〈시티즌십이란 무엇인가〉(해제), 《시민과 세계》, 3.

2004 • 〈공화국과 자본주의〉, 《시민과 세계》, 6.

• 〈칼 폴라니의 제도경제학과 시장사회 비판 – 60주년에 다시 읽는 《대전환》〉, 《사회경제평론》, 23.

• 〈폴 스위지의 맑스주의와 세 개의 현대 – 실패와 유산〉, 《사회경제평론》, 22.

• 〈세계화 시대 시민국가와 다중적 시민정치를 위하여〉, 《시민과 세계》, 5.

• 〈이행기 한국시장경제와 동반성장의 뉴패러다임〉, 한국사회경제학회 봄 학술대회 발표.

• 〈급진적 자유화와 양극화의 함정, 대안적 동의를 위하여〉, 사회경제학계 공동학술대회 '양극화하는 한국사회, 대안은 무엇인가' 주제의 기조발제.

• 〈세계화의 깨어진 약속과 대안의 길〉, 스티글리츠, 《세계화와 불만》 서평, 《책으로 읽는 21세기》, 길출판사.

• 〈市場の時代と韓國財閥體制の轉換〉, 大阪商業大學比較地域研究所, 《地域と社會》(7月).

• 대통령자문 정책기획위원회 위원.

2005 • 《재벌의 소유구조 통계》(공저), 관악사.

• 《양극화의 함정과 동반성장의 산업발전전략》(대통령자문정책기획위원회 제출보고서).

• 〈양극화의 함정과 민주화의 깨어진 약속〉, 《시민과 세계》, 7.

• 〈전환시대의 한국자본주의론 – '61년 체제'와 '81년 체제'의 시험대〉, 《역사비평》, 71.

• 〈자유화, 양극화 시대와 무책임 자본주의 – 사회통합적 시민경제의 대안〉, 《아세아연구》, 48(3).

• 〈내재적 발전론의 탈구축을 위하여〉, 《고종황제역사청문회》, 교수신문사 수록.

• 〈개발독재와 돌진적 산업화〉, 참여사회연구소 해방60주년 기념심포지엄, '다시 대한민국을 묻는다 – 역사와 좌표' 심포지엄 발표문.

• 〈대중독재 논쟁과 시민적 진보의 길 – 동원의 시대를 넘어서〉, 임지현 편, 《대중독재》, 책세상.

• 〈개발자본주의 개념구성 시론〉, 제2회 사회경제학계 공동학술대회 및 고박현채 선생 10주기 추모학술대회 발표.

• 참여사회연구소(참여연대 부설) 소장.

2006 • *Developmental dictatorship and the Park Chung-hee era: the shaping of modernity in the Republic of Korea*, N. J.: Homa Sekey

Books.

- 〈반공개발독재와 돌진적 산업화〉, 《시민과 세계》, 8.
- 〈개발자본주의론 서설 – 홉스적 협력 자본주의와 그 딜레마〉, 《역사비평》, 74(신정완 외, 《우리안의 보편성》, 한울 재수록).
- 〈마르크스의 모순, 아렌트의 모순〉, 《문학과 사회》, 76.
- 〈우리는 어디에 서 있는가〉, 《시민과 세계》, 9.
- "Political economy of Korean development after liberation– a critical reflection," *Korean Journal*, 46(3).
- 〈한미FTA 서비스부문 개관〉, 한미FTA저지범국민운동본부정책기획연구단 엮음, 《한미FTA 국민보고서》, 그린비.
- 〈양극화 함정의 산업경제와 선진화의 방향 – 한국은 동반성장의 길을 건너 뛰는가〉(공저). 대통령자문 정책기획위원회 지방순회토론회, '양극화 해소를 위한 사회경제적 과제와 정책'.
- 〈한미 FTA와 시장사회로 가는 한국적 길 – 탈공공화와 제2차 신자유주의 보수혁명〉, 참여사회연구소 창립 10주년기념 심포지움, '공공성과 한국사회의 진로' 발제문(프레시안 4회 연재).
- 〈한미 FTA의 함정과 위험: "두 국민" 분열 전략인가 동반 발전 전략인가〉, 한미 FTA 국민운동본부와 한국개발연구원 공동 토론회, 서비스 분야 발제.

2007
- 《세계화 시대 한국자본주의 – 진단과 대안》(편저), 한울.
- 참여사회연구소 기획, 《다시 대한민국을 묻는다》(공편), 한울.
- 〈민주화이후 20년 한국사회경제학회 20년〉, 《사회경제평론》, 29(1).
- 〈민족경제론과 대중경제론〉, 《사회경제평론》, 29(2).
- 〈우리 시대 후발 '이중혁명'에 대한 비판적 성찰 – 산업화와 민주화의 한국적 길〉, 《역사비평》 80(부산민주항쟁기념사업회부설 민주주의사회연구소 편, 《4.19기억의 연장 그리고 오늘》, 글방 문화, 2008 재수록).
- 〈87년, 그후 20년의 정치경제학〉, 《황해문화》, 54.
- 〈세계화 시대 개방과 연대가 만나는 한국적 길은 있는가〉(《비평14》 기고; 학술단체협의회 편, 《한미FTA와 한국의 선택 수정 보완 수록, 한울).
- 〈상호성과 시민경제론의 두 흐름 – 새 정치경제학과 행복경제학〉, 《시민과 세계》, 12.
- 〈과거의 생환, 자학과 자만 사이〉(권태준 책, 《한국의 세기 뛰어넘기》 서평),

《시민과 세계》, 10.

• 〈한국의 탈추격 시스템, 어디로 가는가 – '생산 · 복지 체제'의 성격에 대한 시론〉(공저), 제4회 사회경제학계 공동학술대회.

• 알터파터, 《자본주의의 종말》, 동녘(번역 감수).

• 한국사회경제학회 회장.

2008 • 대안연대회의 기획, 《한국사회, 삼성을 묻는다》(공편), 후마니타스.

• 宇澤弘文, 《사회적 공통자본 – 진보적 공공경제학의 모색》(번역), 필맥.

• 〈내우외환 위기와 한국경제의 진로 – MB노믹스의 위협과 그 너머〉, 《시민과 세계》, 14.

• 〈경제발전의 명암〉, 한국행정연구원 편, 《한국행정 60년: 1948-2008》.

• 〈한국형 후발 '이중혁명'의 경로〉, 부마항쟁기념사업회 부설 민주주의연구소 기획, 《4.19 기억의 연장 그리고 오늘》, 글방문화.

• 〈이명박 정부와 촛불집회〉, 《촛불이 민주주의다》, 해피스토리 기고. (참여사회연구소, 경향신문 외 공동주최, '촛불집회와 한국 민주주의' 시국 대토론회 발제문).

• 〈이명박 정부의 경제정책에 대한 평가와 진단〉, 학단협창립 20주년 기념 연합심포지움 발표문.

2009 • 키이스 포크, 《시티즌십 – 시민정치론 강의》(공역), 아르케.

• 〈시민정치와 진보의 미래〉, 《시민과 세계》, 16.

• 〈호혜의 경제, 공생의 사회 – 칼 폴라니에게 배우는 공동체의 사회경제학〉, 《행복경제디자인》, 바로세움 수록(대구참여연대 시민학교 '무너지는 경제 해법을 묻다' 주제 강의 원고).

• 〈학현경제학의 한 해석–녹색 사민주의 경제학과 내발적 발전론의 굴절〉, 한국경제발전학회, 한국사회경제학회, 서울사회경제연구소 공동주최 학술대회, '위기의 시대 분배와 발전의 경제학'에서 발표(《학현선생의 경제사상과 경제이론》, 2009 수록).

• 〈시민정치와 시민민주주의의 구상: 공화국의 생환과 진보의 재구성〉, 참여사회연구소 시민정치연구센터 창립심포지엄 기조발제.

• 〈자유의 프레임전쟁과 진보적 자유〉, 레이코프, 《자유전쟁》, 나익주 역, 프레시안북 수록.

• 〈'거대한 전환'의 재생, 칼 폴라니의 재발견〉, 《거대한 전환》 서평, 《황해문화》, 65.

• 〈다시 우리 시대 진보를 말한다〉(백낙청, 최장집 책 서평), 《황해문화》, 52.

2010 • 〈개발동원체제론 – 우리 안의 보편성과 특수성〉(조희연, 《동원된 근대화》 서평),

《역사비평》, 91.

- 〈미국의 진보와 보수 – 사상적 기원, 역사 그리고 전망〉(좌담), 《시민과 세계》, 18.

2011
- 〈외환위기 이후 한국의 축적체제〉, 《동향과 전망》, 81.
- 〈정글자본주의에서 복지자본주의로 – 복지생산체제 혼합전략〉, 《사회경제평론》, 37(1)(참여사회연구소 창립15주년 기념 국제심포지엄 '복지국가의 길을 묻다' 발표문 기고(《대한민국 복지국가의 길을 묻다》, 이매진, 2012에 재수록)).
- 〈대한민국 헌법의 경제이념과 제119조의 한 해석〉, 《동향과 전망》, 83(서울대 공익인권법센터 '2016경제민주화심포지움'에서 수정보완발표, 조국 편, 《경제민주화의 이론과 과제》, 수록).
- 〈권위주의적 근대화의 역사적 기원: 식민지 기원론의 비판적 검토〉, 《역사비평》, 97.
- 〈우노코조의 단계론과 현대자본주의론 – 마르크스 경제학의 제도론적 진화를 위하여〉, 《사회경제평론》, 35.
- 〈미국과 유럽은 어떻게 다른가 – 유러피언 드림과 사람사는 세상〉, 《노무현이 꿈꾼 나라》, 동녘.
- 〈헌법 제119조와 민주공화국의 경제이념 – 재벌공화국에서 민주공화국으로〉, 민주당헌법제119조경제민주화특별위원회 주최 '헌법 제119조 우리시대에 던지는 의미는' 주제 토론회 발제문.
- 〈정글자본주의를 위한 독재자를 기다리나〉(토론문), 사회통합위원회 경제인문사회연구회 주최, '공정한 한국경제를 위하여 – 장하준 그들이 말하지 않는 23가지 비판과 반비판' 세미나.
- "Dynamics of Dualization in Korea: From Developmental Dualization to Exclusive Dualization"(공저), Paper presented at Seoul National University Asia Center conference "Global Challenges in Asia."
- "Leashed capitalism"(공저), 한국사회경제학회 국제학술대회("Global economic crisis and innovation of economics") 발표.
- 〈시장경제학의 대실패, 고전의 숲에서 새 길 찾기〉(이정전 책 서평), 《시민과 세계》, 19.
- 〈시장의 거대한 실패, 경제시민의 시민경제학을 위하여〉(장하준 책 서평), 《경제와 사회》, 89.

2012
- 《한국 경제론의 충돌 – 그들이 말하지 않는 경제민주화》, 후마니타스.

• 민주화운동기념사업회 기획, 《식민지 유산, 국가형성, 한국민주주의》, 1, 2권(공편), 책세상.
• 〈한국경제 97년 체제의 특성에 대하여〉, 《동향과 전망》, 86.
• 〈《시민과 세계》 10년과 시민적 진보의 길〉, 《시민과 세계》, 21.
• 〈재벌개혁이 낡은 화두?…그들은 쾌도난마하지 못했다〉, 프레시안 5월(이 글을 필두로 장하준 그룹과 경제민주화 논쟁 시작).
• 〈강원지역 사회경제의 상황과 전망〉(공저), 한국사회경제학회 '지역균형발전의 정치경제학' 학술대회 발표.
• 〈개혁지각(遲刻) 한반도, 상생의 봄을 위한 이중과제〉(1, 2), 프레시안 1월.

2013 • 민주화운동기념사업회 기획, 《사회경제 민주주의의 경제학》(공편), 돌베개.
• 〈소유, 통제 그리고 자본주의의 다양성 – 법인자본주의론의 재구성에 기반하여〉, 《동향과 전망》, 89.
• 〈조절이론의 진화와 전망: 역사적 분석에서 다양성론으로의 이동〉(공저), 《사회경제평론》, 42.
• 〈어떤 경제/민주화인가〉, 《시민과 세계》, 22(《시민과 세계》 창간 10주년 기념포럼 발표논문).
• 〈한국경제 전환의 인식과 대안: 진보적 자유주의와 신개발주의를 중심으로〉, 《경제와 사회》, 100.
• 삼성노동인권지킴이 고문

2014 • 《한국자본주의 모델》, 책세상.
• 참여사회연구소 기획, 《민주정부 10년 무엇을 남겼나》(공편), 후마니타스.
• 삼성노동인권지킴이, 참여사회연구소 등 공동기획, 《위기의 삼성과 한국 사회의 선택》(공편), 후마니타스.
• 〈후기 폴라니와 경제문명사의 도전〉, 《사회경제평론》, 43.
• 이병천 · 정준호 · 최은경, 〈삼성전자의 축적방식 분석 – 세계화시대 한국 일류 기업의 빛과 그림자〉, 《동향과 전망》, 92.
• 〈공공성 담론과 한국진보의 기획〉, 김균 편, 《반성된 미래》, 후마니타스.
• 세월호 참사의 진실을 밝히기 위한 '가만히 있지 않는 강원대교수 네트워크'(약칭 가넷) 모임 시작.

2015 • 칼폴라니사회경제연구소 기획, 《사회적 경제 사상 연구 및 실제적 적용에 관한 연구》(공저).

- 〈세월호 참사, 국가를 묻다 – 불량국가의 정치경제〉, 《기억과 전망》, 33.
- 〈한국은 평화복지국가를 건너뛰는가〉, 참여사회연구소 심포지엄 '안보개발국가를 넘어 평화복지국가로' 주제 발제문.
- 〈세계화 시대 자본의 귀환과 민주적 자본주의의 위기〉(해제), 볼프강 슈트렉, 《시간 벌기 – 민주적 자본주의의 유예된 위기》, 돌베개.
- 제주대학교 SSK 연구단, '공동자원과 지속가능사회'(한국연구재단 지원) 공동연구 참여.

2016
- 민주화운동기념사업회 기획, 《한국의 민주주의와 자본주의》(공편), 돌베개(학술원 우수학술도서).
- 참여사회연구소 기획, 《안보개발국가를 넘어 평화복지국가로》(공편), 사회평론(학술원 우수학술도서).
- 가넷 기획, 《세월호가 남긴 절망과 희망》(공편), 한울(세종도서 학술부문 우수학술도서).
- 〈현대 한국에 민주적 자본주의의 준거모델은 있는가〉, 《공공사회연구》, 6(4).
- 〈한국은 독일모델에서 무엇을 배울까 – 박정희와 김대중을 중심으로〉, 《동향과 전망》, 98.
- 〈복지정치와 시민적 길 – 시민적 복지국가를 향해〉, 《시민과 세계》, 28.
- 〈외부경제, 사회적 분업, 산업세계의 다양성 – 마샬의 《경제학원리》와 숲의 경제학〉, 《경제발전 연구》, 22(1).
- 공공사회학회 고문.

2017
- 칼 폴라니, 《인간의 살림살이》(공역), 후마니타스.
- 〈공공성, 자치사회화, 커먼즈 – 공공협치의 투트랙전략〉, 최현 외, 《공동자원론, 오늘의 한국사회를 묻다》, 진인진.
- 〈현대도시와 총유제 현대화의 가능성〉, 최현 외, 《동아시아의 공동자원》, 진인진.
- 〈현대한국에 민주적 자본주의 준거모델은 있는가 – 성공담론을 넘어서〉, 일본 니이가타대학 국제심포지엄 발표문.
- "Polanyian Double Movements and Democratic Social embeddedness: Red Vienna and Democratic Athens"(공저), 제14차 칼 폴라니 국제학술대회(한국) 발표.

2018
- 《포획된 국가, 포획된 민주주의 – 민교협정치시평》(공저), 한울.
- 〈민주화이후 30년 한국은 어떤 사회경제 대안을 남겼나〉, 《시민과 세계》, 31(한

국사회정책학회 춘계학술대회 기조강연문 기고).
- 〈자본주의 다양성과 한국 모델의 교훈〉, 참여사회포럼(강원대학교 정년 기념강연).
- 칼폴라니사회경제연구소 아시아 이사장.

집필자 소개(가나다순)

김용창
서울대학교 사회과학대학 지리학박사
현재 서울대학교 사회과학대학 지리학과 교수
저서: 《토지정책론》, 부연사, 2015
논문: 〈미국 도시개발사업에서 사적이익을 위한 공용수용: 연방 및 주 대법원 판례를 중심으로〉, 《국토연구》, 2012
〈신자유주의 도시 인클로저와 실존의 위기, 거주자원의 공유화〉, 《희망의 도시》, 한울, 2017

박경로
서울대학교 경제학박사
현재 경북대학교 경제통상학부 교수
논문: 〈미국에서 소유와 지배의 분리과정〉, 《경제발전연구》, 2015
〈영국에서 소유와 지배의 분리과정〉, 《시장경제연구》, 2016
〈누구를 위하여 회사는 운영되어야 하는가? 아돌프 벌리의 견해 재해석〉, 《경제발전연구》, 2017

박종현
연세대학교 경제학박사
현재 경남과학기술대학교 경제학과 교수
저서: 《케인즈 & 하이에크》, 김영사, 2008
《거대한 전환에서 거대한 금융화로》(공역), KPIA, 2017
논문: 〈완전고용과 선한 삶: 케인즈 시장 비판의 두 갈래 지향〉, 《경제학의 역사와 사상》, 2002

박형준
캐나다 York University 국제정치학박사
현재 글로벌정치경제연구소 부소장
저서: 《재벌, 한국을 지배하는 초국적 자본》, 책세상, 2013
논문: "Korea's Post-1997 Restructuring: An Analysis of Capital as Power," *The Review of Radical Political Economics*, 2016
〈권력 자본론의 관점에서 피케티 급진화하기〉, 《기억과 전망》, 2015

안현효
서울대학교 경제학박사
현재 대구대학교 사범대학 일반사회교육학과 교수
저서: 《자본주의의 역사로 본 경제학 이야기》, 책세상, 2010
논문: 〈인지에 적용된 공유자원 패러다임〉, 《마르크스주의 연구》, 2016
〈교양교육을 통한 인문학 살리기〉, 《교양교육연구》, 2016

이강국
미국 매사추세츠 주립대학교 경제학박사
현재 리쓰메이칸대 경제학부 교수
저서: 《이강국의 경제산책: 대한민국 99%를 위한 경제학 이야기》, 책세상, 2015
논문: 〈소득주도성장: 이론, 실증, 그리고 한국의 논쟁〉, 《재정학연구》, 2017
"Piketty's "Capital in the 21st Century": Criticisms and Debates," *The Journal of Comparative Economic Studies*, 2016

이병천
서울대학교 경제학박사
현재 강원대학교 명예교수, 칼폴라니사회경제연구소 이사장
저서: 《한국 자본주의 모델》, 책세상, 2014
《사회경제 민주주의의 경제학》(공편), 돌베개, 2013
《한국의 민주주의와 자본주의》(공편), 돌베개, 2016
논문: 〈소유, 통제 그리고 자본주의 다양성〉, 《동향과 전망》, 2013
〈후기 폴라니와 경제문명사의 도전〉, 《사회경제평론》, 2014
〈외부경제, 사회적 분업, 산업세계의 다양성 – 마샬의 『경제학원리』와 숲의 경제학〉, 《경제발전연구》, 2016

이양수
미국 조지아대학교 철학박사
현재 인하대학교 초빙교수
저서: 《정의로운 삶의 조건》, 김영사, 2007
《롤즈의 정의론과 그 이후》, 철학과 현실사, 2009
《폴 리쾨르》, 커뮤니케에션북스, 2016

최정규
서울대학교 경제학과
앰허스트 소재 매사추세츠 주립대학교 경제학박사
현재 경북대학교 경제통상학부 교수
저서: 《이타적 인간의 출현》, 뿌리와이파리, 2009
《게임이론과 진화다이내믹스》, 이음, 2009
논문: "The coevolution of parochial altruism and war," *Science*, 2007
"Strategic reward and altruistic punishment support cooperation in a public goods game experiment," *Journal of Economic Psychology*, 2013
"Coevolution of farming and private property during the early Holocene," *PNAS*, 2013